Gerd Antos

Grundlagen einer Theorie des Formulierens

Textherstellung in geschriebener und gesprochener Sprache

Max Niemeyer Verlag
Tübingen 1982

CIP-Kurztitelaufnahme der Deutschen Bibliothek

Antos, Gerd:
Grundlagen einer Theorie des Formulierens : Textherstellung in geschriebener
u. gesprochener Sprache / Gerd Antos. – Tübingen : Niemeyer, 1982.
  (Reihe germanistische Linguistik ; 39)
NE: GT

ISBN 3-484-31039-1   ISSN 0344-6778

© Max Niemeyer Verlag Tübingen 1982
Alle Rechte vorbehalten. Ohne ausdrückliche Genehmigung des Verlages ist es nicht
gestattet, dieses Buch oder Teile daraus auf photomechanischem Wege zu vervielfältigen. Printed in Germany. Druck: fotokop Wilhelm Weihert KG, Darmstadt.

Reihe
Germanistische
Linguistik 39

Herausgegeben von Helmut Henne, Horst Sitta
und Herbert Ernst Wiegand

Bei manchem Werk eines berühmten Mannes möchte ich lieber lesen,
was er weggestrichen hat, als was er hat stehen lassen.

(Lichtenberg)

Jemand, der erklärt, daß eine bestimmte Formulierung schlecht und
recht "eindeutig" ist, verrät dadurch oft seinen mangelnden Willen
oder seine Unfähigkeit, sich in die Gedankengänge von anderen zu
versetzen. Die Formulierung ist für ihn zu einer Formel erstarrt,
die ihre Bedeutung in sich selbst zu haben scheint, ohne Bezug auf
redende Personen, Kontext oder äußere Situation ... Die Vermittlung
ein- und desselben Gedankens ist also eine kontinuierliche, nicht
abschließbare Angelegenheit.

(Naess)

Die authentische Literatur richtet sich gegen die etablierten
Schemata und ständig fortschreitend auch immer gegen sich selbst.
Sie ist dauernd zur Veränderung gezwungen, weil alles Formulierte,
jedes einmal gefundene Gestaltungsmuster einen heimlichen Authen-
tizitätsverlust erleidet, der in der Nachahmung sofort kenntlich
wird.

(Wellershof)

In keiner Sprache kann man sich so schwer verständigen wie in der
Sprache.

(K.Kraus)

INHALTSVERZEICHNIS

	VORWORT	IX
1	EINLEITUNG	1
1.1	Problematisierung I: Warum kommentieren wir Formulierungen?	1
1.2	Problematisierung II: Warum ist FORMULIEREN "schwer"?	14
Exkurs:	Datenkonstitution und Materialgrundlage	16
1.3	'Formulierungsschwierigkeiten' versus 'Formulierungsprobleme'	31
1.4	Zielsetzung	33
1.5	Einige Konsequenzen	37
2	FORMULIERUNGSKOMMENTIERENDE AUSDRÜCKE UND FORMULIERUNGSKRITERIEN	44
2.1	Verantwortungszuschreibung für Formulierungen	44
2.1.1	Verantwortungszuschreibung für fremde Formulierungen	44
2.1.2	Verantwortungszuschreibung für eigene Formulierungen	47
2.2	Formenbestand der FKA	50
2.3	Zur Semantik der FKA	53
2.4	Textorganisierende Ausdrücke	57
2.5	Zur Pragmatik der FKA	65
2.5.1	Einige Maximen des Gebrauchs von FKA in sprecherreflexiven Kommentaren	66
2.5.2	Signalisierung von Normenkonkurrenzen beim FORMULIEREN	68
2.5.3	Einige Konsequenzen	70
2.6	Klassifikation der FKA nach Formulierungskriterien	71
2.7	"Multidimensionalität des Glückens"	77
2.8	Einige Konsequenzen	82
3	TEXTHERSTELLEN ALS VERSTÄNDNISBILDUNG	84
3.0	Zielsetzung	84
3.1	Zum Gebrauch von *formulieren*	85
3.2	*Formulieren* als 'Herstellen' und 'Darstellen'	89
3.3	'Planen' bzw. 'Mittelwahl'	91
3.3.1	'Formulieren' als 'Planen'?	91
3.3.2	'Formulieren' als 'Mittelwahl'?	97
3.4	'Formulieren' als Textherstellen	99
3.4.1	'Poiesis' und 'Praxis'	100
3.4.2	Das Verhältnis von 'Formulieren' und 'Kommunizieren'	104
3.4.3	'Formulieren' als Schema-Innovation	108
3.5	'Formulieren' als Verständnisbildung	112
3.5.1	'Verständnisbildung' als Darstellung von Welt	113
3.5.2	'Verständnisbildung' als Intentionsbildung	113

3.5.3	'Verständnisbildung' als Bedeutungskonstitution	114
3.5.4	'Text' als Verständnisangebot	116
3.5.5	Texte als unikale Kommunikationsmittel	119
3.6	Regel-Begriff und Strategie-Bildung	121
4	FORMULIEREN ALS PROBLEMLÖSEN	127
4.1	Formulierungsmodelle	127
4.1.1	S.J. SCHMIDTs "Texttheorie"	127
4.1.2	Textherstellung zwischen Rhetorik und Kybernetik: BREUER	128
4.1.3	Ansätze zur Sprachproduktion: Ein Überblick	130
4.2	Problemlöse-Ansätze in der Linguistik	133
4.2.1	KUMMER (1972) und (1975)	134
4.2.2	Sprechen als Lösen kommunikativer Probleme: UNGEHEUER	137
4.2.3	Textherstellung und Optimierung: PASIERBSKY	138
4.3	'Dialektisches Problemlösen' bei DÖRNER	139
4.4	Elemente eines Formulierungsmodells	146
4.4.1	Skizze des Formulierungsmodells	147
4.4.2	Drei Modifikationen des Formulierungsmodells	150
4.5	Zur Struktur von Formulierungsproblemen	157
4.5.1	Problemstellung	157
4.5.2	Struktur der Barrieren	159
4.5.3	Funktionstypen von Formulierungsproblemen	162
4.5.4	Das Lösen von Formulierungsproblemen. Oder: Wie "schwer" ist FORMULIEREN?	163
4.6	Exemplarische Analyse einer Textherstellung	168
5	'GESPROCHENE SPRACHE' ALS FREIES FORMULIEREN	183
5.1	Zum Problem der Definition von 'gesprochener Sprache'	183
5.2	'Frei formuliertes Sprechen' - ein Explikationsvorschlag	186
5.3	Zwei abschließende Bemerkungen	193
6	NACHWORT	196
	ANHANG	200
	LITERATUR	206

VORWORT

Was tun wir, wenn wir "formulieren"? An welchen Kriterien orientieren wir uns dabei? Warum können Formulierungen als "präzis, breiig, unanständig, umständlich, hart" oder als "demagogisch" kommentiert und sanktioniert werden? Wieso garantieren "geschliffene Formulierungen" nicht immer eine im Sinn des Sprechers oder Schreibers erfolgreiche Kommunikation; genauso wie umgekehrt "mißglückte Formulierungen" nicht immer ein Scheitern kommunikativer Anstrengungen bedeuten müssen? - Warum ist reflektiertes Formulieren "schwer" und selbst spontanes Formulieren mit so vielen grammatischen und textuellen Unzulänglichkeiten behaftet? Warum treten bei der Herstellung von Texten 'Formulierungsprobleme' auf, deren Lösung bisweilen erst nach mehreren vergeblichen Versuchen zu einem akzeptablen Ergebnis führt? Warum werden neue, nicht schon vorbereitete oder memorierte Texte - um es mit KLEIST zu sagen - erst während der "allmählichen Verfertigung" dieser Texte beim Reden oder Schreiben hergestellt? D.h. warum wird uns oft erst _im_ Prozeß und _durch_ den Prozeß der Textherstellung klar, was wir sagen wollen und wie wir es sagen wollen/können? Warum wird manchmal "ins Unreine formuliert"? Wie läßt sich eigentlich erklären, warum (verschiedene) muttersprachliche Sprecher oder Schreiber Texte unterschiedlich "gut" oder "schlecht" herstellen können?

Diese und weitere Fragen sollen durch eine dezidiert sprachwissenschaftliche Theorie des Formulierens aufgeworfen und ansatzweise beantwortet werden. Gegenüber denkbaren (generativ-) grammatischen, (selektions-) stilistischen oder sprachpsychologischen Ansätzen geht eine sprachwissenschaftliche Produktionstheorie von der zentralen Annahme aus, daß "Formulieren" als eine Leistung zu betrachten ist. Diese Formulierungsleistung ist auf die Herstellung eines "als Text" und "im Text" konkretisierten Verständnisangebots gerichtet. Empirisch läßt sich dies an Verschriftungen von Tonbändern zeigen, die kollektiv durchgeführte Textherstellungen enthalten. Solche "Textherstellungstexte" belegen, daß "Formulieren" nicht nur etwas mit der "sprachlichen Form" oder mit der "sprachlichen Mittelwahl" zu tun hat, sondern insbesondere die allmähliche Klärung und "Generierung" von Formulierungszielen mit einschließt.

Ziel einer Theorie des Formulierens ist die Rekonstruktion der Handlungsweise "Formulieren" durch eine Modellierung des Formulierungsprozesses und darin involviert die Spezifikation und Erklärung der im Textherstellungsprozeß sich konkretisierenden Formulierungsleistungen. - Eine wichtige Voraussetzung dazu ist die handlungstheoretische Präzisierung des Begriffs "Herstellungs-Handlung" mit Hilfe der aristotelischen 'Praxis/Poiesis'-Dichotomie. Damit wird es möglich, konkrete sprachliche Ausdrucksmittel nicht nur als Realisate, sondern auch als Resultate einer Herstellungs-Handlung zu beschreiben. - Darauf aufbauend wird die Erklärung und Spezifikation der bei der Textherstellung erforderlichen Formulierungsleistung unter Verwendung eines aus der kognitiven Psychologie adaptierten Modells des 'dialektischen Problemlösens'(DÖRNER) versucht.

Mit der Modellierung von "Formulieren als Problemlösen" gelingt es u.a., Textherstellen als sukzessives Lösen von Formulierungsproblemen und konkrete Texte als komplexes Lösungsresultat dieser Formulierungsprobleme zu beschreiben. 'Formulierungsprobleme' werden dabei als sprecher/schreiberseitig lösbare Kommunikationsprobleme aufgefaßt.

Die Bestimmung von "Formulieren als Problemlösen" führt zu der weitreichenden sprachphilosophischen Konsequenz, daß der homo loquens nicht nur als ein regelgeleiteter, sondern - sofern er innovatorisch Texte herstellt - als ein problemlösender Mensch zu modellieren ist. Mit diesem Problemlöse-Paradigma gelingt es auch, "Formulieren" und d.h. Textherstellen als eine schöpferische Handlungsweise und Texte als Resultate dieser schöpferischen Handlungsweise zu beschreiben.

Diese Arbeit ist eine verbesserte Version einer Fassung, die von der Philosophischen Fakultät der Universität des Saarlandes als Dissertation angenommen wurde. Für kritische Hinweise und Unterstützung bin ich Prof. Rainer Rath, Prof. Barbara Sandig, Prof. Hans Ramge, Dr. Klaus Müller und als Herausgeber Prof. Helmut Henne zu Dank verpflichtet. Desgleichen fühle ich mich der Textherstellungs-Runde für die Überlassung des Materials verbunden. Dr. Manfred Beetz (Saarbrücken) und Dr. Christoph Hubig (Berlin) haben diese Arbeit mit freundschaftlicher Unterstützung begleitet. Gewidmet ist sie meiner Mutter und meinem "Hemmadschwengala", dem ich für Geduld und Liebe besonders danke.

Saarbrücken, im Herbst 1981   Gerd Antos

1. EINLEITUNG

1.1 Problematisierung I: Warum kommentieren wir Formulierungen?

(1) Was hat jemand angestellt, von dem wir sagen, er habe etwas *treffend, provokant, pompös, verwaschen, ungenau, feuilletonistisch, zynisch etc.* formuliert? Was meinen wir, wenn wir jemandem bescheinigen, er habe *konfuse, unanständige, demagogische, zu harte, aufschlußreiche* oder *ungeschützte Formulierungen* verwendet? Was bedeutet es, wenn wir von *verkürzten, pointierten, überspitzten, vorläufigen, gewundenen, abstrakten* oder *plastischen Formulierungen* reden? Was ist eigentlich *scharf* an *scharfen Worten; hart* an *harten Vorwürfen; mißglückt* an einer *mißglückten Darstellung; treffend* an einer *treffenden Bezeichnung*?

(2) Wieso kann man - etwa bei einer Zitatankündigung - sagen: *Diese Passage hat folgenden Wortlaut* oder *In seiner Äußerung gebrauchte er folgende Formulierung*? Warum kann man zwar *nach Worten suchen* oder *um Formulierungen ringen*, nicht aber *nach Äußerungen* oder *Sätzen*? Warum läßt sich manches *schwer in Worte fassen*, aber warum kann man nicht entsprechend sagen: *Etwas läßt sich schwer in Äußerungen/Sätze fassen*? Was bedeutet es, wenn man sprachliche Ausdrucksmittel in der Alltagssprache einerseits als *Satz* bzw. *Äußerung* oder andererseits als *Formulierung, Wort* resp. *Wortlaut* bezeichnet?

(3) Warum wird manchmal der Rat erteilt, *auf die Formulierungen/ auf den Wortlaut einer Äußerung zu achten,* andererseits aber nicht immer alle *Worte auf die Goldwaage zu legen*? Was steckt an 'Alltagswissen' (1) hinter solchen Ratschlägen? Wieso ist es durchaus nichts Ungewöhnliches, jemandem den Rat zu geben, in unterschiedlicher Weise auf verwendete Formulierungen zu reagieren? Ferner: Was macht es für einen Sinn, wenn A zu B sagt: *Sachlich stimme ich mit Ihnen weitgehend überein, würde aber nicht soweit gehen und Ihre Formulierungen übernehmen*? Wieso kann man verbal vermittelte Intentionen eines Sprechers/Schreibers verstehen, ja sogar akzeptieren bzw. "der Sache nach" zustimmen und dennoch etwas gegen die verwendeten Formulierungen haben? Oder umgekehrt: Wieso kann man sich an Formulierungen (eines Nietzsche, eines Wittgenstein oder eines F.J. Strauß) berauschen, obwohl bestimmte philosophische Doktrinen bzw. politische Überzeugungen nicht geteilt, oder - was auch vorkommt - kaum richtig verstanden werden? Wieso kann man Formulierungen goutieren und dennoch ihnen kritisch gegenüberstehen oder nicht bemerken, welche Wirkungen und Konsequenzen sie haben?

---

1 Vgl. ABS (1973) und die Beiträge aus dem Sammelband WEINGARTEN ET ALII (1976).

Die in (1) bis (3) wiedergegebenen Wendungen entstammen alle der schriftsprachlich geprägten Alltagssprache. Diese Einschränkung könnte man wahrscheinlich sofort weglassen, wenn wir die beiden Lehnwörter *formulieren* und *Formulierung* durch entsprechende Äquivalente ersetzen: So ließe sich beispielsweise *formulieren* durch *ausdrücken* oder *sagen* substituieren (*Das ist unsauber/ umständlich formuliert = Das ist unsauber ausgedrückt/ umständlich gesagt*) bzw. *Formulierung* durch *Wort, Bezeichnung* oder *Wortlaut* (2) (*Das ist eine unanständige Formulierung = Das ist ein unanständiges Wort/ eine unanständige Bezeichnung; Zitieren Sie die genaue Formulierung = Zitieren Sie den genauen Wortlaut*). Trotz oder gerade wegen dieser Ersetzungsmöglichkeiten: Erst bei der Verwendung der beiden stilistisch markierten Bezeichnungen *formulieren* und *Formulierung* fällt m.E. überhaupt ins Auge, daß mit diesen beiden Bezeichnungen eine besondere metakommunikative (3) Verständigung über unser Reden und Schreiben praktiziert wird. Erst wenn man hört oder liest, wie unser Reden oder unser Schreiben als *konfus, umständlich* oder *zu unterminologisch* kommentiert, kritisiert und damit oft auch negativ sanktioniert wird, läßt man sich vielleicht dazu provozieren, die Selbstverständlichkeit, mit der man einer solchen Praxis bislang begegnete, zu durchbrechen und ein paar ganz naive Fragen zu stellen:

Warum kommentieren, interpretieren, sanktionieren, kurz: Warum reden wir überhaupt über das, was wir als *Formulierungen* zu bezeichnen gewohnt sind? Warum reden wir nicht nur über das Reden anderer, sondern bedenken - jedenfalls hie und da - auch unsere eigenen Worte? Andererseits: Warum passiert das nicht immer? Warum achten wir nicht immer auf den genauen Wortlaut? Warum kann man sich häufig dann am besten verstehen, wenn man gerade nicht auf Formulierungen achtet? Warum wird einerseits manchmal viel Wert auf Formulierungen gelegt, so daß sie zitiert und interpretiert werden; warum werden sie aber andererseits oft ignoriert oder - was nicht immer ein Unglück sein muß - nicht für ernst genommen? Warum lassen sich durch Zitieren, Karikatur und Analyse von Formulierungen bestimmte politische, kulturelle Zusammenhänge verdeutlichen, Personen oder Zustände identifizieren oder charakterisieren? Warum sind - überspitzt ausgedrückt - Formulierungen "alles" - und warum bedeuten sie gleichzeitig oft "nichts"?

Diese Fragen zielen nicht auf die naheliegende Frage ab, wie man denn *formulieren* solle. Dazu wäre allererst zu klären, was 'Formulieren' heißt, nach welchen Kriterien diese Handlungsweise abläuft, ob und welche Relevanz sie für die Schaffung von Verständnis hat usw.

---

2 Vgl. dazu (3.2). Der Hinweis auf die genannten Äquivalente für "formulieren" und "Formulierung" soll zeigen, daß diese Handlungsweise nicht - wie man anhand der beiden Ausdrücke vermuten könnte - auf den schriftsprachlich-reflektierten Bereich beschränkt ist.

3 Der Begriff 'metakommunikativ', ursprünglich von WUNDERLICH (1970:19 Anm. 8) als Ergänzung zu 'extrakommunikativ' (UNGEHEUER 1968/72) eingeführt, scheint sich einer klaren und zugleich befriedigenden Bestimmung zu entziehen, vgl. WUNDERLICH (1974: 216 f), R. KELLER (1977b), MEYER-HERMANN (1978), GÜLICH (1978: 56 f), HOLLY (1979: 5 f), SCHWITALLA (1979b), WIEGAND (1979).

Diese Fragen zielen auch nicht auf eine Motivation der Analyse von
Formulierungen in einem stilistischen Sinn. Denn auch hier wäre
erst prinzipiell zu klären, was diese Fragen und die Beispiele (1)
bis (3) problematisieren: Welchen Status und welche (möglicherweise
unterschiedliche) Relevanz haben Formulierungen bei der sprachlichen
Verständigung?

Eine solche Problematisierung kann aber nicht bei der Betrachtung
(des Gebrauchs) von Formulierungen stehen bleiben. Wenn man ernst
macht, was unser Sprachgebrauch nahelegt, dann müssen Formulierungen
als Resultate der Handlungsweise FORMULIEREN (4) verstanden werden.
Wenn man Formulierungen nicht nur in einem übertragenen oder uneigent-
lichen, sondern im strengen Sinn als Formulierungsresultate auffaßt,
dann kann eine ins Grundsätzliche gehende Problematisierung nicht die
Analyse des Handlungsprozesses aussparen. Wer klären will, warum wir
in der skizzierten Weise über unsere Worte/Formulierungen reden und
welche kommunikative Relevanz sie für die sprachliche Verständigung
haben, der kommt nicht umhin, danach zu fragen, was 'Formulieren'
heißt und welche Rolle diese Handlungsweise bei der Kommunikation
spielt.

Obwohl es m.E. außer Frage steht, daß eine kommunikations-orientierte
Sprachwissenschaft ein zentrales Interesse an einer Klärung sowohl
der Rolle von Formulierungsresultaten als auch der Handlungsweise
'FORMULIEREN' haben müßte, ist eine systematische Behandlung in der
neueren (5) Linguistik nicht zu finden. Zwar wird in einigen deutschsprachigen Arbeiten, insbesondere in Stilistiken (6), 'Formulierung'

---

4 Wird über die Sachebene gesprochen, so wird dies durch Groß-
  schreibung des ganzen Wortes markiert; im Gegensatz zur Wort- und
  Ausdrucksebene, die mit einfachen Anführungszeichen markiert sind.
  Diese Unterscheidung wird aber nur für FORMULIEREN/'Formulieren'
  konsequent durchgeführt; sowie für einige zu FORMULIEREN verwandte oder dazu kontrastive Handlungsweisen. Das Verständnis
  über die Sache FORMULIEREN bestimmt sich dabei nach dem jeweiligen Stand der Explikation des Terminus 'Formulieren'. Die alltagssprachlichen Wörter *formulieren* und *Formulierung* werden kursiv geschrieben. (Zu dieser Konvention auch REHBEIN (1977:3 ff u.11).
5 Ausnahmen bilden WIENOLD (1971) und SANDIG (1978). Natürlich ist
  unverkennbar, daß dieses Thema an die Tradition der Rhetorik an-
  knüpft, vgl. 4.1 u. 4.5 und ANTOS/BEETZ (1981).
6 Auffällig ist dies etwa an Arbeiten von UNGEHEUER (1972) u. (1974)
  und RATH (1979). In Stilistiken wird der Terminus 'Formulierung'
  relativ häufig verwendet - etwa FLEISCHER/MICHEL (1977), SANDERS
  (1973) u. (1977) - aber nur SANDIG (1978) versucht, diesen Ausdruck als linguistischen Terminus einzuführen: "Der Zusammenhang
  von Handlungs- (d.i. Sprechakt-) und Äußerungsaspekt heißt Formulierung" (S. 73 f) und. "Stil, bezogen auf eine einzelne sprachliche Handlung, nenne ich Formulierung. Der Stil eines einzelnen
  Textes soll Formulierungsweise heißen, d.i. eine Abfolge von Formulierungen. Der konventionelle Stil, das Stilmuster eines Text-
  musters oder eines Teils davon soll Formulierungsmuster heißen.
  Entsprechend wird der Äußerungsaspekt der Formulierungsweise
  Äußerungsweise genannt. Der Äußerungsaspekt des Formulierungs-
  musters heißt Äußerungsmuster" (S. 23).

als - allerdings unexplizierte - Bezeichnung für verwendete sprachliche Ausdrücke gebraucht. Es wird weder danach gefragt, inwieweit sich eine solche - von der Alltagssprache zur Verfügung gestellte - Bezeichnung von anderen z.T. terminologisch gebrauchten Bezeichnungen ('Phrase', 'Satz', 'Prädikat' etc.) absetzt (- immerhin wäre es naheliegend gewesen, 'Wort' und 'Formulierung' als Bezeichnungen für Ausdrücke der 'Parole' bzw. der 'Performanz' zu reklamieren -), noch wird thematisiert, daß wir nicht nur über grammatische Ausdrücke, über den Wahrheitsgehalt von Aussagen, über kommunikative Handlungen etc. "metakommunizieren", sondern auch - und keineswegs nur akademisch - über *Worte* und *Formulierungen*.

Ähnlich steht es mit der Bezeichnung 'Formulieren'. Eine systematische Explikation liegt nicht vor; m.a.W. nicht einmal der Hinweis, daß dies - im sprachwissenschaftlichen Rahmen - wünschenswert bis erforderlich wäre. Wenn überhaupt der Ausdruck 'Formulieren' verwendet wird, dann zumeist als "Joker" für andere Bezeichnungen: z.B. als Ersatz für 'generieren' (= Versuch einer generativ-grammatischen Explikation); als Ersatz für die Bezeichnung 'sprachliche Realisierung' bzw. "einem 'Inhalt' eine sprachliche 'Form' geben" (= Versuch einer stilistischen Explikation) oder als Ersatz für 'encodieren' bzw. 'verbalisieren', d.h. als Bezeichnung für 'Sprachproduktion' (= Versuch einer psycholinguistischen Explikation) (7).

Bemerkenswert ist aber nicht nur, daß in Linguistik-Büchern trotz der Explikationsmöglichkeiten keine sprachwissenschaftliche Thematisierung oder Problematisierung von 'Formulieren' zu finden ist. Dabei ist andererseits - legt man einen intuitiven Begriff von 'Formulieren' zugrunde - nicht nur in der deutschsprachigen Literatur eine ziemlich klare Tendenz zu erkennen, unter handlungstheoretischen Vorzeichen das intentionale und auf kommunikative Wirkungen gerichtete 'FORMULIEREN' (vor allem unter Begriffen wie 'Texterzeugung' (S.J. SCHMIDT), 'Sprechtätigkeit' (KUMMER) oder 'Planen' (REHBEIN)) einen Sinn abzugewinnen (8) - freilich ohne die hier gebrauchten Bezeichnungen zu verwenden. Daß sich - unter welcher Bezeichnung auch immer - noch keine Forschungsrichtung abzeichnet, die das thematisierte, was hier als 'Formulieren' expliziert werden soll, liegt m.E. vor allem an folgendem Trilemma:

1. Entweder versucht man, 'FORMULIEREN' im Sinne selektions-stilistischer Vorstellungen zu explizieren, dann bliebe es trotz des neuen Etiketts letztlich bei einem "Aufguß" ausdiskutierter und - wie mir scheint - wenig fruchtbarer Theorien (9).

---

7 Vgl. dazu die entsprechenden Diskussionen auf (S. 6), in 3.3.1 und 4.1.3.
8 Näheres dazu in 4.1, 4.2 und 3.3.1.
9 Dazu kritisch 3.3.2; der nach wie vor hervorragendste Ansatz innerhalb des selektionsstilistischen Paradigmas stammt von JAKOBSON (1956/74) u. (1960/71); dazu mehr in ANTOS (1979: 203 ff).

2. Eine andere Explikationsmöglichkeit wird in der "Formulierungstheorie" WIENOLDs (1971) beschritten. Sie steht m.E. paradigmatisch für den Versuch, 'Formulieren' auf der Basis einer generativen Grammatik zu explizieren. Unabhängig von der Frage, inwieweit solche Ansätze einer naheliegenden Identifizierung von 'Generieren' und 'Formulieren' (10) aufsitzen, zeigt die Arbeit WIENOLDs recht anschaulich, daß eine solche Explikation kaum der Gefahr entkommen kann, - überspitzt ausgedrückt - zu einer alles integrierenden linguistischen "Supertheorie des Verbalisierens" zu werden. Dies dokumentiert sich nicht allein in der programmatisch alle linguistischen Aspekte umfassenden Bestimmung von 'Formulieren' als "Bilden von Äußerungen, von Texten" (WIENOLD 1971:36). Da keine Spezifikation angegeben wird, in welchem Sinne das "Bilden von Äußerungen, von Texten" zu verstehen sei, ließe sich prinzipiell eine Addition oder Integration idealiter all jener linguistischer Ansätze denken, die in irgendeinem Sinne etwas mit der Bildung von Äußerungen bzw. mit der Textbildung zu tun haben (z.B. neuro- und psycholinguistische, phonetische, generative, stilistische, textlinguistische, "pragmatische" Ansätze etc.). Und in der Tat versucht WIENOLD, eine imponierende Fülle von linguistischen und literaturwissenschaftlichen Ansätzen und Fragestellungen an das Modell einer generativen Grammatik anzukoppeln (11).

WIENOLDs "Formulierungstheorie" ist m.E. unter zwei Aspekten zu würdigen: Zumindest terminologisch radikaler als andere (ich denke vor allem an die Arbeiten VAN DIJKs Anfang der siebziger Jahre und an S.J. SCHMIDTs "Texterzeugungsmodell" (1973)) versucht WIENOLD, Texte von ihrer "Produktions-Seite" her zu beschreiben (12), ohne daß es ihm allerdings gelingt, ein Kriterium dafür anzugeben, unter welchem spezifischen Aspekt eine "Formulierungstheorie" im Hinblick auf andere, die 'Sprachproduktion' thematisierende Ansätze zu konstituieren sei. Dies führt dazu, daß letztlich kein linguistischer, literaturwissenschaftlicher oder soziologischer Ansatz, der sich mit der

---
10 Es wäre einmal lohnend, in einer wissenschaftshistorischen Studie der Frage nachzugehen, wieweit bei der Rezeption der GTG Linguisten, aber auch ganze Disziplinen (etwa Psychologie, Didaktik) der "Verführungskraft" zentraler CHOMSKYscher Termini (etwa 'Generieren') erlegen sind. Dazu HÖRMANN (1976:48). Wer etwa generativ-stilistische Arbeiten heranzieht (etwa OHMANN 1971), der wird nicht umhin können zu konstatieren, daß 'Generieren' sehr stark in die Nähe der Bezeichnung 'Formulieren' gerückt wird.
11 Dazu einige Stichworte: strukturalistische und semiotische Literaturtheorie, die als 'generative Poetik' (1971:21) fortgeschrieben wird, Rezeptionsästhetik, Stilistik, Textlinguistik, Kommunikationstheorie, Probleme der Originalität, der Kreativität, der Historizität ("Individualität des Kunstwerks" (1971:31) und schließlich eine "strukturelle Literaturwissenschaft").
12 Es scheint so, als ob die Faszination des von CHOMSKY geprägten "Produktions"-Paradigmas angesichts der Renaissance interpretierender Sprachbetrachtung im Umkreis von Hermeneutik, Ethnomethodologie und Symbolischem Interaktionismus seit einigen Jahren stark nachgelassen hat.

"Produktion von Texten" befaßt, aus einer "Formulierungstheorie" auszuschließen ist. Es entsteht dann das, was ich oben eine "Supertheorie des Verbalisierens" genannt habe. Um dem zu entgehen, muß eine Theorie des Formulierens ein Kriterium bereitstellen, mit dessen Hilfe 'Formulieren' als <u>ein</u> spezifischer Aspekt des "Verbalisierens/ der Textproduktion" ausgrenzbar wird.

3. Schließlich bleibt noch die psycholinguistische Explikations-Option offen: Der Aufschwung der kognitiven Psychologie in den letzten Jahren und das Interesse, das dieser Zweig bisher in der Linguistik gefunden hat (13), legt es nahe, 'Formulieren' als "sentence production" oder allgemeiner als Sprachproduktion i.S. der kognitiven Psychologie zu verstehen. Jedoch: So wichtig diese Ansätze auch sein mögen, so ist es schon aus methodischen Gründen nicht ratsam, eine noch in den Anfängen steckende, fachfremde Disziplin als Fundament einer sprachwissenschaftlichen Explikation zu verwenden (was eine intensive Berücksichtigung deren Ergebnisse nicht ausschließt).

Wie kann man aus diesem Trilemma zwischen "Aufguß", "Supertheorie" und fachfremdem Ansatz entkommen? Läßt sich überhaupt eine sprachwissenschaftliche Explikation von 'Formulieren' entwickeln, die weder in der Wiederholung von Trivialitäten besteht, noch zu einer unspezifischen "Supertheorie" auswächst? Ich werde versuchen, eine handlungstheoretisch fundierte und kommunikationstheoretisch orientierte Explikation des Formulierungs-Begriffs vorzulegen. Voraussetzung ist, daß 'Formulieren' für eine kommunikationsorientierte Sprachwissenschaft überhaupt als ein relevantes Thema konstituiert und begründet werden kann. Dies soll in diesem Kapitel durch zwei Problematisierungen der Themenstellung begonnen werden:

In der ersten Problematisierung wird anhand der Kommentare über Formulierungsresultate gezeigt, daß Formulierungsresultate "kommunikativ relevant" oder "brisant" werden können: eben deshalb reden, beurteilen, interpretieren und streiten wir über sie. Aber nicht nur Rezipienten können Probleme mit Formulierungen haben - auch und gerade bei der "Herstellung" treten Probleme auf, deren Erkennen und Lösen die Handlungsweise FORMULIEREN geradezu charakterisieren. Daher wird in der zweiten Problematisierung die zunächst vielleicht trivial klingende Frage entwickelt, warum es überhaupt 'Formulierungsprobleme' beim FORMULIEREN gibt. Um es paradox auszudrücken kann man fragen: Warum ist "Reden" so leicht, aber FORMULIEREN so "schwer"? Über diese Frage, die den Leistungsaspekt als spezifisches Kriterium für die Handlungsweise FORMULIEREN ins Spiel bringt, wird die Explikation dieses Begriffes angegangen. In der damit aufzubauenden "Theorie des Formulierens" geht es dann zentral um die Beantwortung der Fragen, <u>warum</u> Formulierungsprobleme aufgrund nicht bloß subjektiv erkennbarer Anforderungen an den herzustellenden Text auftreten und <u>wie</u> sie gelöst werden.

---

13 Der Einfluß der kognitiven Psychologie in der Linguistik wurde außer im Bereich der Psycholinguistik vor allem in der Erzählforschung spürbar, VAN DIJK (1978 u. 1979) und HAUBRICHS (1976).

Wichtiger als die erst angedeutete Skizzierung des Ziels ist die Begründung für eine Theorie des Formulierens. Ausgegangen wird von sozusagen "handfesten" Problemen kommunizierender Individuen: von ihren Problemen mit Formulierungen (anderer) und mit ihren eigenen 'Formulierungsproblemen' bei der Herstellung von Texten.

Kommen wir nach diesen Bemerkungen auf die erste Problematisierung und damit auf die Beispiele (1) bis (3) zurück. Versteht man - im zunächst noch übertragenen Sinn - 'Formulieren' als Lösen von Formulierungsproblemen und 'Formulierungen' als textuell sich manifestierende Problemlösungsresultate und nimmt man ferner hinzu, daß Probleme unterschiedlich gut gelöst werden können, so können wir auf diesem Hintergrund nochmals die Diskussion um Formulierungen genauer betrachten.

Zu (1)
Mit den Fragen in (1) soll demonstriert werden, daß und wie Formulierungsresultate kommentiert werden können. Dabei ist einmal der formelhafte Charakter der zitierten Kommentare auffällig: Sie lassen sich - sieht man einmal von Mischformen ab - auf zwei Standardkommentarformeln der Art: *Das ist schwammig formuliert* und *Das ist eine präzise Formulierung* reduzieren. Auffällig ist ferner die große Anzahl der in diesen Formeln vorkommenden - wie ich sie nennen werde - 'formulierungskommentierenden Ausdrücke' ('FKA').

Wenn man berücksichtigt, daß für die Wahrheit von Aussagen, ebenso wie für die Beurteilung von 'Sätzen' (im CHOMSKY'schen Sinn) normalerweise nur zwei Prädikate ('wahr/falsch'; 'grammatikalisch/ungrammatikalisch') gebraucht werden, so stellt sich zunächst die Frage, warum ausgerechnet für sprachliche Ausdrücke, die wir als *Formulierungen* bezeichnen, so viele FKA als Beurteilungsprädikate zur Verfügung stehen. Vor allem aber: Woher haben die FKA ihre "Beurteilungs- oder gar Sanktionierungskraft"? Warum ist es für den "Hersteller" von Formulierungen und für die Verständnisbildung in sprachlicher Kommunikation nicht folgenlos, wenn Formulierungen als *präzis, brillant, umständlich, abstrakt oder demagogisch* bezeichnet werden? Woher beziehen FKA überhaupt ihre Geltung?

Ohne hier schon den Analysen im 2. Kapitel vorgreifen zu wollen, kann man die erste Frage - etwas verkürzt - so beantworten: Die Herstellung oder Rezeption von Formulierungsresultaten kann in den seltesten Fällen als in jeder Hinsicht 'geglückt' oder 'mißglückt' (14) bezeichnet werden. Das zeigt sich beispielsweise daran, daß man sowohl als "Hersteller" oft nach besseren Formulierungen

---

14 Diese an die Alltagssprache angelehnte Redeweise wird - wie in 2.7 gezeigt werden kann - von AUSTIN auch dort verwendet, wo es nicht nur im Sinne WUNDERLICHs (1976a) um das 'Gelingen eines Sprechakts' oder um das 'Erfolgreichsein' geht. D.h. das 'Glücken/Mißglücken von Formulierungen' ist zu unterscheiden einmal vom 'Gelingen eines Sprechakts' (WUNDERLICH 1976a:58 ff). Darüber hinaus ist unklar, ob das 'Glücken/Mißglücken von Formulierungen' unter den Begriff des 'Erfolgreichseins' subsumierbar ist: "Erfolgreichsein ist ein Prädikat für Sprechakte, über dessen Anwendbarkeit die Nachgeschichte dieses Sprechaktes ent-

suchen kann, genauso wie umgekehrt ein Rezipient einen konkreten
Text durchaus verstehen, die Intentionen des Herstellers weitgehend
zutreffend rekonstruieren und dennoch verwendeten Formulierungen kritisch bis ablehnend gegenüberstehen kann. Er kann allerdings auch den
Versuch unternehmen, etwas besser oder anders auszudrücken. Mit diesen beiden Beispielen soll gesagt werden, daß Formulierungsresultate
graduell glücken oder mißglücken können. Aber nicht nur das: Man kann
die "Brillianz" oder die "Demagogie" von Formulierungen bewundern und
dennoch darauf verweisen, daß sie unter dem Gesichtspunkt der "Wahrheit" mißglückt sind, man kann die Abstraktheit und Präzision z.B. juristischer oder/und wissenschaftlicher Texte akzeptieren und dennoch
die Frage nach der Verständlichkeit (15), der Höflichkeit (etwa bei
Behördenformularen) oder nach der ästhetischen Qualität stellen. D.h.,
neben einem gradwisen "Glücken/Mißglücken" von Formulierungen muß man
auch sehen, daß das FORMULIEREN eine Anzahl von z.T. sehr unterschiedlichen Dimensionen umfassen kann. Diese hier nur angerissene
Diskussion wird zu der von AUSTIN vorbereiteten These führen, wonach
beim FORMULIEREN - indiziert durch die Reichhaltigkeit von FKA - verschiedene Grade und Dimensionen des "Glückens" im Spiel sind ("various
degrees and dimensions of success").

Mit dieser These ist auch schon die Frage nach der "Beurteilungskraft" der FKA mitbeantwortet: Das Studium von FKA bietet m.E. einen
hervorragenden Zugang zu der Beantwortung der Frage, welche "Dimensionen" und "Grade" des "Glückens/Mißglückens" beim FORMULIEREN prinzipiell tangiert (allerdings nicht immer berücksichtigt) werden können. Damit haben wir eine Methode in der Hand, um die für eine Theorie des Formulierens entscheidende Frage nach Formulierungskriterien
stellen und beantworten zu können. Auf dieser Grundlage kann dann
auch gezeigt werden, woher FKA ihre Geltung beziehen.

Wenn wir Formulierungsresultate kommentieren, dann geschieht das
nicht immer nur als Beurteilung in Form formelhafter Wendungen mit
Hilfe von FKA. Wenn wir fragen, was wir tun, wenn wir Formulierungen
kommentieren, so müssen wir auch sehen, daß das insgesamt heißen
kann: Wir ZITIEREN, INTERPRETIEREN, ANALYSIEREN oder BEURTEILEN
FORMULIERUNGEN (letzteres auch ohne FKA). Um einen Eindruck davon zu
vermitteln sind im folgenden einige illustrierende Beispiele aufgeführt:

---

zu 14 scheidet" (WUNDERLICH 1976a:58). Denn das im Hinblick auf bestimmte Formulierungskriterien (vgl. 2.6) bestimmbare 'Glücken/Mißglücken von Formulierungen' scheint ein wesentlicher,
bislang kaum in Rechnung gestellter Faktor des 'Erfolgreichseins', insbesondere des 'Akzeptierens' (WUNDERLICH 1976a:
115 ff) zu sein. Vgl. auch die Kritik in WIEGAND (1979).
15 Vgl. dazu HERINGER (1979)

FORMULIERUNGEN ZITIEREN:

(4) *Selbst das Bundesverfassungsgericht, ansonsten in seiner Radikalen-Rechtsprechung höchst unverbindlich, kritisierte die "systematische" Einschaltung der Verfassungsschutzämter beim Überprüfen von Stellenbewerbern für den Vorbereitungsdienst mit harschen Formulierungen. Diese Praktiken*
- *"vergiften" die politische Atmosphäre*
- *"diskreditieren den freiheitlichen Staat",*
- *"stehen außer Verhältnis zum Ertrag".* (DER SPIEGEL) (16)

FORMULIERUNGEN ANALYSIEREN:

(5) *Auch wenn diese Vorstellungen bei verschiedenen Lesern des Textes sicherlich variieren, so bleibt doch eine Basisvorstellung, die eben mit der Redewendung "Hahn im Korb" metaphorisch - sprachlich gefaßt wird; eine sprachliche Formulierung, deren konventionelle Geltung und Verständlichkeit es der Verfasserin ja gerade ermöglichte, diese Formulierung zur Charakterisierung zu verwenden.* (RAMGE)

FORMULIERUNGEN INTERPRETIEREN:

(6) *Dennoch hat auch die Linke ihre Neigung zu zweideutigen Formulierungen nicht zügeln können - nicht zuletzt in der Hoffnung auf eine Regierungsübernahme und die damit mögliche Interpretation mancher Artikel. Verfassungssätze, nach denen die "Freiheit und Gleichheit der Menschen und Gruppen verbessert" und "das Vermögen des Landes dem Allgemeinwohl untergeordnet" werden soll, eröffnen die Möglichkeit für sozialistische Reformen ebenso wie das festgeschriebene Recht auf "Mitbestimmung an den Produktionsmitteln" - eine marxistische Metapher, die ausgerechnet von konservativen Allianza-Abgeordneten in den Text geschrieben wurde.* (DIE ZEIT)

FORMULIERUNGEN BEURTEILEN:

(7) *Noch heute kann es vorkommen, daß ein Satz wie dieser zum Druck befördert wird: "Im Verzicht auf ein allein aus der künstlerischen Tätigkeit hervorgegangenes, vollständig durchgebildetes Ganzes als Folge des Zugriffs auf ein bereits im außerästhetischen Bereich bearbeitetes, geformtes, meist mit technischen Mitteln 'gestaltetes' Material, relativiert der kubistische Maler seine eigene gestaltende Arbeit und die ihm zur Verfügung stehenden Mittel als orginale und einmalige." Arroganz, das stimmt schon, steht hier nicht zur Debatte. Es handelt sich vielmehr bei diesem Beispiel (und anderswo) um eine Kommunikationsstörung, genauer: um die Störung im Verhältnis zwischen Formulierung und Anschauung. Im angeführten, überformulierten Satz hat die Anschauung Schaden genommen, mehr noch: Ihr ist, zugunsten eines im übrigen sehr banalen Gedankengangs, der Rest gegeben worden.*
(DIE ZEIT Nr. 14 v. 28.3.80)

---

16 Genauere Nachweise finden sich im Anhang.

Zu (2)
Wir sind bisher von der Frage ausgegangen: "Wie reden wir über Formulierungsresultate" bzw. "Was tun wir, wenn wir über Formulierungsresultate reden?" Im Hinblick auf die Fragen (2) müssen wir jetzt eine tiefergehende und grundsätzlichere Frage stellen: "Wie kommt es überhaupt, daß wir in Texten gebrauchte Ausdrucksmittel als *Formulierung* (bzw. als *Wort* oder *Wortlaut*) bezeichnen?" Diese Frage stellt sich auf dem Hintergrund alternativer, vielleicht sogar konkurrierender Bezeichnungen für Ausdrucksmittel. Konkret: Wo liegt der Unterschied zwischen einer Bezeichnung wie 'Formulierung' einerseits und 'Satz' oder 'Äußerung' andererseits. Alle drei Bezeichnungstypen werden in der Alltagssprache verwendet. Darüber hinaus haben 'Satz' und auch inzwischen 'Äußerung' (17) als wissenschaftliche Termini Verwendung gefunden - nicht jedoch 'Formulierung', 'Wort' oder 'Wortlaut'. Eine wie auch immer beschaffene Theorie des Formulierens muß - insbesondere im Hinblick auf ihren Gegenstand und im Hinblick auf zu konstituierende Kategorien - die Frage stellen, ob und inwiefern Formulierungsresultate, die als 'Formulierung', 'Wort' oder 'Wortlaut' bezeichnet werden können sich von grammatischen ('Satz') oder pragmatisch-sprechakttheoretischen Kategorien ('Äußerung') unterscheiden. Betrachten wir dazu ein Beispiel:

(8) *Ein Verurteilter ist niemals seinem Galgen gewachsen.*
(S.J. LEC) (18)

Dieser Aphorismus läßt sich einmal unter grammatischen Aspekten beispielsweise als 'Satz' etwa folgendermaßen kommentieren: "Das ist ein deutscher Satz mit einem zweiteiligen Prädikat". Damit soll demonstriert werden, daß wir den Aphorismus unter einem grammatischen Aspekt sehen können.

Man kann aber auch den Aphorismus unter dem Gesichtspunkt kommentieren, daß mit ihm eine kommunikative Handlung vollzogen wird, beispielsweise indem wir problematisieren, welcher Sprechakt (insbesondere welche 'Illokution' oder 'Perlokution') vorliegt: "Es ist fraglich, ob dieser Aphorismus eine Behauptung darstellt" oder: "Dieser Aphorismus ist eine Anklage gegen die Todesstrafe". Wenn wir Äußerungen unter Kategorien wie 'Behaupten', 'Vorwerfen', 'Anklagen', 'Auffordern', 'Fragen' etc. kommentieren, dann ist klar, daß wir konkrete sprachliche Ausdrucksmittel als 'Äußerungen' und das heißt unter pragmatisch-sprechakttheoretischen Aspekten betrachten.

Schließlich ist es möglich, den Aphorismus als 'Formulierung' zu kommentieren: "Dem Verfasser gelingt durch eine doppeldeutige Formulierung eine überraschende Perspektivänderung." oder: "Was für eine sarkastische Formulierung".

Besonders interessant an dieser dreifachen Aspektualisierung ist naturgemäß die Differenz zwischen 'Äußerung' und 'Formulierung', da hier die in der Arbeit noch häufig thematisierte Unterscheidung von 'Vollzug eines Sprechakts' und 'Formulierung eines Sprechakts'

---
17 Vgl. HABERMAS (1971:101 ff).
18 LEC, S.J.: "Letzte unfrisierte Gedanken" (1968, 1975^6:78). Reihe Hanser, München

problematisiert wird (vgl. Kap. 3). Diese Differenz soll im folgenden unter zwei Aspekten weiter herausgearbeitet werden:

1. Im Zusammenhang mit der Kritik an der Rhetorik hat geradezu schon topischen Charakter die Differenz zwischen propositionalem und - man verzeihe das Kunstwort - "formulativem" Aspekt, wie dies in folgenden Beispielen deutlich wird:

(9) *Man kann über Formulierungen streiten. Aber der Sache nach ist es richtig.* (Texte II)

(10) *Eine Ihrer Aussagen lautet "Krebsvorsorge sei Humbug". Auch diese Aussage enthält, wenn auch vulgär formuliert, einen richtigen Anteil.* (DER SPIEGEL)

(11) *Nicht selten nur hat man den Eindruck, alles sei so gut formuliert, daß es gar nicht falsch sein könne.* (DER SPIEGEL)

(12) *Das Faszinierende an solchen Formulierungen ist, daß man nicht zu entscheiden vermag, ob sie gekonnt zur Verdummung des Lesers eingesetzt sind oder ob die Verfasser sie am Ende selber glauben.* (DIE ZEIT)

(13) *Klaus Buch formuliert so, daß man, wenn man widersprach oder zustimmte, fast nur der Formulierung, aber nicht dem Gesagten widersprach oder zustimmte.* (M. WALSER)

2. Wie aus den Beispielen ersichtlich, wird hier eine Differenz zwischen einer "Sache" (dem propositionalen Gehalt eines Sprechakts) und seiner Formulierung unterstellt; eine Differenz, die nur sehr unvollkommen mit der Inhalt/Form-Dichotomie zu erklären ist, was sich sofort an der zweiten Differenz, nämlich an der zwischen illokutivem und 'formulativem' Aspekt, zeigt:

(14) *Es ist falsch, unter diesen Voraussetzungen eine Frage zu stellen.*

(15) *Unter dieser Voraussetzung ist die Frage falsch gestellt.*

Mit (14) wird der Vollzug eines Sprechakts (und damit auch der Vollzug eines illokutiven Aktes) als unzweckmäßig ('falsch') beurteilt, während in (15) nicht der Sprechakt, sondern die Formulierung der Frage als falsch beurteilt wird.

Die Beispiele (9) bis (14) dürften schon ausreichen, um zweierlei zu verdeutlichen: Verwendete Ausdrucksmittel können erstens schon alltagssprachlich unter drei Aspekten unterschieden und thematisiert werden und es besteht zweitens eine klare Unterscheidungsmöglichkeit zwischen propositionalen bzw. illokutiven Aspekten auf der einen Seite und einem 'formulativen' Aspekt auf der anderen Seite. Daraus ergibt sich folgende Konsequenz:

Mit AUSTIN wird die Annahme geteilt, daß sich in den Ausdrücken der Alltagssprache ein über Generationen angesammeltes und in einem

quasi-Darwinschen Sinn selektiertes Alltagswissen repräsentiert (19).
Auf diesem Hintergrund muß diese von der Alltagssprache vorgegebene
Differenzierungsmöglichkeit auch Konsequenzen für eine wissenschaftliche Analyse sprachlicher Ausdrucksmittel haben. Dies um so mehr,
als von dem methodischen Grundsatz ausgegangen wird, daß Sprachwissenschaft, wie andere Handlungswissenschaften auch, als eine "Hochstilisierung" (20) unserer alltäglichen Praxis zu verstehen ist. Konkret hieße das: Die alltagssprachlich offenbar systematisch vorgegebene Differenzierung sprachlicher Ausdrucksmittel wird als Argument und Auftrag zugleich verstanden, in der wissenschaftlichen Analyse neben einem Problem- und Forschungsbereich "Grammatik" und
"Pragmatik" (21) noch einen weiteren Arbeitsbereich vorzusehen, in
dem expliziert und rekonstruiert wird, was 'Formulieren' heißt.

Zu (3):
Eine Arbeit, die das FORMULIEREN problematisiert, steht themenbedingt
in der Gefahr, den formulativen Aspekt und damit auch die kommunikative Rolle von Formulierungen pauschal zu überschätzen. Daher sollen
die im Komplex (3) zusammengestellten Fragen - wenn auch nur ansatzweise - demonstrieren, daß es eine ganze Reihe von Faktoren gibt,
die die Geltung von Formulierungen relativieren. Ohne Anspruch auf
Systematik und Vollständigkeit sollen einige markante Faktoren der
"Relativität" von Formulierungen angedeutet werden:

- Gemeinsame Verständigung ist - vor allem in informellen, natürlichen Interaktionssituationen - oft "auch ohne (viel) Worte" möglich (wenn auch nicht immer erfolgreich: Man denke etwa an die dieses Phänomen thematisierenden Dramen Becketts oder Kroetz'). Es ist
zu vermuten, daß in solchen Interaktionssituationen, in denen der
sprachliche Anteil nur einer von mehreren semiotischen Prozessen darstellt, die formulative Seite gegenüber der interpretativen zurücktritt.

Dieses zugegebenermaßen extreme Beispiel demonstriert anschaulich,
daß sprachliche Kommunikation aus zwei korrespondierenden Komponenten, der formulativen und der interpretativen besteht (22), wo-

---

19 "... our common stock of words embodies all the distinctions men
have found worth drawing, and the connexions they have found
worth marking, in the lifetimes of many generations: these surely
are likely to be more numerous, more sound, since they have stood
up to the long test of the survival of the fittest, and more
subtle, at least in all ordinary and reasonably practical matters, than any that you or I are likely to think up in our armchairs of an afternoon - the most favoured alternative method."
AUSTIN 1979:182)
20 Das von der Phänomenologie (Husserl, Schütz, Heidegger) entwickelte Wissenschaftsverständnis, das auch für die 'linguistic phenomenology' eines AUSTIN (1979:182) gilt, hat einmal LORENZEN so
zusammengefaßt: "Alles Denken ist eine Hochstilisierung dessen,
was man im praktischen Leben immer schon tut." (LORENZEN 1969:26)
21 Unter dem breiten Begriff 'Pragmatik' fasse ich kommunikationstheoretische Ansätze im Gefolge der Sprechakttheorie zusammen.
22 Ansätze zu einer Thematisierung dieses Verhältnisses finden sich
bei KUMMER (1975), HÖRMANN (1976), TERBUYKEN (1975), COULMAS
(1977), SCHEGLOFF (1972) und GARFINKEL/SACKS (1976).

bei beide Komponenten zwar prinzipiell gleichrangig, aber für konkrete Kommunikationen durchaus auch ungleichgewichtig in Rechnung zu stellen sind. Wie immer das Verhältnis im einzelnen zu bestimmen ist: Man muß berücksichtigen, daß die formulative Seite sprachlicher Kommunikation generell durch die interpretative Seite relativiert werden kann.

- Spezielle Relativierungen durch die interpretative Komponente sind z.T. schon genannt worden: Formulierungen können im Hinblick auf bestimmte Intentionen relativiert, kritisiert und eventuell geändert werden (man denke an die Diskrepanz von "Meinen" und "Sagen"), ferner im Hinblick auf den Wahrheitsgehalt und auf bestimmte Wirkungen und Folgen (23). In diesem Zusammenhang wichtig scheint der Hinweis, daß Formulierungen im Hinblick auf kurz- oder auch langfristig eingespielte Interpretationsweisen in ihrem Verständnis festgelegt sind. Dies gilt nicht nur für Ausdrücke, die beispielsweise Fach- oder Sondersprachen (oder im weiteren Sinn einer "stilistischen Sphäre") angehören. Da Formulierungen auch Zustände, Personen oder Auffassungen identifizieren und charakterisieren können, hat dies Folgen für die Bereitschaft zur Übernahme von Worten.

- Schließlich sei auf eine konventionell geregelte unterschiedliche Verbindlichkeit von Formulierungen hingewiesen: In unserer Kultur gilt beispielsweise das mündliche Wort als weniger verbindlich als das schriftliche. Ferner haben juristische, administrative, wissenschaftliche, kurz: offizielle Texte einen anderen Verbindlichkeitsgrad als Äußerungen, die in der "Hitze des Gefechts" oder in Bierlaune gemacht wurden. Eine Folge dieser unterschiedlichen Verbindlichkeit ist bekanntlich die Tatsache, daß die persönliche Verantwortung für Formulierungen weitgehend an diese konventionell geregelte Verbindlichkeitsskala gekoppelt ist.

Zusammenfassung der ersten Problemstellung:

In einer ersten Problemstellung haben wir von den Formulierungsresultaten her versucht, das Thema 'Formulieren' zu konstituieren. Ausgehend von einigen typischen Redeweisen wurde in drei Punkten die Frage gestellt, welche Rolle Formulierungsresultate bei der sprachlichen Verständigung spielen. In einem ersten Punkt wurde auf die sich in formulierungskommentierenden Ausdrücken dokumentierenden Differenzierungs- bzw. Nuancierungsmöglichkeiten von Formulierungsresultaten hingewiesen. In einem zweiten Punkt wurde dann etwas grundsätzlicher danach gefragt, wieso sprachliche Ausdrucksmittel überhaupt gegenüber Bezeichnungen wie 'Satz' oder 'Äußerung' als Formulierungsresultate aufgefaßt und als solche bezeichnet werden können. Schließlich wurde in einem dritten Punkt auf die "Relativität" von Formulierungen bei der Schaffung von Verständnis und an-

---

23 Kriterium für die Unterscheidung von 'Wirkungen von Formulierungen' und 'Folgen von Formulierungen' ist die Chance auf Kontrollierbarkeit (dazu BRENNENSTUHL 1975) durch den Handelnden bei 'Wirkungen'. Hingegen kann man für bestimmte 'Folgen von Formulierungen' (die möglicherweise erst Jahrhunderte später auftreten) nicht mehr direkt verantwortlich gemacht werden.

satzweise darauf verwiesen, daß die formulative und interpretative Komponente sich gegenseitig relativierend und stützend immer zusammen gesehen werden müssen.

Als Hauptziel der ersten Problematisierung kann anhand der Fragen (1) bis (3) zusammenfassend und zugleich vorgreifend folgendes gesagt werden: Kommunikationsteilnehmer ZITIEREN, INTERPRETIEREN, BEURTEILEN etc. deshalb Formulierungsresultate, weil sie als Angebot für eine von Rezipienten weiterzuführende Verständnisbildung (24) offensichtlich in vielerlei Hinsicht "problematisch" sind. Aber auch die Herstellung eines solchen Angebots, d.h. die Herstellung eines Textes kann für den Sprecher/Schreiber "problematisch" werden. Anhand der Diskussion der Begriffe 'Formulierungsproblem' soll im folgenden gezeigt werden, daß nicht nur die interpretative Verständnisbildung, sondern insbesondere die sich in Texten manifestierende formulative Verständnisbildung mit der Beherrschung (der Regeln) der Muttersprache allein nicht zu erklären ist.

1.2 Problematisierung II: Warum ist FORMULIEREN "schwer"?

(16) *Ja/ also ich möchte folgendes sagen/ Ich glaube/ ich kann es nicht ganz richtig formulieren/ aber der Thomas Mann hat einmal gesagt:/ 'Ein Schriftsteller ist ein Mann, dem das Schreiben mehr Mühe macht als andern.'/ Und ich kann aus meiner eigenen Erfahrung sagen/ für mich ist das Blatt Papier/ wenn ich den ersten Satz muß draufschreiben oder tippen/ es ist eine Qual/ und da probiert man es/ und mit der Zeit geht es wie von selbst/* (25)

Man braucht kein Schriftsteller zu sein, um hier angesprochene Erfahrung teilen zu können: Schreiben macht Mühe, verschlingt Konzeptpapier und wächst sich oft zu einem langwierigen Prozeß aus. Dies zeigt sich aber nicht erst im Verlauf des Schreibprozesses, sondern wird häufig schon beim ersten Satz deutlich: "Wie soll ich anfangen?", "Womit beginnen?". Wie aus dem Beispiel hervorgeht, scheint für manchen gerade der Anblick leerer, weißer Blätter und die damit verbundene "Qual" Inbegriff formulativer Mühe zu sein.

Wer solche oder ähnliche, vielleicht nicht ganz so "dramatisch" verlaufende Beobachtungen oder Erfahrungen gemacht hat, der wird die Ausgangsthese der zweiten Problematisierung - trotz ihrer zugleich plakativen wie mehrdeutigen Formulierung - zumindest intuitiv verstehen können. Sie lautet: "FORMULIEREN ist "schwer"!" Mit ihr wird ganz pauschal auf die gängige Erfahrung Bezug genommen, wonach REFLEKTIERTES FORMULIEREN aufgrund der sehr oft erforderlichen Planungen, Umformulierungen, Korrekturen und mehrfachen Fassungen <u>aufwendig ist</u>, <u>Zeit kostet</u>, vielfach <u>Mühe bereitet</u>, bisweilen auch <u>Ärger</u>

---
24 Vgl. (3.5).
25 RUPP (1970:19). RUPP gibt ebenfalls zu Demonstrationszwecken diese Äußerung eines verstorbenen Schweizer Schriftstellers wieder, der in einer Radiosendung die Frage, ob man literarisches Schreiben lernen könne, beantworten sollte. Seine Antwort geht übrigens über die zitierte Stelle hinaus.

macht und hie und da sogar "Qualen" erzeugen kann. Dabei ist klar, daß die psychischen und emotionalen Reaktionen als Folgen dieser Handlungsweisen individuell, situationsabhängig und textsortenspezifisch stark differieren können.

Betrachten wir die These etwas genauer. Sie enthält eine Doppeldeutigkeit in bezug auf "schwer": Daß FORMULIEREN "schwer" ist, kann einmal bedeuten, daß diese Handlung mit psychisch-emotionalen Reaktionen des Formulierenden (Mühe, Ärger, Streß, "Qual") verbunden ist (= 'schwer$_1$'). Diese "Schwere" ist - wie später noch näher ausgeführt wird (vgl. S. 31) - zumeist nicht Ursache, sondern Folge eines für das FORMULIEREN charakteristischen Handlungsprozesses. Dieser Prozeß ließe sich durch verschiedene Formulierungsstadien (26) wie PLANEN, PRÜFEN, KORRIGIEREN und UMFORMULIEREN kennzeichnen. Das in der Regel mehrmalige, oft nicht zufriedenstellende Durchlaufen dieser Stadien, das sich beim schriftsprachlichen FORMULIEREN u.a. in Form mehrerer Entwürfe und Fassungen auch sprachlich manifestiert, könnte pauschal als "schwer" bezeichnet werden. Mit Hilfe dieser noch sehr vorläufigen Unterscheidung kann man jetzt sagen, daß die psychisch-emotionalen "Schwierigkeiten$_1$" Folge der aus dem Formulierungsprozeß resultierenden "Schwierigkeiten$_2$" sind.

Dieser Unterschied soll nun terminologisch gefaßt werden: Psychisch-emotionale Phänomene, die als Reaktionen auf die (oft aufwendige) Handlungsweise FORMULIEREN zu verstehen sind, sollen 'Formulierungsschwierigkeiten' heißen. Davon zu unterscheiden ist die beim FORMULIEREN aufzubringende Formulierungsleistung, die sich - sozusagen objektiv - durch den zeitlichen und/oder sprachlichen Aufwand manifestiert.

Hinter dem Begriff 'Formulierungsleistung' verbirgt sich eine gegenüber der Ausgangsthese präzisierte zweite These, die in zwei Versionen formuliert werden kann: Version 1: "FORMULIEREN gilt als Leistung" und Version 2: "FORMULIEREN erfordert eine - wenn auch unterschiedliche - Leistung".

Zu Version 1: Daß FORMULIEREN als Leistung gilt, zeigt sich am deutlichsten darin, daß sie gesellschaftlich honoriert und im steigenden Maße auch professionalisiert wird: Neben dem gerade entstehenden Beruf des "Ghost-Writers" und des "Texters" sind vor allem didaktische, journalistische und wissenschaftliche Berufe anzuführen, deren zentrale Aufgabe darin besteht, vorhandenes Wissen bzw. Informationen medienspezifisch und/oder adressaten- bzw. aufgabengerecht umzuformulieren.

Damit können wir schon zu Version 2 überleiten: Daß FORMULIEREN eine Leistung erfordert, läßt sich m.E. besonders eingrenzbar an einem Spezialfall dieser Handlungsweise, nämlich dem UMFORMULIEREN zeigen. Diese Handlungsweise besteht "nur" in der "Umsetzung" eines Textes T_1 in einen anderen, beispielsweise kürzeren Text T_2. Selbst bei Kürzungen eines Textes aus Zeit- oder Platzgründen, d.h. bei gleichem Adressatenkreis, wird man aufgrund des Zeitaufwandes noch von Formulierungsleistungen sprechen können. Entscheidend ist aber

---

26 Zum Begriff 'Handlungsstadium' vgl. REHBEIN (1977).

die Frage, worin diese vermuteten Leistungen bestehen. Um diese Frage nicht bloß ad hoc, sondern methodisch und detailliert beantworten zu können, müssen wir in einem Exkurs zunächst klären, ob und wie Formulierungsleistungen empirisch zu untersuchen sind.

EXKURS: Datenkonstitution und Materialgrundlage

Der Entwurf einer sprach- und kommunikationswissenschaftlich orientierten Theorie des Formulierens hängt weitgehend davon ab, ob es gelingt, die "Datenfrage" zu lösen. Sie läßt sich so umschreiben:"Gibt es einen linguistisch motivier- und kontrollierbaren Zugang zu Phänomenen des Textherstellens?" Die Lösung dieser Frage hat entscheidende Folgen für die Zielsetzung und den Gegenstand der Theorie. Schließlich entscheidet sich daran, ob und wie die anvisierte Theorie empirisch überprüfbar ist. Es ist nicht übertrieben, wenn man sagt, daß eine Theorie des Formulierens mit dieser Datenfrage steht und fällt. Da auch die Problematisierung von der Lösung dieser Frage wesentlich abhängt, müssen wir uns zunächst diesem Problem zuwenden.

Worin besteht nun konkret diese "Datenfrage"? Um herauszubekommen was man "tut", wenn man FORMULIERT, d.h. um die Genese von Formulierungsresultaten detailliert studieren zu können, wäre zu postulieren, daß Formulierungsprozesse "exothetisiert", d.h. möglichst unmittelbar, direkt und lückenlos nach Außen gesetzt werden können (27). Diese Forderung scheint zunächst völlig illusorisch zu sein, da uns – läßt man die in der empirischen Psychologie üblichen experimentellen Verfahren einmal beiseite – nur drei – sehr unbefriedigende – Zugänge zu dem Formulierungsprozeß zur Verfügung stehen: Wir können einmal über die "innere Handlung" FORMULIEREN berichten; wir können uns ferner auf Formulierungsresultate stützen oder bestenfalls Resultate heranziehen, die ein Teil des Formulierungsprozesses dokumentieren (etwa in Form verschiedener Fassungen). Auf der Basis dieser Zugangsmöglichkeiten können wir vier – ebenfalls unbefriedigende – Methoden der Datenkonstitution bzw. Manifestationsweisen von Formulierungsprozessen unterscheiden:

1. Introspektion: Diese – die schlechteste – Möglichkeit besteht darin, Formulierungsprozesse anhand von nachträglichen Berichten über das, "was drinnen passiert ist", zu rekonstruieren. Die Subjektivität, die Indirektheit und die nicht überprüfbare Lückenhaftigkeit dieses im Nachhinein gegebenen Berichts lassen eine solche Methode als ungeeignet erscheinen.

2. "Lautes Denken": Diese in der Psychologie verwendete, nicht experimentelle Methode (28) hat gegenüber der Introspektions-Methode den Vorteil größerer Unmittelbarkeit. Außerdem können hier Lücken identifiziert werden. Dennoch ist nicht entscheidbar, wie "direkt" verbalisiertes Denken kognitive Prozesse wiedergeben kann.

---
27 "Eine 'Exothese' ist das unmittelbare, direkte Nach-Außen-Setzen von Prozessen und/oder Resultaten mentaler Vorgänge." (REHBEIN 1977:346 Anm. 27).
28 Vgl. dazu DÖRNER (1974) und SEIDEL (1976:28).

3. Rekonstruktion auf der Basis schriftlicher Aufzeichnungen: Der Formulierungsprozeß kann ansatzweise über die Manifestation seiner Resultate rekonstruiert werden. Dies ist umso besser möglich, je mehr der Prozeß in Form verschiedener Fassungen, Varianten und Korrekturen schriftlich dokumentiert ist (29). Obwohl bei gut dokumentiertem Material Rückschlüsse auf den Formulierungsprozeß und damit auch auf die Intention bzw. die "Intentionsbildung" möglich sind, ist diese Methode zumindest durch ihre Lückenhaftigkeit nur bedingt tauglich.

4. Analyse spontan gesprochener Sprache: Es ist mehrfach darauf verwiesen worden (30), daß sich in spontan gesprochener Sprache ein Teil des Formulierungsprozesses sprachlich manifestiert widerspiegelt. Die Zugrundelegung von Material der gesprochenen Sprache als empirische Basis für eine Analyse des Formulierungsprozesses stößt aber auf drei Schwierigkeiten: Zum einen ist der Formulierungsprozeß immer noch nicht ganz lückenlos (wenn auch unmittelbar und direkt) dokumentiert, ferner kann der Sprecher bedingt durch die face-to-face-Situation und durch das interaktionelle "Mittun" des Hörers davon ausgehen, daß er keine großen formulativen Anstrengungen unternehmen muß, und schließlich ist in gesprochener Sprache nicht oder kaum die - noch zu explizierende Unterscheidung - von 'Formulierungsschwierigkeit' und 'Formulierungsproblem' nachzuvollziehen (31).

Im Hinblick auf die sehr weitgehende Forderung nach einer "Exothese" der Genese von Formulierungsresultaten sind alle vier Methoden, Daten zu gewinnen - wenn auch in unterschiedlichem Maße -, unbefriedigend. Angesichts dieses Ergebnisses ist man gezwungen, genauer die theoretischen Vorannahmen zu klären, unter denen die Daten konstituiert (32) werden sollen. Dafür sind folgende Kriterien maßgebend:

Schon durch die Vorstellung der vier - weitgehend unbefriedigenden - Methoden wird klar, daß die zu konstituierenden Daten sprachliche Daten sein müssen. Dies resultiert aus einer sprachwissenschaftlichen Explikation des Formulierungs-Begriffs.

Zumindest für die Analyse und Beschreibung der Formulierungsleistung en détail ist eine (im Sinne der Exothese) vollständige und

---

29 Es wäre zu prüfen, inwieweit eine Theorie des Formulierens auch für literaturwissenschaftliche Fragestellungen interessant ist. Ansatzpunkte dafür sind etwa Texte, bei denen der Formulierungsprozeß ansatzweise rekonstruiert werden kann, vgl. etwa HÖLDERLIN-Texte, wie sie in der 'Frankfurter Ausgabe' ediert sind.
30 "Der Prozeß der Textherstellung mit allen seinen Abweichungen, Neuansätzen, Wiederholungen und Korrekturen ist direkt beobachtbar. Man wird also im Bereich der gesprochenen Sprache feststellen können, daß ein Text zum Teil daraus besteht, den Text als solchen herzustellen . ." (RATH 1979:20 f).
31 Vgl. S.31.
32 Zum Problem der Datenkonstitution vgl. DITTMANN (1976) u. (1979: 14). Die Ausführungen von S. 21 ab zeigen, daß die Datenkonstitution Kriterien folgt, die in enger Verbindung zur projektierten Theorie stehen und in ihrem Licht begründet werden können.

natürlich elizitierte Manifestation der Genese der Formulierungsresultate erforderlich. (Die letzte Forderung richtet sich gegen
experimentelle Verfahren.)

Der kommunikationswissenschaftliche Ansatz der Theorie des Formulierens impliziert die Forderung, die sprachliche Manifestation
des Formulierungsprozesses unter einem "kommunikativ relevanten"
Aspekt zu versuchen. Ziel der Datenkonstitution ist nicht - jedenfalls nicht primär - das Nach-Außen-Setzen kognitiver Formulierungsprozesse. Zielpunkt ist vielmehr, die "kommunikative Konsequenz bzw. Brisanz" des Formulierungsprozesses und seiner Resultate anhand sprachlichen Materials empirisch zugänglich zu machen.
Um es noch schärfer auszudrücken: Es interessiert nicht, was wir
beim Formulieren denken, sondern was wir (typischerweise) tun.
Nicht die kognitiven Prozesse, sondern die auf kommunikative Konsequenzen ausgerichteten "Herstellungs"-Aktivitäten müssen offen-
gelegt werden.

Schließlich soll die Datenkonstitution so angelegt werden, daß individuelle Besonderheiten zugunsten typischer Erscheinungsweisen
des FORMULIERENS so gut wie möglich unterdrückt werden.

Im folgenden soll anhand dieser Kriterien eine befriedigende Methode der Datenkonstitution vorgeschlagen und diskutiert werden. Sie
besteht - kurz gesagt - darin, die durch mehrere Verfasser gemeinsame und gleichzeitige Herstellung eines Textes auf Tonband auf-
zunehmen und den verschrifteten Text als empirische Grundlage zu
verwenden. D.h. Gegenstand ('Daten') einer Theorie des Formulierens
sind "Textherstellungstexte" (Dies schließt "Textherstellungstexte"
der spontan gesprochenen Sprache mit ein, vgl. 5. Kapitel). Da diese Textherstellungstexte die Genese von Formulierungsresultaten qua
Dialog offenlegen, können sie auch als Modelle "monologischer" Formulierungsaktivitäten angesehen werden.
Betrachten wir diese Methode etwas genauer:

Entsprechend dem ersten Kriterium haben wir es mit sprachlichen
Daten zu tun.

Mehr noch: sie liegen nicht isoliert, sondern in Form eines Textes
vor. Mit der Vorlage eines Textes sind Rückschlüsse auf die Unmittelbarkeit, Direktheit und Lückenlosigkeit der Formulierungshandlung
möglich. D.h. qua Text ist eine Vollständigkeit der Formulierungs-
Exothese im allgemeinen als gegeben anzusehen, zumindest aber überprüfbar. - Anders als in experimentellen Situationen findet das gemeinsame Herstellen eines Textes in natürlichen Situationen (33)
statt. D.h. die auf das FORMULIEREN gerichtete Interaktion muß nicht
eigens zum Zwecke wissenschaftlicher Untersuchungen erfunden werden,
sondern sie bedient sich einer - wenn auch nicht sehr häufig auftretenden - vorgegebenen Handlungsweise. Damit ist auch das zweite Kriterium erfüllt.

---

33 Gemeinsames Textherstellen gehört bisweilen zur Aufgabe von
   Kommissionen oder Gremien und ist insofern "natürlich". Problematisch wird die Datengewinnung bei Texten, die normalerweise
   nicht von mehreren Verfassern formuliert werden.

Die Herstellung eines Textes durch mehrere Verfasser erfordert eine
kooperative Explizierung von Formulierungszielen und Formulierungsvorschlägen. D.h. in Kritik und Gegenkritik müssen Ziele und Vorschläge zur Diskussion gestellt, geprüft und bewertet werden. Dabei sind
Gründe anzugeben, Intentionen offenzulegen oder zu bilden und
schließlich müssen auch Kriterien explizit gemacht werden. Bei dieser Argumentation geht es um eine sich in dem zu formulierenden Text
dokumentierende Willensbildung, um die Angemessenheit von Formulierungszielen und -vorschlägen, um die Verantwortbarkeit von Formulierungen etc. - nicht um eine Argumentation, was "in den Köpfen der
Verfasser los ist". Denn die Verfasser geben keine Beschreibungen
ihrer kognitiven Formulierungsprozesse, sondern - indem sie diskutieren und argumentieren - "tun" sie FORMULIEREN. Streng genommen werden keine kognitiven Prozesse der Verfasser exothetisiert - dies mag
als Spezialfall vorkommen, wenn jemand sich im Sinne des geschilderten "lauten Denkens" äußert -, sondern die Handlung des FORMULIE-
RENS wird erst in der gemeinsamen Interaktion konstituiert. Daher
können Textherstellungstexte als Dokumente der "kommunikativ orientierten" Handlungsweise FORMULIEREN verstanden werden und erst in
zweiter Linie als Modelle monologischer Formulierungsprozesse. Damit
ist m.E. auch das dritte Kriterium erfüllt.

Durch den Zwang zur argumentativen Explizierung der eigenen Vorstellungen und Kritik etc. trägt das "dialogische" FORMULIEREN wesentlich dazu bei, daß Besonderheiten von Verfassern unterdrückt bzw.
neutralisiert oder zumindest für den Analysierenden erkennbar werden.
Damit treten zugleich typische Charakteristika der Formulierungshandlung deutlicher hervor. Dies gilt im besonderen Maße für eine Unterscheidung individueller Formulierungsschwierigkeiten von objektiv
sich stellenden "Formulierungsproblemen" (vgl. S.31). In diesem Zusammenhang sei ferner auf einen weiteren Vorteil der geschilderten
Methode verwiesen: Mit ihr wird es möglich, die Genese konkreter Texte unter weitgehender Abblendung subjektiver Besonderheiten, d.h. im
Hinblick auf eine erwünschte Allgemeinheit wissenschaftlicher Aussagen zu verfolgen. Damit ist auch das vierte Kriterium erfüllt.

Als Beispiel für eine bisher nur theoretisch diskutierte Daten-
grundlage soll im folgenden eine "geschönte" (34) Verschriftung

---

34 Die schriftliche Aufbereitung des auf Tonband aufgenommenen
Formulierungsprozesses war mit einigen Schwierigkeiten behaftet:
Einem relativ hohen Geräuschpegel (Baulärm, Geräusche durch Kaffeetrinken) stand ein individuell zwar unterschiedliches, aber
generell ungezwungenes, meist leises und simulantes Sprechen
gegenüber. Entsprechend der Zielsetzung der Analyse wurden alle
nicht zur Textherstellung gemachten Äußerungen (z.B. über Lärm-
belästigung, Kaffeetrinken etc.) weggelassen, ebenso mehr oder
weniger geistreiche Kommentare zur Situation, kurze, nicht the-
menbezogene Unterhaltungen und Palaver. Beibehalten wurde weitgehend das, was in der recht gelockerten Atmosphäre gewitzelt,
karikiert und ironisch deklamiert wurde, da hier oft - wenn
auch in indirekter Form - Vorschläge, Argumente und vor allem
Kritik "versteckt" wurden.
Das vorliegende Protokoll ist gemäß der gegebenen Zielsetzung
nicht als Transkription gesprochener Sprache mißzuverstehen

einer gemeinsamen Textherstellung abgedruckt werden, die im 4. Kapitel näher analysiert werden soll. Diesem Text liegt ein schriftlich aufbereitetes Tonbandprotokoll von knapp 30 Minuten Länge zugrunde. Dieses Protokoll ist ein Ausschnitt aus einer fast zweistündigen Sitzung, in der eine Kommission im Rahmen der Erstellung einer Studienordnung Definitionen von Veranstaltungstypen ("Vorlesung, Proseminar, Hauptseminar, Lektüreseminar, Kolloquium") erarbeiten sollte. Der Kommission gehörten Vertreter verschiedener universitärer Gruppen an: Professoren (I und II), Vertreter des Mittelbaus (III und IV) und bis zu drei Studenten der Fachschaft (V, VI und VII). Unter Vorsitz von (I), der auch fortlaufend die Ergebnisse der gemeinsamen Formulierungsarbeit protokollierte, sollte entsprechend der Zielvorgabe ein für die Öffentlichkeit bestimmter, justiziabler Text verfaßt werden.

Der Kommission lag ein von einem anderen Gremium schon erarbeiteter Text vor, in dem eine "Definition von Hauptseminar" versucht wurde:

Hauptseminare:

Hauptseminare sind die wichtigste Stufe der wissenschaftlichen Ausbildung. Gegenstand eines Hauptseminars ist - ebenfalls in ständigem Dialog mit dem Dozenten - die vertiefte Erschließung eines Teilgebietes sowie die Entfaltung seiner sachlichen und methodischen Problematik. Die Seminarteilnehmer sollen sich durch kritische Verwendung von Sekundärliteratur eingehend mit dem Thema des Seminars beschäftigen und als eigenständige Leistung einen Teilaspekt dieses Themas in einer schriftlichen Arbeit oder einem Referat darstellen. Der Erwerb von Hauptseminarscheinen ist die Voraussetzung für die Zulassung zu den einzelnen Abschlußprüfungen.

zu (34) (vgl. dazu RAMGE 1978, SCHAEFFER 1979). Vielmehr wurde versucht, den Argumentationsgang bezüglich Formulierungszielen und -vorschlägen herauszupräparieren, ohne dabei zu sehr die Formulierungsanstrengungen zu idealisieren. D.h. konkret: Prosodische Merkmale, Versprecher, Wiederholungen (Stagnationen) und wenig "markante" Pausen wurden weggelassen; bei simultanen Äußerungen wurde versucht, jene Äußerungsstränge herauszupräparieren und hintereinander zu plazieren, die als weiterführend anzusehen sind. Ferner wurden einige zum Verständnis notwendige Kommentare (Lachen etc.) eingeführt.
Zur Notation: Formulierungsvorschläge sind im Gegensatz zu den Kommentaren über sie bzw. im Gegensatz zu Formulierungszielen kursiv abgedruckt; entsprechend kursiv sind auch die als vorgegebene Vorschläge zu interpretierenden Ausgangstexte. "?", "!" und ":" werden wie in der Schriftsprache oder sinngemäß verwendet; auf eine Einteilung in Sätze und auf entsprechende Orthographie wurde verzichtet. Die Zeichensetzung der Ausgangstexte wurde allerdings beibehalten. Als Hilfszeichen wurden verwendet: " - " als Zeichen für "markante" Pausen; " / " als Gliederungszeichen, sofern dies wünschenswert erschien; "..." als Zeichen für unverständliche Äußerungsteile; "()" als Zeichen für Kommentare; " ∕ " als Betonungszeichen.

Dieser vier Sätze umfassende Text wurde als Ausgangstext für eine Umformulierung verwendet. Im Kontext dieser Bemühung steht ein weiterer, bereits umformulierter Text über die "Definition von Proseminar", der aus Verständnisgründen mit abgedruckt werden muß:

Proseminare:
Proseminare sind für Studenten vornehmlich des Grundstudiums gedacht. In ihnen werden Teilgebiete gemeinsam durch Diskussion und Diskurs erarbeitet. Ziel ist die Einübung in selbständiges wissenschaftliches Arbeiten. Entsprechend dem Ausbildungsstand werden verschiedene Proseminartypen angeboten (einführende, weiterführende Proseminare und Proseminare für Fortgeschrittene). Von den Studenten wird die aktive mündliche Teilnahme erwartet. Daneben muß ein dem Proseminartyp angemessener Leistungsnachweis erbracht werden.

Unter Berücksichtigung dieses schon umformulierten Textes, der aber - wie gleich zu sehen ist - im Gefolge der "Definition des Hauptminars" noch weiter verändert wird, werden in dem folgenden "Kommissionsgespräch" die vier Sätze des "Ausgangstextes" in vier Sätze des "Zieltextes" überführt. Für uns wichtig im Sinne der begonnenen Problematisierung II ist die Demonstration der Formulierungsleistung, die sich ganz pauschal darin zeigt, wie sprachlich aufwendig und zeitraubend (im Vergleich zur Lektüre vierer Sätze) FORMULIEREN ist. Dabei ist das UMFORMULIEREN schon eine quasi-idealisierte Form des FORMULIERENS, d.h. es ist zu vermuten, daß die Formulierung des Zieltextes ohne Vorlage noch sehr viel länger gedauert und damit noch sprachlich aufwendiger geworden wäre. - Betrachten wir nun unter dem Gesichtspunkt der zu investierenden Formulierungsleistung und damit unter der Ausgangsfrage: "Warum FORMULIEREN "schwer" ist" den folgenden Ausschnitt aus dem Kommissionsgespräch über "Hauptseminare":

I   (liest vor:)
    Hauptseminare sind die wichtigste Stufe der wissenschaft-
    lichen Ausbildung
    können wir wohl weglassen, hm?

II (ironisch:)
    ist ein bedeutender Satz

I   aber jetzt: *Gegenstand eines Hauptseminars ist - ebenfalls*
    in ständigem Dialog mit dem Dozenten - die vertiefte Erschlies-
    sung eines Teilgebiets sowie die Entfaltung seiner sachlichen
    und methodischen Problematik

III das ist doch grad überflüssig

II da sind einige rhetorische Figuren offenbar drin/ dieser
    ganze Text ist das, was man einen persuasiven Text nennt,
    glaube ich
    (Lachen)

III im ersten Satz gehts doch entsprechend dem *Proseminar*/ also

	wir müssen mal erst festlegen, daß Hauptseminare dem Hauptstudium zugeordnet sind
I	ja, ah ja!
III	ja nicht? das ist schlicht der erste Satz, der kommen muß, ja?
I	(versucht analog der Formulierung der Proseminare den ersten Satz zu formulieren:) *Hauptseminare* ja *Hauptseminare sind für Studenten das dem Hauptstudium – des Hauptstudiums* – da stimmt doch was nicht (liest:) *Proseminare sind für Studenten vornehmlich des Grundstudiums gedacht* – ich würde wohl sagen –: *vornehmlich im Grundstudium gedacht* (Pause) *Studenten sind* ja ...
III	Proseminare sind vornehmlich Veranstaltungen des Grundstudiums (35) nicht?
I	ja, ich weiß nicht ... (Simultanes Sprechen) ich würde schon sagen – ich weiß nicht –: *für Studierende im Grundstudium* – hm – is doch gut! so dann hieße der Satz hier analog ... *sind* ... ohne? ja ja is klar *sind für Studenten im Hauptstudium gedacht*
IV	ist das *gedacht* nicht ein bißchen zu schwach?
III	wieso eigentlich *gedacht?* eben!
IV	na ja *gedacht/* die Veranstaltung ist doch ... (Störung durch Lärm) ... daß vielleicht sonst jemand, der sich eben dort schon länger mit beschäftigt, vielleicht auch reinhören darf
III	*bestimmt!*
I	ja, ich mein, ich glaub, das sollte dann eine interne Regelung sein – die man jetzt also nicht in die Definition des Veranstaltungstyps reinnimmt/ daß da kein Mensch im Prinzip wohl etwas dagegen hat, wenn so etwas dann geschieht – das – das wär dann wohl Praxis/ aber nicht etwas was dann festzulegen wär
V	na dann kann man auch die Formulierung *gedacht* wählen
I	ja gut – dann –: ... *werden für Studenten im Hauptstudium angeboten*
V	kann man auch sagen, noch besser

---

35 Hier liegt der seltene Fall vor, in dem nicht entscheidbar ist, ob diese Äußerung als Formulierungsziel oder bereits als Formulierungsvorschlag aufzufassen ist.

I	*werden* dann *angeboten* -- und das oben analog: *Proseminare werden für Studenten vornehmlich im Grundstudium angeboten*
V	*vornehmlich für Studenten?*
III	*vornehmlich für Studenten!*
I	nee! *vornehmlich im Grundstudium!* d.h. daß sie eben außerdem noch im Hauptstudium ... (undeutlich)

(Pause)

I	(liest den nächsten Satz) wir können hier natürlich jetzt auch analog verfahren wie oben - da haben wir immer mit: *in ihnen* gesagt
III	im Grunde müßte man ja eine Formulierung finden die zum Proseminar in gewisser Weise analog ist - und nur das Anspruchsniveau differenziert ist - nicht?
I	ja, genau, ja - das hieße -: *in ihnen* oben hieß es: *In ihnen werden Teilgebiete gemeinsam durch Diskussion und Diskurs erarbeitet/* das mein ich, das könnte man im Prinzip so lassen - dann müßte jetzt also die differentia specifica da rein

(Pause)

V	ja - können wir doch sagen: *vertiefte Erschließung eines Teilgebiets -- und seiner sachlichen und methodischen Problematik/* und ansonsten die Verfahrensweise wieder übernehmen - von oben da - ich glaube schon, daß man da nochmals darauf hinweisen sollte, daß das die Verfahrensweise ist
I	(schreibt und liest laut mit:) *In ihnen werden durch vertiefte Erschließung Teilgebiete gemeinsam* undsoweiter *erarbeitet*
V	ja, mit *Diskussion und Diskurs*
I	ja, ja is klar/ aber dann wäre die differentia specifica dann die *vertiefte Erschließung*? hm? oder müßte man das nicht vielleicht doch etwas weniger metaphorisch formulieren?
IV	es klingt so nach Ölbohren
II	die Hauptseminare sind ein Teilgebiet der Nordsee (Lachen)
I	ich wollte grad sagen (Lachen) ... als ob in der Nordsee nie die vertiefte Erschließung stattgefunden hatte

(Lachen, Palaver, Unruhe)

I	ich glaub -: *speziellere Teilgebiete?*

III ist ja das alte Problem!

I ja ja *durch Diskussion und Diskurs* ... (Störung) *methodisch und sachlich/* -ja- *anspruchsvoller* kann man nicht sagen -- *in intensiverer Form?/* oder könnte man vielleicht sagen: *methodisch und sachlich intensiviert erarbeitet?*

V das ist aber auch metaphorisch

II stimmt auch nicht

I richtig !! das ist ja ... (Störung)

II ja, ... daß es schwierig ist, die Hauptseminare von den Proseminaren abzuheben -- außer vielleicht durch den sachlichen Hintergrund

I ja, deshalb hätt ich da gesagt: *spezieller* also *um speziellere Teilgebiete*

II stimmt auch nicht

VI man könnte vielleicht auf die Eigenständigkeit, die der Student bei den Arbeiten hat, hinweisen - weil das in meinen Augen schon mal eine Abhebung von den Proseminaren ist

III bei den Anforderungen an die Studenten käme das aber erst!

II ja, vielleicht ist das aber auch die einzige Spezifizierung, die gegenüber den Proseminaren gelingt - bei den Anforderungen gegenüber den Studenten

(Pause)

I hm, hm - also: *durch Diskussion* undsoweiter *erarbeitet*

III *im Proseminar erarbeitet*

I *auf der Basis der im Proseminar erarbeiteten Fähigkeiten*

III *und Kenntnisse*

I (wiederholt)
Fähigkeiten und Kenntnisse

III oder: *im Grundstudium* sogar

I ja gut - das ist doch gut!

(Pause)

I *(In ihnen werden) Teilgebiete gemeinsam durch Diskussion und Diskurs auf der Basis der im Grundstudium erworbenen*

Fähigkeiten und Kenntnisse erarbeitet

III (belustigt)
das schlägt natürlich zurück, nicht? wehe, wir bringen den Studenten jetzt nicht diese Kenntnisse und Fähigkeiten bei, nicht - wenn's jetzt im Hauptstudium schlecht läuft, dann ist das Grundstudium dran schuld

II (humorvoll)
das war schon immer so

I (Professoren karikierend:)
nicht?! was habt ihr eigentlich im Proseminar gemacht?

(Lachen)

I gut, dann haben wir also *die vertiefte Erschließung/* - Moment nee die haben wir noch nicht: *die vertiefte Erschl...*

(?) wie heißt denn bisher die Formulierung?

I wir haben jetzt: *Hauptseminare werden für Studenten im Hauptstudium angeboten. In ihnen werden Teilgebiete gemeinsam durch Diskussion und Diskurs auf der Basis der im Grundstudium erworbenen Fähigkeiten und Kenntnisse erarbeitet*

V ja, und man könnte eine *vertiefte oder intensive Erschliessung/ an intensive Arbeit* denken - *vertiefte Arbeit*

III ... *und sich dabei die methodische Problematik entfaltet*

I da könnt man jetzt vielleicht jetzt -

II das ist ja arg viel auf einmal

I ja da könnt man vielleicht doch 'nen neuen Satz sagen (Lachen),der noch auf die Seite draufgeht/ aber - doch! *Dabei - Dabei wird die sachliche und methodische Problematik des Gegenstands* - ja - *entfaltet* ist ja vielleicht ein bißchen metaphorisch, aber irgendwo ist das aber auch richtig - na ich meine als Wort ist es vielleicht nicht so gut, aber sachlich schon, mein ich schon -/- *entwickelt* oder so könnte man natürlich auch sagen

II das klingt nüchterner

(I schreibt; in der dabei entstehenden Pause:)

III so wie wir jetzt über die Vorlage lachen, so werden die hinterher über uns lachen

(allgemeine Heiterkeit)

IV ich hab ne Frage --: welches Argument hält man bereit, um

Diskussion und Diskurs auseinanderzuhalten? das klingt zwar sehr schön/ aber jetzt - apropos "Lachen" - nicht - ich kam übers Lachen drauf - hm - die werden nur lachen, wenn sie das lesen - da müßten wir wenigstens ein Argument parat halten -/ ich mein, man kann zwar was über den Diskursbegriff bei Foucault sagen - aber das bringt wahrscheinlich nichts - (Pause)
- ich finds schön, aber ...

I   ... stabreimend - / ich mein, ich würde auch sachliche Unterschiede machen, irgendwo -- also Diskurs ist wohl/ wäre nach meinem Dafürhalten stärker philosophisch orientiert, sozusagen/ während Diskussion auch ganz handfeste Auseinandersetzungen um die Art der Seminargestaltung z.B. impliziert - das würde ich nicht als Diskurs bezeichnen --- sondern also in den Grad der Bezogenheit, der Konzentriertheit auf den abstrakten Gegenstand würde sich die Diskursivität - einer Diskussion herausstellen - aber

IV   als Wahrheitsfindung im weitesten Sinne -

III   in der Begrifflichkeit könnte man ja wohl Unterschiede machen zwischen den beiden

I   eben! - also ich mein, wenn man jetzt dann noch vom Habermas .../ dann *Diskurs Klammer auf Habermas Klammer zu* könnten wir dann noch hinschreiben

III   kennt wahrscheinlich keiner (Lachen)

I   eben! und dann können wir noch die ideale Sprechsituation bringen und der Diskurs ist ja wohl so etwas wie die Realisierung einer - der Potentialität einer idealen Sprechsituation

IV   Diskurs wäre etwa - um's ein bißchen banaler auszudrücken - eine Diskussion im Hinblick auf die Wahrheitsfindung, etwa im Gegensatz zu einer Diskussion um eine Seminargestaltung

I   äh - ja! glaub ich auch, Diskussion darüber, welche texteditorischen Prinzipien - am besten wohl an einen Hölderlintext dranzubinden sind - also hinterher bin ich mir da auch nicht mehr so ganz sicher aber also - ja gut also, von mir aus kann man das mit dem Diskurs auch weglassen - oder mit der Diskussion - oder?

IV   ach nee, ich finds schön, wir sollten's schon drinlassen, nur sollten wir eben auch ein Argument haben, nicht

I   ja

II   das klingt schön - das klingt schön, ist ein ... (Lachen)

III   also lassen wir's doch drin ...

I   (deklamiert)
motiviert durch den "X"-schwung ("X" = Hersteller der Vorlage, G.A.) - strebten auch wir zu neuen rhetorischen Formen

I   (liest)
Die Seminarteilnehmer sollen sich durch intensives Studium von Primärtexten und durch kritische Verwendung der Sekundärliteratur eingehend mit dem Thema des Seminars beschäftigen und als eigenständige Leistung einen Teilaspekt dieses Themas in einer schriftlichen Arbeit oder einem Referat darstellen. eigentlich ein ganz guter Abschluß

V   könnte man nicht sagen: *Teilaspekte des Themas eigenständig bearbeiten?*

III etwas Ähnliches wollte ich auch sagen -- nämlich wieder weg von der schriftlichen Arbeit oder Referat

I   gut, ja

III *und einen Teilaspekt des Themas eigenständig erarbeiten*

I   (wiederholt und schreibt:)
einen Teilaspekt des Themas eigenständig - wie gings weiter? *erarbeiten*

III *und darstellen*

(Unruhe)

I   also doch - ich mein - Darstellung gehört irgendwo dazu

III schriftlich oder mündlich ...

II   wir müssen dabei auch an die Teilnahmescheine denken, die in den Hauptseminaren erworben werden, da muß also *darstellen* raus

I   glaub ich nicht, wir reden von der Veranstaltungsart und - das Wesen der Hauptseminare wäre wohl schon, daß darin - eben schon eine selbständige Arbeit erbracht wird

II   ja, momentan reden wir allerdings über die Anforderungen an die Studenten und die sind natürlich nach dem Qualifikationsnachweis differenziert

VII in der Prüfungsordnung ist das differenziert, - die Arbeitsanforderung bleibt die gleiche -- nur wie sie dann in der Prüfungsordnung für einen bestimmten Nachweis aussieht, da unterscheidet sich das Ganze/ Hauptbestandteil jetzt dieser Definition vom Hauptseminar ...

II   ja, die Arbeitsanforderung ist natürlich auch differenziert, je nachdem ob man einen Teilnahmeschein erwirbt oder einen ...

VII ja, der Anspruch des Hauptseminars geht um keinen Deut zurück

II wir reden nicht vom Anspruch, sondern von Anforderungen ...

III ja, kann man das nicht, Herr (xy), wenn das Argument kommt - sich auf das *und* stützen und sagen, daß man das auch verstehen könnte - als zwei Teilgebiete - ja, sozusagen - also einmal - nämlich der erste Teil des Satzes: ... *sollen sich durch intensives Studium von Primärtexten und durch kritische Verwendung der Sekundärliteratur mit dem Thema des Seminars beschäftigen* - das dürfte doch auch Anforderung sein für jemanden, der einen Teilnahmeschein bekommt -- der soll ja nicht nur drinsitzen, nicht? und und dann als zweiten Teil - wobei man dann differenzieren kann hinsichtlich der Scheinvergabe -- sozusagen, wer nur das erste bringt, kriegt nen benoteten Schein - also wenn es also kommt ...

II ja, ich habe mich nur gestoßen an dem *darstellen/* wenn man eine allgemeinere Formulierung findet, dann könnte man wahrscheinlich beides in einem Satz subsumieren

V vielleicht könnte man

I entschuldigen Sie - ich glaub wir reden aneinander vorbei ... das heißt nicht, wenn man Hauptseminare besucht, daß man dabei alles das, was möglicherweise im Hauptseminar seinen Niederschlag findet/ wir definieren hier nichts anderes als den Veranstaltungstyp -- nicht? also die Veranstaltungsart - d.h. nicht, daß jeder Student, der da reingeht auch das genau erbringen muß, was von einem Hauptseminar regulärerweise - wenn es also als Leistungsnachweis auch eingesetzt werden soll - verlangt wird

II das würde ich jetzt nicht verstehen -- also wenn ich Sie jetzt recht verstanden habe, würden Sie sagen, da stehen jetzt Dinge drin, in der Definition des Hauptseminars an Arbeitsanforderungen an Studenten, die doch nicht von allen, die das Hauptseminar besuchen, gefordert werden/ ja, das würde ich aber nicht für den Sinn einer solchen Definition halten

I wir müssen aber doch auf jeden Fall irgendeine Formulierung anbringen, daß dann eine eigenständige Leistung erbracht werden muß/ und die können wir nicht so weich formulieren, daß dann hinterher sozusagen wieder nur Teilnahmebedingungen erforderlich sind

II ja, dann müssen wir das eben differenzieren

VII wenn man das ganz einfach unten drunter setzt, daß diese Bestätigung der Leistung je nach Art des ...

I des Qualifikationsnachweises, ja des ...

II	genau!
III	da müssen wir jetzt was reinbringen, was wir sonst nicht haben/ wir haben sonst immer über die Nachweise, also die Scheine, nicht, gesprochen und das ist ja auch nicht erforderlich
II	es ist aber ein Spezialproblem/ hier wirkt sich der Qualifikationsnachweis eben nur auf die Arbeitsanforderung an die Studenten aus und von daher muß es eben rein
III	hm ...
V	ja, das sollte eben schon deswegen rein - ich hab auch net soweit gedacht -- um eventuellen anderen Vorschriften zuvorzukommen
VII	und wenn man ganz einfach reinschreibt, daß das in der Prüfungsordnung drinsteht - was im Endeffekt so ist
I	eben! - oder entsprechend den Qualifikationsnachweisen, der Vorschlag, den Sie eben brachten - das könnte gehen
(?)	Qualifikationsnachweis? - Leistungsnachweis? richtet sich wonach?
I	nach den Anforderungen an den Studenten - im einen Fall den benoteten - im anderen Fall den unbenoteten
III	der benotete würde eben genau die Definition erfüllen, der unbenotete eben nicht
IV	aber erst diskutieren wir inhaltlich und jetzt formal
II	wir müssen ja nur die Anforderungen diskutieren/ wir brauchen also nicht ... Wir brauchen nur zu sagen: Anforderungen sind entsprechend dem Qualifikations- oder Leistungsnachweis zu stellen. Wir brauchen da nicht mehr den Leistungsnachweis selbst zu definieren
VI	ja, und wenn man das irgendwie ganz allgemein am Ende der Ausführungen zu Proseminar und Hauptseminar bringt? weil im Proseminar stellt sich das Problem genauso. Man bekommt auch 'nen Schein, 'nen Teilnahmeschein, wenn man z.B. ein mündliches Referat gehalten hat, das nicht benotet wird
II	da haben wir ja auch eine sehr lockere Formulierung -- eine Definition, die alles zuläßt ...
I	ich möchte nochmals darauf hinweisen, daß meiner Meinung nach es nur darum geht, die Veranstaltungsart zu definieren -- daß meiner Meinung nach überhaupt keine Formulierung in der Richtung rein muß -- meines Erachtens können wir hinter *darstellen* einen Punkt machen
III	ja ich würd auch sagen - vor allen Dingen, weil es ja so ist,

daß dieser Teilnahmeschein ja ausdrücklich als 'Nur-Teilnahmeschein' eben ein Teilaspekt der Anforderungen nein des Hauptseminars nur abdeckt/ es wird ja dadurch, daß man einen Teilnahmeschein und nicht einen benoteten Schein gibt - wird ja durch den Schein dokumentiert - (was bedeutet (G.A.): es sind nicht alle Anforderungen, die in einem Hauptseminar gestellt werden können von dem Betreffenden erfüllt worden - negativ formuliert

II das versteh ich jetzt nicht

I das steht in der Prüfungsordnung drin - das ist halt auch 'ne Sache, weil hier für den Veranstaltungstyp, für die Art keine ...

V wie wärs mit der Formulierung: *erarbeiten oder darstellen* vielleicht wärs möglich hinter *erarbeiten* in Klammern *Teilnahmeschein* zu schreiben und hinter *darstellen* — denn ich würde voraussetzen, daß zur Darstellung die Erarbeitung gehört - *Schein* schreiben oder je nachdem wie die andere Möglichkeit qualifiziert ist

VI oder man könnte ...

I jemand erstrebt einen Leistungsnachweis, ja Gott ...

VII ich dachte das müßte mit rein, wenns so ist, lassen wirs lieber weg

III eben! da präjudizieren wir selber auch etwas damit - denn wir müßten da den *Teilnahmeschein* vor *Schein* setzen, denn denn Teilnahmescheine kriegt man auch, wenn man keinen Teilaspekt besonders erarbeitet - / man bekommt ihn ja für die aktive Teilnahme im Grunde - aber man macht ja nicht noch 'nen Teilaspekt besonders

I grad deshalb weil das ja verbunden ist und als zwei Teile erscheint, scheint mir jetzt das Problem nicht zu bestehen - für diesen Text, den wir jetzt erarbeiten, sondern das Problem besteht erst darin, wenns darum geht, zu sagen: was bekommt man für 'nen Schein für welche Leistung

II das hab ich eben jetzt nicht kapiert: also meines Erachtens wird hier beschrieben die Arbeitsanforderungen an die Studenten und die sind unterschiedlich nach den Qualifikationsnachweisen

VI könnte man vielleicht so schreiben: *selbständig mit einem Thema des Seminars beschäftigen und als Voraussetzung zum Erwerb des Hauptseminarsschein - eine eigenständige Leistung - einen Teilaspekt des Themas eigenständig erarbeiten und darstellen*

V du hast nicht gesagt was die anderen, die nur 'nen Teilnahmeschein machen?

VI   doch sicher! der erste Teil auf der anderen Seite nämlich:
*das intensive und kritische Studieren von Primärtexten und
der Sekundärliteratur*

III   gut, da könnte man hinter dem Punkt 'ne Klammer einfügen:

VI   *als Voraussetzung für einen benoteten Seminarschein*

II   ja

I   *als Voraussetzung für einen qualifizierten Seminarschein*

III   ja - in Klammern ...

II   da können wir das andere ausklammern

I   (liest:)
*Hauptseminare werden für Studenten im Hauptstudium angeboten.
In ihnen werden Teilaspekte gemeinsam durch Diskussion und
Diskurs auf der Basis der im Grundstudium erworbenen Fähigkeiten und Kenntnisse erarbeitet. Dabei wird die sachliche
und methodische Problematik des Gegenstands entwickelt. Die
Seminarteilnehmer sollen sich durch intensives Studium von
Primärtexten und durch kritische Verwendung der Sekundärliteratur eingehend mit dem Thema des Seminars beschäftigen und
(als Voraussetzung für einen qualifizierten Leistungsnachweis) einen Teilaspekt dieses Themas eigenständig erarbeiten
und darstellen*

III   damit beschreiben wir Literaturwissenschaft im Hauptseminar
wegen der Primärtexte

VI   hm, dann schreiben wir einfach nur *Texte*

I   *Texte*

1.3 'Formulierungsschwierigkeiten' versus 'Formulierungsprobleme'

Warum erfordert das Herstellen von Texten eine durch den sprachlichen und zeitlichen Aufwand nachweisbare Formulierungsleistung?
Worin besteht diese im einzelnen? Beide Fragen sollten durch den
Exkurs veranschaulicht werden und somit die durch die beiden Problematisierungen vorbereitete Bildung eines Vorverständnisses für
eine Theorie des Formulierens konkretisieren. Ziel dieser Theorie muß es
nach dem Gesagten sein, die zwar textsortenspezifisch unterschiedlich in Rechnung zu stellenden, aber für unsere Kommunikationspraxis
insgesamt charakteristischen Formulierungsleistungen detailliert
spezifizieren und erklären zu können. Dabei gehen wir von der Annahme aus, daß beim Textherstellen sog. 'Formulierungsprobleme' auftreten, die im Verlauf der Formulierungsarbeit sukzessive gelöst werden.
Diese Formulierungsprobleme sind nicht mit den in 1.2 erwähnten Formulierungsschwierigkeiten zu verwechseln; daher soll das Verhältnis
beider im folgenden näher bestimmt werden.

Im Hinblick auf das Eingangszitat (S. 14) können wir mit der erarbeiteten Begrifflichkeit jetzt sagen, daß mit dem Hinweis auf "Qualen" Bezug auf Formulierungsschwierigkeiten genommen wird, während das Thomas-Mann-"Zitat" dahingehend zu interpretieren ist, daß Schriftsteller Leute sind, die sich vermehrt Mühe machen (sollten), Formulierungsprobleme zu lösen. Aus dem Zitat geht aber am Schluß auch hervor ("und mit der Zeit geht es dann von selbst"), daß Formulierungsschwierigkeiten nicht notwendigerweise im Gefolge des Lösens von Formulierungsproblemen auftreten müssen. In der Tat: Sind die Anforderungen, die man glaubt erfüllen zu müssen, nicht sonderlich hoch (etwa bei Unterhaltungen), oder ist man (berufsbedingt) routiniert, so werden in der Regel überhaupt keine Formulierungsschwierigkeiten zu bemerken sein (beim Reden allenfalls einmal "Artikulationsschwierigkeiten").

Aber auch wenn Formulierungsschwierigkeiten auftreten, so resultieren sie nicht immer primär aus (der Lösung) von Formulierungsproblemen. Diese etwas verwickelte Angelegenheit zeigt sich sowohl bei situativ/ als auch bei sozial bedingten/ verstärkten Formulierungsschwierigkeiten, die ich als sekundäre von den primären unterscheiden und kurz diskutieren will.

Situativ bedingte/ verstärkte sekundäre Formulierungsschwierigkeiten stellen sich beispielsweise nach großen Anstrengungen, bei Konzentrationsschwäche, bei Müdigkeit oder Unaufmerksamkeit (36) ein: Wer am Ende einer langen Sitzung oder am Ende eines langen Arbeitstages häufiger Fehler macht, d.h. sich nicht mehr voll auf das FORMULIEREN konzentrieren kann und sich deswegen ärgert, der kann natürlich nicht für diese Reaktionen primär die zu lösenden Formulierungsprobleme verantwortlich machen, sondern muß die Ursachen zunächst in seiner besonderen Situation suchen.

Während die situativ bedingten/ verstärkten Formulierungsschwierigkeiten relativ leicht abzustellen sind (etwa indem man sich ausschläft), läßt sich dies bei den sozial bedingten/ verstärkten im allgemeinen kaum bewerkstelligen. Solche Formulierungsschwierigkeiten sind ebenfalls nicht primär durch die zu lösenden Formulierungsprobleme bedingt, sondern durch Angst, sie im entscheidenden Augenblick - etwa in formalen Situationen - nicht lösen zu können. Diese Angst, die als je individuelle Reaktion auf sozialen Druck zu verstehen ist, "produziert" nicht nur die bekannten Symptome wie zitternde Hände Schwitzen oder versagende Stimme, sondern ist zugleich - im Sinne der self-fulfilling prophecy (37) - (Mit-) Ursache dafür, daß sehr oft tatsächlich Formulierungsprobleme nur unvollkommen gelöst werden, was natürlich die Angst vor Versagen verstärkt usw. Dadurch kann der Effekt des "Sich-Gegenseitigen-Hochschaukelns" entstehen, der im Extremfall dazu führt, daß die betreffende Person unter eine totale Formulierungshemmung gerät. Entscheidende Ursache dieser Phänomene ist das Wissen, daß das eigene "Image" wesentlich vom Urteil über seine Formulierungsfähigkeiten abhängt. - Daneben können sozial bedingte/ verstärkte Formulierungsschwierigkeiten durch mangelnde

---

36 Es läßt sich unschwer erkennen, daß 'Formulierungsschwierigkeiten' und die CHOMSKYschen 'Performanzphänomene' Gemeinsamkeiten aufweisen

37 Vgl. dazu MERTON (1971)

Kenntnisse bezüglich Situation, Textsorte etc. bedingt sein (dies wäre ein soziolinguistisches Problem) - oder ganz allgemein: aus Angst vor Sanktionen entstehen.

Man wird vielleicht jetzt einwenden, daß der Hinweis auf Formulierungsschwierigkeiten völlig überflüssig ist, weil dies einmal die subjektive Seite der Lösung (oder Nicht-Lösung) von Formulierungsproblemen berührt und weil zum anderen diese subjektive und damit "unzuverlässige" Manifestationsform - im Gegensatz zu den objektiven Textherstellungstexten - für eine sprachwissenschaftliche Analyse vollkommen unbrauchbar ist. - Dagegen möchte ich drei Gründe anführen:

Einmal machen primäre - und vielleicht auch sekundäre - Formulierungsschwierigkeiten auf Formulierungsprobleme allererst aufmerksam.

Zweitens demonstrieren sie damit auch in gewisser Weise die Relevanz der Erforschung von Formulierungsproblemen: Würden wir nicht ab und zu Formulierungsschwierigkeiten haben und vielleicht sogar unter ihnen leiden, so bliebe die Beschäftigung mit Formulierungsproblemen letztlich eine rein akademische Sache. Da Formulierungsschwierigkeiten gleichsam Echo- oder Verstärkerfunktion gegenüber Formulierungsproblemen haben, machen sie nicht nur auf die letzteren aufmerksam, sondern lassen uns fühlen, daß FORMULIEREN eine sozial folgenreiche Handlungsweise ist.

Der dritte Punkt: Formulierungsschwierigkeiten gelten in einer Leistungsgesellschaft als etwas zutiefst Privates, das es am liebsten zu verstecken gilt. D.h. die beim FORMULIEREN investierte Mühe, die sich eben auch psychisch-emotional niederschlägt, ferner die peinlichen "Fehler" und gar das Scheitern von Formulierungsversuchen werden gern als individuelles Manko abgebucht und verdrängt. Ganz abgesehen davon, daß diese Verdrängung häufig die Ursache der genannten Formulier- und Schreibhemmungen sein kann, zeugt sie obendrein von Ignoranz: Formulierungsschwierigkeiten sind etwas sehr "Normales" und Zwangsläufiges, insbesondere dann, wenn man versucht, Formulierungsprobleme besonders gut zu lösen.

Auf der Grundlage dieser Dichotomie lassen sich Formulierungsprobleme als Kommunikationsprobleme (38) verstehen, die von einem Sprecher oder Schreiber erkannt und durch eine spezifische Textherstellung gelöst werden können.

1.4 Zielsetzung

Programm einer Theorie des Formulierens ist die Rekonstruktion der Handlungsweise FORMULIEREN und darin involviert die Explikation des Begriffs 'Formulieren'. Anhand konkreter, sprachlich manifester Formulierungsprozesse, die in Form von Textherstellungstexten vorliegen,

---

38 Soweit mir bekannt ist, gibt es noch keine systematische Untersuchung zu 'Kommunikationsproblemen'; Ansätze finden sich bei UNGEHEUER (1974), COULMAS (1977:53 ff) und vor allem bei WIEGAND (1979)

sollen typische, für unser intuitives Verständnis relevante und für unsere Kommunikationspraxis aufschlußreiche Strukturen der Handlungsweise des FORMULIERENs modellhaft rekonstruiert werden. Diese Rekonstruktion läßt sich im Hinblick auf die ersten vier Kapitel in folgenden Fragen konkretisieren:
1. Was tun wir (typischerweise), wenn wir FORMULIEREN?
2. Nach welchen Kriterien wird FORMULIERT bzw. werden Formulierungen beurteilt?
3. Was soll überhaupt unter 'Formulieren' verstanden werden?
4. Wie läßt sich die thematisierte Handlungsweise theoretisch und empirisch beschreiben?

Ansatzpunkt für eine Rekonstruktion ist der in 1.2 und 1.3 konkretisierte Hinweis auf Formulierungsleistungen, die durch die Annahme von zu lösenden Formulierungsproblemen spezifiziert und erklärt werden sollen. Daraus ergeben sich folgende Leitfragen:
a) Warum treten beim Textherstellen Formulierungsprobleme auf?
b) Worin bestehen sie?
c) Wie werden sie (typischerweise) gelöst?
d) Warum werden Formulierungen "problematisiert"?

Die anvisierte Theorie des Formulierens stellt den Versuch dar, eine sprachwissenschaftlich begründete Produktionstheorie zu entwerfen. Sie nimmt damit Ansätze auf, die unter den Stichworten 'Texterzeugung' (39) bzw. 'Textherstellen' (40) bekannt geworden sind. Teilweise in Distanz zu diesen, aber auch in Differenz zu sprachpsychologischen Ansätzen soll eine Theorie des Formulierens insbesondere folgende - teilweise schon genannte - Phänomene erklären:

1. Warum ist das Herstellen von Verständnis in Texten häufig mit dem schon erläuterten sprachlichen und zeitlichen Aufwand verbunden? Warum erfordert das Textherstellen eine Leistung?

2. Wie in der Problematisierung I schon verdeutlicht, können wir für verwendete Formulierungen verantwortlich gemacht werden. Diese 'Zuschreibung von Verantwortung' (41) läßt sich als Kriterium dafür verstehen, daß Formulierungen als Resultate einer Handlung anzusehen sind, und zwar einer Herstellungs-Handlung. Wie anhand des Herstellungstextes ersichtlich und in Übereinstimmung mit unseren alltagssprachlichen Gepflogenheiten werden nicht nur isolierte Formulierungen, sondern konkrete Texte insgesamt als Resultate der Herstellungshandlung 'Formulieren' aufgefaßt. Daraus ergibt sich die terminologische Konsequenz, daß zwischen dem Begriff '(konkreter) Text' und 'Formulierung/ Menge von Formulierungen' kein Unterschied gemacht werden kann. D.h. 'Text' wird zukünftig terminologisch gebraucht; verstanden als Resultat der Herstellungshandlung 'Formulieren'. Diese Bestimmung scheint mir dem alltäglichen Verständnis von "Text" sehr viel näher zu liegen als viele linguistische Text-Begriffe.

Diese Bestimmung unterschlägt allerdings eine zweite Bedeutung des

---
39 S.J. SCHMIDT (1973:160 ff)
40 BREUER (1974:137 ff) u. PASIERBSKY (1976)
41 Zum Begriff 'Askription (Zuschreibung) von Verantwortung' vgl. FEINBERG (1965/1977:186 ff), BRENNSTUHL (1975) und (2.1.2).

alltagssprachlichen Text-Begriffs, die man mit 'sprachlichem Kommunikationsmittel' umschreiben könnte. In der Tat gebrauchen wir "Text" einmal als 'Herstellungsresultat' und zum anderen als 'Mittel kommunikativen Handelns'. Diese Differenz soll handlungstheoretisch mit der aristotelischen 'Poiesis/ Praxis'-Unterscheidung präzisiert werden (42). Gemäß dieser Unterscheidung können wir zwei Aspekte kommunikativer Tätigkeiten nach ihren Zielsetzungen unterscheiden: Beim 'Formulieren' akzentuieren wir die Tatsache, daß sprachliche Resultate als 'Texte' hergestellt werden (müssen). Ziel der Textherstellung ist ein Produkt. Aber dies ist kein Selbstzweck. Wir wollen und können formulierte Mittel im Rahmen kommunikativer Handlungen äußern. Hier akzentuieren wir im Sinne des Praxis-Begriffs den Vollzugscharakter kommunikativer Tätigkeiten: "Die Praxis konzentriert sich ganz auf den Vollzug an sich, indem sie ihr Ziel im Akt verwirklicht" (43). Dieser Aspekt kommunikativer Tätigkeiten ist bisher im Rahmen der Sprechakttheorie thematisiert worden, zum Beispiel wenn gesagt wurde: "Sprechen vollzieht sich im/ als Vollzug von Sprechakten" (44).

Wenn man 'Texte' als Substrate kommunikativer Tätigkeiten, nämlich des 'FORMULIERENS' und des 'KOMMUNIKATIVEN HANDELNS' auffaßt, dann muß man zwar die durch die Poiesis/ Praxis-Unterscheidung präzisierbaren Aspekte des Text-Begriffs ('Formulierungsresultat' und 'sprachliches Mittel des Vollzugs') ebenfalls unterscheiden, was jedoch nicht zu zwei Text-Begriffen führen darf. Konsequenterweise muß unser eingeführter 'Text'-Begriff um den Praxis-Aspekt erweitert werden. (Aus dem Kontext wird aber meistens hervorgehen, welcher Aspekt gerade betont wird.)

3. Daß mündliche oder schriftliche Texte (ab einem gewissen Komplexitätsgrad) nicht auf einmal und in toto "da" sind, sondern sukzessive, Zug um Zug entstehen, ist eine zwar triviale Erfahrung, die auch unter theoretischen Aspekten gesehen, aber m.W. bislang noch nicht textlinguistisch adäquat konkretisiert wurde. Es scheint geradezu ein charakteristisches Kennzeichen der textlinguistischen Ansätze zu sein, daß in ihnen nicht der temporal-prozessuale Charakter von Texten ("discourse") berücksichtigt werden konnte. Dazu zwei Zitate, die übrigens zehn Jahre auseinanderliegen:

> Damit wird aber zugleich auch behauptet, daß Kommunikation prozessualen Charakter besitzt, d.h. daß eine zeitliche Entwicklung ihrer Elemente - nicht nur eine zeitliche Erstreckung - wesentliches Moment ihrer begrifflichen Bestimmung ist. Diesen Aspekt muß man beispielsweise im Gegensatz sehen zu manchen textlinguistischen Abhandlungen, die zwar von kommunikativen Qualitäten sprachlicher Texte sprechen, aber in keinem Absatz der Ausführungen die kommunizierenden Individuen selbst einführen (45).

> The task of text linguistics was supposed to be the reconstruction of the syntactic and semantic structure inherent to dis-

---
42 Vgl. (3.4.1)
43 BUBNER (1976:70)
44 S.J. SCHMIDT (1973:51)
45 UNGEHEUER (1972:15)

course, but these discourses were regarded as something given, as a completed product and object of research. This idealizations practically led to the disregard of the <u>temporal dimensions of discourse production</u> (46). (Unterstreichungen von mir.)

Der temporal-prozessuale Charakter von konkreten Texten soll in dieser Arbeit als die Sukzessivität der Lösung von Formulierungsproblemen beschrieben werden.

4. Der vierte Punkt umfaßt eine eng zusammengehörige Gruppe von Phänomenen, die teilweise schon in H.v. KLEISTs Aufsatz: "Über die allmähliche Verfertigung der Gedanken beim Reden" literarisch beschrieben wurden:

a) Eine der vielleicht charakteristischsten Phänomene, die beim FORMULIEREN auftreten, ist die Erfahrung, daß "man weiß, was man sagen will", es aber nicht sofort, "auf Anhieb" oder endgültig sagen (schreiben) kann. Wie ist dieses Phänomen des "Ich-Kann-Es-Nicht-(Richtig)-Ausdrücken" zu erklären?

b) Damit verwandt ist ein anderes Phänomen: Oft wird erst etwas "ins Unreine gesagt/ formuliert" und erst danach geht man daran, es "auszuformulieren". Wie ist diese - für Textherstellungstexte typische - Zweistufigkeit des Formulierungsprozesses zu erklären?

c) Es gibt eine Reihe von Phänomenen, die man unter der Devise "Nachher ist man schlauer" zusammenfassen könnte: Zum Beispiel wird man manchmal erst in ad-hoc-Diskussionen dazu gezwungen, seine eigene Position nach und nach darzulegen und zu präzisieren. D.h. erst in der Diskussion entwickelt und findet man - auch für sich selbst - seinen eigenen Standpunkt. Manchmal möchte man einen Brief, einen Aufsatz etc. schreiben und hat relativ klare Vorstellungen darüber, was man schreiben will. Und dann passiert es, daß am Schluß "etwas ganz anderes dabei herauskommt". - Oder anders herum: Man hat am Anfang nur unklare Vorstellungen von dem, was man schreiben will, und erst im Verlaufe des FORMULIERENs kommt man nach und nach dazu, dies zu entwickeln und zu klären.

d) Wenn man einen schriftlichen Text, den man gut oder befriedigend formuliert zu haben glaubte, nach einiger Zeit wieder liest, dann kann es passieren, daß einem der Text überhaupt nicht mehr oder gerade sehr gut gefällt. Setzen wir dabei voraus, daß sich die eigene Meinung bzw. die Zielsetzung nicht geändert hat. Wie läßt sich diese Änderung in der eigenen Rezeptionshaltung erklären?

Ein zentrales Ziel der anvisierten Theorie ist die Klärung der in Anlehnung an KLEIST aufzustellenden These von der "allmählichen Verfertigung von Texten beim FORMULIEREN". Es muß m.a.W. die in den Phänomenen a) - d) deutlich werdende Tatsache erläutert werden, warum Texte erst <u>durch</u> den und <u>in</u> dem Prozeß des Herstellens selbst mit entwickelt werden. Dazu wird aus dem Gebiet der kognitiven Psychologie eine Theorie des 'dialektischen Problemlösens' (47) adaptiert - vor allem natürlich, um den Begriff "Lösen von Formulierungsproblemen" explizieren zu können. Für die Modellierung der geschilderten Phäno-

---
46 RIESER (1978:15).
47 DÖRNER (1976).

mene kommt dabei nur ein bestimmter Typ von Problemlösemodellen
in Frage, den DÖRNER (1976) als 'dialektisches Problemlösen' entwickelt hat. Im Gegensatz zu sogenannten "well-defined problems",
bei denen die Zielzustände klar sind, zeichnet sich der von DÖRNER
vorgeschlagene Typ dadurch aus, daß die Klarheit der Zielkriterien
und der Bekanntheitsgrad der Mittel gering sind. Beides ist beim
FORMULIEREN häufig der Fall: Man weiß nur ungefähr, was man und wie
man es sagen will, und erst im Verlaufe des Formulierungsprozesses
wird einem klar, was man genau sagen will und kann. Dieser für das
FORMULIEREN charakteristische Sachverhalt läßt sich nur in einem
Modell des genannten Problemlösetyps beschreiben: "Der wesentliche
Unterschied des dialektischen Problemlösens zu allen anderen Formen
des Problemlösens besteht darin, daß die Kriterien für die Beurteilung des angestrebten Endzustandes mit diesem zusammen entstehen"
(48). Von diesem Ansatz aus wird es auch möglich, die geschilderten Phänomene zwanglos zu erklären.

Nach dieser Konkretisierung einiger Implikationen der Zielsetzung
sollen zum Schluß - ebenfalls zur Klärung des Vorverständnisses der
Arbeit - einige zentrale Konsequenzen des bisher skizzierten Ansatzes aufgezeigt werden. Dabei beginne ich mit dem Versuch, die Explikation des Formulierungs-Begriffs in die linguistische Diskussion
einzuordnen.

1.5

KANNGIEßER hat versucht, die beiden großen Entwicklungslinien der
neueren Linguistik - die sogenannte Systemlinguistik im Gefolge
CHOMSKYs und die kommunikationsorientierte Linguistik im Gefolge
der Sprechakttheorie - unter einem integrativen Ansatz zusammenzuführen. Danach ließe sich die Entwicklung der Linguistik seit CHOMSKY
systematisch betrachtet so deuten:

1. Nach CHOMSKY ist es die Aufgabe der Linguistik, den Begriff 'eine
Sprache L sprechen können' explizieren zu können. CHOMSKY hat dieses
Programm durch seine generative Transformationsgrammatik einzulösen
versucht und als Explikat vorgeschlagen: 'Eine Sprache L sprechen
können' heißt 'beliebig viele Sätze in L erzeugen zu können'.

2. Dieser grammtisch (überdies primär syntaktisch) ausgerichtete
Explikationsvorschlag hat sich seit dem Standardmodell zusehends als
problematisch, weil nicht als umfassend genug herausgestellt.
KANNGIEßER bemerkt dazu:

> "So wurde insbesondere im Rahmen der sogenannten Sprechakttheorie
> herausgearbeitet, daß 'L sprechen können' etwas anderes bedeuten
> muß als nur 'beliebig viele Sätze in L erzeugen können': Eine
> Sprache sprechen zu können bedeutet immer auch, vermittels dieser
> Sprache kommuniktive Handlungen vollziehen zu können, etc. - und
> der Vollzug derartiger kommunikativer Handlungen steht, wie verschiedentlich gezeigt wurde, unter gänzlich anderen Bedingungen
> als die bloße Erzeugung von Sätzen in L" (48).

48 KANNGIEßER (1976:273 ff).

Ohne weiter auf KANNGIEßERs Ansatz einzugehen (49), soll auf der Folie dieser beiden systematisch in Beziehung gesetzten Explikate gefragt werden, ob diese Explikationsvorschläge die beiden einzig möglichen sind. D.h. ist das Explikandum durch die von KANNGIEßER umrissenen Explikate exhaustiv bestimmt?

Diese Frage muß auf dem Hintergrund der projektierten Theorie verneint werden. Anhand von drei Explikationsschritten (ES) soll dieses "Nein" verdeutlicht werden:

ES I: Für 'eine Sprache L sprechen können' ist neben einer grammatischen und einer pragmatisch-sprechakttheoretischen mindestens (50) noch eine dritte Explikation möglich: 'Eine Sprache L sprechen können' kann auch expliziert werden als 'in einer Sprache L formulieren können'.

ES II: 'In einer Sprache L formulieren können' läßt sich weiter explizieren als 'in einer Sprache neue Texte herstellen können' Dabei wird 'Herstellen' mit dem Poiesis-Begriff präzisiert und 'Text' als Verständnisangebot bestimmt. In diesem Sinne kann man 'Formulieren' auch als ein sich textuell manifestierendes Herstellen von Verständnisangeboten verstehen.

ES III: Darauf aufbauend läßt sich schließlich 'Formulieren' als 'Lösen von Formulierungsproblemen' explizieren, zu dessen Klärung das Modell des 'dialektischen Problemlösens' herangezogen wird.

Welche Konsequenzen ergeben sich aus dieser Explikation, die schlagwortartig mit 'Formulieren als Problemlösen' zusammengefaßt werden kann? Ich möchte drei Punkte herausstellen und sie anhand einer (in der Linguistik nicht ungebräuchlichen) Spielmetaphorik vorbereiten, obwohl ich die Problematik dieser Illustrationsart nicht verkenne.

Nehmen wir an, die Spitzenfunktionäre des Welt-Schach-Bundes wollten Schach mehr und mehr verwissenschaftlichen und orientierten sich bezüglich des Wissenschaftsverständnisses an der Linguistik. Sie kämen infolgedessen zu der nicht bestreitbaren Erkenntnis, daß Schach ein regelgeleitetes Handeln, ein Handeln nach einem System konstitutiver Schachregeln sei (vgl. SEARLE u. 3.6). Ihr ebenso konsequenter Schluß: Einziges Ziel einer "wissenschaftlichen" Behandlung von Schach könnte nur der Nachweis (die Bestätigung) der Regelhaftigkeit dieses Spiels sein. Daher dürften in "wissenschaftlichen" Schachbüchern in Zukunft konkrete Partien nur noch im Hinblick auf die Spielregeln analysiert und alles andere müßte als "unwissenschaftlich" aus der Betrachtung des Schachs ausgeschlossen werden. Denn wie ließen sich sonst einmalige Ereignisse wie geführte Schachpartien systematisch beschreiben,

---
49 Vgl. dazu die z.T. kontroversen Diskussionen in Anschluß an KANNGIEßERs Beitrag.
50 Es wäre zu prüfen, ob und inwieweit die (kultivierbare) Fähigkeit, Texte interpretieren zu können, ebenfalls als Komponente des Begriffs 'eine Sprache L sprechen können' aufzufassen ist.

wenn nicht eben im Hinblick auf das Allgemeine konstituiver Spielregeln (51).

Nun ist es zweifellos mehr als boshaft, Schach-Funktionären eine solche Idee zu unterstellen. Denn es ist völlig klar, daß auch und insbesondere (manche werden sogar sagen: überhaupt nur) die Beschreibung und das Studium konkreter Partien, Stellungen und Züge interessant und nützlich sind. Denn für diesem für Schachspieler notwendigem Studium simuliert und erweitert man die eigene Fähigkeit, Spielsituationen und Zugkonstellationen schnell und richtig zu analysieren, sowie Strategien zu erkennen, zu modifizieren und neue zu entwerfen. Anders ausgedrückt: Der Witz, aber auch die Leistung und die Schwierigkeiten beim Schachspielen resultieren aus eben der Fähigkeit, Probleme lösen zu lernen bzw. lösen zu können. Diese Fähigkeit ist zwar individuell höchst unterschiedlich entwickelt, aber geradezu typisch für Schach als agonales Spiel. Diese Einsicht ist so selbstverständlich, daß Schach - anders als in der Linguistik (etwa SAUSSURE) - nicht als Spiel nach Regeln, sondern geradezu als Paradigma für problemlösendes Verhalten gilt (DE GROOT 1964). Daß Schach ein Spiel nach Regeln ist, ist so trivial, daß man entweder Anfänger oder Linguist sein muß, um ausgerechnet dieses Merkmal an Schach erwähnenswert zu finden.

Das, was "Schach-Funktionäre" nie ernsthaft erwägen werden, ist in der Linguistik eine Selbstverständlichkeit, allerdings in einem nicht-trivialen Sinn: Ziel der Beschreibung von "Sprache" - so könnte man sehr pauschal sagen - ist die Explizit-Machung (impliziter) konstituiver grammatischer (52) und kommunikativer Regeln (etwa im Sinne der Sprechakttheorie). Die Analyse konkreter Texte dient - ebenfalls vergröbert ausgedrückt - der Auffindung, dem Nachweis und der Bestätigung der Regelhaftigkeit des "Sprechens". Man muß allerdings hinzufügen, daß in der Linguistik - anders als beim Schach - grammatische und kommunikative Regeln sehr viel umfangreicher und komplizierter als Schachspielregeln sind und daß sie selbstverständlich nicht kodifiziert vorliegen. Ferner muß man sehen, daß in den letzten Jahren Ansätze entwickelt worden sind (etwa GRICE 1968), in denen das (Noch)-Nicht-Konventionelle und Strategische eine zunehmende Rolle zu spielen beginnt. Trotzdem gilt im großen und ganzen, daß die Aufgabe der Sprachwissenschaft darin besteht, Regeln unseres sprachlichen Verhaltens ausfindig und explizit zu machen - Regeln, die dem Status nach den Spielregeln des Schachs entsprechen.

Demgegenüber wird im Sinne der Metaphorik dafür plädiert, 'Formulieren' im Hinblick auf das 'regelgeleitete Sprechen' so zu verstehen, wie die Beherrschung des Schachspiels zur Beherrschung der Schachspielregeln. Natürlich setzt das erste das letzte jeweils voraus: So wie man zunächst die Schachspielregeln beherrschen muß, um darauf aufbauend strategisch geschickt Schachspielen zu können, so muß man zuerst die grammatischen und kommunikativen Regeln einer Sprache beherrschen, um in ihr FORMULIEREN zu können. Die Kenntnis der Regeln reicht aber für die Beherrschung sowohl des Schachspiels als auch der Sprache nicht aus. Es würde uns seltsam anmuten, würde jemand,

---
51 Vgl. dazu 3.6.
52 Vgl. dazu KUMMER (1975:163 ff).

der gerade eben die Schachspielregeln gelernt hätte, von sich behaupten, er könne jetzt Schachspielen. Und dies, obwohl diese Behauptung streng genommen (und d.h., ohne weitere Differenzierung) nicht falsch ist. Der entscheidende Punkt liegt aber, wie aus der Illustration klar geworden sein dürfte, darin, daß das Schachspiel nicht nur ein regelgeleitetes, sondern auch ein problemlösendes, strategisches Handeln erfordert.

Ohne die Metaphorik überstrapazieren zu wollen, soll noch auf einen wichtigen Punkt hingewiesen werden: Problemlösendes, strategisches Handeln ist zwar im höchsten Grad "subjektives" Handeln, aber deshalb keineswegs willkürlich oder bloß zufällig. Die Erkenntnis, Analyse und Lösung eines (Schach-) Problems fällt zwar individuell unterschiedlich aus, aber sowohl die Problemstellung als auch das Ergebnis sind intersubjektiv beurteilbar. Zudem gelten natürlich viele Problemlösungsstrategien als mustergültig/typisch, was sich etwa daran zeigt, daß Lösungskomplexe sogar mit Eigennamen identifizierbar gemacht werden können (z.B. 'sizilianische Eröffnung'). D.h. Problemlösestrategien sind in der Regel nicht immer völlig neu, sondern lehnen sich an bekannte Strategietypen an. Nur so ist es im übrigen möglich, seine Fähigkeit, Schach zu spielen, systematisch durch Lernen zu erweitern (und nicht bloß auf sein Genie zu vertrauen).

Sprachwissenschaftliche Konsequenz:

Wenn wir KOMMUNIZIEREN unter dem Aspekt des FORMULIERENS von Texten betrachten, dann heben wir auf problemlösendes Handeln beim Sprechen/Schreiben ab. Dieser Aspekt des Verbalisierens hat auch in der kommunikations-orientierten Linguistik bisher so gut wie überhaupt keine Rolle gespielt. Ungeschminkt kommt dies in Termini wie 'Sprachverwendung' oder 'Sprachbenutzer' zum Ausdruck. Wir "verwenden" oder "benutzen" Sprache nicht nur wie ein konsumierbares Gut das standardisiert und abrufbereit den "Benutzern" zur gefälligen Verfügung steht, sondern wir drücken uns, indem wir Texte je unterschiedlich und zielspezifisch FORMULIEREN, in und durch "Sprache" aus. D.h. wir gestalten Texte auf der Grundlage sprachlicher Regeln, so wie wir eine Partie Schach (mit)gestalten können; aber wir "benutzen" nicht die Spielregeln, um ein Spiel machen zu können. Diese sind vielmehr Voraussetzung für ein problemlösendes Handeln. Die sprachwissenschaftliche Konsequenz daraus: So wie ein konkreter Zug/eine Zugkonstellation beim Schachspielen als Manifestation einer Problemlösung zu verstehen ist (und nicht nur als Positionsveränderung einer Figur nach einer bestimmten Spielregel), so lassen sich konkrete Texte/Textteile als verbale Manifestationen von Problemlösungen verstehen. Ein Aspekt, "Texte" zu beschreiben, ist also der, sie als verbale Lösungen von Formulierungsproblemen aufzufassen (was im Detail an Textherstellungstexten gezeigt werden kann).

Sprachtheoretische Konsequenz:

Seit WITTGENSTEIN, CHOMSKY, SEARLE, LEWIS u.a. spielt der Regel/Konventionsbegriff (ich möchte hier aus Einfachheitsgründen keine terminologische Differenzierung vornehmen) eine entscheidende Rolle.

Vereinfacht kann man dies so ausdrücken: 'Sprechen' und 'Sprache' werden normalerweise im Hinblick auf Regeln/Konventionen beschrieben. Der Regel/Konventionsbegriff ist - obzwar keineswegs unproblematisch (53) - für die Sprachwissenschaft von fundamentaler, weil wissenschaftslegitimierender Bedeutung. Dennoch ist in letzter Zeit der Regel/Konventionsbegriff (vor allem im Kontrast zum 'Intentions'-Begriff) von verschiedenen Seiten her relativiert worden (54). Mit ES III wird die Relativierung der Relevanz des Regel/Konventionsbegriffs weitergeführt, jedoch mit einem entscheidenden Unterschied: Wenn wir 'Formulieren als Problemlösen' verstehen wollen, so können zwar in die Definition der Problemstellung bzw. in die Gestaltung der Problemlösung konventionelle Aspekte mit eingehen (dies ist auch in der Regel der Fall). Dennoch ist das Problemlösen per definitionem selber nicht konventionell geregelt. D.h. automatisierte und damit tendenziell konventionalisierte Lösungsmuster wie "Guten Morgen", "Hochachtungsvoll", "Im Namen des Volkes", Kochrezepte, Wetterberichte, Geschäftsbriefe etc. sind natürlich nicht mehr als Problemlösungen, sondern als (bestenfalls variierende) Reproduktionen von Lösungen zu betrachten. Umgekehrt heißt das: 'Formulieren als Problemlösen' spielt sich in einem (textsortenspezifisch allerdings unterschiedlich großen) Raum des (Noch-) Nicht-Konventionellen ab. Darin liegt ja der handlungstheoretische "Witz" des Problemlösens.

Wenn aber das (Noch-) Nicht-Konventionelle wesentlich den Problemlöseraum mit definiert, so läßt sich das (Noch-) Nicht-Konventionelle sozusagen "positiv" bestimmen und zwar als "Bedingung der Möglichkeit" des Problemlösens. Konkret heißt das: das Nicht-Konventionelle ist sozusagen "Quelle" formulativer Innovation, "Quelle" stilistischer, rhetorischer, argumentativer, narrativer etc. Strategiebildung und letztlich "Quelle" des Wandels von Formulierungsmustern. Wenn wir "Sprache" und d.h. in unserem Zusammenhang immer konkrete Texte als sprachlich manifeste Lösungen von Formulierungsproblemen auffassen, dann wird das (Noch-) Nicht-Konventionelle und Strategische sprachwissenschaftlich beschreibbar.

Auf eine dieser Funktionen möchte ich kurz näher eingehen. Kommunikation mit Hilfe von Stereotypen, sprachlichen Klischees, verbalen Versatzstücken, kurz: mit vorfabrizierten Texten/Textteilen führt "in the long run" zu sozialpsychologisch ausweisbaren Deformationserscheinungen (55) und letztlich zu "nichtssagender Verständigung". (Dies scheint mir im übrigen ein Generalthema moderner Literatur zu sein.) Schon in dessen Vorfeld wird im allgemeinen bewußt, daß Verständigung durch bloße Reproduktion von eingespielten textuellen Repertoires zwar zunächst effektiver, aber später Schritt für Schritt "belangloser" wird (was sich recht gut an religiöser Sprache oder am Politiker-Jargon belegen ließe). Im Sinne eines gleichsam "säkularisierten" Russischen Formalismus (56) könnte man vermuten, daß 'auto-

---

53 Aus der Fülle der Beiträge zum Konventionen-Begriff seien neben den antagonistischen Grundpositionen von LEWIS (1969) und VON SAVIGNY (1974) die diesbezüglichen Diskussionen in COULMAS (1977) und KEMMERLING (1976) erwähnt.
54 Vgl. vor allem GRICE (1968), SCHNELLE (1973), COULMAS (1977:84 ff).
55 Vgl. dazu QUASTHOFF (1973).
56 Vgl. dazu Anm. 60.

matisierte' Formulierungsweisen aufgrund ihres 'heimlichen Authentizitätsverlusts' (vgl. das Wellershoff-Zitat) zu Formeln erstarren und damit langfristig ihre Effektivität durch Inflationierung ihres Gebrauchs erkaufen. Wenn wir von solchen - vor allem in institutionellen Kontexten vorkommenden - Textreproduktionen einmal absehen, so kann man im Regelfall davon ausgehen, daß Texte z.B. adressaten- und situationsspezifisch und das heißt: immer wieder anders und immer wieder neu hergestellt werden. Dies wird zu der These führen, daß 'Texte' als spezifische Kommunikationsmittel 'unikalen' Charakter haben und daß diese "Einmaligkeit" typisch für verbale Kommunikation ist. - Die Funktion des (Noch-) Nicht-Konventionellen besteht darin, daß es kommunikationsspezifische Flexibilität ermöglicht.

Ein dritter Punkt, der eine sprachtheoretische Konsequenz betrifft, ist direkt daran anzuschließen: 'Formulieren als Problemlösen', d.h. 'FORMULIEREN' als typisch unikale Handlung kann gar nicht im Rahmen einer "Regel"-Linguistik thematisiert werden. Insofern wird mit ES III der entscheidende Grund deutlich, warum der ganze Bereich des 'Formulierens' nicht zentral ins Blickfeld der Linguistik treten konnte. Die Nicht-Thematisierung der Handlungsweise FORMULIEREN erweist sich unter ES III also als nicht zufällig, sondern als konsequent im Hinblick auf eine wissenschaftstheoretische Auffassung, die Handlungen nur im Hinblick auf Handlungsregeln/muster als wissenschaftlich anvisierbar gelten läßt.

Sprachphilosophische Konsequenz:

Anhand der Handlungsweise FORMULIEREN läßt sich demonstrieren, daß der homo loquens nicht nur als ein regelgeleiteter, sondern - wenn er Texte herstellt - als ein problemlösender Mensch modellierbar ist. Oder anders gewendet: Wenn es richtig ist, daß FORMULIEREN nicht nur ein regelkonformes, sondern auch ein problemlösendes Handeln verlangt, dann müßte sich in der Linguistik auch das Bild von einem bloß regelkonform agierenden Kommunikationsteilnehmer ändern. Diese Änderung der Sehweise kann gestützt werden, wenn man zum einen den für das FORMULIEREN charakteristischen Leistungsaspekt in die sprachwissenschaftliche Diskussion mit einführt und wenn man zum andern realisiert, daß problemlösendes Handeln als Spezialfall schöpferischen Handelns zu betrachten ist (57).

---

57 Dazu DÖRNER (1976:96). Daß 'schöpferische Tätigkeit' nicht adäquat mit dem mathematischen Rekursivitäts-Begriff (CHOMSKY) zu beschreiben ist, hat im Hinblick auf HUMBOLDT schon VAN DEN BOOM (1979) aufmerksam gemacht. Die Einsicht, daß der schöpferische Charakter des FORMULIERENs bei einer "apragmatischen" Sprachbetrachtung nicht deutlich werden kann, ist übrigens nicht neu: "In diesem apragmatischen Charakter der die "Grammatik" einer Sprache konstituierenden Grunddisziplinen von "Syntax" und "Lexikologie" (bzw. "Semantik") liegt auch die Ursache dafür, daß im Rahmen dieser Tradition von Sprachbeschreibung der innovatorische Aspekt der "Spracherzeugung" nicht entwickelt werden kann. Auch diese Einsicht ist bereits von Schleiermacher sehr genau formuliert worden." (STETTER 1979:47)

Ein so bestimmtes 'Formulieren' hat nicht nur Konsequenzen für die Kommunikation, sondern auch direkte Rückwirkungen für den "Schöpfer" selbst: Wie andere schöpferische Handlungen auch, ist FORMULIEREN ein Medium der Individuierung (und damit der 'Identitätsbildung') und der Objektivation, was früher recht gut in dem Wort "le style c'est l'homme (58) zum Ausdruck kam.

Darüber hinaus ist FORMULIEREN eine (oft unfreiwillige und daher verräterische) kulturelle Handlung ('kulturell' wird hier sehr weit gefaßt): Dies wird besonders augenfällig, wenn bestimmte Formulierungsmuster so gebräuchlich und damit charakteristisch werden, daß sich damit bestimmte Epochen, gesellschaftliche Zustände oder überindividuelle Denk- und Handlungsweisen identifizieren lassen. Nur vermöge dieses kulturellen Aspekts ist auch erklärbar, warum an bestimmten Formulierungsweisen Sprach- und Gesellschaftskritik ansetzen kann. Oft reicht dazu schon die entlarvende Zitierung (vgl. z.B. Adornos "Jargon der Eigentlichkeit"). Von hier aus eröffnet sich ein linguistisch motivierter Ansatzpunkt von Sprachkritik (59) als Kritik herrschender Formulierungsweisen. Um es in einer klischeehaften Formulierungsweise der sechziger und der siebziger Jahre zu sagen: 'Formulieren als Problemlösen' hat im Sinne der "Entautomatisierung" (60) gesellschaftlich eingespielter Formulierungsweisen "emanzipatorische Funktion".

---

58 Variante von Buffons "Le style est l'homme même" vgl. Büchmann: Geflügelte Worte. Berlin 1972, 32. Auflage, S. 413 f.
59 Vgl. STETTER (1974) und SAßE (1977).
60 "Foregrounding is the opposite of automatization, that is, the deautomatization of an act; the more an act is automatized, the less it is consciously executed; the more it is foregrounded, the more completely conscious does it become. Objectively speaking: automatization schematizes an event; foregrounding means the violation of the scheme ..." (MUKAŘOVSKÝ 1964:19). Mit dem Begriff der 'Automatisierung', der so etwas wie ein Schlüsselbegriff sowohl des Russischen Formalismus als auch des Prager Strukturalismus war, soll hier auf eine, auch diese Arbeit beeinflussende Tradition verwiesen werden. Das Konzept des 'Formulierens als Problemlösen' ist insofern dieser Tradition verpflichtet, als hier gleichsam der deautomatisierte Charakter poetischer Sprache "säkularisiert" auf die (nicht-formelhafte) Alltagssprache übertragen wird: In diesem Sinn ist jedes FORMULIEREN (im Gegensatz zur bloßen Reproduktion vgl. 3.1 und 4.5.4) ein unmerkliches Stück von Deautomatisierung eingespielter Formulierungsmuster.
Ein - wenn auch sehr einfaches - Modell für die Evolution und Dynamik des "Umwälzungs-Prozesses" von eingespielten Formulierungsmustern hat - für den literarischen Bereich TYNJANOV geliefert (TYNJANOV 1967:21).
Es wäre zu prüfen, ob der Evolutionsprozeß von Formulierungsweisen, die durch gelungene Problemlösung verbreitet, verfestigt und schließlich durch andere Formulierungsweisen wieder abgelöst werden, nicht auch eine - vielleicht sogar wichtige - Komponente des Sprachwandels darstellt.

2. FORMULIERUNGSKOMMENTIERENDE AUSDRÜCKE UND FORMULIERUNGSKRITERIEN

In diesem Kapitel wird die Problematisierung I vor allem in einem Punkt, nämlich der Analyse 'formulierungskommentierender Ausdrücke' (= FKA), näher ausgeführt. Ansatzpunkt sind wiederum Formulierungs<u>resultate</u>, genauer: Kommentare (eines besonderen Typs) über Formulierungsresultate. Ziel der Analyse von FKA ist die <u>Ermittlung von Formulierungskriterien</u>. Wir gehen dabei von der <u>Annahme</u> aus, daß die FKA ihre Geltung bzw. Sanktionierungskraft aus zugrundeliegenden Formulierungskriterien beziehen. Die Analyse dieser Kriterien soll nicht nur Aufschluß darüber geben, wie und warum Formulierungsresultate kommentiert werden, sondern auch, nach welchen Kriterien Formulierungsprobleme gelöst werden können. Zum Schluß soll in einem wissenschaftshistorischen Exkurs gezeigt werden, daß bereits bei AUSTIN die Einschätzung der FKA als "Glückenskriterien" von (offensichtlich sehr viel weiter verstandenen) Sprechakten angelegt war.

2.1 Verantwortungszuschreibung für Formulierungen

Wenn einmal eine *dumme*, *nicht abgesicherte*, *schwache* oder *wenig geglückte* Formulierung von einem Rezipienten *aufgespießt* oder gar als symptomatisch kritisiert wird, - spätestens dann wird wieder bewußt, daß Formulierungen als Handlungsresultate aufgefaßt werden. Die in solchen Kommentaren implizierte Verantwortungszuschreibung kann als Kriterium dafür herangezogen werden, daß FORMULIEREN als eine Verständigung beeinflussende und sozial folgenreiche Handlungsweise betrachtet wird. An zwei Beispielen sollen Konsequenzen der Verantwortungszuschreibung für Formulierungen aufgezeigt werden.

2.1.1 Verantwortungszuschreibung für fremde Formulierungen

Unser erstes Beispiel stammt aus einer im SPIEGEL (1) abgedruckten Besprechung von P. Zahrnts Buch "Warum ich glaube" durch P. Schulz:

(1) · *In diesem Zusammenhang verraten Spracheigentümlichkeiten Zahrnts Art zu argumentieren. Formulierungen mit "kann nur so", "nirgendwo anders", "immer nur", "muß" häufen sich an gewichtigen Stellen. Man könnte sie statistisch auszählen: die Sprache eines unerbittlichen Apologeten. Es mag seltsam klingen, aber: Zahrnt, von den Traditionalisten verfolgt, ist ihr brilliantester Wortführer.*

Diese Stelle in der Buchbesprechung von Schulz fällt in gewisser Weise aus dem Rahmen, denn sein überwiegender Kommentar gilt an-

---
1 DER SPIEGEL Nr. 41 v. 3. Okt. 1977, S. 234.

sonsten dem Inhalt, den möglichen Wirkungen des Buchs und den Intentionen des Autors. Hier hingegen setzt er sich kritisch mit einigen für ihn signifikanten Formulierungen des Autors auseinander, die er als Stütze für eine auf ein kritisches Urteil hinzielende Argumentation benutzt. Betrachten wir diese Textstelle etwas genauer:

Daß verwendete sprachliche Ausdrucksmittel als Resultate einer Formulierungshandlung aufgefaßt und der "Hersteller" dafür verantwortlich gemacht werden kann, scheint trivial und kaum erwähnenswert. Betrachtet man jedoch das vorliegende Beispiel, so fällt es m.E. ziemlich schwer, zitierte sprachliche Ausdrucksmittel wie *kann nur so*, *nirgendwo anders*, *immer nur*, *muß* - wenn auch nur summarisch - als "Formulierungen" bezeichnet zu sehen. In der Tat stehen hier zwei widerstreitende Beobachtungen bzw. Erfahrungen gegenüber:
1. Auf der einen Seite wird man intuitiv nicht akzeptieren, daß isolierte "Wörter" wie *muß*, *der*, *traurig*, *heiß* als 'Formulierungen' zu bezeichnen sind.
2. Dagegen steht in unserem Fall die Beobachtung, daß *muß* im Verein mit anderen isolierten "Wörtern" explizit als "Formulierungen" bezeichnet wird. Wie läßt sich dieser Widerspruch auflösen? Der Schlüssel dazu liegt in einer dezidiert handlungstheoretischen Interpretation: Sprachliche Ausdrucksmittel sind nicht sozusagen "objektiv" "Formulierungen", sondern sie werden von jemandem als 'Formulierungen' bezeichnet oder zumindest als Formulierungen behandelt. Kriterium hierfür ist, daß mit bestimmten sprachlichen Ausdrucksmitteln bestimmbare Wirkungen und Konsequenzen unterstellt, behauptet oder kritisiert etc. werden. In unserem Beispiel geschieht diese Verknüpfung von bestimmten Ausdrucksmitteln mit bestimmten unterstellten Wirkungen vom Rezensenten. Er interpretiert Ausdrucksmittel als 'Formulierungen', d.h. er betrachtet sie als (möglicherweise unreflektierte, aber signifikante) Herstellungsresultate, also als Resultate einer Formulierungshandlung.

Daß Ausdrucksmittel nicht "objektiv", sondern qua Interpretation als 'Formulierungen' konstituiert werden, ist im Grunde nichts Bemerkenswertes. Denn eine wichtige handlungstheoretische Erkenntnis besagt, daß nicht nur Handlungen und deren Resultate, sondern auch und insbesondere deren (unterschiedliche) Interpretationen durch die Handelnden mit zum Gegenstandsbereich einer Handlungstheorie zu zählen sind (2). Dabei ist aufgrund unterschiedlicher "Verhaltensperspektiven" zu betonen,

> "daß die alltägliche Handlungsinterpretation - trotz kultur- und schichtenspezifisch bedingter Ähnlichkeiten - von unterschiedlichen Personen nicht unbedingt in der gleichen Weise vorgenommen wird und daß diese grundsätzliche Möglichkeit unterschiedlicher alltäglicher Handlungsinterpretationen bei der Konstruktion einer Handlungstheorie in Rechnung gestellt werden muß" (3).

Da dies auch für eine "angewandte" Handlungstheorie in Anspruch genommen werden kann, ist es auf diesem Hintergrund für eine Theorie

---
2 Vgl. dazu BAYER (1977:12-19).
3 BAYER (1977:17).

des Formulierens nicht nur möglich zu erklären, warum Formulierungsresultate unterschiedlich interpretiert, sondern auch warum - wie in unserem Beispiel - unterschiedliche Ausdrucksmittel <u>als</u> 'Formulierungen' konstituiert werden können.

Darüber hinaus ergibt sich eine weitere Konsequenz. Wer die Frage der Einheitenbildung in der Linguistik, insbesondere das in der Textlinguistik diskutierte Delimitations- (und Definitions-) Problem, im Auge hat (4), müßte bezüglich der Segmentation von "Formulierungen" Fragen wie die folgenden stellen: Wo beginnt eine "Formulierung", wo hört sie auf? Wie läßt sich eine Folge von Formulierungen abgrenzen? Gibt es kleinste/größte Formulierungssegmente?

Betrachten wir diesbezüglich unsere alltagssprachliche Redeweise oder das vorliegende Beispiel, so kann man lediglich sagen, daß die kleinste "Einheit" aus einem einzigen "Wort" (nämlich *"muß"*) bestehen kann. Eine "längste Formulierung" - und entsprechende Kriterien dafür - gibt es nicht. Allerdings ist es wohl intuitiv üblich, die maximale Länge einer "Formulierung" mit der Satzgrenze zu identifizieren. Die Plural-Bezeichnung scheint für Texte bzw. Textteile in der Größenordnung von Zitaten, kleineren Abschnitten, Absätzen oder Paragraphen üblich zu sein, während längere Texte als "Fassungen" bezeichnet werden.

Mit Blick auf unsere alltägliche Redepraxis läßt sich offensichtlich eine klare Segmentation von Formulierungssequenzen nicht erkennen. Nach dem oben Gesagten kann es auch keine fixierbaren Delimitationskriterien geben, da Formulierung(en) - auch in bezug auf ihre Segmentation - schon immer interpretierte Formulierungsresultate sind. Je nach Wirkungsabsicht können unterschiedlich dimensionierte Segmente sprachlicher Ausdrucksmittel zusammengefaßt und als 'Formulierung(en)' konstituiert werden (was sich dann besonders gut zeigt, wenn 'Formulierung(en)' noch als solche bezeichnet werden). Dies erklärt, warum der Rezensent unter dem Gesichtspunkt des Nachweises seines Vorwurfs "Sprache eines unerbittlichen Apologeten" scheinbar isolierte sprachliche Ausdrucksmittel als "Formulierungen" konstituieren kann. Darüber hinaus wird auch der handlungstheoretische Grund für die alltagssprachliche Offenheit bezüglich der Einheitenfrage bei 'Formulierung(en)' deutlich.

Eine weitere Konsequenz: Wir können zwar für alle Formulierungen gleichermaßen verantwortlich gemacht werden, aber konkret geschieht dies fast immer im Hinblick auf einen bestimmten Stellenwert, d.h. auf einen unterstellten Präferenzrang einer Formulierung gegenüber anderen. Eine positive oder negative Kritik an Formulierungen gewinnt an Überzeugung, wenn deutlich gemacht werden kann, daß diese Formulierungen signifikant für etwas sind. Unter diesem Aspekt ist in unserem Beispiel die Tatsache zu würdigen, daß der Rezensent seine inkriminierten Formulierungen nicht nur zitiert und kritisiert, sondern qualitativ und quantitativ auf den Stellenwert der von ihm behandelten Formulierungen hinweist ("Häufung an gewichtigen Stellen" und "statistische" Signifikanz). Damit ist über die bloße Zuschreibung von Verantwortung für verwendete Formulierungen hinaus ein weiterer wichtiger Punkt zu klären: Formulierungen werden nicht

---

4 Vgl. HARWEG (1968)

als gleich relevant behandelt, sondern können je nach unterschiedlicher Einschätzung ihres Stellenwerts einen unterschiedlichen Präferenzrang eingeräumt bekommen. Die Konstitution von sprachlichen Ausdrucksmitteln als "Formulierungen" präsupponiert einen zwar variabel präferierbaren, aber stets handlungsrelevanten Stellenwert.

2.1.2 Verantwortungszuschreibung für eigene Formulierungen

Anhand eines zweiten Beispiels soll gefragt werden, warum man auch für nicht intendierte Wirkungen von Formulierungen verantwortlich gemacht werden kann. Um es nochmals am ersten Beispiel zu sagen: Ist es nicht willkürlich oder zumindest unfair, wenn der Rezensent Formulierungen in bezug auf die von ihm aufgefaßte Wirkung ("unerbitterlicher Apologet") kritisiert, obwohl der Buchautor dies "so" sicherlich nicht intendiert hat? Etwas allgemeiner ausgedrückt lautet das Problem: 1. Kann man für unbeabsichtigte Nebenwirkungen seiner Formulierungen verantwortlich gemacht werden und 2. wenn ja, welches Kriterium der Zuschreibung von Verantwortung gibt es hierfür?

Diese Fragen lassen sich überzeugender beantworten, wenn man nicht Beurteilungen von Rezipienten studiert, sondern Widerlegungsversuche von Beschuldigungen durch den Sprecher oder Schreiber ("Reflexive Kommentare"). Sofern dieser nicht die Urheberschaft überhaupt abstreitet, akzeptiert der Beschuldigte zumindest durch seine Rechtfertigung oder seine Entschuldigung, daß er die entsprechende Handlung ausgeführt hat (5). Auf unsere Problematik bezogen: Wenn jemand sich für seine Formulierungen entschuldigt oder rechtfertigt, dann unterstellt er jedenfalls, daß er gehandelt hat. Problematisch bleibt dann nur noch, ob er für bestimmte Formulierungen voll zur Verantwortung gezogen werden kann.

Ein Beispiel für einen Widerlegungsversuch in Form eines "reflexiven Kommentars" stellt folgender Textabschnitt dar, der aus einer Spiegelserie entnommen ist. Darin äußert sich der ehemalige ARD-Korrespondent in Ost-Berlin, Lothar Loewe, über die Gründe und Hintergründe, die zum Entzug seiner Akkreditierung als Korrespondent in Ost-Berlin durch das Außenministerium der DDR geführt haben. Loewe schreibt, indem er zunächst auf seinen von der DDR inkriminierten Fernsehbericht Bezug nimmt:

(2) *"Ich sprach meinen Bericht hastig, sicher auch etwas erregt. Dann kamen die entscheidenden Sätze: 'Die Menschen in der DDR verspüren die politische Kursverschärfung ganz deutlich. Die Zahl der Verhaftungen aus politischen Gründen nimmt im ganzen Land zu. Ausreiseanträge von DDR-Bürgern werden immer häufiger in drohender Form abgelehnt. Hier in der DDR weiß jedes Kind, daß die Grenztruppen den strikten Befehl haben auf Menschen wie auf Hasen zu schießen.' Das war, was wohl als der 'Hasenkommentar' in die Mediengeschichte eingehen wird. Ich gestehe, daß ich den Satz geschickter und präziser hätte formulieren können. Aber die Mauer vor Augen, an der Grenzpolizisten erst kurz zuvor auf einen Ost-Berliner Jungen geschossen hatten, den mysteriösen Autounfall, die ständige Konfrontation mit*

---
5 Vgl. BRENNENSTUHL (1975:55 ff).

> *Stasi-Männern und Volkspolizisten – war es ein Wunder, daß ich*
> *plötzlich für eine paar Sekunden die Fassung und die ruhige*
> *Überlegung verlor?"*
> (DER SPIEGEL Nr. 37 vom 5.9.1977:172)

Was diese Darstellung neben den hier nicht interessierenden politischen Aspekten sprachwissenschaftlich interessant macht, ist folgendes: In dem auf seinen Fernsehbericht folgenden Passus kommentiert er seine Äußerungen bezüglich des 'Hasen-Kommentars' - systematisch betrachtet - in zwei Punkten:

1. Er gibt - wenn auch versteckt - zu, daß sein Hasen-Vergleich nicht unproblematisch war: *Ich gestehe, daß ich den Satz geschickter und präziser hätte formulieren können.* D.h. er bewertet das von ihm hergestellte Textresultat negativ.

2. Er versucht einsichtig zu machen, warum er *plötzlich für ein paar Sekunden die Fassung und die ruhige Überlegung* verloren hat.

Beide Punkte erfüllen die Bedingung, die gewöhnlich an eine Entschuldigung geknüpft sind: Man akzeptiert eine negative Bewertung der Handlung, nimmt aber mildernde Umstände in Anspruch. Loewe hätte sich rechtfertigen können: Dann hätte er die volle Verantwortung für seinen 'Hasen-Kommentar' übernehmen, aber Gründe anführen müssen, warum er die negative Bewertung möglicher Opponenten (in diesem Fall die Regierung der DDR) nicht teilt. Daraus, daß er das nicht tut, kann man schließen, daß Loewe niemanden provozieren wollte. Daß sein 'Hasen-Kommentar' als (willkommene) Provokation verstanden werden konnte, läßt sich daraus entnehmen, daß Loewe - hätte er nicht die ruhige Überlegung verloren - ihn eben *geschickter und präziser* formuliert hätte. Loewes 'Schuld' liegt also darin, daß er eine vorhersehbare (Neben-)Wirkung - für einen Moment - nicht vorhergesehen hat.

Damit scheint mir Loewes Fall nicht in seinen Auswirkungen, wohl aber im Prinzip exemplarisch dafür zu sein, wie wir für unsere Formulierungen verantwortlich gemacht werden können: Auch dann, wenn wir Formulierungen (in einer bestimmten Interpretation) "so" gar nicht verstanden haben wollen, d.h. auch dann, wenn sie "so" nicht beabsichtigt waren, kann man für sie verantwortlich gemacht werden, wenn die Wirkungen zumindest vorhersehbar und damit auch kontrollierbar gewesen wären. Eine Verantwortungszuschreibung besteht also zurecht, wenn man in der Lage war, die Folgen und Konsequenzen seiner Handlung vorauszusehen.

Wenn man dieser Analyse zustimmt, dann wird man auch die Implikationen akzeptieren müssen, die sich für den Handlungsbegriff ergeben. Darauf hat nachdrücklich COULMAS hingewiesen, wenn er schreibt:

> "Daß die Verantwortlichkeit für die Folgen einer Tätigkeit
> ein umfassenderes Kriterium für deren Bestimmung einer Handlung ist als die Intendiertheit, leuchtet unmittelbar ein, weil
> es wohl Fälle gibt, in denen ein Agent für die Folgen seiner
> Tätigkeit verantwortlich gemacht wird, ohne daß ihm unterstellt
> würde, sie beabsichtigt zu haben, nicht aber umgekehrt solche,
> in denen die Absicht unterstellt wird, ohne daß der Agent ver-

antwortlich gemacht würde. Verantwortlichkeit als Bestimmungskriterium für Handlungen umfaßt also sowohl Tätigkeiten, deren Konsequenzen vom Agenten intendiert und eingetreten sind, als auch Tätigkeiten, deren Konsequenzen vom Agenten nicht intendiert sind, die jedoch unter Zugrundelegung eines Maßstabes von Normalität von Antizipierbarkeit für die Mitglieder der jeweiligen Gruppe in der jeweiligen Handlungssituation als voraussehbar gelten müssen und für die er deshalb verantwortlich gemacht wird." (6)

Diese von COULMAS beschriebene Konsequenz für den Handlungsbegriff ist für unsere Belange aus zwei Gründen wichtig:

1. Beim FORMULIEREN variiert in gewissen Grenzen der "Maßstab der Normalität von Antizipierbarkeit" sowohl medial, situativ als auch sozial: Wenn einem beispielsweise "mal etwas herausrutscht", dann ist das in der Regel etwas anderes, als wenn man es jemandem "schriftlich" gibt. Denn man unterstellt zurecht, daß man beim Schreiben die Tragweite von Formulierungen besser abschätzen und die Folgen eher voraussehen kann. Oder: Wenn ein (technischer oder juristischer) Laie etwas (Technisches oder Juristisches) erklären soll, so wird nur der borniertechniker Fachmann beckmesserisch an den ungenauen Formulierungen herummäkeln, denn man kann davon ausgehen, daß der Laie eben nicht die volle Tragweite seiner Worte übersieht.

2. Wenn man das Kriterium der Vorhersehbarkeit aus der Verantwortungszuschreibung ausschlösse, ließen sich viele Kommentare über Formulierungen nicht mehr verstehen. Wer also eine Formulierung als *verschwommen*, *ungenau* oder *demagogisch* bezeichnete, würde mit diesen Vorwürfen ins Leere laufen, wenn zu argumentieren erlaubt wäre: "Das hat der Verfasser 'so' nicht beabsichtigt." Denn auch dann, wenn etwas anders "gemeint" ist, kann man sich von seiner Verantwortung für die als voraussehbar zu unterstellenden Folgen nicht suspendieren (7).

Zusammenfassung: Im Abschnitt 2.1 sind einige wichtige Fragen aufgeworfen worden, die mit dem Kriterium 'Zuschreibung von Verantwortung' für Formulierungen im Zusammenhang stehen. Zunächst wurde an einem relativ krassen Beispiel illustriert, wie isolierte sprachliche Ausdrucksmittel als "Formulierungen" konstituiert werden. Anhand des dabei ins Spiel kommenden Interpretationsarguments wurde dann gezeigt, warum "Formulierungen" unterschiedlich segmentiert werden, d.h. warum es keine Einheit 'Formulierung' geben kann. Eine dritte Konsequenz des Interpretationsarguments bezog sich auf den variablen Stellenwert von Formulierungen. In einem separaten Abschnitt wurde dann auf die auch handlungstheoretisch relevante Differenz zwischen beabsichtigten Wirkungen und unbeabsichtigten, aber vorhersehbaren Nebenwirkungen von Formulierungen eingegangen. Es liegt nahe, das Problem der Kontrolle von Nebenwirkungen beim FORMULIEREN als einen zentralen Typ von Formulierungsbarrieren aufzufassen (8).

---
6 COULMAS (1977:105 f).
7 Vgl. auch BRENNENSTUHL(1975:253 ff).
8 Vgl. 4.5.2

2.2 Formenbestand der FKA

Wenn man nach der Geltung von formulierungskommentierenden Ausdrücken im Hinblick auf zugrundeliegende Formulierungskriterien fragt, muß zunächst geklärt sein, daß und wie man für verwendete Formulierungen verantwortlich gemacht werden kann. Da diese allgemeine - auch handlungstheoretisch interessante - Frage im vorigen Abschnitt diskutiert wurde, können wir uns nun auf der erarbeiteten Grundlage der Analyse der FKA zuwenden. Zunächst ist zu klären, welche Ausdrücke zu den FKA zu zählen sind. Wir gehen dabei von einem am ersten Kapitel orientierten Vorverständnis aus und betrachten anhand einiger Beispiele das syntaktische Vorkommen einiger FKA:

(3) *Folgen für das - zurückhaltend formuliert - Unbewußte des Kritikerlobs.* (DIE ZEIT)

(4) *Er begnügt sich mit Anmerkungen, rapid und mitnehmend geschrieben, gescheiten und, wie ich meine, da und dort auch irrigen, plastisch formulierten und anderen, die eine merkwürdige Unsicherheit zeigen.* (DIE ZEIT)

(5) *Was Bergson abstrakt formuliert, verwirklicht Loriot auf der Szene.* (DIE ZEIT)

(6) *Es ist interessant, daß Vygotsky (1962) in seinem stimulierenden Buch "Denken und Sprechen" einen Standpunkt einnimmt, der dem hier eingenommenen ähnlich ist, wenn er versucht, wie das Denken der Sprache konform wird - und dies trotz seiner ziemlich lose formulierten Ansicht - daß "Das Denken inneres Sprechen ist".* (BRUNNER)

(7) *Eine solche theoretische und methodische Integrierung wird aber sehr viel mühsamer sein, als es mitunter flink formulierte Thesen verheißen: wie z.B. "Die Linguistik wird um die Textlinguistik erweitert, die Literaturwissenschaft wird von der Textlinguistik beschrieben."* (SPILLNER)

(8) *Ein Schlüsselwort Zadeks Überlegungen zu seinem Theater, das "die wimmelnden Massen beschreibt", übrigens eine reichlich zynische Formulierung, ist der Begriff der "Spiegelung".* (DIE ZEIT)

(9) *Mit der gewundenen Formulierung, dieses Buch enthalte 'viel in anderen Arbeiten über die Königin nicht verwendetes Material' wird suggeriert, hier werde Unveröffentlichtes zitiert.* (DIE ZEIT)

(10) *Denn so pompös und verschwommen der entfesselte Kulturphilosoph Syberberg formuliert, so suggestiv und faszinierend sind seine visuellen Phantasien, sind auch manche Bild- und Tonkontraste.* (DIE ZEIT)

Diese im Anhang näher ausgewiesenen und auch vermehrten Beispiele
zeigen, daß die intuitiv als FKA aufgefaßten und unterstrichenen
Ausdrücke in sehr unterschiedlichen syntaktischen Umgebungen distribuiert sind. Da wir uns aber das Ziel gesetzt haben, einen auch den
quantitativen Aspekt umfassenden Überblick über den Formenbestand
der FKA zu gewinnen, hat eine syntaktische Analyse wenig Sinn. Viel
wichtiger ist es, nach einer Methode zu suchen, die es gestattet,
den Formenbestand systematisch in den Griff zu bekommen.

Diese Methode steht uns mit den sogenannten 'Standardkommentarformeln' (= 'SKF') zur Verfügung. SKF geben Beurteilungen über Formulierungsresultate eine kanonische Form und bilden damit die Basis
für eine Sammlung von FKA. Sie stellen gleichsam eine 'Auffindungs-
Prozedur' für FKA dar. Ich möchte zwei Typen von SFK unterscheiden:

Standardkommentarformel I:

Beispiel: *Das ist schlecht formuliert.*
Diese Formel ist charakterisierbar: 1. durch die den metakommunikativen Kommentar anzeigende Proform "das" (vgl. POSNER 1972:53);
2. durch eine adverbiale (oder nominale) Subgruppe (RATH 1971:142 f)
und 3. durch die in partizipialer Form vorliegende Handlungsbe-
zeichnung 'Formulieren'. Daraus ergibt sich folgende Struktur:

SKF I: PROFORM + *ist* + SUBGR. + *formuliert.*

Standardkommentarformel II:

Beispiel: *Das ist eine geschickte Formulierung!*
Diese Formel ist gekennzeichnet durch 1. eine Proform; 2. durch
eine attributive Gruppe (meist ein Adjektiv) und 3. durch den Nomi-
nalausdruck *Formulierung*. Daraus ergibt sich folgende Struktur:

SKF II: PROFORM + *ist* + ART + ATTGR. + *Formulierung.*

Schon am Anfang der Arbeit wurde darauf verwiesen, daß 1. weitere
formelartige Kommentare aufgestellt werden können und daß 2. vielfach *formuliert* durch *ausgedrückt* oder *gesagt* resp. *Formulierung*
durch *Bezeichnung* oder *Wort* substituiert werden können. Für uns
wichtig ist aber vor allem das durch Punkt 2. charakterisierte
Strukturelement, da hier die FKA eingesetzt werden können. Wir gehen dabei von einer semantischen Äquivalenz von SKF I und SKF II
(bei gleichem FKA) aus. Mit SKF I und SKF II haben wir eine Methode
zur Hand, um intuitiv als FKA betrachtete Ausdrücke qua Substitution
in Punkt 2. zu testen. Ausdrücke, die eine solche Substitution gestatten, werden als FKA behandelt. Um eine Anschauung und eine Grös-
senvorstellung von diesen Ausdrücken zu gewinnen, kann man jetzt -
unabhängig von Belegen - durch Probieren relativ leicht den Formenbestand der FKA eingrenzen. FKA, die mit einem Kreuz ("$^+$") markiert
sind, können zusätzlich in den Belegen des Anhangs in ihrem Kontext
überprüft werden:

Formulierungskommentierende Ausdrücke:

*abfällig, abkürzend$^+$, abschweifig, abstrakt$^+$, agressiv, aktuell,
allgemein$^+$, anders, angemessen$^+$, anständig, anzüglich, arrogant,
aufrichtig, aufschlußreich, ausgewogen,*

barock, bedenklich, beispiellos, besser, blumig, bombastisch, bonmothaft⁺, boshaft, brilliant⁺,

demagogisch, deplaziert, deutlich, differenziert, dogmatisch, drastisch⁺,

ehrlich, einfach, eindeutig, eingängig, einseitig⁺, endgültig, englisch, ergreifend, euphemistisch,

fahrig, falsch, faszinierend⁺, feinfühlig, flink⁺, flott, folgerichtig, forsch, fragend⁺, frech, freundlich⁺, furchtbar,

gefährlich, geglückt, geschickt(er)⁺, geschliffen, geschmacklos, geschmeidig, gewagt, gewissenlos, gewitzt, glatt, grob, gut,

hämisch, mit dem Hammer, handfest, handlich, harsch⁺, hart, hinreißend, höflich, holprig⁺,

intuitiv⁺, ironisch⁺, irreführend,

juristisch,

ketzerisch, klar⁺, klug, knapp⁺, kokett⁺, kompliziert, konfus, konkret, korrekt, kunstvoll, kurz⁺, in ihrer Kürze⁺,

lakonisch⁺, lasch⁺, leichthin,

marxistisch⁺, mehrdeutig, moderat, modern,

nachlässig, negativ⁺, nichtssagend, notstandsartig⁺, nüchtern,

oberflächlich, offen, originell,

passend, phrasenhaft, plastisch⁺, pompös⁺, präzis, praktisch, problematisch, programmatisch⁺, provokant⁺, provozierend,

richtig,

sachkundig, salopp, sauber, schillernd, schlecht, schlicht, schön, schonend, schroff, schwammig, schwächer⁺, schwer⁺, schwülstig, seltsam, sinnlos, spektakulär⁺, spontan, spritzig, stichpunktartig,

taktvoll, teigig, temperamentvoll, terminologisch⁺, theoretisch⁺, tief⁺ (-sinnig), treffend,

überlegt, übertrieben, umschreibend, umständlich, unangemessen, unanständig, unbedacht, unbedenklich, unbekümmert⁺, ungefährlich, ungenau⁺, unglücklich, ungeschickt, ungeschliffen, ungeschützt, unkompliziert, unkorrekt, unpassend, unpräzis⁺, unproblematisch, unsauber, unsicher, unüberlegt, unverantwortlich, unvermittelt⁺, unverständlich, unvorsichtig, unzureichend, unzutreffend,

vage⁺, verklausuliert⁺, verkürzt, verschwommen⁺, versehentlich, verständlich, verständnisvoll, vielsagend⁺, virtuos, vorläufig⁺, vorsichtig⁺, vulgär⁺,

wahr, weich, wellenmechanisch⁺, windelweich, wissenschaftlich⁺,

zündend, zugespitzt⁺, zusammenhangslos, zurückhaltend⁺, zuschlagend⁺, zutreffend, zweideutig⁺, zynisch.

Trotz der knapp 200 FKA impliziert diese Liste keinen Anspruch
auf Vollständigkeit. Es ist überdies zu vermuten, daß eine Vollständigkeit prinzipiell nicht zu erreichen ist.

Wenn man sich bewußt macht, mit welch reichhaltigem, viele Aspekte
umfassenden Vokabular Formulierungsresultate charakterisiert bzw.
qualifiziert werden können, stellen sich zwei Fragen:

1. Können in die SKF beliebig viele, das Substitutionskriterium
   erfüllende Ausdrücke eingesetzt werden (Man denke etwa an
   wellenmechanisch, windelweich etc.)?
2. Sind diese knapp 200 FKA im Hinblick auf Formulierungskriterien
   zu klassifizieren?

Beide Fragen zielen auf die diesen Ausdrücken unterstellten Geltungskriterien ab. Es geht also darum, warum Beurteilungen von Formulierungen mit FKA überhaupt wirksam, d.h. für die Verständigung
bedeutsam und eventuell für den Sprecher/Schreiber folgenreich sein
können?

Um auf diesem Problemhintergrund die Fragen 1. und 2. beantworten
zu können, soll im folgenden eine semantische, in (2.5) eine "pragmatische" Analyse der FKA bzw. des Gebrauchs der FKA versucht werden.

2.3 Zur Semantik der FKA

Eine semantische Untersuchung über FKA bzw. damit verwandten Ausdrücken liegt nur in Teilbereichen vor: So bestimmt beispielsweise
RATH (1971:138 ff) im Kontext einer Partizipialanalyse eine von ihm
näher untersuchte eigene Gruppe von Ausdrücken, auf deren "formelhaften Charakter" er besonders aufmerksam macht. Zu ihnen gehören folgende Partizipien:

*gesehen, ausgedrückt, verglichen, formuliert, gedacht,
genommen, gesetzt, gesagt, gewendet, betrachtet, verstanden*

Unter Berücksichtigung des Kontextes kann man diese Partizipien
entweder einer semantischen Kategorie des "gedanklichen, geistigen
Sehens" oder aber des "Sagens" zuordnen (9), unter die auch die uns
interessierenden Partizipien *ausgedrückt, formuliert* und *gesagt* fallen. Die semantische Funktion der gesamten Partizipialgruppe bestimmt
er wie folgt:
"Das Partizip der PGruppe gibt an, daß der vom 'übergeordneten
Satz' mitgeteilte Sachverhalt in der Seh- oder Sagensweise eingeschränkt ist. Die zum Partizip tretende Subgruppe modifiziert
diese Einschränkung. Die PGruppe besteht demnach aus einem mehr
formalen Signal der Seh- oder Sagensweise und einem speziellen
Signal, das die Seh- oder Sagensweise festlegt." (10)

In RATH (1975a:114 f) werden im Kontext von Paraphrasenankündigun-

---
9 RATH (1971:143).
10 RATH (1971:146f).

gen (11) die betreffenden Ausdrücke etwas allgemeiner dahingehend bestimmt, daß mit ihnen der "Modus der Redeweise" ausgedrückt wird. Wichtig - weil mit dem syntaktischen Vorkommen vieler FKA übereinstimmend - ist wiederum der Hinweis auf die Formelhaftigkeit der Paraphrasenankündigung und darauf, daß sie durch verschiedene oberflächensyntaktische Mittel (Zeichensetzung, Parenthesen) von den übrigen Teilen der Äußerung separiert sind (12). Diese syntaktisch unterschiedlich realisierte Separierung ist offensichtlich auch ein auffälliger Indikator der FKA, der sich - wie sich dies gleich bei BARTSCH zeigen wird - als Hypersatz semantisch interpretieren läßt. Ferner ist wichtig, daß Paraphrasenankündigungen als "metakommunikative Einheiten" bezeichnet werden.

Ausgehend von dieser Charakterisierung läßt sich eine Analyse von BARTSCH über 'parenthetische Adverbiale' heranziehen. Für diese Klasse von Adverbialen gibt sie folgende Beispiele:

übertrieben gesagt, theroretisch formuliert, genauer betrachtet, offen gesagt, ehrlich gesagt, zugegeben (mit Einverständnis gesagt), kurz, außerdem, nochmals, weiterhin, genauer, besser, zusammenfassend, wie auch immer, nebenbei, schließlich, endlich, zum hundertsten Mal, zum letzten Mal, ... (13).

Wie ersichtlich fallen zumindest die drei ersten Ausdrücke und *besser(formuliert)* in die Klasse der FKA. *Offen* und *ehrlich gesagt* sind feste Wendungen, können aber zur Not in die Standardkommentarformeln eingesetzt werden. Schwierigkeiten machen hingegen Ausdrücke wie *außerdem, nochmals, weiterhin, wie auch immer, nebenbei, schließlich, endlich, zum hundertsten Mal, zum letzten Mal*. Diese Ausdrücke sind nicht in die Standardkommentarformeln I oder II unterzubringen. Daher ist in der folgenden semantischen Beschreibung auch zu prüfen, ob und wie diese Ausdrücke in Zusammenhang mit den FKA zu bringen sind.

Entsprechend ihrer Benennung stellt BARTSCH zunächst fest, daß alle Adverbiale als "parenthetische Adverbiale" keine inhaltliche Verbindung zum übrigen Satz haben. Parenthetische Adverbiale stimmen insofern mit den Adverbien der Subgruppe in der von RATH behandelten Partizipialgruppe überein. Da die "parenthetischen Adverbiale" ferner unter den "Adverbien mit metakommunikativer Funktion" (14) rubriziert sind, ergibt sich auch von hier aus eine Überschneidung zu RATH. Auf diesen Punkt wird noch zurückzukommen sein.

Daß auch zwischen der syntaktischen Separierung vieler formelhaft gebrauchten FKA und den parenthetischen Adverbialen Übereinstimmung besteht, ist ebenfalls offensichtlich. BARTSCH erklärt das syntaktische Charakteristikum der Separierung damit, daß die diskutierten Ausdrücke als Teil von Hypersätzen aufzufassen sind. In Anlehnung an SADOCK macht sie dies an folgendem Beispiel klar:

---
11 Zu Paraphrasenankündigungen gehören u.a.: "mit anderen/ eigenen Worten", "anders/ allgemeiner/ genauer/ gesagt", "vage/ umständlich formuliert", "um es ausführlicher darzustellen", "präziser".
12 Vgl. RATH (1975a:115).
13 BARTSCH (1972:65 ff).
14 BARTSCH (1972:60 ff).

"Zum letzten Mal - John verließ uns gestern." Aber:
"John verließ uns gestern zum letzten Mal" (15).
Kriterium für den Hypersatz ist, daß die Adverbiale (des ersten Satzes im Gegensatz zum zweiten) mit der Negation des Satzes nicht negiert werden kann. Da dies auch im vorliegenden Beispiel so ist, läßt sich festhalten, daß die uns aufgefallenen Formen der syntaktischen Separierung durch die Annahme von Hypersätzen rekonstruierbar werden. Standardkommentarformeln können jetzt als explizite syntaktische Realisierung von Hypersätzen aufgefaßt werden. Elliptische Versionen davon sind zweigliedrige Partizipialgruppen (11 ii) oder eingliedrige Adverbiale (11 i):
11 i) Präziser: er ist ein ausgemachter Schuft!
  ii) Präziser gesagt: er ist ein ausgemachter Schuft!
  iii) Er ist ein ausgemachter Schuft. Das ist präziser formuliert!

Durch diese semantische Reformulierung eines zwar auffälligen, aber nicht stringenten syntaktischen Merkmals ("syntaktische Separierung") wird bestätigt, daß - in Generalisierung der BARTSCHen Bestimmung - FKA insgesamt keine inhaltlich-propositionale Verbindung zum abhängigen Satz, d.h. zum als so-oder-so formulierbar beurteilten Satz (Sätzen) haben. Damit haben wir in einem ersten Punkt den Begriff "Modus der Redeweise" präzisiert.

Damit kann man direkt zu der weitergehenden Bestimmung überleiten, die BARTSCH gegenüber den parenthetischen Adverbialen vornimmt:
"Sie machen lediglich Angaben zum Kommunikationsakt: zu der Weise, wie etwas ausgesagt wird, in welchen Beziehungen die Äußerung zu anderen Äußerungen steht, etc." (16). Anhand des Ausdrucks *kurz* präzisiert und illustriert sie ihre Bestimmung so:

"Sie (die Adverbiale, G.A.) gliedern und charakterisieren den Sprechakt selbst, nicht aber den im Satz formulierten Sachverhalt. Insofern machen sie Aussagen über die Ausdrucksseite der Sprache im Sprechakt. Sie stellen nicht wie die Konjunktionen und Satzkonnektive ('daher', 'nachdem' etc.) die in den Sätzen beschriebenen Ereignisse zueinander in Beziehung, sondern stellen die Weisen der Beschreibung zueinander in Beziehung, wie es z.B. in "$s_1 . s_2 . s_3 .$ kurz, $s_4 .$" geschieht. Der durch "$s_1 . s_2 . s_3 .$" formulierte Sachverhalt enthält den durch "s_4" formulierten, aber "s_4" sagt ihn kurz zusammengefaßt aus." (16b)

Wie die anfangs genannten "schwierigen" Adverbiale *außerdem, weiterhin, schließlich* hat auch das Adverbial *kurz* eine doppelte Funktion, die BARTSCH in Anschluß an das letzte Zitat so beschreibt:

1. "Es charakterisiert den anschließenden Satz als kurzen Satz (oder kurzen Text)."

2. "Es charakterisiert den Inhalt des anschließenden Satzes als Zusammenfassung oder Ergebnis des vorher Gesagten."

Bei *schließlich* beschreibt sie die doppelte Funktion so:

---
15 BARTSCH (1972:66)
16 BARTSCH (1972:66)
16b BARTSCH (1972:67)

1. "Es bedeutet: 'Hiermit schließe ich diesen Abschnitt meiner Ausführungen ab'".

2. *Schließlich* "weist zugleich darauf hin, daß es sich um eine Bemerkung am Ende einer Reihe von Bemerkungen zum gleichen Thema handelt" (17).

Die von BARTSCH unterschiedenen, aber nicht näher analysierten Funktionen möchte ich terminologisch wie folgt bestimmen: Jeweils in Punkt 1 wird etwas über die 'Herstellungsform' des Textes ausgesagt ("kurzer Text" bzw. "Ende des Abschnitts") während jeweils im Punkt 2 auf die 'Darstellungsform' einer "Sache" abgehoben wird. Konkret: Im ersten Beispiel wird der Inhalt des anschließenden Satzes als Zusammenfassung dargestellt, bzw. im zweiten Beispiel wird eine Bemerkung am Ende in Beziehung zu vorhergehenden Bemerkungen gesetzt, und zwar relativ zum gemeinsamen "Thema".

Generalisiert man diesen Befund, so kann man sagen, daß diese Adverbien einmal im Hinblick auf den Modus der Herstellungsform und zum anderen im Hinblick auf den Modus der Darstellungsform charakterisierbar sind. In den Worten von BARTSCH ausgedrückt: Sie gliedern den Sprechakt und machen damit Aussagen über die Ausdrucksseite (Modus der Herstellungsform) und sie charakterisieren ihn in der Weise, wie etwas ausgesagt wird (Modus der Darstellungsform). Auch wenn BARTSCH beide Aspekte ein und desselben Formulierungsresultats nicht explizit als zwei Aspekte analysiert, so sind - wie man doch sieht - beide Aspekte in ihrer Analyse angelegt.

Mit den beiden Kategorien 'Modus der Herstellungsform' (im folgenden oft verkürzt als 'Herstellungsmodus' bzw. '-aspekt') und 'Modus der Darstellungsform' (oft verkürzt als 'Darstellungsmodus' bzw. '-aspekt') läßt sich zunächst zeigen, warum unter die von BARTSCH beschriebenen Ausdrücke sowohl FKA als auch dazu "unpassende" Adverbien wie beispielsweise *nochmals* fallen können: FKA wie *theoretisch formuliert* oder *übertrieben gesagt* betonen offensichtlich den Darstellungsmodus, *nochmals* hingegen bzw. die bei RATH (1975a) diskutierte verwandte Wendung (*um es zu wiederholen*) beziehen sich betont auf den Herstellungsmodus. D.h. wenn ich etwas *nochmals* sage oder etwas *wiederhole*, so hat das insbesondere Konsequenzen für die Art und Weise der Herstellungsform des Textes.

Zu beachten ist aber, daß beide Modi zwei zusammengehörige Aspekte sind, unter denen die Handlung des Formulierens beschreibbar ist. D.h. beispielsweise: bei *nochmals* wird zwar der Herstellungsaspekt betont, was aber nur heißt, daß der Darstellungsaspekt - je nach Ausdruck - mehr oder weniger abgeblendet bleibt. Und umgekehrt: Wenn ich etwas als *präziser* ankündige, dann mache ich primär eine Aussage über den Darstellungsmodus, aber sekundär beziehe ich mich auch auf den Herstellungsmodus. Denn wenn ich etwas *präzisiere*, dann hat das nicht nur Konsequenzen auf die Darstellungsform, sondern auch auf die Herstellungsform des Textes.

Versuchen wir das bisher Gesagte genauer zu fassen. Dabei wird noch

---
17 BARTSCH (1972:67).

einmal bei der semantischen Beschreibung von parenthetischen Adverbialen angesetzt. Nach BARTSCH lassen sich für sie drei Unterscheidungsmerkmale angeben:

1. Durch sie wird <u>nicht zur Wahrheit</u> des ausgesagten Sprechakts Stellung genommen.

2. Sie gehören auch <u>nicht</u> zu den Ausdrücken, die die '<u>illocutionary force</u>' eines Sprechakts bestimmt.

3. Sie haben <u>keinen direkten Bezug</u> zu einem Satzglied oder dem ganzen Satz; sie verhalten sich nicht satzadverbial, sondern beziehen sich als Adverbiale auf die elidierten Verben *gesagt, bemerkt* und *formuliert*.

Positiv lassen sie sich wie folgt charakterisieren:

4. Mit ihnen kann man metakommunikative Äußerungen "über die Form von Äußerungen und den Ablauf des Kommunikationsaktes" machen (18).

5. Sie "gliedern und charakterisieren den Sprechakt selbst", sie geben an, "in welchen Beziehungen die Äußerung zu anderen Äußerungen steht". Diese Bestimmungen werden verallgemeinert als 'Modus der Herstellungsform' verstanden.

6. Schließlich stellen parenthetische Adverbiale "die Weisen der Beschreibung zueinander in Beziehung" und machen Angaben, zu der Weise, "wie etwas ausgesagt wird". Dieser vor allem in der Stilistik einseitig thematisierte Aspekt soll mit dem Begriff 'Modus der Darstellungsform' umschrieben werden.

Diese sechs Punkte umfassende Bestimmung ist für die von uns diskutierten FKA zu übernehmen. Indem man sich - etwa in Standardkommentarformeln - mit FKA auf den Herstellungs- bzw. Darstellungsmodus konkreter Texte bezieht, blendet man von dem <u>propositionalen</u> bzw. <u>illokutiven</u> Aspekt ab. Wenn etwas *treffend, provokant, pompös, verwaschen, etc. formuliert* ist, dann bezieht sich dieses Urteil weder auf den sachlichen Inhalt noch auf die "kommunikative Funktion" (i.S. der Illokution) eines Textes, sondern - sicherlich unter Einbeziehung dieser beiden Aspekte - primär auf die Art und Weise der Form der Textkonstitution oder - wie ich im folgenden sagen werde - der 'Textorganisation'.

2.4 Textorganisierende Ausdrücke

Dieser Abschnitt trägt exkursorischen Charakter. Hier sollen zwei - allerdings wichtige - Punkte etwas weiter verfolgt werden, die sich am Schluß der semantischen Bestimmung bereits abgezeichnet haben:

1. Sowohl bei RATH als auch bei BARTSCH kamen Ausdrücke vor, die zwar nicht wie die FKA in Standardkommentarformeln einsetzbar sind (z.B. *nochmals gesagt, um es zu wiederholen* etc.), die aber sonst alle oder einige Bestimmungsmerkmale (d.h. zumindest jedoch die Punkte 1 und 2) mit den FKA teilen. Damit wird die Vermutung erhärtet, daß die Extension einer noch unbekannten Klasse von Ausdrücken

---

18 BARTSCH (1972:60 f).

- ich werde sie im folgenden 'textorganisierende Ausdrücke' nennen - über die Extension der Klasse der FKA hinausgeht. Wenn man FKA nun als textorganisierende Ausdrücke bestimmt, deren differentia specifica in der erwähnten Einsetzbarkeit in SKF liegt, so stellt sich natürlich die Frage, welche über die FKA hinausgehenden textorganisierenden Ausdrücke es gibt, und welche Funktionen sie haben. Da zur Beantwortung dieser Frage eine größere empirisch ausgelegte Arbeit erforderlich wäre, kann hier lediglich eine vorläufige Antwort skizziert werden.

2. Am Schluß der semantischen Bestimmung der FKA zeichnet sich ferner ab, daß die beiden Aspekte 'Modus der Herstellungsform' und 'Modus der Darstellungsform' als zwei Aspekte der 'Textorganisation' aufgefaßt werden müssen. Es wurde ferner deutlich gemacht, daß wir uns unter mehr oder weniger starker Ausblendung des propositionalen und des illokutiven Aspekts auf die 'Textorganisation' eines Textes beziehen, wenn wir beispielsweise mit FKA konkrete Texte kommentieren. Daraus folgt, daß der textorganisierende Aspekt als Kriterium aufgefaßt werden kann: Wenn nämlich sprachliche Ausdrucksmittel auch unter dem Kriterium der Textorganisation, d.h. unter dem Herstellungs- bzw. Darstellungsmodus betrachtet werden, dann werden sie als Resultate einer Formulierungshandlung, d.h. als 'Formulierungen' behandelt. Oder anders ausgedrückt: Erst wenn man "Texte" (in einem alltagssprachlich intuitiven Sinn) nicht nur unter einem inhaltlich-propositionalen oder illokutiven, sondern auch unter einem textorganisatorischen Aspekt betrachtet, dann kann man - sogar unter Absehung der beiden ersten Aspekte - über den Werkcharakter (19) eines Textes sprechen, d.h. auch über die Folgen und Konsequenzen, die sich aus der Art und Weise der Herstellung bzw. der Darstellung ergeben. Da dies m.E. am klarsten bei der Analyse der FKA zu Tage tritt, soll hier anhand der Analyse von textorganisierenden Ausdrücken nur versucht werden, den Aspekt der Textorganisation indiziert an diesbezüglichen Ausdrücken gegenüber den beiden anderen Aspekten aus "didaktischen" Gründen so gut wie nur möglich zu isolieren. D.h. um den Herstellungs- bzw. Darstellungsmodus möglichst plastisch anhand von textorganisierenden Ausdrücken hervortreten zu lassen, soll zum Zwecke der Veranschaulichung der Textorganisation ein Text vorgeführt werden, in dem propositionale und illokutive Aspekte weitgehend ausgeblendet werden sollen. Dies ist ansatzweise mit einem speziellen Typ von "Textwiedergabetexten" (20) möglich:

XYZ kündigt weitere Maßnahmen an.
In einer gestern vor ABC gehaltenen brillianten Rede hat XYZ ausführlich und offen Stellung zu den gegenwärtig heiß diskutierten Fragen genommen.
Zunächst schickte er einige kritische Bemerkungen über die Art und Weise voraus, wie im Moment die brisanten Themen öffentlich diskutiert werden. Dann begann er mit der Erörterung der aktuellen Lage und betonte die Aktualität und Wichtigkeit der Probleme, wobei er sich eine ins Detail gehende Begründung ersparte. Allerdings

---
19 'Werk' im Sinne des Poiesis-Begriffs, vgl. 3. Kapitel.
20 Dieser Begriff ist an die Bezeichnung 'Redewiedergabe' angelehnt. Vgl. GÜLICH (1978).

*müsse er, so XYZ, einige in der letzten Zeit unter der Hand
verbreitete Vorstellungen mit der gebotenen Klarheit richtig-
stellen.
Danach stellte XYZ zwei Thesen auf und erläuterte sie ausführlich
anhand von plastischen Beispielen. Anschließend beleuchtete er
die Konsequenzen der Thesen, wobei er besonders die zweite These
klar herausarbeitete. Er versuchte dann in mehrere Abschnitte gegliedert einen Fünf-Punkte-Plan zu entwickeln, auf den er in gewohnt überzeugender Weise näher einging. Er präzisierte und ergänzte
ihn schließlich mit einigen Bemerkungen zu seiner Realisierung. Zum
Schluß faßte er die wichtigsten Punkte zusammen, wiederholte nochmals die zentralen Forderungen und unterstrich die Relevanz der
ganzen Angelegenheit.
Die ausgewogene, zugleich pointierte und höfliche Art der Ausführung, die sich jeder unnötigen Polemik und Demagogie enthielt,
sicherten dem Redner allgemeine Zustimmung.*

Diese Redewiedergabe, auf deren Nicht-Authentizität wegen bedauer-
licher Ähnlichkeiten zu manchen Berichterstattungen in Funk und
Fernsehen eigens hinzuweisen wäre, ist grob dadurch zu kennzeichnen,
daß die Rede von XYZ weder inhaltlich paraphrasiert, noch durch performative Verben oder verba dicendi indiziert wiedergegeben wird.
Besonders auffällig ist das Fehlen des propositionalen Gehalts: Es
wird zwar "etwas" über die (und von der) Rede des XYZ berichtet,
doch bleibt verborgen, über was XYZ geredet hat, d.h. welche Sachverhalte er zur Sprache gebracht hat. Vielmehr wird etwas über den
Aufbau, die Gliederung, den Ablauf, den Stellenwert und die "Wirkung"
der Rede ausgesagt. Die "inhaltliche" Leere der Redewiedergabe ist
ersichtlich Folge der Konzentration von Ausdrücken, die in textorganisatorischer Funktion eingesetzt sind. (Wohlgemerkt: weder die Rede
des XYZ, noch der Redewiedergabetext sind "leer", sondern die Wieder-
gabe der Rede des XYZ in Form des abgedruckten Textes weist so gut
wie keinen propositionalen Gehalt auf.) Betrachten wir die unterstrichenen Ausdrücke etwas genauer:

Zunächst springen Ausdrücke ins Auge, die wir - wenn auch in ver-
änderter Form - als FKA identifizieren können (*brilliant, ausführlich, offen, kritisch, plastisch, klar, ausgewogen, pointiert, höflich, polemisch, demagogisch*).

Auffällig sind ferner ablaufkonstituierende Partikel wie *zunächst,
dann, danach, anschließend, schließlich, nochmals* (nicht belegt:
bisher, jetzt, hier, nun, bislang, sofort, eingangs etc). Auf den
Ablauf der Textorganisation bzw. auf die Gliederung des Textes beziehen sich aber auch Ausdrücke wie *in mehrere Abschnitte gegliedert, Fünf-Punkte-Plan, zum Schluß*; ferner sind die in der Literatur nur beiläufig erwähnten Ausdrücke wie "das Erstere, das Letztere,
das Vorstehende, das Folgende" bzw. "erstere, letztere, folgendes" [21]
zu nennen.

Ferner sind Nomina konzentriert, die offenbar Platzhalterfunktion
für propositionale Komplexe oder Sprechakte zu erfüllen scheinen bzw.
Textsorten bezeichnen: *Rede, Stellungnahme, Frage, Bemerkung, Themen,
Erörterung, Problem, Begründung, Vorstellung, Thesen, Konsequenzen,*

---

21 Vgl. KALLMEYER et alii (1974:245)

Abschnitt, Plan, Punkt, Forderung, Angelegenheit, Ausführung. Trotz aller Unterschiede zwischen ihnen und trotz der Tatsache, daß in dieser Auflistung auch sprechaktbezeichnende Wörter (22) auftauchen, hat der Gebrauch gerade dieser Ausdrücke den Effekt, daß zwar über die Organisation des "Inhalts" berichtet werden kann, ohne daß aber über den "Inhalt" selbst etwas ausgesagt werden muß. Metaphorisch könnte man sie als Registraturbezeichnungen für inhaltliche Komplexe verstehen; eine Registratur, die einen propositional/illokutiv geordneten Zugriff oder die pauschale Identifizierung von Textteilen/ -strukturen gestattet (etwa: *Abschnitt, Punkt* etc.). Daß diese die Textorganisation betonenden "Registratur"-Ausdrücke keinesfalls von untergeordneter Bedeutung sind, zeigt sich daran, daß sie mit einer ganzen Reihe anderer nominalisierten Ausdrücke als Beschreibungskategorien in Arbeiten zur 'gesprochenen Sprache' auftauchen, wobei allerdings ihr Beschreibungsstatus und ihre Bedeutung zumeist nicht explizit reflektiert werden. Darauf wird noch näher eingegangen.

Schließlich ist für unseren Textwiedergabetext die Anhäufung von - wie man sie nennen könnte - textorganisierenden Verben charakteristisch: *vorausschicken, beginnen, betonen, ersparen, richtig stellen (= korrigieren), erläutern, etwas beleuchten, versuchen zu entwickeln, näher eingehen, präzisieren, ergänzen, zusammenfassen, unterstreichen.* Mit diesen Verben können - wie man sieht - Texte/Textteile als Resultate spezieller (Herstellungs-) Handlungen wiedergegeben werden.

Nach dieser hier nur angedeuteten Analyse des Textwiedergabetextes lassen sich schon zwei Punkte festhalten: Offensichtlich ist die Klasse von Ausdrücken mit textorganisatorischer Funktion erheblich größer als die Klasse der FKA. Und: Eine Isolierung des textorganisierenden Aspekts ist in Form von speziellen Textwiedergaben weitgehend möglich, wenngleich die dabei entstehenden Texte aufgrund ihrer "Künstlichkeit" Züge einer Karikatur aufweisen, was mit der propositionalen und illokutiven "Leere" der wiedergegebenen Texte zusammenhängt. In dieser "Künstlichkeit" zeigt sich auch der gegenüber dem "Inhalt" subsidiäre Charakter der Textorganisation.

Der Grund für die angesprochene 'Künstlichkeit' liegt in der Massierung von Ausdrücken mit textorganisatorischer Funktion. Um diese Ausdrücke und ihren Gebrauch in einer größer angelegten Studie analysieren zu können, muß vorweg geklärt werden, wo diese Ausdrücke in nicht-konstruierten Texten zu erwarten sind, und welche spezielle Funktion sie dort haben. Darauf soll ganz kurz eingegangen werden:

1. In schriftlichen, zumeist argumentativen Texten häufen sich textorganisierende Ausdrücke an Textanfängen (als "Überblick") oder an Textschlüssen (als "Zusammenfassungen" oder "Resümees"); sie sollen dort Planungs-, Gliederungs- oder Rezeptionshilfen geben (23).

---

22 Auf diesen Zusammenhang verweist auch WUNDERLICH (1976a:336).
23 Dazu REHBEIN 1977:160 ff, der diesbezüglich unter dem Stichwort "Layout" auf "Gerüste", "Skizzen" und "Grobpläne" aufmerksam macht, die sowohl dem Texthersteller als auch dem Rezipienten einen Überblick über den "Gesamtverlauf" der beabsichtigten oder schon durchgeführten Textherstellung erlauben.

2. Aber auch in Routinekonversation beschreiben, erklären, bewerten, übersetzen, gliedern Teilnehmer ihr Gespräch oder fassen sie zusammen etc. Diese reflexive Kommentierung bezeichnen GARFINKEL und SACKS (1970:350) mit 'formulate' bzw. 'formulation': Da es sich hier aber nicht um Formulierungen, sondern um konversationelle Formulierungskommentierungen handelt, sollte man dies - um Verwechslungen zu vermeiden - mit BLIESENER/ NOTHDURFT (1978:36) als 'Formulation' bezeichnen. 'Formulationen' haben - so könnte man sagen - gesprächsorganisatorische Funktion: Sie "grenzen aus Gesprächsverläufen Einheiten aus, benennen sie kürzelhaft und machen sie dadurch für die Behandlung im Gespräch verfügbar ... Formulationen können vergangene, gegenwärtige oder zukünftige Gesprächsereignisse bzw. -aspekte kategorisieren" (24). Es ist klar, daß gesprächsorganisatorische 'Formulationen' eine reichhaltige Quelle für textorganisierende Ausdrücke darstellen (25).

3. Wie schon erwähnt, werden textorganisierende Ausdrücke offenbar als Beschreibungsmittel bei der Analyse von 'gesprochener Sprache' verwendet, da in dieser der Herstellungsprozeß partiell manifestiert vorliegt (vgl. 5. Kapitel). Dabei spielt es keine Rolle, ob 'gesprochene Sprache' eher unter grammatischer (WEISS 1975), unter textbildender (RATH 1975a und 1975b) oder unter interaktioneller Perspektive (WUNDERLICH 1976a) beschrieben wird. Zur Demonstration liste ich nach den genannten Autoren geordnet die jeweils häufig verwendeten Beschreibungskategorien auf:

1. WEISS: "Fortsetzung, Ergänzung, Bestätigung, Wiederholung, (benennende, erläuternde, erweiternde) Nachträge, Neuansatz, Fehlansatz, Verbesserung, Verstärkung, Hervorhebung, Korrektur, Steigerung, Ersparung".

2. RATH: "Paraphrasierung, Zurückweisung, Richtigstellung, Präzisierung, Erklärung, Spezifizierung, Verallgemeinerung, Unterbrechung, Explikation, Verstärkung, Wiederholung, Versuch, Verbesserung, Abbruch, Korrektur, Fortsetzung, Planung".

3. WUNDERLICH: "Wiederholung, Korrektur, Ergänzung, Spezifikation, Verdeutlichung, Parenthetisches Einschieben; Bestätigung, Paraphrasierung, Zusammenfassung, Rückbestätigung" (26).

Natürlich kann man sich wegen fehlender klarer Kriterien über die Auswahl der recht heterogen anmutenden Ausdrücke streiten. Immerhin: Sie können nicht als grammatische Begriffe aufgefaßt werden und ob sie als sprechakttheoretische Kategorien beansprucht werden dürfen, ist zumindest anzweifelbar. Die im übrigen recht weitgehenden Bestimmungen, die WUNDERLICH für seine "redeorganisierenden Sprechakte" gibt, ähneln jedenfalls den Charakterisierungen, die für 'textorganisierende Ausdrücke' (dieser Begriff ist nicht ganz zufällig dem WUNDERLICHschen nachempfunden) in Anschluß an BARTSCH gegeben wurden. Daher wird hier dafür argumentiert, den Organisationsaspekt bei Texten (bei Gesprächen), indiziert durch charakteristische Ausdrücke, beispielsweise vom illokutiven Aspekt getrennt

---
24 BLIESENER/ NOTHDURFT (1978:37).
25 Vgl. dazu auch SCHANK (1978:74 ff).
26 Diese Bezeichnungen finden sich vor allem im Abschnitt "Redeorganisierende Sprechakte" WUNDERLICH (1976a:347 ff).

zu halten. Dies soll zunächst dadurch begründet werden, daß einige zentrale Bestimmungen WUNDERLICHs bezüglich "redeorganisierenden Sprechakten" zitiert werden:

WUNDERLICH (1976a:330) bestimmt die Funktion dieser Sprechakte dahingehend, daß sie "mit der Strukturierung dieses Redebeitrags selbst zu tun" haben. Dazu gehört, wie er zwei Seiten später vermerkt, auch "die strukturelle Gliederung wie auch die Angabe des Stellenwerts des Redebeitrags im betreffenden Diskurs". - Ferner faßt er unter die redeorganisierenden Sprechakte auch den (von RAMGE (1973) und RATH (1975b) zentral herausgearbeiteten) Aspekt von Planung und Korrektur und bemerkt zu den Planungsprozessen:

"sie sind entweder Ausdruck der Bemühungen des Redners um die Organisierung seiner Rede oder tragen direkt auch zur Organisierung der Verstehensprozesse der Zuhörer bei, d.h. müssen insofern als Zeichen verstanden werden, die ihrerseits bestimmte Informationen vermitteln"(27).

WUNDERLICH (S. 330) bemerkt ebenfalls, daß Äußerungen, die sich auf den Organisations-Aspekt beziehen "nicht einmal einen propositionalen Gehalt" haben. Schließlich scheint folgende, ebenfalls bekannte Chraktersierung interessant:

"Vorbereitung, Einführung bzw. Thematisierung des nachfolgenden Sprechakts/ des nachfolgend ausgedrückten propositionalen Gehalts durch das Wort "folgend" zusammen mit einer abstrakten Einordnung. Dabei werden Wörter wie "Punkt", "Thema", "Grund" aber auch sprechaktbezeichnende Wörter wie "Frage", "Vorwurf" oder das Wort "sagen" verwendet" (28).

Obwohl bei redeorganisierenden Sprechakten aus naheliegenden Gründen die Differenz zwischen dem illokutiven und dem textorganisierenden Aspekt überbrückt, jedenfalls nicht hervorgehoben wird, so weisen doch die zitierten Stellen alle schon herausgearbeiteten Ingredienzen der Bestimmung der Textorganisation auf. Die Frage, die sich dann natürlich stellt, lautet: Soll man Textorganisation im Rahmen der Sprechakttheorie beschreiben? Wenn hier eine von WUNDERLICH abweichende Beantwortung der Frage versucht wird, so deshalb, weil m.E. bisher zuwenig sowohl die Größenordnung als auch die Relevanz textorganisierender Handlungen (TOH) erkannt wurde (29). Analog dem Vorgehen (am Beginn) der Sprechakttheorie könnten TOH ausgehend von der Analyse und Klassifikation textorganisierender Verben (TOV) näher bestimmt werden.

Dies soll hier ansatzweise in Form einer Taxonomie von textorganisierenden Verben versucht werden. Unter Zugrundelegung des bisher Gesagten können TOV als Ausdrücke verstanden werden, die sich auf die Organisation von Texten beziehen, d.h. auf Handlungen (und Prozeduren), die bei der Herstellung von Texten als Darstellung propo-

---

27 WUNDERLICH (1976a:346).
28 WUNDERLICH (1976a:336).
29 Vgl. dazu HENNE/ REHBOCK 1979:182 ff, die auf die Bedeutung von 'strukturierenden Gesprächsakten' hinweisen.

sitionaler und illokutiver Komplexe ausgeführt werden können/ müssen.
Diese Handlungen betreffen die Planung und Ausarbeitung eines Textes
('Herstellungsbezeichnende TOV'), die Darstellung einzelner propositionaler oder illokutiver Komplexe ('Darstellungsbezeichnende TOV'),
Strukturierung und Sequenzierung dieser Komplexe ('Ablaufkonstituierende TOV'), Gewichtung und Stellenwert der Komplexe ('Präferenzielle
TOV'); sie beziehen sich schließlich auf die Differenzierung und Verknüpfung von Sachverhalten ('Propositionale TOV') und auf die Verständnissicherung bei Adressaten ('Verständnissichernde TOV') (30).
Mit dieser Bestimmung haben wir bereits Kriterien der Subklassifikation von TOV:

Zur Subklassifikation von textorganisierenden Verben

1. **Herstellungsbezeichnende TOV:** *planen, konzipieren, entwerfen, entwickeln, ausarbeiten, ausdrücken, in Worte fassen, formulieren* etc.

2. **Darstellungsbezeichnende TOV:** *darstellen, behandeln, sich beschäftigen, erörtern, etwas diskutieren, sich etwas widmen, betrachten, thematisieren, problematisieren, Einblick geben in, beleuchten, Stellung nehmen (beziehen), Thesen aufstellen, Fragen beantworten, etwas ausführen* etc.

3. **Ablaufkonstituierende TOV:** *vorausschicken, ankündigen, einschieben, einflechten, verweilen, einhalten (innehalten), unterbrechen, hinzufügen, (herum)springen, zurückkehren, weitergehen, weiterführen, zurückstellen, verweisen auf, von etwas ausgehen, auf etwas stoßen, in Richtung auf x gehen, zu einem Ergebnis kommen, einen Weg einschlagen, beginnen, enden, wiederholen, nachtragen, gliedern* etc.

4. **Präferenzielle TOV:** *hervorheben, betonen, pointieren, akzentuieren, abschwächen, isolieren, straffen, unterstreichen, vernachlässigen, in den Vordergrund rücken, auf etwas herumreiten, offen lassen, (nicht) berücksichtigen, nur etwas erwähnen, um etwas gehen, mir kommt es in erster Linie darauf an, sich etwas ersparen, jemanden erinnern, aufmerksam machen, Interesse wecken* etc.

5. **Propositionale TOV:** *differenzieren, unterscheiden, spezifizieren, etwas präzisieren, vergröbern, verallgemeinern, vereinfachen, verkomplizieren, ergänzen, vervollständigen, einschränken, etwas unterscheiden, voraussetzen, unterstellen, folgern, Schlüsse ziehen* etc.

6. **Verständnissichernde TOV:** *erläutern, verdeutlichen, klarmachen, verständlich machen, ein Beispiel geben, exemplifizieren, veranschaulichen, Zusammenhänge aufzeigen, zu präzisieren versuchen, begründen versuchen, jemandem etwas erklären versuchen, zusammenfassen, resümieren, paraphrasieren, rekapitulieren* etc.

Diese Auflistung und Subklassifikation von TOV kann natürlich nur
ein erster Schritt zu einer Analyse von TOH sein. Dennoch wird allein

---

30 Bei diesen ist übrigens der "Versuchen"-Test: "Ich versuche Dir/
Ihnen etwas zu x-en" positiv.

von der Quantität her deutlich, daß TOH gegenüber sprachlichen
Handlungen im Sinne der (orthodoxen) Sprechakttheorie ein Eigengewicht beanspruchen dürfen. Daher scheint es mir mit Blick auf
die TOH, aber auch unter Berücksichtigung dessen, was hier als
'Textorganisation' expliziert wurde, vertretbar zu sein, diesen
Aspekt von dem illokutiven auch kategorial zu trennen. Die Konsequenz daraus: "Sprachliches Handeln" - in einem sehr unspezifischen
Sinn verstanden - kann einmal als 'kommunikatives Handeln' im Sinne
der Sprechakttheorie expliziert werden und zum anderen als 'textorganisierendes' (und in Gesprächen als 'gesprächsorganisierendes')
Handeln.

Zum Schluß bleiben zwei Fragen: Warum wurden gesprächsorganisierende bzw. textorganisierende Handlungen, oder allgemeiner: warum wurde der ganze organisatorische Bereich in der Sprachwissenschaft so
lange nicht beachtet? Und: Warum werden nicht ausgehend von der
Analyse textorganisierender Ausdrücke diese Beschreibungskategorien
beispielsweise für eine Theorie des Formulierens präzisiert?

Zur ersten Frage: Daß nicht nur reflektiert formulierte Texte, sondern schon spontane Routinegespräche 'organisiert' werden müssen,
hat m.E. drei Hauptgründe: Zum einen scheint die Organisation in
Form von 'Prozeduren' ("Bestätigung, Wiederholung, Paraphrasierung,
Präzisierung, Zusammenfassung, Rückbestätigung", WUNDERLICH faßt sie
als "Prozeduren der Verständnissicherung" zusammen) "wahrscheinlich
universell" und "nur selten bewußt und gezielt angewendet" zu werden,
was nach WUNDERLICH (1976a:362) ein Beleg dafür zu sein scheint, "wie
tief diese Prozeduren nicht mit einer spezifischen Sprachfähigkeit,
sondern mit einer allgemeinen Interaktionsfähigkeit des Menschen verbunden sind". - Beim REFLEKTIERTEN FORMULIEREN hingegen, wo kaum
automatisierte Prozeduren, sondern spezifische Organisationsstrategien erforderlich sind, scheint es zwar Identifizierungsschemata zu
geben (ansonsten wären für TOH wohl kaum - wenn auch vage - alltagssprachliche Beziehungen vorhanden), aber keine festen Anweisungen
oder Regeln für beispielsweise das KONZIPIEREN, THEMATISIEREN, EINFLECHTEN, AKZENTUIEREN, PRÄZISIEREN oder PARAPHRASIEREN. Auf dem
Hintergrund der schon ansatzweise skizzierten Theorie des Formulierens könnte man auch sagen, daß diese Strategien als eine bestimmte
Subklasse von Formulierungsproblemen, nämlich als textorganisierende
Formulierungsprobleme aufzufassen sind, die je nach konkreter Problemstellung unterschiedlich, aber noch als 'Akzentuierung', 'Präzisierung' oder 'Paraphrasierung' erkennbar gelöst werden müssen. 'Prozeduren' könnten dann als "automatisierte" oder "algorithmierte" Teil-Strategien (31) aufgefaßt werden, sozusagen als weitgehend festgewordene Problemlösungsweisen. - Schließlich ein dritter Grund: Wenn
überhaupt der Organisationsaspekt in sprachlichen Ausdrücken/ Äußerungen greifbar wird, also in 'Formulationen' oder textorganisierenden Ausdrücken, so haben diese sprachlichen Indizien, wie schon erwähnt, subsidiäre Funktion, oder aber es wird - wie im Falle der
FKA - überhaupt nicht deutlich, daß auch sie sich -wengleich nicht
ausschließlich - auf den textorganisatiorischen Aspekt beziehen.

Zur zweiten Frage: Präzisierungsversuche für einzelne textorganisie-

---

31 Vgl. BREUER (1974:121 ff).

rende Ausdrücke (32) liegen - allerdings unter sehr unterschiedlicher Zielsetzung - ansatzweise vor: NAESS (1975), H.-J. KELLER (1977), MEYER-HERMANN (1978) und RATH (1979). Angesichts der Schwierigkeiten, klare Unterscheidungskriterien (etwa zwischen PRÄZISIEREN und KORRIGIEREN (RATH 1979) finden zu können, erscheint die Hoffnung, mit textorganisierenden Ausdrücken ein Beschreibungsinstrumentarium aufbauen zu können, im Moment als noch verfrüht. Skepsis ist auch deshalb angebracht, weil viele dieser Ausdrücke aufgrund ihrer Funktionen ("Kürzelhaftigkeit", "Platzhalterfunktion") offenbar über nur sehr vage Identifizierungskriterien verfügen. Andererseits wäre schon eine an der Alltagssprache angelehnte "vorsichtige" Standardisierung eine Bereicherung der Beschreibungsmöglichkeiten von Texten.

Die Analyse textorganisierender Ausdrücke ist für die Klärung des textorganisatorischen Aspekts von Texten zentral, da dieser Aspekt als Kriterium für die Betrachtung von sprachlichen Ausdrucksmitteln als 'Formulierungen' fungiert. Trotzdem darf die Analyse der Textorganisation nicht mit dem Studium des FORMULIERENs gleichgesetzt werden, was sich übrigens schon darin zeigen wird, daß textorganisatorische Formulierungsprobleme nur eine - wenn auch wichtige - Klasse von Formulierungsproblemen sind (33). Ja, es ist sogar zweifelhaft, ob man sagen kann, daß die Analyse der Textorganisation Voraussetzung für eine Theorie des Formulierens ist: So wichtig und hilfreich diese Analyse zur Konkretisierung der Theorie sein mag, so wenig wird man den Stellenwert der Textorganisation ohne vorausgesetzte Theorie des Formulierens erkennen können. Dies rechtfertigt den exkursorischen Charakter dieses Abschnittes.

2.5 Zur Pragmatik von FKA

Kehren wir nach diesem Exkurs wieder zu der Analyse von FKA mit dem Ziel der Aufdeckung von Formulierungskriterien zurück. In diesem Abschnitt soll der Gebrauch von FKA - wie im Loewe-Beispiel - in sprecherreflexiven Kommentaren betrachtet werden, um eine zentrale Funktion des Gebrauchs von FKA herausarbeiten zu können, die Rückschlüsse auf die gesuchten Formulierungskriterien erlauben wird. Kurz gesagt geht es darum, daß FKA oft im Hinblick auf unterstellte konkurrierende Erwartungen oder Normen gebraucht werden (Man denke an das absichernde "laienhaft formuliert" oder an den von Wissenschaftlern gern vorgetragenen Vorwurf des "Feuilletonismus"). Dies soll zunächst an einigen Beispielen verdeutlicht werden, was zur Formulierung einiger Maximen des Gebrauchs von FKA in sprecherreflexiven Kommentaren füh-

---
32 H.-J. KELLER (1977) versucht, die in der Umgangssprache weitgehend undifferenziert synonym gebrauchten Ausdrücke für das Phänomen "daß das Gesagte noch einmal gesagt wird" (S.2) zu präzisieren: Dabei unterscheidet er "Wiederholen", "Nachplappern", "Umformulieren", Paraphrasieren", "Nachsprechen", "Rephrasieren", Zusammenfassen" und "Rekapitulieren". - MEYER-HERMANN (1978) schlägt einen anderen Weg ein, wenn er einige textorganisierende Handlungen als 'metakommunikative Sprechakttypen' (wie "Ankündigung", "Präzisierung", "Korrektur" ("Frage") und "Stellungnahme/Kommentar") untersucht.
33 Vgl. 4. Kapitel.

ren wird. Danach wird das Ergebnis unter Referierung und Pointierung von HINDELANGs "Äußerungskommentierenden Gesprächsformeln" vertieft, und schließlich werden einige Konsequenzen der Normenkonkurrenz beim FORMULIEREN verdeutlicht.

2.5.1 Einige Maximen des Gebrauchs von FKA in sprecherreflexiven Kommentaren

Daß FKA trotz aller Eigenheiten unter die Klasse der textorganisierenden Ausdrücke zu subsumieren sind, zeigt sich nicht nur in einer mehr als zufälligen lexikalischen Verwandtschaft zu anderen Ausdrücken dieser Klasse, insbesondere zu Bezeichnungen für TOH (z.B. *pointieren - pointiert gesagt, vereinfachen - vereinfacht ausgedrückt, differenzieren - differenzierte Formulierung* etc.), sondern auch im Hinblick auf gleiche Funktionen des Gebrauchs. Die folgenden Beispiele, in denen Schreiber eigene Formulierungen kommentieren, werden diese funktionalen Gemeinsamkeiten des Gebrauchs von FKA und anderen textorganisierenden Ausdrücken näher verdeutlichen. Ziel der Betrachtung ist allerdings die Erklärung, warum Schreiber eigene Herstellungs- bzw. Darstellungsformen überhaupt kommentieren und warum sie es nicht ständig tun. Man betrachte dazu folgende Beispiele:

(12) *Wie vage diese Formulierung auch immer sein mag, sie macht doch deutlich, worum es bei Spracherklärungen im Sinne (II) geht.* (KANNGIEßER)

(13) *'... Man kann also nichts anderes tun, als den Linguisten zu empfehlen, endlich ernsthaft Logik zu studieren. Dann werden sie hoffentlich aufhören, mit solchen Scheinbegriffen wie dem der Nominalphrase zu operieren'.*
Die eben gewählte drastische Formulierung enthält keine Übertreibung. (STEGMÜLLER)

(14) *Aufgabe der Literaturwissenschaft ist es, Texte bzw. die Bedeutungsfestlegung von Texten in ihrer historisch-sozialen Vermitteltheit und Funktionalität zu begreifen. Eine solche Gegenstandsbestimmung ist freilich nicht unumstritten, ja sie ist - oft sogar schon in dieser vorläufigen, abkürzenden Formulierung - dem Verdacht der Ideologiehörigkeit ausgesetzt.* (BREUER)

Welche Aufgaben erfüllen diese Kommentare? Am leichtesten erscheint dies mit (12) beantwortbar zu sein: Offenbar um voraussehbare Kritik abzufangen, räumt der Autor eine gewisse Vagheit seiner Formulierungen ein. Da es ihm aber nicht primär auf die (letzte) Präzision, sondern mehr auf das "Prinzipielle" (den "Inhalt") der Formulierungen ankommt, hat dieser Kommentar - wie viele andere - vor allem die Funktion des Schutzes: Wer die Angreifbarkeit einer eigenen Formulierung einräumt und/oder wegen eines übergeordneten Gesichtspunkts in Kauf nimmt, gibt erstens zu erkennen, daß er sich prinzipiell der Verantwortung für seine von ihm hergestellten sprachlichen Resultate bewußt ist; zweitens, daß eine Kritik in bestimmten Punkten von ihm akzeptiert würde; daß er aber drittens davon ausgeht, daß für den vorliegenden Fall berechtigte Kritik aufgrund bestimmter Gründe zu relativieren ist. Kurz: Eine eigene, mit "vage" konzedierte Formulierung kann kaum noch als "vage" beanstandet werden.

Sprecherreflexive Kommentare wie in (13) haben eine andere Funktion: Bekanntlich läßt sich ein Sachverhalt aus diversen Gründen unterschiedlich darstellen (*übertrieben, zurückhaltend, emotional, wissenschaftlich, oberflächlich, überzeichnet, pointiert* etc.) Wählt man eine dieser "markierten" Charakterisierungsarten für die Formulierung, so ist es manchmal aus Gründen des Selbstschutzes, vor allem aber aus Gründen der Rezeptionshilfe für den Adressaten sinnvoll, dies durch den Gebrauch von FKA zu vermerken. Erst auf dem Hintergrund dieser Praxis gewinnt der Kommentar in (13) seine Bedeutung: STEGMÜLLER hat vor seiner bewertenden Stellungnahme die Position eines "orthodoxen" Logikers in seinem Verhältnis zu linguistisch (und nicht logisch) motivierter Sprachbeschreibung dargestellt, um so einen Kontrast zwischen einer orthodox-logischen Sprachanalyse und einer gegenstandsadäquaten logischen Analyse à la Montague herauszuarbeiten. Da der arrogante Unterton bei der Darstellung der orthodoxen Position unüberhörbar ist, erscheint es dem Autor angezeigt zu versichern, daß er diese Stelle so meine, wie sie klinge, daß also die markierte "drastische Formulierung" eben keine Übertreibung der orthodoxen Logiker-Position enthält.

In (14) wird offensichtlich eine bestimmte Erwartungshaltung der Adressaten in Rechnung gestellt. Damit wird ein iterierbarer Erwartungszusammenhang erzeugt: Wenn der Autor explizit auf eine Erwartung der Adressaten anspricht, dann können die Adressaten, je nachdem ob diese unterstellte Erwartung bei ihnen zutrifft, bestimmte Rückschlüsse auf die gemeinsame Verständnisbasis ziehen. Genau das kann wieder der Autor erwartend in Rechnung stellen usw. Für den Autor ist nun wichtig, daß er diese von ihm initiierte Erwartungsspirale sozusagen verstärken, relativieren oder bestimmte Erwartungen ändern kann. (D.h.: Mit dem Gebrauch von FKA läßt sich (ohne großen verbalen Aufwand) Adressatenerwartung steuern.

Bisher haben wir drei Funktionen von sprecherreflexiven Kommentaren herausgearbeitet: 1. Rechtfertigungsfunktion (Einschränkung der Belangbarkeit = Selbstschutz), 2. Funktion der Rezeptionshilfe und 3. Funktion der Steuerung von Adressatenerwartung.

Im Hinblick auf die drei Beispiele soll nun versucht werden, die drei Funktionen in Form von Maximen des Gebrauchs von FKA in sprecherreflexiven Kommentaren auszudrücken:

M 1 Entlasse Dich nur dann aus Deiner Verantwortung für gewählte Formulierungen/ Formulierungsweisen, wenn Du akzeptierbare Gründe dafür hast. Mache dies zumindest durch FKA deutlich.

M 2 Wählst Du einen markierten Darstellungsmodus und meinst Du dies wörtlich, so mache dies explizit.

M 3 Steuere Adressatenerwartung nur dann, wenn triftige Gründe vorliegen.

Der Gebrauch von FKA in sprecherreflexiven Kommentaren stellt ein so bequemes Mittel dar, daß der Versuch naheläge, durch Inflationierung des Gebrauchs von FKA sich beispielsweise der Verantwortbarkeit bezüglich der eigenen Formulierungen abzukoppeln. Da aber wohl nur bei sparsamem Einsatz der Mittel das in den Maximen genannte Ziel erreichbar scheint, könnte man folgende Supermaxime für M 1 bis M 3 hinzufügen:

SM Gebrauche nicht grundlos und im Übermaß FKA

2.5.2 Signalisierung von Normenkonkurrenzen beim FORMULIEREN

Was in 2.5.1 bereits angedeutet wurde, soll in diesem Abschnitt anhand HINDELANG (1975) vertieft werden: FKA werden verwendet, um Konkurrenzen zwischen Normen, verbunden mit der Entscheidung zugunsten einer bestimmten Norm, zu signalisieren. HINDELANG macht dies am Beispiel von *offen gesagt* deutlich, das er wie die folgenden Ausdrücke zu den 'äußerungskommentierenden Gesprächsformeln' zählt:

im Vertrauen gesagt, auf gut Deutsch gesagt, offen gesagt, um die Wahrheit zu sagen, im Ernst, nebenbei gesagt, apropos, da wir gerade von x sprechen, kurzum, kurz und gut, um es deutlich zu sagen, um es zu wiederholen, sehen wir erst mal von x ab, wenn ich es dir doch sage, usw. (34)

Wie man sieht, faßt HINDELANG unter gesprächsorganisierender Perspektive eine Reihe von Ausdrücken zusammen, die teilweise (z.B. *offen gesagt*) bei BARTSCH als "parenthetische Adverbiale" behandelt wurden und nach unserer Terminologie zu den textorganisierenden Ausdrücken zu rechnen sind. (Da es relativ leicht ist, sie als Bezeichnungen für bestimmte Darstellungsweisen zu identifizieren, erspare ich mir hier eine Begründung dieser Ausdrücke als textorganisierende Ausdrücke). Betrachten wir vielmehr die Beschreibung der Funktion von *offen gesagt*:

"Verwendet ein Sprecher in einer Äußerung "offen gesagt", so signalisiert er damit, daß er der Meinung ist, diese Äußerung könne sich für ihn in irgendeiner Weise negativ auswirken; daß er jedoch die möglichen Konsequenzen in Kauf nimmt, um der Forderung zu genügen, daß man "offen" sein soll." (35)

Eine solche Forderung gehört nach HINDELANG in die Kategorie der Konversationspostulate, da sie eine "wichtige Grundmaxime jeder Konversation" zu sein scheint. Obwohl man dies in dieser Allgemeinheit durchaus bestreiten kann, so ist doch unbestritten, daß man diese Forderung in dem Kontext der GRICEschen Konversationsmaximen diskutieren kann.

HINDELANG macht zunächst darauf aufmerksam, daß das Postulat der Offenheit weder aus dem allgemeinen Kooperationsprinzip noch aus

---
34 HINDELANG (1975:253).
35 HINDELANG (1975:257).

den beiden ersten Maximen ("Make your contribution as informative as is required"; "Do not say what you believe to be false") deduzierbar sei. Daher müssen wir eine weitere Maxime annehmen:

"Wenn du zu einem Gesprächsgegenstand eine relevante Information oder Meinung hast, dann halte damit nicht hinter dem Berg." (36)

Nach HINDELANG ist diese Maxime der Offenheit zutreffender als etwa die "Wahrheits-Maxime" von GRICE, da die erstere von der Kommunikationsteilnehmern fordert, "daß sie auch nichts verschweigen oder unerwähnt lassen sollen, was für die Konversation irgendwie relevant oder interessant sein könnte" (37).

Der Gebrauch einer 'äußerungskommentierenden Gesprächsformel' wie *offen gesagt* wäre nun weitgehend "witzlos", wenn die Maxime so ohne weiteres immer befolgbar wäre; sie würde dann bestenfalls ein ziemlich unsinniger Indikator für eine selbstverständliche Befolgung dieser Maxime sein. Nun ist aber die Befolgung einer solchen Maxime keineswegs selbstverständlich: "Man kann sich durch eine Äußerung schaden, indem entweder die Äußerung selbst gegen irgendeine soziale Norm verstößt, und man sich so u.U. gewissen Sanktionen aussetzt, oder dadurch, daß aus der Äußerung hervorgeht, daß man anderweitig gewissen Normen und Erwartungen nicht entspricht" (38). Unter Berufung auf GRICE (1968:II,9), der weitere Maximen ästhetischer, sozialer und moralischer Natur konzediert, formuliert HINDELANG eine weitere Regel, die aus allgemeinen sozialen Regeln ableitbar wäre und das oben Gesagte als Maxime thematisiert:

"Sag nichts, was dir möglicherweise schaden könnte".

Es ist sicher richtig, daß sich gesellschaftliche Individuen häufig nach einer solchen oder ähnlich formulierten Maxime verhalten. Betrachtet man nun beide Maximen zusammen, so ist abzusehen, daß Handelnde bei der Befolgung beider Maximen in vielen konkreten Situationen in einen Konflikt gestürzt werden. Denn beide Normen stehen in Konkurrenz zueinander. Unter Zugrundelegung dieses Spannungsfeldes, d.h. bei der Abwägung der Befolgung konkurrierender Maximen, kann man die Verwendung von "offen gesagt" zu erklären versuchen: Damit "will ein Sprecher signalisieren, daß er sich zwar bewußt ist, durch seine Äußerung möglicherweise eine Norm zu verletzen, daß er aber den Konflikt zwischen dieser Norm und der ebenfalls normativen Forderung nach konversationeller Offenheit zugunsten (derselben, G.A.) entscheidet" (39). Warum deutet aber der Sprecher durch die Wahl dieser Formel überhaupt an, daß er in einem Normenkonflikt steht? Ich möchte zwei von drei Antworten HINDELANGs kurz anführen:

Offen gesagt im Sinne von *ich will Sie ja nicht kränken, aber ...* oder *nimm es mir nicht übel* signalisieren dem Partner, daß man sich bei aller sachlichen Härte nicht auf der Beziehungsebene schädigen, verletzen oder kränken will, wobei man den Partner zu Gegenmaßnahmen

---
36 HINDELANG (1975:258).
37 HINDELANG (1975:258).
38 HINDELANG (1975:258).
39 HINDELANG (1975:258).

provozieren würde, die auch eine Schädigung des "Angreifers" zur
Folge haben könnten. Indirekter Selbstschutz ist auch bei der zweiten Antwort im Spiel: Hier kann *offen gesagt* gegen *im Vertrauen gesagt* oder *unter uns* substituiert werden. Diese Verwendungsweise hebt einmal darauf ab, "daß es gesellschaftliche Normen gibt, die verlangen, daß man nichts Schlechtes über andere verbreiten soll, als auch darauf, daß der Sprecher damit rechnen muß, daß seine Bemerkungen u.U. weitergetragen werden, und die Äußerungen ihm so indirekt schaden könnten" (40).

2.5.3 Einige Konsequenzen

Wenn man den Befund von HINDELANG verallgemeinert und pointiert, so kann man folgendes feststellen: Einige seiner Gesprächsformeln dienen als Indikatoren für die Unverträglichkeit von Konversations- oder allgemeiner: von Kommunikationsmaximen. Wie bei anderen sozialen Handlungen auch, müssen wir beim KOMMUNIZIEREN, ebenso wie beim FORMULIEREN, mit alternativen, konkurrierenden oder gar miteinander konfligierenden Normen rechnen (41). Das führt dazu, daß beispielsweise bestimmte Kommunikationsmaximen in konkreten Situationen gegenüber anderen Maximen entweder eine besondere Präferenz eingeräumt bekommen, oder daß sie gar nicht beachtet werden. Mehr noch: Es kann vorkommen, daß - wie im Falle von *offen gesagt* - die Befolgung einer höher bewerteten Maxime ("konversationelle Offenheit") die Durchbrechung einer anderen Maxime ("Sag nichts, was dir möglicherweise schaden könnte") zur Konsequenz haben kann. Der daraus resultierende Normenkonflikt erstreckt sich natürlich nicht nur auf das, was gesagt wird, sondern auch auf Formulierungen/ Formulierungsweisen. D.h., der Gebrauch von FKA signalisiert vielfach, daß bestimmte Maximen gegenüber anderen situativ bedingt bevorzugt werden, was eben zu Konflikten führen kann.

Machen wir uns dies an einigen Fällen noch etwas klarer: "Durch Wendungen wei *nebenbei gesagt, apropos, da fällt mir gerade ein, wenn wir gerade von x sprechen* deutet der Sprecher an, daß er sich zwar grundsätzlich an die Maxime "Be relevant" (GRICE 1968:II,8) zu halten gedenkt, aus besonderen Gründen aber davon abweichen will" (42). Oder: Wer etwas sehr ausführlich darlegt, kann in Konflikt mit einer Maxime geraten, die Redundanz verbietet (43); wer etwas *pointiert* oder gar *abkürzend formuliert* gibt zu erkennen, daß er gegenüber der "Explizitheits"-Maxime (GRICE's 'Maxime der Quantität') der "Be relevant"-Maxime und eventuell der "Be-brief"-Submaxime Priorität einräumt; wer etwas *hart* sagt, steht in Gefahr, interaktionell wichtige Höflichkeitsnormen zu verletzen; wer etwas ästhetisch *schön, faszinierend* oder *brillant formuliert* kann - muß aber nicht - mit Maximen der Sachadäquanz in Konflikt geraten usw. Wenn man diesen Befund etwas übertreibt, so kann man sagen: Ganz gleich wie man FORMULIERT,

---
40 HINDELANG (1975:260).
41 Zu Maximenkonflikten vgl. auch EHLICH/REHBEIN (1977:95 ff).
42 HINDELANG (1975:262).
43 Zum Problem "scheinbar überflüssiger" Redundanz vgl. MÜLLER, K. (1979).

man ignoriert oder verletzt ständig Kommunikationsmaximen dadurch, daß man den anderen den Vorzug gibt. Geht dies über ein bestimmtes Maß hinaus, ist es sinnvoll, bewußte Abweichungen durch die Verwendung von FKA anzuzeigen.

Die Indizierung von Maximenkonflikten durch den Gebrauch von FKA ist aber nur ein besonders anschaulicher Spezialfall für ein allgemeines Charakteristikum des FORMULIERENs, das man so umschreiben könnte: Wir müssen immer im Hinblick auf virtuelle Formulierungsalternativen hin FORMULIEREN. Dazu einige Bemerkungen: Mit LUHMANN (1971) könnte man den Sinnbegriff dahingehend auffassen, "daß Sinn immer in abgrenzbaren Zusammenhängen auftritt und daß er zugleich über den Zusammenhang, dem er angehört, hinausverweist: andere Möglichkeiten vorstellbar macht"(44). Wenn wir entsprechend dieser SCHÜTZ verpflichteten Bestimmung Textherstellen als "Sinn-Konstitution" verstehen, dann folgt daraus, daß beim FORMULIEREN die "Komplexität anderer Möglichkeiten" immer erhalten bleibt. Der mit dem FORMULIEREN verbundene "Selektionszwang" impliziert dabei die "Notwendigkeit, sich auf Risiken einzulassen" (45). Daß "es sich bei akten sprachlicher kommunikation um risikoreiche anstrengungen handelt" (46), wird damit als Konsequenz der "Sinn-Konstitution" qua Textherstellen behauptet. Allerdings: Diesem durch den "Selektionszwang" bedingten Risiko auf seiten des Formulierenden steht auf seiten des Rezipienten die Chance gegenüber, einmal die faktische Selektion im Hinblick auf virtuelle Alternativen zu beurteilen oder andererseits selbst durch Interpretation andere Möglichkeiten sprachlich zu erschließen. Nur unter der Annahme, daß die "Komplexität anderer Möglichkeiten" prinzipiell erhalten bleibt, ist die alltägliche Beobachtung zu erklären, daß ein Rezipient unter ausdrücklicher Zustimmung des Formulierenden einen "besseren" oder "klareren" etc. Formulierungsvorschlag machen kann.

Kehren wir zum Ausgangspunkt zurück und fassen zusammen: Wie die Maximen des Gebrauchs von FKA in sprecherreflexiven Kommentaren gezeigt haben, kann die Verwendung dieser Ausdrücke ganz allgemein als Signal für in irgendeiner Hinsicht problematisches und daher möglicherweise risikoreiches FORMULIEREN aufgefaßt werden. Mit FKA wird implizit auf virtuelle, d.h. nicht realisierte, aber mögliche Formulierungsalternativen verwiesen, die quasi als Kontrastfolie für faktische "Selektionen" fungieren. Besonders deutlich wird dies, wenn Normen (Kommunikationsmaximen) unter Ignorierung oder Durchbrechung anderer befolgt werden. Soll deutlich gemacht werden, daß eine solche Entscheidung beabsichtigt war, dann sind FKA bequeme Mittel zur Signalisierung einer solchen Entscheidung.

2.6 Klassifikation der FKA nach Formulierungskriterien

Auf der Basis der bisherigen Diskussion können nun die beiden zentralen Fragen dieses Kapitels beantwortet werden:

---

44 LUHMANN (1971:30).
45 LUHMANN (1971:33).
46 UNGEHEUER (1974:5).

- Worauf beruht die Geltung bzw. die Sanktionierungskraft der FKA?
- Wie lassen sich die nahezu 200 FKA klassifizieren?

Es wurde ferner bereits angedeutet, daß mit der Beantwortung dieser Fragen zugleich eine Methode zur Aufdeckung von Formulierungskriterien verbunden ist. D.h. es wird davon ausgegangen, daß FKA ihre Geltung von zugrundeliegenden Formulierungskriterien beziehen.

Wie sieht diese Methode aus? Wir haben bisher auf der Basis eines intuitiven Verständnisses FKA in dokumentiertem Material isoliert und durch Standardkommentarformeln eine Identifizierungsinstanz angegeben (vgl. 2.2), die es uns auch gestattete, eine recht umfangreiche Liste von FKA zu erstellen. In 2.5 wurde anhand der Besprechung von HINDELANG (1975) ein Verfahren der Klassifikation aufgezeigt; danach werden FKA in bezug auf Konversations-/Kommunikationsmaximen à la GRICE klassifiziert, wobei die konversationelle/kommunikative Geltung dieser Ausdrücke unter Rekurs auf eben diese Maximen zu erklären ist. Dieses Verfahren soll nun als Methode konsequent ausgebaut werden.

Der erste Schritt dieser Methode ist nach dem gerade Gesagten in Form der FKA-Liste bereits getan. Damit ist (gegenüber dem HINDELANGschen Verfahren) die quantitative Voraussetzung für eine "empirische Rückkoppelung" (siehe unten) und Modifizierung der Maximen durch das Erfordernis der Klassifikation von FKA erfüllt.

Der zweite Schritt besteht - abweichend von HINDELANG - darin, Konversationsmaximen à la GRICE als Formulierungsmaximen/-kriterien aufzufassen. Dies ist zumindest dadurch zu begründen, als die "Maxime der Art und Weise" - übrigens die von GRICE am stärksten ausdifferenzierte Maxime - explizit postuliert, wie die Beiträge formuliert sein sollen (47). Unter die Supermaxime "Be perspicuous" ("Sei klar und deutlich")(48) faßt er noch folgende vier weitere Maximen: "Avoid obscuritiy of expression" ("Vermeide Dunkelheit"); "Avoid ambiguity" ("Vermeide Mehrdeutigkeit"); "Be brief (avoid unnecessary prolixity)" ("Sei kurz");"Be orderly" ("Sei methodisch"). Darüber hinaus gibt es eine ganze Reihe von FKA, die eine Zuordnung zu anderen Konversationsmaximen nahelegen (etwa: *deutlich, drastisch, zugespitzt* etc. zu der Maxime "Be relevant"; *angemessen, einseitig, irreführend, aufrichtig* zu der Maxime der Qualität: "Try to make your contribution on that is true" oder *verkürzt, abkürzend, umschreibend, unzureichend* zu der Maxime der Quantität: "Make your contribution as informative as is required", bzw. "Do not make your contribution more informative than is required". Diese hier nur angedeutete Zuordnung läßt sich in zweifacher Hinsicht begründen: Zum einen ist festzuhalten: "Die Maximenliste ist weder vollständig noch systematisch befriedigend gegliedert, und die Einzelmaximen sind weder gleichgewichtig noch inhaltlich völlig unabhängig voneinander" (49) (vgl. etwa die Beziehung zwischen der Maxime, nichts überinformiert zu sagen und der"Be-brief-Maxime"). Anderseits darf angenommen werden, daß es

---
47 "not ... to what is said, but rather to how what is said is to be said". GRICE (1968:II,8).
48 Übersetzung der Maximen nach WUNDERLICH (1972).
49 POSNER (1979:357).

zwischen Konversationsmaximen und postulierten Formulierungsmaximen/
-kriterien einen systematischen Zusammenhang, wenn auch keine Übereinstimmung gibt (vergleichbar dem Verhältnis von Gesprächsorganisation und Textorganisation), da konversationelle Aktivitäten sich
zumindest partiell textuell manifestieren müssen.

Nun zum dritten Schritt: Unter der Voraussetzung, daß überhaupt ein
systematischer Zusammenhang besteht, wird ausprobiert, inwieweit
die GRICEsche Maximenliste sich als theoretische Vorgabe für die
Klassifikation von FKA eignet, d.h. inwieweit Konversationsmaximen
als Formulierungskriterien interpretierbar sind. Durch diese "empirische Rückkoppelung" können ausgehend von der GRICEschen Maximenliste fortschreitend nach den Erfordernissen der Klassifikation
alte Klassifikationskriterien aufgegeben oder modifiziert und neue
eingeführt werden. Dieser Trial-and-Error-Prozeß führt damit zu der
Herausbildung einer neuen Kriterienliste, die zwar zu der GRICEschen
Liste noch Ähnlichkeiten aufweist, die aber nicht unter philosophi-
schem Interesse postuliert (50), sondern unter empirischer Perspektive kontrolliert aufgebaut werden kann.

Gemäß dieser Methode sollen im folgenden sieben Kriterienklassen angenommen werden. Sie definieren - wie man mit AUSTIN (vgl. 2.7) sagen könnte - bestimmte "Dimensionen", die ihrerseits weiter in "Grade" oder Aspekte unterteilt werden können. Eine Unterteilung in Grade oder Aspekte wird hier - auch aus darstellerischen Gründen -
nicht vorgenommen (51).

Als <u>Dimensionen des FORMULIERENs</u> und damit als Formulierungskriterien werden unterschieden:

1. <u>'Dimension der Ablaufkonstitution'</u>: Dieser Dimension werden FKA
zugeordnet, die sich auf Wirkungen beziehen, die aus der Art und
Weise des Text-"Ablaufs", d.h. der Linearisierung bzw. Sequenzierung
resultieren. Diese Dimension entspricht der Maxime "Be orderly".

2. <u>'Relevanz-Dimension'</u>: In dieser Dimension sind die GRICEschen
Postulate des Verbots der Überexplizitheit, "Be relevant" und "Be
brief" vereinigt. In allen drei Postulaten wird nämlich auf den
Stellenwert von Formulierungen relativ zu anderen Formulierungen
oder relativ zum Kontext, in dem die Kommunikation stattfindet,
Bezug genommen.

3. <u>Dimension der Sachadäquanz</u>: Bei der stets perspektivischen und
damit selektiven Darstellung von Welt spielen ideologisch gefärb-
te Standpunkte, Interessen, Emotionen und Lebensweisen eine nicht

---

50 Man beachte, daß sich GRICE mit seinen Maximen an KANT
 anlehnt
51 Bei der Unterteilung in 'Grade' könnte man z.B. an eine Skala
 denken, die von "positiv" über "neutral" bis "negativ" reicht.
 Wo dies nicht möglich oder wenig sinnvoll erscheint, ließen
 sich 'Aspekte' in Wortfeldern anordnen.

zu unterschätzende Rolle. Daher sind aufgrund unterschiedlicher Bewertungen Darstellungskonkurrenzen der Normalfall, woraus sich die nichttriviale Forderung nach Sachadäquanz ("Wahrheit") ergibt (52).

4. 'Dimension der Verständnisbildung': Im 3. Kapitel wird ausgeführt, daß Texte als Angebote zur Verständnisbildung aufzufassen sind. Insofern ist es nur konsequent, wenn unter dieser zentralen Dimension Wirkungen einer bestimmten Verständnisbildung durch FKA kommentiert werden. Dieser Dimension können die beiden GRICEschen Submaximen "Avoid obscurity of expression", "Avoid ambiguity" zugeordnet werden. - Wie man leicht sieht, definieren die genannten vier Dimensionen auch jene "Räume", in denen die durch TOV bezeichneten textorganisierenden Handlungen anzusiedeln sind. Dies zeigt sich explizit darin, daß einige der FKA, die einer der vier Dimensionen angehören, sogar lexikalische Gemeinsamkeiten mit Bezeichnungen von TOH aufweisen, deren Beurteilungsinstanz sie u.a. sein können (z.B. ETWAS ABSCHWÄCHEN: 'abgeschwächte Formulierung'). Die folgenden Dimensionen weisen keine Verbindung zu TOH mehr auf.

5. 'Beziehungs-Dimension': Daß Kommunikation nicht nur einen Inhalts-, sondern einen Beziehungsaspekt umfaßt, gehört zu den Grunderkenntnissen der kommunikationsorientierten Sprachwissenschaft (53). Insofern ist es nur selbstverständlich, daß eine solche Dimension postuliert werden muß, um die Geltung und damit auch den "Witz" einer wichtigen Subklasse von FKA verstehen zu können.

6. 'Image-Dimension': FORMULIEREN als eine sehr allgemeine Objektivationsform menschlicher Handlungen läßt wichtige Rückschlüsse auf den Handelnden zu und bestimmt in einem nicht unwesentlichen Maße sein Image mit (54). Dies zeigt sich daran, daß fast alle Beurteilungen mit FKA zumindest indirekt qua Zuschreibung von Verantwortung das Image des Handelnden tangieren. Mit einigen FKA kann diese für das FORMULIEREN charakteristische Dimension sogar _direkt_ manifestiert werden.

7. 'Ästhetische Dimension': Die vielen FKA, die als Kandidaten für diese Dimension in Frage kommen, zeigen an, wie nachhaltig FORMULIEREN unter ästhetischen Aspekten mitbeurteilt wird. Daß sich dieser Aspekt

---

52 Wie schon im Falle der 'propositionalen TOV' ablesbar, soll in dieser Arbeit auf das komplizierte und mir unklare Verhältnis zwischen Semantik(en) und der Theorie des Formulierens nicht eingegangen werden. Diese Abstinenz ist m.E. einmal mit dem wenig fortgeschrittenen Stand der Theorie des Formulierens begründbar und zum anderen mit dem Hinweis, daß eine solche Diskussion sich sehr leicht in jene Richtung verselbständigen könnte, die AUSTIN schon mit STRAWSON geführt hat (vgl. 2.7); d.h. es besteht die Gefahr, daß aus der Diskussion zwischen Formulierungstheorie und Semantik eine Semantik-Diskussion wird.
53 Vgl. WATZLAWICK et alii (1972).
54 Vgl. GOFFMAN (1971) und HOLLY (1979).

zu einem Ästhetizismus beim FORMULIEREN verselbständigen kann, sollte nicht dazu führen, die ästhetische Dimension insgesamt zu ignorieren (55).

Anhand dieser Formulierungskriterien soll nun versucht werden, FKA zu klassifizieren. Wie man sehen wird, ist eine eindeutige Zuordnung nicht immer möglich. Dies resultiert zum einen daraus, daß die FKA kontextfrei klassifiziert werden, was eine gewisse Offenheit bezüglich unterschiedlicher Gebrauchsweisen zur Folge hat; zum anderen scheinen aber - wie dies schon bei HINDELANG deutlich geworden ist - manche FKA systematisch mehrere Dimensionen zu tangieren. Wer beispielsweise Formulierungen als *schwammig* beurteilt, bezieht sich nicht nur auf die Dimension der Verständnisbildung, sondern mit Ausnahme der beiden ersten auch auf alle übrigen Dimensionen. Im übrigen gilt etwa für *offen, vage, abstrakt* etc., daß der Gebrauch dieser FKA auf dem Hintergrund divergierender Dimensionen bzw. Normen zu verstehen ist. - Die aufgelisteten FKA (56) werden unter die genannten Dimensionen wie folgt subsumiert, wobei Zahlen hinter den Ausdrücken besonders naheliegende alternative Klassifikationsmöglichkeiten andeuten:

Klassifikation der FKA:

1. Dimension der Ablaufkonstitution:

fahrig, folgerichtig, konfus (4), zusammenhanglos

2. Relevanz-Dimension:

abgeschwächt, abschweifig, akzentuiert, barock (4), blumig (4), bombastisch (4,6), deutlich (4,5), mit dem Hammer, handfest, harsch, isoliert, knapp, kurz, in ihrer Kürze, langatmig, lakonisch, nichtssagend (4), pointiert, pompös (4,6), schwach/ schwächer, schwülstig (4,6), spektakulär, stichpunktartig, stärker, übertrieben, zugespitzt, zündend (4,5), zuschlagend

3. Dimension der Sachadäquanz:

angemessen, ausgewogen, einseitig, euphemistisch, falsch, genau, grob (= vergröbernd), intuitiv, irreführend, korrekt, nachlässig, oberflächlich, passend, präzis (4), richtig, sachkundig, salopp, sauber, überzogen, ungenau, unsauber, unzureichend, vage, zureichend, zutreffend

4. Dimension der Verständnisbildung:

abstrakt, abkürzend (1), aktuell, allgemein, anschaulich, aufschluß-

---

55 Diese Verselbständigkeitsmöglichkeit gilt wohl auch für andere Dimensionen: Man denke etwa an die Überbetonung der Verständnisbildung und des Beziehungsaspekts gegenüber der Dimension der Sachadäquanz in der Rhetorik.

56 Die Entdeckung weiterer FKA ließ sich auch während der Untersuchung nicht stoppen, so daß zusätzlich zu den schon auf S.51 f abgedruckten FKA noch folgende Ausdrücke hinzukommen: *abgeschwächt, anschaulich, breiig, dumm, elegant, genau, isoliert, überzogen, verantwortungslos, zureichend.*

reich, breiig, differenziert, dogmatisch, einfach, eingängig, eindeutig, endgültig, flink, flott (6), gewunden, handlich (2), klar kompliziert, konkret, mehrdeutig, modern, plastisch, praktisch, programmatisch, sinnlos, schwammig, schwer, teigig, theoretisch, treffend, umschreibend, umständlich, unverständlich, verklausuliert, verschwommen, verständlich, vielsagend, vorläufig

5. Beziehungs-Dimension:

abfällig, aggressiv (6), anständig, anzüglich (6), aufrichtig, boshaft, ehrlich, ergreifend, feinfühlig, forsch, frech (6), freundlich, furchtbar, gewissenlos, hart, hämisch (6), höflich (6), moderat, offen, provokant, provozierend, schonend, schroff, unanständig (6), verständnisvoll, wahr, weich, windelweich, zurückhaltend (6), zynisch (6)

6. Image-Dimension:

bedenklich, besser, beispiellos, demagogisch, dilettantisch, dumm, geglückt, gefährlich, geschickt, gewagt (5), gut, ironisch, ketzerisch, klug, lasch, leichthin (5), nüchtern, originell, phrasenhaft (4), problematisch, richtig, schlecht, spontan, temperamentvoll, tiefsinnig, unbedacht, unbedenklich, unbekümmert, ungefährlich, ungeschickt, unglücklich, unüberlegt, unsicher, unverantwortlich, unvermittelt, unvorsichtig, verantwortungslos, versehentlich, vorsichtig

7. Ästhetische Dimension:

bonmothaft, brillant (6), elegant, faszinierend, glatt, geschliffen, geschmeidig, gewitzt, hinreißend, holprig, kokett (5), kunstvoll, schlicht, schön, spritzig, ungeschliffen, virtuos, vulgär (5)

In dieses Klassifikationsschema fügen sich nicht:

anders, englisch, fragend, feuilletonistisch, juristisch, marxistisch, notstandsartig, möglich, seltsam, terminologisch, wellenmechanisch, wissenschaftlich

Wie man leicht sieht, beziehen sich diese FKA bis auf *anders, fragend, möglich, seltsam* auf bestimmte Standards. Dazu ein paar Beispiele:

(15) *Freud formulierte es später wissenschaftlich.* (DIE ZEIT)

(16) *Wenn man später oft den Übersetzern Beifall spenden möchte, denen es vielfach gelingt, für englische Formulierungen das genau entsprechende deutschsprachige Äquivalent zu finden (...) wird man doch auch immer wieder an den Anfang erinnert.* (DIE ZEIT)

(17) *Die Quantenzahlen ergeben sich für die wellenmechanisch formulierte Theorie als Lösung von gewissen Eigenwertproblemen.* (STEGMÜLLER)

(18) *Eine weitere Schwierigkeit ergibt sich aus der notstandsarti-*

gen Formulierung der Treupflicht in den Beamtengesetzen des Bundes und der Länder. Es heißt dort ja, der Beamte müsse die Gewähr dafür bieten, daß er jederzeit für die freiheitliche demokratische Grundordnung im Sinne des Grundgesetzes eintritt. (DIE ZEIT)

Ausdrücke wie *wissenschaftlich, englisch, wellenmechanisch, notstandsartig* könnte man standard-orientierte FKA nennen. Interessant ist, daß diese Standards von Fach- oder Sondersprachen (*wellenmechanisch, juristisch*), über dialektale Variationen (*"auf gut bayerisch"*), Fremdsprachen (*englisch*), Textsorten (*feuilletonistisch*) bis zu Organisationsparadigmen (*marxistisch* oder *notstandsartig*) reichen.

Standardorientierte FKA beziehen sich auf weitgehend institutionelle Systeme und sind im Hinblick darauf identifizierbar und kontrollierbar. Man könnte diese Klasse von FKA auch spezielle FKA nennen, während die sich auf Dimensionen beziehenden FKA genereller Natur sind.

Mit den Dimensionen bzw. Standards sind nicht nur Kriterien für eine Klassifikation bereitgestellt worden, vielmehr - und das dürfte inzwischen schon deutlich geworden sein - stellen sie auch die gesuchten Geltungs- bzw. Sanktionierungskriterien für das FORMULIEREN dar. D.h. Formulierungsresultate werden unter impliziter Berufung auf diese generell geltenden Formulierungskriterien beurteilt, was bedeutet, daß zwar die Beurteilung selbst ungerecht und willkürlich ausfallen kann, daß aber die in Anspruch genommenen Kriterien aufgrund ihres generellen Status nicht willkürlich oder subjektiv beliebig sind.

Sowohl die durch Standards definierten speziellen, als auch die durch Dimensionen definierten generellen Formulierungskriterien können in Anlehnung an AUSTIN als Glückenskriterien des FORMULIERENs aufgefaßt werden. Etwas präziser: Die FKA werden als (sprachbedingt unterschiedlich ausgeprägte) Konkretisationen der beim FORMULIEREN zugrunde liegenden Glückenskriterien interpretiert. In einem wissenschaftshistorischen Exkurs - freilich unter systematischem Interesse - soll auf den hier abgehobenen Glückens-Begriff bei AUSTIN näher eingegangen werden.

2.7 "Multidimensionalität des Glückens"

Bekanntlich hat J.L. AUSTIN seine Sprechakttheorie aus der Klärung des Unterschieds von 'konstativen' und 'performativen' Äußerungen heraus entwickelt. 'Konstative Äußerungen' (= Aussagen) haben die Eigenschaft, wahr oder falsch zu sein, wohingegen dies bei 'performativen Äußerungen' nicht der Fall ist. Mit 'performativen Äußerungen' vollziehen wir Handlungen, und als solche können sie 'gelingen (glücken)' oder 'mißlingen'. Als Grundbegriffe einer pragmatisch orientierten Sprachwissenschaft erhalten 'gelingen' bzw. 'mißlingen' einen der Dichotomie 'wahr' und 'falsch' analogen Status. Insofern ist es nur konsequent, wenn AUSTIN schon am Anfang seiner Vorlesung über Sprechakte versucht, Glückensbedingungen für Sprechakte zu formulieren ('happiness condition'). Da nach AUSTIN der für Sprechakte charakteristische Handlungsaspekt, der sogenannte 'illocutive act', ein auf Konventionen beruhender Akt (Aspekt) ist, müssen die Glückensbedingungen in einen systematischen Zusammenhang mit Handlungskonventionen gebracht werden oder stärker: die Glückensbedingungen müssen auf Konventionen beruhen (57). Mit dem Versuch, Glückensbedingungen für illokutive Akte zu formulieren, hat AUSTIN den Weg der Entwicklung der Sprechakttheorie vorgezeichnet.

Weitgehend folgenlos, wenn nicht gar unbemerkt, blieb, daß AUSTIN in seiner Auseinandersetzung mit dem Wahrheitsbegriff des logischen Positivismus, d.h. mit dessen Semantikkonzeption - im Vorfeld der Unterscheidung von 'konstativ' versus 'performativ' - Überlegungen anstellte, in denen der Begriff des Glückens (Gelingens) viel weiter - und wie ich meine - viel revolutionärer als in der später entstandenen Sprechakttheorie gefaßt wurde. In seinem bereits 1950 veröffentlichten Artikel 'Truth' unterstreicht er, daß bei Aussagen (also (noch) nicht bei 'performativen' Äußerungen) verschiedene Grade und Dimensionen des Glückens mit im Spiel sein können. Der Relevanz der Stelle entsprechend möchte ich sie ungekürzt wiedergeben:

> "Es gibt eine ganze Anzahl weiterer Adjektive, die derselben Gruppe wie "wahr" und "falsch" angehören, die sich also auf die Relationen zwischen Wörtern (die in bezug auf eine historische Situation geäußert werden) und der Welt beziehen, und die trotzdem keiner als überflüssig zurückweisen würde. Wir sagen zum Beispiel, daß eine gewisse Aussage übertrieben ist oder vage oder nichtssagend, eine Beschreibung ein wenig ungenau oder irreführend oder nicht sehr gut, eine Darstellung ziemlich allgemein oder zu gedrängt ist. In derartigen Fällen ist es witzlos, auf einer Entscheidung zu bestehen, die einfach besagt, ob die Aussage "wahr oder falsch" ist. Ist es wahr oder falsch, daß Belfast nördlich von London liegt? Daß die Milchstraße wie ein Spiegelei aussieht? Daß Beethoven ein Trinker war? Daß Wellington die Schlacht bei Waterloo gewann? Wenn man Aussagen macht, gibt es verschiedene Grade und Dimensionen des Gelingens. Aussagen entsprechen den Tatsachen immer mehr oder weniger ungenau und auf unterschiedliche Weise bei verschiedenen Gelegenheiten und verschiedenen Absichten und Zwecken." (58)

Der Zusammenhang zwischen den von AUSTIN diskutierten Ausdrücken und den FKA ist unmittelbar klar: AUSTIN versucht, diese Ausdrücke als Grundbegriffe für die verschiedenen Grade und Dimensionen des Glückens (zunächst) von Aussagen zu konstituieren:

> "Eine Behauptung z.B. "übertrieben" zu nennen heißt, die Bewertung dieser Behauptung weder auf den Wahrheitswert wahr noch auf den Wahrheitswert falsch festzulegen. Wahr-

---
57 AUSTIN (1976:99 f).
58 AUSTIN (1975:49).

heit und Falschheit sind für AUSTIN weitgehend idealisierte Grenzwerte für das Gelingen von Behauptungen.(...)Wichtig an dieser Auffassung ist, daß wahr und falsch hier den ihnen in der Logik üblicherweise zugeschriebenen Status als Grundbegriffe der semantischen Analyse verlieren und auf (idealisierte) Meßwerte für den Erfolg von Handlungen reduziert werden, womit AUSTIN sie auf eine Stufe mit anderen pragmatischen Erfolgskriterien für Sprechhandlungen stellt". (59)

Dieses aus jüngster Zeit stammende Zitat scheint symptomatisch für die diesen Punkt betreffende AUSTIN-Rezeption zu sein: AUSTINs These von der "Multidimensionalität des Glückens" (wie ich sie verkürzt nennen möchte) wird nach wie vor im Kontext semantischer Fragestellungen und d.h. im Kontext von Wahrheitstheorien diskutiert. Damit weicht man kaum von jener Richtung ab, die STRAWSON in seiner 1950 geschriebenen Entgegnung auf AUSTIN vorgezeichnet hat. Selbst wenn man aber den Kriterien AUSTINs in ihrer Ablehnung der Gleichsetzung "wahr/falsch" mit "anderen pragmatischen Erfolgskriterien" recht gibt, so muß man aus heutiger Sicht m.E. folgenden über AUSTIN hinausgehenden - aber möglicherweise im Sinne AUSTINs konsequenten - Schritt tun: Wir müssen AUSTINs These von der Multidimensionalität des Glückens aus der semantischen Diskussion herausnehmen, d.h. sie von der Diskussion von Wahrheitstheorien abkoppeln und sie dahin stellen, wo sie hingehört, nämlich in den Rahmen einer kommunikationstheoretischen Betrachtung. Denn die Argumente, mit denen AUSTIN seine These stützt (siehe oben: "Absichten und Zwecke"!) sind ebenso wie die seines Kritikers STRAWSON kommunikationstheoretisch orientiert, etwa wenn STRAWSON in bezug auf Ausdrücke wie *zu knapp* oder *zu allgemein* bemerkt:Diese "Ausdrücke beziehen sich offensichtlich auf spezifische Zwecke spezifischer Aussagen; auf die unbefriedigten Wünsche spezifischer Adressaten" (60). Oder: "ob eine Aussage zu knapp oder zu allgemein ist, hängt davon ab, was der Hörer wissen will" (61). Der Unterschied zwischen AUSTIN und STRAWSON ist lediglich der: AUSTIN zieht kommunikationstheoretische Argumente heran, um seine "durch den zentralen Begriff der Konvention geprägte Version der Korrespondenztheorie" (62) zu stützen, während STRAWSON mit denselben kommunikationstheoretischen Argumenten für ihre Abschaffung plädiert.

Wie immer man diesen Streit auch im Hinblick auf neuere und neueste Bedeutungstheorien (etwa GRICE, SCHIFFER, OLSON, HÖRMANN) beurteilt, so scheint mir jetzt schon eine Konsequenz unabweisbar zu sein: Die These von der Multidimensionalität des Glückens kann sich nicht (nur) auf wahrheitswertfunktionale Aussagen, sondern auf Äußerungen beziehen. Denn FKA sind "Erfolgskriterien für Sprechhandlungen" wie gesagt wurde.

Damit ist das Stichwort für eine wichtige Frage gegeben: Warum ist der AUSTINsche Ansatz nicht im Rahmen der Sprechakttheorie von ihm oder seinen Nachfolgern weiterentwickelt bzw. aufgegriffen worden?

---

59 ULLMER-EHRICH (1977:105).
60 STRAWSON (1977:268).
61 STRAWSON (1977:269).
62 SKRIBEKK (1977:207).

Zunächst muß festgestellt werden, daß die naheliegende Vermutung, AUSTIN habe seine These im Verlauf der Entwicklung seiner Sprechakttheorie aufgegeben, nicht stimmt. Noch 1958 hat er in seinem (französisch geschriebenen) Beitrag 'Performative-Constative' (aber nicht mehr in seiner gleichzeitig entstehenden Vorlesung 'How to do things with Words') in Beispielen wie "Frankreich ist sechseckig" die oben zitierte Argumentation wiederholt. Auch hier argumentiert er kommunikationstheoretisch, wenn er auf die Frage, ob diese Aussage wahr oder falsch ist, bemerkt: "... sie ist also wahr für einen bestimmten Zweck oder in gewissen Zusammenhängen, ausreichend für den Mann auf der Straße, aber nicht für den Geographen".(63)

Wenn wir statt Aussage immer Äußerung lesen, kann das Ende dieses Aufsatzes als Programm einer erweiterten Sprechhandlungstheorie gelesen werden: Zunächst führt er nochmals die verschiedenen Dimensionen vor, die neben der Wahrheit von Aussagen (und nicht getrennt von ihr) das Gelingen sprachlicher Kommunikation beeinflussen: das Gerechte, Angemessene, Verdiente, Genaue, Übertriebene, den Überblick, das Detail, das voll Entwickelte und das Abgekürzte etc. Nachdem er angesichts dieser kommunikationsrelevanten Dimensionen andeutet, die Antithese von Performativa und Konstativa überdenken zu müssen (vgl. die achte Vorlesung in AUSTIN 1976) schließt er mit folgenden programmatischen Sätzen:

> "Was wir brauchen ist, so scheint mir, eine neue Theorie, die vollständig und allgemein darlegt, was man tut, wenn man etwas sagt, und zwar in allen Sinnvarianten dieses mehrdeutigen Ausdrucks; es müßte eine Theorie der "Sprachhandlung" in ihrer Gesamtheit sein, die nicht bloß den einen oder anderen Aspekt erfaßt und von den übrigen absieht." (64)

Wenn wir ernst nehmen, daß AUSTIN noch 1958 sein Globalprogramm "to say something is to do something" als mehrdeutig bezeichnet hat, wenn wir wörtlich nehmen, daß er eine Sprechakttheorie im Auge hatte, die nicht nur auf einige Aspekte beschränkt bleibt, dann scheint der Schluß nicht unbegründet zu sein, daß AUSTINs Vorstellungen - gemessen auch an dem gerade skizzierten Kontext, in dem das zitierte Programm steht - viel konkreter und weitgehender waren, als dies aus seinem posthum veröffentlichten Vorlesungsmanuskript, in dem die Sprechakttheorie (d.h. einige Aspekte derselben) zum ersten Mal zusammenhängend dargestellt wurde, hervorgeht.

Warum hat aber AUSTIN die in diesem Aufsatz wieder angesprochene These von der Multidimensionalität des Glückens nicht weiter ausgeführt? Neben dem schon angedeuteten biographischen Grund war natürlich entscheidend, daß von ihm die (sehr weit verstandene) Sprechakttheorie auf den Aspekt der Illokution konzentriert und konkretisiert wurde. Aus dieser Konzentration läßt sich auch die Durchschlags-

---
63 AUSTIN (1968:152),
64 AUSTIN (1968:153); "... of what one is doing in saying something, in all the senses of that ambigous phrase, and of what I call the speech act, not just in this or that aspect abstracting from the rest, but taken in its totality." (AUSTIN 1971:22)

kraft der Theorie ableiten, die ja immerhin gegen ein durch den Logischen Positivismus geprägtes Paradigma antreten und sich durchsetzen mußte. Insofern hätte wahrscheinlich ein "Mehr" an theoretischer Differenzierung ein "Weniger" an Verständnis erbracht. Begünstigt wurde die Verengung auf den Aspekt der Illokution ferner dadurch, daß in diesem Aspekt (etwa gegenüber dem 'perlokutiven Akt') das konventionelle Moment sprachlichen Handelns sehr deutlich demonstriert werden kann. Die Ausdifferenzierung dieses Moments (durch die Explikation von Sprechaktregeln bei SEARLE) hat dann die Entwicklung der Sprechakttheorie auf lange Zeit festgelegt.

Daß man das Glücken sprachlicher Kommunikation entweder eindimensional ('Gelingen/Mißlingen') oder bestenfalls zweidimensional (65) betrachtet hat, hängt m.E. damit zusammen, daß weder AUSTIN noch seine Nachfolger die Kategorie der 'Poiesis' benutzen. Insofern war es - theoretisch gesehen - letztlich unklar, worauf sich die von AUSTIN hervorgehobenen Ausdrücke wie *übertrieben, vage, zu kurz, zu allgemein* überhaupt beziehen. Wie wir gesehen haben, hat AUSTIN dieses Problem dadurch zu lösen versucht, daß er die durch diese Ausdrücke konstituierten Kriterien als semantische Kriterien installieren wollte, was bis heute auf nachhaltigen, weil einleuchtenden Widerstand gestoßen ist. Nimmt man hingegen den für die Sprechakttheorie entscheidenden, wenn auch höchst unklaren Begriff der Wirkung (wobei mit dem Definiens 'konventionelle Wirkung' der illokutive Akt gewöhnlich von den nicht-konventionellen Wirkungen des perlokutiven Akts unterschieden wird) (66), dann fragt man sich ebenfalls, worauf sich diese Adjektive beziehen: Wirkungen, ob konventionell begründet oder nicht, können ebensowenig wie Intentionen oder Sachverhalte *übertrieben, nichtssagend* oder *irreführend* sein. Auch die schon zitierte Redeweise, wonach diese Ausdrücke als 'Erfolgskriterien für Sprechhandlungen' bezeichnet werden, ist nicht ganz korrekt: Sie beziehen sich nämlich nicht auf Wirkungen von Sprechhandlungen (diese isoliert betrachtet), sondern auf die textuelle Herstellung dieser Wirkungen; denn nur von Formulierungen (Worten etc.) kann man sagen, sie seien *irreführend, zu hart, höflich* oder *unverständlich*. Insofern kann man genaugenommen nicht davon sprechen, daß die diskutierten Ausdrücke "Meßwerte für den Erfolg von (kommunikativen, G.A.) Handlungen" sind, sondern Meßwerte für den Erfolg/Mißerfolg von Formulierungsresultaten.

Wenn wir erstens die von AUSTIN immer wieder herangezogenen Beispiele, zweitens die durchgängige kommunikationsorientierte Argumentation und drittens berücksichtigen, daß AUSTIN offensichtlich eine breiter angelegte Sprechakttheorie vor Augen hatte, so scheint - zumindest aus systematischen Gründen - der Schluß nahezuliegen, daß sich die 'Multidimensionalität des Glückens' auf Formulierungsresultate beziehen lassen könnte. Ob sich dieser Schluß auch in biographisch-historischer Hinsicht halten läßt, müßte ein eigenes Forschungsvorhaben erweisen.

---
65 'Gelingen/Mißlingen' und 'Erfolgreichsein/Nicht-Erfolgreichsein' vgl. WUNDERLICH (1976a:110 ff).
66 Vgl. AUSTIN (1976:121 f) und WUNDERLICH (1974:325 ff).

2.8 Einige Konsequenzen

Mit den FKA stehen uns von der Alltagssprache vorgegebene Ausdrücke zur Verfügung, die als Maßstäbe für den (freilich qua Interpretation subjektiv eingeschätzten) Erfolg (das 'Glücken') von Formulierungsresultaten herangezogen werden können. In Anbetracht ihrer Vielzahl haben wir damit ein reichhaltiges Vokabular zur Hand, um konkrete Texte differenziert, ja nuanciert bezüglich ihres Herstellungs- bzw. Darstellungsmodus beurteilen zu können. Der Reichtum und die Subtilität dieses oft formelhaften Vokabulars dürfte alles übertreffen, was sonst zur Beurteilung irgendeiner anderen Handlungsweise zur Verfügung steht. Man kann zwar *faszinierend* oder *umständlich* Tanzen, Kochen, Lieben, Werkzeuge herstellen oder Waschpulver verkaufen, aber kann man dies auch *abstrakt, knapp, ironisch, zugespitzt* etc? Wohl kaum eine andere menschliche Handlung kann im Hinblick auf ihr Glücken so differenziert beurteilt werden wie die Handlungsweise FORMULIEREN.

Daraus ergeben sich einige Konsequenzen, die ich zusammenfassend festhalten möchte:

1. Bei der Analyse von FKA stößt man auf eine heterogen anmutende und recht nebensächlich scheinende Klasse von Ausdrücken, die als sprachliche Indizien des in Texten wirksam werdenden Aspekts der Textorganisation anzusehen sind. Textorganisierende Ausdrücke beziehen sich auf Herstellungs- bzw. Darstellungsformen von Texten; mit ihnen lassen sich Planung, Ablauf, Gewichtung etc. von Texten aber auch gewisse aus bestimmten Organisationsweisen resultierende Wirkungen von Texten beschreiben. Die Bedeutung des textorganisatorischen Aspekts geht aber über die Festlegung eines Paradigmas für sprachliche Ausdrücke hinaus: Dieser Aspekt kann als Kriterium dafür angesehen werden, daß sprachliche Ausdrucksmittel als 'Formulierungen' (allerdings nicht als bestimmte Formulierungen, dies hängt von der je verschiedenen Interpretation ab, vgl. 2.1) bezeichnet werden können. Mit anderen Worten: Formulierungen oder konkrete Texte umfassen natürlich auch den propositionalen und den illokutiven Aspekt, aber erst durch den textorganisatorischen Aspekt wird greifbar, daß wir Ausdrucksmittel als 'Formulierungen' und nicht bloß als 'Äußerung' (Sprechakt) oder 'Satz' betrachten können.

2. Durch die Klassifikation von FKA ist es unter theoretischer Vorgabe von Kommunikationsmaximen (à la GRICE) möglich, dazu verwandte Formulierungskriterien - sozusagen qua "empirischer Rückkoppelung" - zu gewinnen. Damit ist eine Methode angegeben, mit der gezeigt werden kann, daß die Geltung und damit auch die Sanktionierungskraft von FKA aus der generellen Geltung von Formulierungskriterien und damit zusammenhängend von Kommunikationsmaximen ableitbar ist. Die gefundenen Formulierungskriterien wurden allerdings nicht als Postulate formuliert (was sicherlich - teilweise sogar unter Adaption GRICEscher Formulierungen - möglich ist), sondern nach AUSTIN als 'Dimensionen' und 'Grade' (Aspekte) des Glückens von Formulierungshandlungen bzw. - resultaten aufgefaßt. Dabei definiert je ein Kriterium eine Glückens-Dimension, unter die bestimmte FKA als Konkretisation der Grade (Aspekte) dieser Dimension fallen.

Obwohl auf eine Systematisierung dieser Grade in Anbetracht des wenig fortgeschrittenen Stands der Theorie des Formulierens verzichtet werden mußte, zeigt sich doch, daß mit der Annahme von Glückens-Dimensionen und Glückens-Graden FKA als überaus differenzierte Maßstäbe für das FORMULIEREN systematisiert werden können.

3. Mit FKA wird eine bestimmte Klasse von sprachlich bedingten Wirkungen beurteilt - Wirkungen, die aus der Art und Weise der Herstellung eines Textes bzw. der Darstellung einer 'Sache' resultieren. Diese formulierungsspezifischen Wirkungen und damit das Glücken von Formulierungshandlungen sind getrennt zu halten von dem 'Gelingen' bzw. 'Erfolgreichsein' von Sprechakten. Dies zeigt sich besonders klar an möglichen Diskrepanzen zwischen dem Glücken/ Nicht-Glücken von Formulierungen (in bestimmter Hinsicht) und dem Nicht-Erfolgreichsein/ Erfolgreichsein von kommunikativen Handlungen. D.h. beispielsweise: X kann bei Y bestimmte Formulierungen des gesamten Textes nicht akzeptieren, was sich daran zeigen kann, daß andere/ bessere Formulierungsvorschläge unterbreitet werden. Umgekehrt kann man sich - nicht nur bei Ironie, Karikatur oder Kritik - fremder Formulierungen bedienen, gerade wenn man nicht diese Formulierungen in ihrer ganzen Tragweite versteht (man denke an das Phänomen des gedankenlosen "Nachplapperns") oder wenn man nicht - was ebenfalls häufiger vorkommt - die mit den Formulierungsresultaten verbundenen intendierten Wirkungen bzw. die mit ihnen (fest) verbundenen Rezeptionsweisen akzeptiert.

4. Die Subtilität der durch FKA repräsentierten Maßstäbe macht deutlich, daß beim FORMULIEREN viele Dimensionen und Grade (Aspekte) des Glückens im Spiel sind. Bei der Diskussion der Gebrauchsweisen von FKA ist aber deutlich geworden, daß in konkreten Situationen oft bestimmte Dimensionen nicht berücksichtigt oder negativ in dem Sinn berücksichtigt werden, als zur Befolgung bestimmter Postulate gegen andere Postulate verstoßen werden muß. Die dort diagnostizierte Normenkonkurrenz macht in besonders spektakulärer Weise darauf aufmerksam, daß FORMULIEREN eine risikoreiche Handlung ist. Die mit den Dimensionen verbundenen impliziten Anforderungen an das FORMULIEREN können und brauchen in bestimmten Situationen nicht immer (zugleich) erfüllt werden. Da aber die (generellen) Formulierungskriterien in Geltung bleiben, wird erklärbar, warum Kritik an Formulierungen fast immer möglich, wenn auch nicht immer berechtigt ist.

5. Abschließend und zugleich vorgreifend können FKA noch unter zwei zusammenhängenden Gesichtspunkten gesehen werden: FKA als Maßstäbe des FORMULIERENs spannen sozusagen einen 'Formulierraum' als Problemlöseraum auf und legen insbesondere im Hinblick auf die 'Dimensionen' überhaupt fest, welche Barrieren beim FORMULIEREN zu überwinden sind (vgl. 4. Kapitel). Zugleich fungieren sie aber auch als vorgegebene Beurteilungsinstanzen für den Erfolg der Lösung von Formulierungsproblemen. Die Erfüllung dieser doppelten Aufgabe der FKA als Orientierungssystem der Problemstellung und der Problemlösung ist der Hauptgrund, warum die Analysen von FKA eine wesentliche Voraussetzung für den Aufbau einer Theorie des Formulierens ist.

3. TEXTHERSTELLEN ALS VERSTÄNDNISBILDUNG

3.0 Zielsetzung

Ziel dieses Kapitels ist eine sprachwissenschaftlich orientierte Explikation (1) des Begriffs 'Formulieren'. Damit soll nicht nur die Bedeutung des für diese Arbeit zentralen Begriffs festgelegt werden, sondern es wird auch gezeigt, daß eine Alternative gegenüber den in der Einleitung skizzierten generativ-grammatischen, (selektions-) stilistischen oder sprachpsychologischen Explikationswegen möglich ist.

Die Explikation des Begriffs 'Formulieren' geht in einem ersten Schritt von der Betrachtung des Alltagsgebrauchs des Wortes *formulieren* aus. Dabei wird gezeigt, daß das Leistungskriterium das wesentliche Abgrenzungskriterium des Gebrauchs von *formulieren* gegenüber anderen Verben des Verbalisierens ist. Ebenso läßt sich zeigen, daß *formulieren* zwei Hauptgebrauchsweisen aufweist, die auf den Herstellungs- bzw. Darstellungsaspekt abheben. Mit diesem ersten Schritt soll verdeutlicht und sichergestellt werden, welche Ähnlichkeiten zwischen dem Wort *formulieren* und dem Begriff 'Formulieren' bestehen (2).

In einem zweiten Schritt wird die Explikation als eine betont distinktive Begriffsbestimmung fortgesetzt, insofern 'Planen' bzw. 'stilistische Mittelwahl' als mögliche Explikate zurückgewiesen werden.

In einem dritten Schritt wird 'Formulieren' als Textherstellen bestimmt, wobei dieser letzte Begriff in zweifacher Richtung präzisiert werden soll: Unter Rückgriff auf die aristotelische Dichotomie von 'Poiesis' und 'Praxis' soll der Begriff des 'Herstellens' als Poiesishandlung theoretisch fundiert und damit den Performierungskonzepten der Linguistik entgegengestellt werden. Von daher bestimmt sich dann auch der schon (in der Einleitung) andeutungsweise umrissene Textbegriff als Resultat einer Herstellungshandlung. Allerdings mit einem entscheidenden Zusatz: Wenn wir den beim FORMULIEREN angenommenen Leistungsaspekt als konstitutives Merkmal des Begriffs 'Textherstellen' berücksichtigen wollen, so muß klar zwischen einem

---

[1] Aufgabe einer 'Explikation' ist es, einen Alltagsbegriff (Explikandum) so zu präzisieren, daß einerseits ein den wissenschaftlichen Zielsetzungen entsprechender exakter Ausdruck (Explikat) entsteht, der aber andererseits noch gewisse Ähnlichkeiten zur alltagssprachlichen Basis aufweist (vgl. dazu WUNDERLICH 1974: 200 ff).

[2] Zum Ähnlichkeits-Postulat CARNAPS, vgl. die Diskussion in WUNDERLICH (1974:207 f).

leistungsbezogenen Textherstellen und einer unspezifischen 'Sprachproduktion' unterschieden werden. Daher wird 'Textherstellen' durch die Bestimmung der 'Verständnisbildung' eingeschränkt und zugleich präzisiert.

3.1 Zum Gebrauch von *formulieren*

Es scheint, daß sich mit dem Wort *formulieren* sehr unterschiedliche und zudem sehr vage Vorstellungen verbinden. Nicht-Wissenschaftler geben auf (nicht repräsentatives) Befragen oft eine Bestimmung, die in Richtung auf "hochgestochenes Reden" hinausläuft. Akademiker verbinden damit häufig auch so etwas wie "Planen" oder "stilistische Mittelwahl", aber auch hier wird *formulieren* fast immer im Sinn von "reflektiertem Formulieren" verstanden. Der Alltagsgebrauch dieses Wortes zeigt neben dieser heterogenen Kernbedeutung noch eine Reihe von weiteren Verästelungen, die eine Wortexplikation sehr unübersichtlich und langwierig gestalten (3). Daher soll im folgenden auf dem schon skizzierten theoretischen Hintergrund (4) nur zweierlei gezeigt werden: Schon im Alltagsgebrauch läßt sich das Leistungskriterium als charakteristisches Merkmal von *formulieren* gegenüber anderen Verben des Verbalisierens wie *(sich) äußern, ausdrücken, reden, sagen, sprechen* nachweisen (3.1). Und: Schon im Alltagsgebrauch kann ziemlich deutlich einmal auf den Herstellungs- und zum anderen auf den Darstellungsaspekt abgehoben werden (3.2).

Daß die Begriffsexplikation überhaupt bei einer allerdings sehr selektiven Auswahl von Gebrauchsweisen des Wortes *formulieren* ansetzt, resultiert aus der AUSTINschen Maxime, daß unbeschadet weiterer Präzisierungen und Modifikationen die Alltagssprache "das erste Wort" bei der Begriffsexplikation habe (5). Unter Berücksichtigung dieser methodischen Anweisung soll nun der erste Schritt der Explikation als Nachzeichnung des Gebrauchs von *formulieren* versucht werden:

Trotz vieler Übereinstimmungen im Gebrauch der Verben des Verbalisierens, zu denen auch *formulieren* gezählt wird, ergibt sich bezüglich eines beim Verbalisieren unterstellen Leistungsaspekts eine klare Differenzierung der Gebrauchsweisen:

(1) + *Er formulierte: "Grüß Gott"*
     Er sagte (äußerte): "Grüß Gott!"

(2) + *Sie formulierte einen landesüblichen Fluch.*
     Sie äußerte einen landesüblichen Fluch.

---

3 Eine im ganzen begrenzt ertragreiche Analyse des Alltagsgebrauchs von *formulieren* findet sich in ANTOS (1979).
4 "Jede Explikation ist schon an einem Ziel orientiert, d.h. im allgemeinen in der Absicht, eine Theorie zu diesem oder jenem Aspekt zu entwickeln. Insofern wird eine bestimmte Theorieform (...) bei dem explizierenden Vorgehen bereits vorausgesetzt." WUNDERLICH (1974:206).
5 Vgl. AUSTIN (1979:185).

(3) ? *Er formuliert immer dasselbe.*
    Er sagt immer dasselbe.

In allen drei Beispielen wird deutlich, daß *formulieren* offensichtlich dann nicht verwendet werden kann, wenn die Verbalisierung nur in der Reproduktion vorgegebener oder vorbereiteter Ausdrücke oder Äußerungen besteht. Diese Beobachtung läßt sich leicht verallgemeinern: Feststehende Wendungen, Idiomatismen, Sprichwörter, Automatismen (*ich glaube, ich meine*) oder sprachliche Formeln, kurz: "vorfabrizierte" Äußerungen können nicht mehr FORMULIERT werden. Man kann solche bereitstehenden Formulierungen nur noch "verwenden".

Dies ist auch bei der Verbalisierung extremer Emotionalität der Fall:

(4) + *In Todesangst formulierte er einen Hilferuf*

(5) + *Er formulierte seine grenzenlose Freude/ seinen Schmerz/ seine maßlose Wut.*

Bei extremer Emotionalität ist - sofern überhaupt noch etwas verbalisiert werden kann (vgl. "sprachlos vor Erstaunen") - der Rückgriff auf vorfabrizierte Äußerungen üblich, da die mit der extremen Emotionalität einhergehende Spontaneität und Reaktivität die Fähigkeit zu kontrolliertem oder gar reflektiertem Verbalisieren absinken läßt.

In manchen Situationen ist ein Verbalisieren unter einem Leistungsaspekt zwar möglich, aber wenig erwünscht:

Bankräuber zu Kassierer:
(6a) "Sagen Sie sofort, wo das große Geld liegt!"
(6b) + "Formulieren Sie sofort eine Antwort, wo das große Geld liegt!"

Eine Angebetete zu ihrem Liebhaber:
(7a) "Bitte sag (nochmal), daß Du mich liebst!"
(7b) + "Bitte formulier (nochmal), daß Du mich liebst!"

X zu Y:
(8a) "Warum sagen Sie nichts zu diesem Vorwurf der Bestechung?"
(8b) + "Warum formulieren Sie nichts zu dem Vorwurf der Bestechung?"

Die Beispiele (b) sind bestenfalls unter kabarettistischen Vorzeichen akzeptabel, da in allen drei Fällen einer kaum wünschbaren Verbalkosmetik bzw. "Manipulation" das Wort geredet wird. Die negativen moralischen Implikationen des leistungsorientierten FORMULIERENs sollen allerdings nicht weiter verfolgt werden.

Eine Stütze für die Unterscheidung von 'reproduzierendem Verbalisieren' und 'Formulieren' findet sich in der kognitiven Psychologie. Danach scheint der Unterscheidung von vorfabrizierten Äußerungen ("ready-made sentences")(6) und "newly created, original novel

---

6 TAYLOR (1976:126).

utterances" (7) ein neurolinguistisches Korrelat zu entsprechen.
So berichtet HÖRMANN von einer Untersuchung VAN LANKERs, die an neurolinguistischem Material Versuche mit folgenden Ergebnissen durchgeführt hat:

> "Bei aphasischen Störungen, wie sie nach Verletzungen des (links
> gelegenen) "Sprachzentrums" auftreten, fällt meist die Fähigkeit
> zu konstruktiven, propositionalen sprachlichen Äußerungen weg,
> während Flüche, Zahlen, stereotype Redewendungen, konventionelle
> Formeln erhalten bleiben. Diese letztgenannten sprachlichen Erscheinungen werden offenbar in anderer Weise (und eventuell an
> einer anderen Stelle des Gehirns) produziert als 'kognitive'
> oder 'propositionale Äußerungen." (8)

Dieses Ergebnis läßt sich in unmittelbaren Zusammenhang mit Versuchen und Interpretationen von GOLDMAN-EISLER bringen, die unter
Rückgriff auf Überlegungen von H. JACKSON "old", "automatic" und
"emotional speech" von "new", "now organizing" und "propositional
speech" unterscheidet (9).

Zu einer qualitativen und quantitativen Neubewertung von vorfabrizierter Sprache seien abschließend noch zwei Hinweise gegeben: So
hat COULMAS kürzlich - unter Relativierung der generativen Grammatik - auf die soziokulturelle Relevanz von Standardformeln und
Situations-Stereotypen aufmerksam gemacht:

> "Die generative Kapazität des Systems gestattet nicht die Erzeugung von Standardformeln. Zudem kann sie einem anderen kreativen
> Aspekt der Sprache nicht Rechnung tragen: dem Einsatz des gleichen Mittels in verschiedenen Kontexten zu verschiedenen Zwecken.
> Für beides ist sie irrelevant, denn Formeln müssen gelernt werden
> wie Einheiten des Lexikons, und die adäquate Kontextualisierung
> setzt pragmatisches Wissen über Sprechsituationen voraus." (10)

Ähnlich argumentiert HÖRMANN aus sprachpsychologischer Sicht: In
bezug auf den Lexikonbegriff in seiner üblichen Fassung stellt er
gegenüber der generativen Grammatik fest,

> "daß im täglichen Sprachgebrauch weit stärker als die Linguisten uns glauben machen wollen, formelhafte Wortkonstruktionen
> verwendet werden, idiomatische Wendungen, Wendungs-Teile, Schemata, und daß wir unsere Äußerungen viel weniger grammatisch konstruieren, sondern sie vielmehr als mehr oder minder große Einheiten aus den Speichern unseres Gedächtnisses nehmen ..." (11)

Angesichts dieser Bedeutung des reproduzierenden Verbalisierens
scheint die Inakzeptabilität des Gebrauchs von '*formulieren*' in
den Beispielen (1) bis (8) eine wichtige Erfahrung widerzuspiegeln;
die Erfahrung nämlich, daß nicht alles Verbalisierte zugleich als

---
7 VAN LANKER (1975:6) zit. n. HÖRMANN (1976:176).
8 HÖRMANN (1976:176).
9 GOLDMAN-EISLER (1968:26 ff u. 41 ff).
10 COULMAS (1977:215).
11 HÖRMANN (1976:177).

Formuliertes angesprochen werden kann. Sofern wir vorfabrizierte Sprache benutzen, kann man sehr wohl sagen, daß wir *'etwas sagen'* bzw. *'etwas äußern'* oder eine *'Formulierung benutzen'* nicht aber, daß wir *'etwas formulieren'*. Diese hier deutlich werdende Differenz von reproduzierendem und formulierendem Verbalisieren muß als entscheidendes Element der Bestimmung des Gebrauchs von *formulieren* festgehalten werden.

Mit Hilfe des Leistungskriteriums läßt sich ferner eine Differenz zum grammatisch bzw. sprechakttheoretisch aspektualisierten Verbalisieren aufzeigen:

(9) + *Er kann sehr gut/schlecht seine Muttersprache.*

(10) + *Ich versuche gut/klar/verständlich in meiner Muttersprache zu reden.*

(11) + *Ich versuche, den Sachverhalt p zu behaupten.*

(12) + *Ich versuche, die genannte Frage zu stellen*

(13) + *Ich versuche, dir eine schöne Reise zu versprechen.*

Aber:

(14)   *Ich versuche, den Sachverhalt anders (besser, klarer, verständlicher etc.) zu formulieren.*

Bei einer erwachsenen, gesunden Person, die nicht gerade jahrelang nur eine Fremdsprache oder überhaupt nicht gesprochen hat (Autist, Mönch, Gefangener) kann man ernsthaft kaum (9) sinnvoll äußern. Wie der ab (10) einsetzende "Versuchen"-Test zeigt (in der 1. Person Singular!), wird nämlich mit diesen Sätzen die Überwindung von Schwierigkeiten (12) präsupponiert. Die Beherrschung des grammatischen Systems der Muttersprache wird aber normalerweise nicht als mit Schwierigkeiten verbunden erachtet. Daher ist auch eine positive oder negative Sanktionierung der Beherrschung der Muttersprache bestenfalls in einem komischen Kontext (à la Karl Valentin) erwartbar. D.h. *reden* im Sinn der Performierung des grammatischen Systems der Muttersprache kann normalerweise nur in Kontexten gebraucht werden, die keine Überwindung von Schwierigkeiten präsupponieren.

Dies gilt auch für den Vollzug von Sprechakten. Denn man kann - wie dies COULMAS in einer differenzierten Diskussion zeigt - die Realisierung eines illokutiven Aktes als Sprecher mit Gewißheit ankündigen (im Gegensatz etwa zu dem Eintreten von perlokutiven Wirkungen). Allenfalls können Sätze wie (11) bis (13) bei sehr speziellen Interpretationen akzeptabel werden, etwa im Sinn von: "Ich werde versuchen, eine Situation herzustellen, in der es möglich ist, den illokutiven Akt durchzuführen" (13). - Mit Sätzen wie (14) läßt sich hingegen der Leistungsaspekt beim FORMULIEREN als "Überwindung von Barrieren" (vgl. 4.5.2) verdeutlichen.

---

12 vgl. GRICE (1968:I,7).
13 COULMAS (1977:130).

3.2 *Formulieren* als 'Herstellen' und 'Darstellen'

Bei der semantischen Bestimmung textorganisierender Ausdrücke (2.4) hat sich gezeigt, daß sich diese Ausdrücke - oft in unterschiedlicher Gewichtung - auf den Modus der Herstellungsform oder der Darstellungsform beziehen. Auch beim alltagssprachlichen Gebrauch des Wortes *formulieren* lassen sich diese beiden Aspekte unterscheiden. Dies soll ansatzweise durch eine Ersetzung von *formulieren* durch *herstellen* bzw. *darstellen* verdeutlicht werden:

(15a)   *Er formuliert einen Brief.*
(15b)   *Er stellt einen Brief her.*
(15c) + *Er stellt einen Brief dar.*

(16a)   *Er formuliert seine Bedenken.*
(16b) + *Er stellt seine Bedenken her.*
(16c)   *Er stellt seine Bedenken dar.*

(17a) + *Er erarbeitet (plant) seine Bedenken.*
(17b)   *Er faßt seine Bedenken in Worte (bringt ... zum Ausdruck/ führt ... aus).*

(18a)   *Er erarbeitet (plant) einen Brief.*
(18b) + *Er faßt einen Brief in Worte (bringt ... zum Ausdruck/ führt ... aus).*

So unvollkommen die Worte *herstellen* und *darstellen* die beiden Aspekte auch repräsentieren mögen, so wird zumindest über die potentiellen Substitute von *formulieren*, nämlich einerseits *erarbeiten* und *planen* und andererseits *in Worte fassen, zum Ausdruck bringen* und *ausführen* deutlich, daß tatsächlich zwei nicht kongruente Gebrauchsweisen bei *formulieren* zu unterscheiden sind.

Betrachtet man die Beispiele genauer, so wird erkennbar, daß diese beiden Gebrauchsweisen offenbar durch den Kontext, konkret durch *Brief* bzw. *Bedenken* induziert sind. Diese Vermutung läßt sich leicht erhärten: In der Umgebung von *herstellen* können folgende Nomen (= N_1) stehen: *Brief, Rede, Stellungnahme, Kolumne, Beitrag, Vortrag, Artikel, Hinweis, Satz* etc.; in der Umgebung von *darstellen* hingegen Nomen (N_2) wie: *Ansicht, Meinung, Idee, These, Konzeption, Theorie, Frage, Antwort, Motiv, Bedenken, Zusammenhang, Sachverhalt, Gedankengang, Punkt* etc.

Es scheint, daß diese beiden Klassen von Nomen bezüglich der beiden Umgebungen komplementär distribuiert sind.

Zusammenfassend läßt sich festhalten, daß der beim FORMULIEREN diagnostizierte Herstellungs- bzw. Darstellungsaspekt schon im alltäglichen Gebrauch des Wortes *formulieren* angelegt ist. Diese doppelte Aspektualisierung wird auch in der Begriffsbestimmung von 'Formulieren' fortgeschrieben: Mit der Formel 'Textherstellen als Verständnisbildung' soll präzisiert werden, daß das Herstellen von Texten und das Herstellen von Verständnis als "zwei Seiten eines Blatts" - oder weniger metaphorisch - als zwei Aspekte ein und derselben Handlung

begriffen werden müssen: Indem ich einen Text herstelle, stelle ich
auch eine "Sache" dar; und indem ich etwas darstelle, stelle ich
auch einen Text her.

In diesem Zusammenhang muß auf eine generelle handlungstheoretische
Implikation der beiden Aspekte aufmerksam gemacht werden. Nur bei
wenigen komplexen Handlungen (14) ist eine diesbezügliche Unterscheidung möglich: Nehmen wir die (komplexe) Handlung *einen Apfelkuchen backen*. Es ist weder korrekt von einer "Sache" des zu bak-
kenden Apfelkuchens zu reden, noch davon, daß man etwas (z.B. die
Idee des Apfelkuchens oder das Motiv) "darstelle". Man kann auch
nicht sagen: "Ich werden den Apfelkuchen in folgender Weise darstellen.", wenn man ihn nur backen will. D.h. auch wenn man auf die
Modalität des Backens abhebt, kann man nur beispielsweise sagen:
Ich habe den Apfelkuchen so oder so hergestellt.

Man könnte einwenden, daß man bei nicht verbalen Handlungen nur von
herstellen, niemals aber von *darstellen* reden kann. Dies ist nicht
richtig: Ein Bildhauer stellt nicht nur eine Skulptur her, er kann
auch sagen, daß sie etwas darstelle. (*Mit dieser Skulptur will ich
folgendes darstellen: ...*) Versucht man diesen Befund zu verallgemeinern, so stellt sich heraus, daß die doppelte Redeweise von *herstellen* und *darstellen* nur bei symbolvermittelten komplexen Handlungen (Kommunikation, Malerei, Tanz, Musik, Zeremonien, kultische
oder religiöse Handlungen etc.) üblich und möglich ist. Bei allen
anderen eigenen Handlungen läßt sich nur von *herstellen* reden, auch
dann, wenn wir beim Backen des Apfelkuchens die Art und Weise des
Mitteleinsatzes bei der Handlung ansprechen (15).

Werfen wir zum Schluß noch einen Blick auf den Alltagsgebrauch von
Formulierung und fragen uns, ob auch dort Herstellungsaspekt und
Darstellungsaspekt aus der Perspektive der Resultate unterscheidbar
sind. Wie in den folgenden Beispielen deutlich wird, läßt sich *Wortlaut* in solche Kontexte einsetzen, in denen pointiert auf die Herstellung des Textes Bezug genommen wird; während *Wort(e)* für *Darstellung* substituierbar ist:

(19) *Früher oder später wird der Bundesgerichtshof die Frage
       entscheiden müssen, die durch die ungenaue*
       ⎡Formulierung⎤ *des Gesetzes im Vermittlungsausschuß provo-*
        Wortlaut   *ziert wurde.* (DIE ZEIT)
     + ⎢Darstellung⎥
     + ⎢Wort(e)   ⎥
     + ⎣Äußerung   ⎦

---
14 Zum Begriff 'komplexes Handeln' vgl. REHBEIN (1977).
15 Allerdings ist darauf hinzuweisen, daß auch nicht symbolver-
   mittelte Herstellungsresultate aus ideologiekritischer Sicht
   als "Zeichen" oder "Symbole" für eine vom Handlungssubjekt
   nicht (mehr) auf zugrundeliegende Intentionen und/oder Folgen
   hin durchschaubare Handlungen aufgefaßt werden können (vgl.
   HUBIG (1978:Kap.4). In solchen Fällen kann man auch "darstellen" verwenden, z.B.: "Die ungehemmte Asphaltierung unseres
   Landes stellt einen gigantischen Versuch dar, mit weitgehend
   geborgtem Geld unsere ökologische Zukunft zu verbauen."

Der Gleichheitssatz wendet sich nun gegen das Bürgertum; denn
   [seine Formulierung] *in den Verfassungen: "Gleichheit der*
    seine Herstellung   *Rechte" "Gleichheit vor dem Gesetz" ver-*
    sein Wortlaut   *hinderte nicht oder beförderte gar die*
+ seine Darstellung   *Bildung neuer Ungleichheiten. (DIE ZEIT)*
+ seine Worte

Das Faszinierende an solchen
   [Formulierungen] *ist, daß man nicht zu entscheiden vermag,*
+ Herstellungen   *ob sie gekonnt zur Verdummung des Lesers*
+ Wortlaut   *eingesetzt sind oder ob die Verfasser sie am*
    Darstellungen   *Ende selber glauben. (DIE ZEIT)*
    Worten

Man kann über die [Formulierungen] *streiten. Aber der Sache*
            + Herstellungen   *nach ist es richtig.*
            + Wortlaute   *(TEXTE II)*
               Darstellungen
               Worte

Die Tatsache, daß mit *Wortlaut* und *Wort* zwei aufeinander beziehbare Ausdrücke der Alltagssprache zur Verfügung stehen, verdeutlicht den hohen Stellenwert der Differenzierung von Herstellungs- und Darstellungsaspekt. Zugleich läßt sich damit auch nachträglich rechtfertigen, warum diese Differenzierung zusammen mit dem Leistungsaspekt als die beiden wesentlichen Merkmale des Gebrauchs der Worte *formulieren* und *Formulierung* herausgearbeitet werden. Unter Angabe zumindest dieser beiden Merkmale soll das Ähnlichkeitspostulat zwischen Explikandum und Explikat erfüllt werden.

3.3 'Planen' bzw. 'Mittelwahl'

Im zweiten Schritt der Begriffsbestimmung geht es um die Zurückweisung zweier Explikationsmöglichkeiten, nämlich 'Formulieren' als 'Planen' bzw. als (stilistische) Mittelwahl'. Obwohl beide Explikate auf zwei unterschiedliche Handlungsstadien Bezug nehmen - in rhetorischer Terminologie könnte man bei 'Planen' von 'inventio' und 'dispositio' sprechen und die Mittelwahl der 'elocutio'(16) zuordnen - weisen sie gewisse Gemeinsamkeiten auf. Die wichtigste davon besteht darin, daß beiden Explikationen eine Denkfigur zugrundeliegt, die in ihrer einfachsten Version 'Formulieren' als das Überführen eines 'Inhalts' in eine 'sprachliche Form' zum Ausdruck bringt. Gegen diese den Leistungsaspekt beim FORMULIEREN ignorierende und den Herstellungsprozeß trivialisierende Vorstellung richten sich die folgenden Bemerkungen.

3.3.1 'Formulieren' als 'Planen'?

Seit dem (das behavioristische Paradigma in Frage stellende) Buch "Plans and the Structure of Behavior" von MILLER, GALANTER und PRIBRAM (1960) ist die Erforschung von Plänen, Schemata oder Program-

---

16 Vgl. dazu BREUER (1974:159 ff).

men zu einem legitimen Gegenstand vor allem in der kognitiven Psychologie (vorher schon in der Computerforschung) geworden. Dieser Traditionsstrang läßt sich verbinden mit handlungstheoretischen Arbeiten, in denen der Intentionsbegriff (17), aber auch die Strukturierung von Handlungen (18) im Vordergrund stehen. Unter pointiert sprechhandlungstheoretischer Perspektive ist mit REHBEIN (1977) eine Analyse über "komplexes Handeln" mit einer besonderen Betonung des Handlungsstadiums 'Planen' vorgelegt worden.

Auf diesem hier nur angedeuteten Hintergrund wäre es naheliegend, 'Formulieren' sozusagen als Spezialbezeichnung für 'Planen' bei der komplexen Handlung 'Kommunizieren' auffassen und definieren zu wollen. Wie immer auch 'Planen' näher bestimmt würde, so gäbe es dennoch zwei konvergierende Gegenargumente:

1. Wenn wir sagen, wir hätten einen Text formuliert, so meinen wir nicht nur, daß wir ihn geplant, sondern auch realisiert haben. D.h. der Alltagsgebrauch von *formulieren* umfaßt - wie auch aus 3.2 zu ersehen ist - nicht nur die Planungs- sondern auch die Ausführungsphase. Eine Explikation von 'Formulieren' als Planen würde also gegen unser Alltagsverständnis von *formulieren* verstoßen.

2. Dieses Gegenargument ist prinzipieller Natur: Bei sprachlichen Prozessen ist im Gegensatz zu anderen komplexen Handlungen die Unterscheidung von 'Planen' und 'Ausführen' unter semiotischem Aspekt unscharf!

Betrachten wir zunächst komplexe nicht-sprachliche Handlungen (KOCHEN, HAUS BAUEN etc.). Pläne komplexer Handlungen müssen semiotisch repräsentierbar sein (als Rezepte, graphische Zeichnungen etc.), d.h. sofern sie nicht als Dokumente vorliegen, müssen sie zumindest sprachlich verbalisierbar sein. Dabei ist scheinbar selbstverständlich klar, daß die Repräsentation von Handlungsplänen von der Realisierung und den Resultaten der Handlung deutlich unterschieden ist. Ein Kochrezept ist klar von dem fertigen Essen unterscheidbar, ebenso die Pläne des Architekten vom fertigen Haus.

Diese Unterscheidbarkeit ist bei der "Text-Planung" und der "Text-Realisierung" unter dem Aspekt ihrer semiotischen Repräsentation nicht gegeben. Am klarsten manifestiert sich diese in dem Faktum verschiedener Fassungen, Entwürfe etc. von Texten. Wenn man nicht gerade an Äußerlichkeiten wie Orthographie, ausformulierte Sätze, Druck etc. erkennen kann, ob ein Text eine Endfassung sein soll, so kann man dies überhaupt nicht. Jeder Text kann nämlich als Planungsgrundlage und zugleich als Endfassung eines prinzipiell nicht abschließbaren Formulierungsprozesses aufgefaßt werden (wie dies etwa Musil an seinem "Mann ohne Eigenschaften" unfreiwillig vorexerziert hat). Dabei erfüllt jede Fassung ihre "kommunikative Funktion", d.h. ist "autonom" verständlich ohne Rücksicht darauf, ob sie durch eine verbesserte Fassung möglicherweise überholt wird.

---

17 ANSCOMBE (1957), GRICE (1957).
18 AUSTIN (1979:135 ff), GOLDMANN (1970).

Auch die "kommunikative Funktion" gesprochener Sprache wird nicht dadurch beeinträchtigt, daß gesprochene Sprache gleichsam als ein erstarrter Formulierungsprozess aufzufassen ist - im Gegenteil (vgl. 5. Kapitel). In der Tat muß bei der gesprochenen Sprache konzediert werden, daß der Sprecher einen 'Äußerungsakt', d.h. die Verbalisierungen beginnt, "ohne in der Planbildung zum Abschluß gekommen zu sein" bzw., "daß die letzte Phase der Planbildung, die den kompletten Handlungsplan erzeugt, <u>häufig erst während der Äußerung selbst stattfindet</u>" (19). REHBEIN geht noch einen Schritt weiter wenn er schreibt:

> "Wenn daher (angesichts eines Textes) empirisch illokutiver Akt und Plan aufeinander bezogen werden sollen, darf nicht vergessen werden, daß der Sprecher, wenn er mit der Äußerung beginnt, oft noch den kompletten Plan sucht (Präphase I) oder nur eine "vage Vorstellung" des Plans hat (Präphase II), den er durch den illokutiven Akt umsetzen will. Aus diesem Grund ist die dritte Phase der Planbildung als integrativer Bestandteil des Ausführungsstadiums anzusehen, d.h., als diejenige Phase, in der der Handlungsplan erst in der konkreten und spezifischen Äußerungssituation komplett produziert wird." (20)

Angesichts dieser zutreffenden Beschreibung stellt sich nur die Frage, welche Funktion ein 'Plan' haben soll, der "als integrativer Bestandteil des Ausführungsstadiums" erst mit und am Ende dieser Phase "komplett produziert" vorliegt. REHBEIN entgeht der Konsequenz seiner eigenen Beschreibung, indem er lediglich auf den tendenziell zeitlichen Zusammenfall von 'Planbildung' und 'Ausführung' verweist - was in der Tat nicht viel beweist, wenn man darauf hinweisen kann, daß viele Leute mehrere Handlungen "gleichzeitig" verrichten können (Autofahren, dabei Rauchen, Radiohören und sich außerdem noch unterhalten. Mozart konnte beim Essen auch komponieren etc.). Der entscheidende Punkt ist nicht eine angenommene Synchronie zwischen 'Planen' und 'Ausführen', sondern die Frage, welchen Sinn die Unterscheidung von 'Plan' bzw. 'Ausführung' hat, wenn damit keine semiotische und keine kommunikative Differenz mehr angezeigt werden kann. Dem Ockhamschen Rasiermesser entgeht der Planen-Begriff beim Textherstellen auch dann nicht, wenn man zurecht auf sehr unterschiedliche Phasen/ Stadien des Ausformulierens verweist. - Daß REHBEIN sich gerade um die Pointe seiner Diagnose bringt, liegt hauptsächlich daran, daß er - trotz sprachwissenschaftlicher Sicht - letztlich keinen Unterschied zwischen sprachlichem und nicht-sprachlichem Handeln macht (21).

Die These, daß eine Unterscheidung von 'Plan' und 'Ausführung' beim FORMULIEREN nicht gemacht werden kann, was bedeutet, daß "nur" verschiedene Stadien des Ausformulierens zu unterscheiden sind, mag sich trotz der gegebenen Argumente wie ein Taschenspielertrick ausnehmen. Ich möchte daher auf zwei psycholinguistische Arbeiten eingehen, die als Stützung der These herangezogen werden können.

---

19 REHBEIN (1976:II,6 f).
20 REHBEIN (1976:II,7).
21 REHBEIN (1977:8).

KEMPEN (1977) geht in seinem Aufsatz "Conceptualizing and Formulating in Sentence Production" von der verbreiteten Vorstellung aus, daß beide genannten Prozesse in einer zeitlichen Reihenfolge, ohne Überlappung ablaufen. Demgegenüber hebt er hervor, daß die Satzproduktion nicht nach der Devise: "conceptualization first, then formulation" verläuft:

> Instead, selection of conceptual content and determination of sentence form are heavily interdependent. Often, the speaker has available a syntactic construction that he knows will allow him to express what is on his mind, at the same time or even before he has definitely decided on the content of the sentence. This syntactic construction, then, shapes the content selection process. (22)

Nach KEMPEN ist es also experimentell belegbar, daß unter Umständen die Entscheidung für eine syntaktische Form kontextbedingt vor einer "inhaltlichen" Entscheidung getroffen wird. D.h. umgekehrt:

> "The syntactic formulation process does not always start with a full-fledged conceptual structure built by the Conceptualizer. What often seems to be the input to the Formulator is (a) a rudimentary conceptual structure only containing the core of the to-be-expressed content, and (b) some advice on which type of syntactic construction to use." (23)

Diese Annahme führt dazu, 'Conceptualizer' und 'Formulator' als ein rückgekoppeltes System darzustellen (24) und die Interaktion zwischen beiden durch ein 'Search-and-Formulate program' zu modellieren. Aufgrund der großen Flexibilität, welche das 'human language generation system' offensichtlich hat, scheint es erforderlich zu sein, zukünftig eine Art Problemlöse-Mechanismus dafür vorzusehen.

DANKS (1977) geht noch einen Schritt weiter, wenn er in "Producing ideas and sentences" nachzuweisen versucht, "that idea generation and sentence production represent the same functional process" (25). Zunächst wendet er sich gegen die verschiedenen Varianten der "Inhalt/Form"-Dichotomie, die er so karikiert: "First we have an idea; then we compose the sentence expressing that idea; then we speak the sentence" (26). Seine Kritik richtet sich dabei nicht nur gegen generative Ansätze der Sprachproduktion (etwa KATZ 1964), sondern auch gegen psychologische Ansätze (etwa SCHLESINGER 1971), die mit einem Intentionsbegriff arbeiten, der klar vom Produktionsprozeß als Realisierung der Intention getrennt ist. DANKS kommt nach einer Reihe von Experimenten schließlich zu dem Ergebnis, "that the thinking processes, at least those that result in speech, are completely integrated with the process of sentence production.

---

22 KEMPEN (1977:273.
23 KEMPEN (1977:273).
24 Vgl. KEMPEN (1977:262).
25 DANKS (1977:231).
26 DANKS (1977:229).

Our ideas come into being as we select the words and construct the sentences we utter"(27).

Dies ist nun wieder fast wortwörtlich die KLEISTsche These von der "allmählichen Verfertigung der Gedanken der Reden". Sie hat übrigens ihre erste sprachpsychologische Konkretisierung und Fundierung schon in WYGOTSKIs "Denken und Sprechen" gefunden (28). Mit seiner Konzeption der "inneren Sprache" (29) hat WYGOTSKI frühzeitig die Möglichkeit eröffnet, FORMULIEREN eben nicht als Übersetzung von Ideen in Sprache zu verstehen, sondern als "Gedankenarbeit" (30).

Dabei scheint der Hauptunterschied zwischen Sprechen und an innere Sprache gebundenes Denken darin zu bestehen, daß 'Denken' simultan und hierarchisch strukturiert verläuft, während sich Sprache sukzessiv oder sequentiell entfaltet (31). Obwohl WYGOTSKI übrigens im Gegensatz zu den beiden zitierten Autoren darauf verweist, daß die Prozesse des Denkens und Sprechens zwar "eine Einheit aber keine Identität erkennen" lassen und durch "komplizierte Übergänge und Umwandlungen miteinander verbunden" sind, wird durch das Konzept der 'inneren Sprache' ("'Verdampfung' der Sprache im Denken") die semiotische und damit auch 'materielle' Kontinuität zwischen Sprache und Denken herausgestellt.

In unserem Zusammenhang spielt die "idea generation" qua 'speech production' nur eine sekundäre Rolle, denn unter sprachwissenschaftlicher Perspektive ist nicht die Frage primär, woher "die Gedanken kommen," sondern "wie die Herstellung von Texten" als eine "konstruktive Leistung" (32) zu verstehen ist. Diese Frage läßt sich aber nur stellen, wenn man die vor allem von DANKS kritisierte "Inhalt/ Form"-Denkfigur aufgibt. Dabei macht es keinen Unterschied, ob sie sich in der Dichotomie von 'Planen' und 'Ausführen' manifestiert oder in der Weise, daß man glaubt, mit einem falsch verstandenen Intentionsbegriff sagen zu können, daß man eine "Absicht oder Meinung habe", die (nachträglich) realisiert werde (33). M. LANG hat dies unter sprach- und ideologiekritischer Perspektive mit Hinweis auf WITTGENSTEIN als "mythos über die sprache" bezeichnet:

> "wenn nämlich die meinung primär ist, und nachträglich ausgesprochen wird, so ist es die alleinige aufgabe der sprache,

---
27 DANKS (1977:255).
28 Vgl. die Einleitung zu "Denken und Sprechen" v. T.LUCKMANN (XVII).
29 Vgl. dazu auch LEONT'EV (1975:181 ff).
30 WYGOTSKI (1934/74:351). Spätestens an dieser Stelle ist auf HUMBOLDTs Diktum von der Sprache als dem bildenden Organ des Gedankens zu verweisen (HUMBOLDT 1963:426).
31 WYGOTSKI (1934/74:353). Vgl. auch LASHLEY (1951).
32 HÖRMANN (1976:506).
33 "Intention (im Sinne von "Absicht haben") ist identisch mit dem Wissen des handelnden Subjekts von eben dieser Intention. Die Frage, ob eine Intention vorliegt, findet das Kriterium ihrer Antwort in der Bewußtheit dieses Vorliegens.
Bewußtsein über das Vorliegen von Etwas kann nur über den Weg der Identifikation dieses Etwas vonstatten gehen. Und diese Identifikation ist sprachabhängig." (HUBIG 1978:183 f).

die meinung zu "transportieren": Wittgenstein hat dies ironisch an der frage nach der seele als etwas in einem abgeschlossenen behälter ausgeführt:

> Das paradox verschwindet nur dann, wenn wir radikal mit der idee brechen, die sprache funktioniere immer auf eine weise, diene immer dem gleichen zweck: gedanken zu übertragen - seien diese nun gedanken über häuser, schmerzen, gut und böse, oder was immer (PU 304)." (34)

Mit diesem Zitat soll nicht der Anschein erweckt werden, als ob der Intentionsbegriff eliminiert wird: Als die Instanz für die Identifikation von Etwas als Ziel, Zweck, gewünschtes Objekt oder Mittel ist er bei Handlungen (aber auch für den Bereich des begrifflichen Denkens) konstitutiv (35). Solange diese Identifikation als sprachabhängig gedacht wird, können wir ohne Rückfall in die "Inhalt/Form"-Denkfigur sagen, daß jemand etwas so oder so zu FORMULIEREN beabsichtige (wobei sich die Zielangabe sagen, diskutieren, kritisieren etc. läßt, also sich in Sprache konstituiert).

Allerdings erwächst aus dem sprachabhängigen Intentionsbegriff ein Zirkel: Wenn durch den und im Prozeß des Sprechens/Formulierens die Zielidentifikation vorgenommen bzw. die Intentionen ausdifferenziert werden, wenn m.a.W. erst in Sprache Intentionen gebildet werden (man könnte auch in einem etwas weiteren Sinn von 'Willensbildung' beim FORMULIEREN sprechen), wo ist dann der Anfang (und übrigens auch das Ende) dieses potentiell permanenten Ausformulierungsprozesses anzusetzen? Diese Frage ist bei HEGEL als ein handlungstheoretisches Grundproblem behandelt worden, und seine Antwort scheint auch für das Problem der Intentionsbildung beim FORMULIEREN weiterführend:

> "Das Individuum kann daher nicht wissen, was es ist, eh es sich durch das Tun zur Wirklichkeit gebracht hat. - Es scheint aber hiermit den Zweck seines Tuns nicht bestimmen zu können, eh es getan hat; aber zugleich muß es, indem es Bewußtsein ist, die Handlung vorher als die ganz seinige, das heißt, als Zweck vor sich haben. Das ans Handeln gehende Individuum scheint sich also in einem Kreise zu befinden, worin jedes Moment das andere schon voraussetzt, und hiermit keinen Anfang finden zu können, weil es sein ursprüngliches Wesen, das sein Zweck sein muß, erst aus der Tat kennen lernt, aber um zu tun, vorher den Zweck haben muß. Ebendarum aber hat es unmittelbar anzufangen, und unter welchen Umständen es sei, ohne weiteres Bedenken um Anfang, Mitte und Ende zur Tätigkeit zu schreiten ..." (36)

Genau das tun wir beim FORMULIEREN: Wir fangen einfach an zu reden oder zu schreiben, auch wenn wir noch nicht (genau) wissen, was wir sagen oder schreiben werden. Der damit qua "Tat" in Gang gesetzte (und ebenso qua Entschluß zu unterbrechende) Prozeß der Intentionsbildung in Texten weist zwar alle strukturellen Ähnlichkeiten zum 'Planen' auf, ist aber zugleich seine 'Realisierung'. Die Tatsache,

---
34 LANG (1977:448).
35 Vgl. HUBIG (1978:36 f).
36 HEGEL (1952:287 f).

daß konkrete Texte zugleich "Planungsergebnisse" und "Planungsgrundlage" für weitere Ausformulierungen sind, definiert bis zu einem gewissen Maß auch die Rolle des Rezipienten, der qua "Ableitung von Anschlußformulierungen" (37) eine "Textverarbeitung" (38) vornehmen kann. Rezipieren in diesem Sinne ist nichts anderes als fortgesetztes FORMULIEREN.

3.3.2 'Formulieren' als 'Mittelwahl'?

Die Bestimmung von 'Formulieren' als Mittelwahl wird durch vier Punkte motiviert: (1) Sie rekurriert auf umgangssprachliche Redeweisen wie *Wortwahl* oder *eine andere/bessere/zurückhaltendere Formulierung wählen* etc. (2) Der Begriff der Mittelwahl umfaßt bei komplexen Handlungen sowohl den Planungs- als auch den Ausführungsaspekt. (Im Sinne des gerade erzielten Ergebnisses unterstellt er aber keine prinzipielle Unterscheidbarkeit beider Aspekte.)
(3) Diese handlungstheoretische Allgemeinheit zeigt sich auch darin, daß dieser Begriff auf die fundamentale Zweck-Mittel-Relation abhebt. Im Sinne dieser Relation ist 'Formulieren' als Mittel zum übergeordneten Zweck 'Kommunizieren' zu bestimmen. (4) Der Explikationsvorschlag erlaubt es schließlich, sofort Verbindungen zu Selektionstheorien der Stilistik herzustellen. Wenn man überdies den Begriff der "adäquaten" bis "zweckrationalen Mittelwahl" explizieren würde, ließe sich obendrein eine Verbindung zur Rhetorik schaffen. Damit könnte die Handlungsweise 'Formulieren' systematisch in Beziehung zu zwei alten und im Rahmen der Textlinguistik wieder neu belebten Disziplinen gesetzt werden.

Trotz dieser positiven Argumente ist der Begriff der Mittelwahl letztlich für eine Explikation von 'Formulieren' ungeeignet, weil er von einer nicht zu akzeptierenden Idealisierung bezüglich sprachlicher Mittel ausgeht und weil er nicht den schon erwähnten Bereich der Zielerzeugung thematisiert. Diese Einwände sollen kurz erläutert werden:

(1) Die Redeweise von der Mittelwahl präsupponiert normalerweise klare und verfügbare Alternativen (Synonyme, Paraphrasen), zwischen denen der Sprecher wählen kann. Dies ist eine unzutreffende Verallgemeinerung:

Spätestens seit WITTGENSTEIN wissen wir, daß sprachliche Mittel (Wörter) im allgemeinen keine konstante "Bedeutung" haben, sondern einen Vagheitsspielraum besitzen, der situations- und kontextspezifisch einzuschränken ist. Daraus folgt, daß die Annahme von klaren sprachlichen Mitteln bzw. von Alternativen nicht zu halten ist (39).

Mindestens ebenso wichtig scheint mir der Hinweis darauf zu sein, daß sprachliche Mittel als Alternativen nicht immer verfügbar sind. Der Begriff 'Mittelwahl' legt eine Vorstellung von Wahl als Auswahl vorhandener Mittel nahe (etwa die Wahl einer Konserve aus einem

---
37 WIENOLD (1971:59).
38 RIESER/WIENOLD (1979).
39 Vgl. dazu neuerdings WOLSKI (1980).

reichhaltig sortierten Angebot im Supermarkt). Mit SCHÜTZ möchte ich zeigen, daß die Annahme von Wahlen zwischen Handlungsentwürfen nicht immer als Wahl zwischen zwei oder mehreren Gegenständen in der Reichweite des Handelnden aufgefaßt werden darf. Auf dem Hintergrund der Unterscheidung von <u>offenen</u> und <u>problematischen Möglichkeiten</u> bemerkt er:

> "Im Falle der Wahl zwischen zwei oder mehr Gegenständen, die alle tatsächlich in meiner Reichweite und verfügbar sind, sind alle problematischen Möglichkeiten sozusagen vorgefertigt und wohl umschrieben. Ihre Konstitution liegt als solche außerhalb meiner Kontrolle, ich muß eine der Möglichkeiten ergreifen oder sie beide so belassen, wie sie sind. Dagegen gründet das Entwerfen in meinem eigenen Tun und unterliegt in diesem Sinn meiner Kontrolle. Bevor ich jedoch die zukünftigen Handlungsabläufe in meiner Phantasie durchgeprobt habe, ist das Ergebnis meines entwerfenden Handelns nicht in meine Reichweite gelangt; streng genommen gibt es zur Zeit meines Entwerfens keine problematischen Alternativen, zwischen denen ich wählen kann. Alles, was später in Form problematischer Alternativen zur Wahl steht, muß von mir geschaffen werden, und im Verlauf dieses Schaffens kann ich es beliebig innerhalb der Grenzen des Durchführbaren modifizieren." (40)

Was SCHÜTZ hier allgemein ausführt, läßt sich sehr leicht an den eigenen Erfahrungen beim FORMULIEREN exemplifizieren: Bevor wir tatsächlich vor einer (lexikalischen oder textlichen) Formulierungsalternative stehen, müssen wir sie sehr oft erst zu einer problematischen Alternative gemacht haben; oder schlimmer: sehr oft sehen wir überhaupt noch keine Alternative, so daß wir sie erst herstellen müssen. Ersichtlich greift ein Modell, das verfügbare Alternativen (meist mit Hinweis auf die 'langue') voraussetzt, zu kurz.

SCHÜTZ macht in Hinblick auf die Schaffung von Alternativen noch etwas anderes deutlich. Bei der Wahl zwischen verfügbaren Mitteln spielt die Zeit keine Rolle. Anders hingegen im zweiten Fall: Hier "bestehen die verschiedenen Entwürfe meines zukünftigen Handelns nicht gleichzeitig nebeneinander in der äußeren Zeit" (41).

Weder der Handelnde noch der ursprüngliche Entwurf sind "derselbe", wenn der Handelnde weitere Entwürfe geschaffen hat und zu dem ersten zurückgekehrt ist (oder wenn er weitere Entwürfe als Modifikation oder Kontrast des ersten geschaffen hat). Ohne diesen an BERGSONs Theorie der Wahl angelehnten Gedanken zu verfolgen, wird klar, daß SCHÜTZ die Erfahrung berücksichtigt, die bei der Schaffung alternativer Entwürfe mitgewonnen wird. Wenn man diese Erfahrung als wichtigen Faktor mit in Rechnung stellt, dann zeigt sich auch hier, daß ein simples Wahlmodell inadäquat als Formulierungsmodell ist. Dieses Modell hat nicht nur zu berücksichtigen, daß vielfach erst Alternativen geschaffen werden müssen (die somit also nicht unmittelbar verfügbar sind), sondern auch, daß der Handelnde beim Schaffen verschiedener Entwürfe neue Erfahrungen machen kann.

---

40 SCHÜTZ (1971:97 f).
41 SCHÜTZ (1971:98).

(2) Während Selektionsmodelle der Stilistik im Hinblick auf "stilistische Varianten" bei entsprechender Vereinfachung auf "naive" Spezialfälle noch einen heuristischen Wert haben mögen, versagt dieses Wahlmodell - betrachtet man nur längere Texte - vollkommen. Es ist daher nicht verwunderlich, daß gerade unter textuellen Aspekten schon im Rahmen der Stilistik Kritik an den Selektionsmodellen angemeldet worden ist (42). - Zwei Gründe für das Versagen der Selektionsmodelle sind schon genannt worden: Die partielle Unklarheit und partielle Nicht-Verfügbarkeit von sprachlichen Mitteln wirkt sich bei Texten besonders gravierend aus. Hinzu kommt, daß die Frage der Intentionsbildung überhaupt nicht im Wahlmodell gestellt werden kann. Bei ENKVIST beispielsweise führt bei der "pragmatischen Wahl" das, "was eine Person mit ihrer linguistischen Mitteilung aussagen will" (43), zu dem Problem der Annahme von vorsprachlicher Bedeutung. - Aus allen drei Punkten kann man ableiten, daß die Redeweise von der Mittelwahl vorhandene Probleme der Textbildung eher zudeckt als klärt, und damit tendenziell irreführend ist. Im übrigen beweist die Sterilität der Selektionsmodelle in der Stilistik, daß die Explikation von 'Formulieren' in diesem Sinne sicherlich keinen Fortschritt mit sich bringt.

3.4 'Formulieren' als Textherstellen

Im dritten Schritt der Explikation von 'Formulieren' soll das Explikat 'Textherstellen als Verständnisbildung' erläutert werden. Im Vordergrund dieses Abschnittes 3.4.1 steht zunächst eine handlungstheoretische Bestimmung von 'Herstellen' mit Hilfe der 'Poiesis/Praxis'-Dichotomie. Danach wird auf die linguistische Relevanz dieser Unterscheidung in zwei Punkten eingegangen: In 3.4.2 wird gezeigt, daß sich damit die Unterscheidung von 'Formulieren' und 'Kommunizieren', insbesondere aber die Unterscheidung von 'Formulierung eines Sprechakts' und 'Vollzug eines Sprechakts' rekonstruieren läßt. In 3.4.3 wird dann unter dem Stichwort der 'Schema-Innovation' gezeigt, welche Konsequenzen sich aus dem Poiesis-Begriff ergeben.

---

42 "Die Bestimmung des Stilistischen aufgrund von Alternativen läßt sich relativ gut durchführen bei kleinen Einheiten der Sprache, bei solchen Phänomenen, die nur als Teile von sprachlichen Äußerungen verwendbar sind: bei Morphemen, Lexemen und syntaktischen Konstruktionen. Schwieriger ist eine solche Stilbeschreibung, wenn die Alternativen Sprechakte sind oder Abfolgen von Sprechakten. Denn hierbei sind die Grenzen schwer zu ziehen. Noch schwieriger schließlich wird die Entscheidung darüber, was als Alternativen (oder Paraphrasen) zu beschreiben ist, beim Vergleich von stilistisch verschiedenen Texten." Später vermerkt SANDIG allgemein: "Diese kurzen Bemerkungen zu 'Stil als Wahl' zeigen: Es hängt vom gewählten Gegenstandsbereich ab wie auch von der verwendeten Theorie und den Interessen der Beschreibenden, wie diese Formel ausgefüllt wird. Für sich genommen ist es eine Leerformel." (SANDIG 1978:30 u. 37)

43 ENKVIST (1972:32).

3.4.1 'Poiesis' und 'Praxis'

Betrachtet man die einschlägigen Arbeiten der analytischen Handlungstheorie zum Thema "Herstellen komplexer Handlungen", so findet man lediglich Analysen zur Binnenstruktur komplexer Handlungen, wobei es dort vor allem um die Generierung komplexer Handlungen aus "basis-acts" geht. Paradigmatisch für diese ganze Richtung dürfte nach wie vor GOLDMAN (1970) sein. Die Kritik an der von GOLDMAN vorgeschlagenen "Ebenen-Konzeption" durch REHBEIN, der diese Konzeption durch eine funktional orientierte "Muster-Konzeption" ergänzt sehen will (44), macht bereits deutlich, daß komplexe Handlungen nicht nur bezüglich ihrer Strukturiertheit betrachtet werden können, sondern auch unter dem Aspekt ihrer verschiedenen Ziele (Funktionen). Dies ist der Ausgangspunkt der aristotelischen Handlungsphilosophie, die mit der Unterscheidung von 'Poiesis' und 'Praxis' beginnt.

Zunächst eine allgemeine Charakterisierung dieses Unterschiedes:

> "Alles sinnvolle Tun ist zielgerichtet: ... Bei der allgemeinen Zielgerichtetheit zeigt sich eine entscheidende Differenzierung zwischen den Zielen. Im einen Fall sind die Ziele Werke (ἔργον) oder Produkte jenseits des Tuns, im anderen Fall realisiert sich das Ziel im Produkt selber (ἐνέργεια). Im Lichte dieser grundsätzlichen Differenz der Ziele als Worumwollen des jeweiligen Tuns unterscheiden sich Poiesis oder produktives Herstellen und Praxis oder Handeln voneinander. Die Poiesis ist an objektiven Produkten orientiert, die sie herstellt, so daß am Ende des Produktionsprozesses Dinge in der Welt als hervorgebracht von der Tätigkeit, aber selbständig gegen diese existieren. Die Praxis konzentriert sich ganz auf den Vollzug an sich, indem sie ihr Ziel im Akt verwirklicht. Die Erreichung praktischer Ziele fällt mit dem Handlungsvollzug zusammen, so daß nach Abschluß der Praxis kein hergestelltes Objekt übrigbleibt." (45)

Natürlich wäre es schon hier verlockend, offenkundige Parallelen bezüglich der Unterscheidung von "Textherstellen" und "Vollzug illokutiver Akte" zu ziehen. Doch dies wäre angesichts einer nicht ganz klaren ARISTOTELES-Exegese zu voreilig. Daher soll zunächst auf eine sprachkritische Rekonstruktion von EBERT (1976) zurückgegriffen werden. Ansatzpunkt dieser Rekonstruktion ist das Problem, daß in der "Nikomachischen Ethik" nur an einer einzigen - zudem interpretationsbedürftigen - Stelle (46) ein Unterscheidungs-

---
44 "Entscheidend nicht in die Theorie der Baum-Generierung aufgenommen ist aber der Sachverhalt, daß es ein 'oberes Ende' einer Hierarchie von Handlungen gibt, das als eine Gesamtheit gesellschaftlichen Charakter trägt; denn in Gesamtheiten werden die gesellschaftlichen Zwecke prozessiert. D.h. die Ebenen-Konzeption ist ihrerseits mit der Muster-Konzeption zu vermitteln." (REHBEIN 1977:246)
45 BUBNER (1976:70).
46 "Das Hervorbringen hat ein Ziel außerhalb seiner selbst, das Handeln nicht. Denn das gute Handeln ist selbst ein Ziel." (ARISTOTELES (NE VI 5,1140 6-8)).

kriterium für die diskutierte Dichotomie angegeben wird. Ohne auf Details einzugehen, möchte ich einige auch für uns bedeutsame und folgenreiche Ergebnisse der EBERTschen Analyse kurz referieren:
In der traditionellen ARISTOTELES-Exegese wird bezüglich des Kriteriums der 'Praxis' die Auffassung vertreten, daß 'Praxis' eine Tätigkeit ist, die ihren Zweck in sich selbst hat (vergleichbar dem "Fantasieren" auf dem Musikinstrument oder dem Spaziergang), daß also eine Identität von Handlung und Ziel der Handlung als Kriterium der 'Praxis' anzusehen ist. Als Beispiel dafür wird gern die "Theoria" herangezogen. EBERT macht aber darauf aufmerksam, daß ARISTOTELES an derselben Stelle der 'Theoria' die mußelosen Handlungen wie Kriegsführen oder Politik-Treiben gegenüberstellt, die - obwohl sie als 'Praxis' aufgefaßt werden - keineswegs um ihrer selbst willen betrieben werden (47). Folgt man der traditionellen ARISTOTELES-Exegese, so müßten diese beiden Beispiele von nicht-zielimmanenter 'Praxis' einen Widerspruch zu den zitierten Definitionen darstellen. EBERT kann nun zeigen, daß dieser Widerspruch dann nicht entsteht, wenn man eine schwächere Interpretation für diese Stelle vorsieht (48). Bei einer solchen Interpretation werden nicht nur wieder die angegebenen Beispiele relativ zur Definition kompatibel, sondern damit gewinnen die Begriffe 'Poiesis' und 'Praxis' auch eine über den unmittelbaren aristotelischen Kontext hinausgehende handlungstheoretische Relevanz. Der Unterschied zwischen der stärkeren und der von EBERT vorgeschlagenen schwächeren Interpretation hat für den Handlungsbegriff folgende Konsequenzen:

"Solange man das in NE VI 5 angegebene Unterscheidungskriterium im Sinne der ersten unserer beiden Alternativen versteht, solange man also die Poiesis so auffaßt, daß ihr Ziel außerhalb der jeweiligen Poiesis liegt, und die Praxis so, daß sie ein

---

47 ARISTOTELES(NE X 7, 1177 b 6-8; b 9 und b 12-15), EBERT (1976:18 f).
48 EBERT stellt folgende zwei Interpretationen bezüglich (NE VI 5, 1140 b 3-4, 6-7) gegenüber: "... man kann nämlich die Unterschiedenheit bzw. Nicht-Unterschiedenheit des Telos, von der hier die Rede ist, <u>entweder</u> auf die jeweilige Poiesis resp. Praxis beziehen <u>oder</u> auf Poiesis und Praxis überhaupt. Die erste der beiden fraglichen Aussagen erlaubt also zunächst die beiden Auffassungen:
(a_1) Das Ziel einer Poiesis ist von der jeweiligen Poiesis unterschieden.
(a_2) Das Ziel einer Poiesis ist von Poiesis unterschieden (= ist niemals eine Poiesis).
Entsprechend lauten die Interpretationen des zweiten Satzes:
(b_1) Das Ziel einer Praxis ist von der jeweiligen Praxis nicht unterschieden.
(b_2) Das Ziel einer Praxis ist von Praxis nicht unterschieden. (= ist immer eine Praxis)
(a_2) impliziert (a_1), aber nicht umgekehrt, und (b_1) impliziert (b_2), aber nicht umgekehrt. Die parallele Konstruktion der beiden Aussagen im griechischen Text läßt keine andere Möglichkeit, als uns entweder für (a_1) <u>und</u> (b_1) oder für (a_2) <u>und</u> (b_2) zu entscheiden." (EBERT 1976:13 f)

immanentes Ziel hat, solange ist das Verhältnis von Poiesis
und Praxis zueinander relativ problemlos: es sind einander ausschließende Begriffe. Ist aber das von Aristoteles angegebene
Unterscheidungskriterium im Sinne der zweiten Alternative aufzufassen, dann ist es nicht mehr ausgeschlossen, daß ein und
dasselbe Tun sowohl als Poiesis wie als Praxis angesprochen
werden kann. Das ergibt sich einfach daraus, daß die Herstellung von etwas normalerweise ein direktes oder indirektes
Mittel zur Ermöglichung einer (anderen) Praxis (...) ist (...).
Dennoch bleiben die beiden Begriffe intensional (hinsichtlich
ihres 'Inhalts') sehr wohl unterschieden: es sind unterschiedliche Kriterien, die wir bei der Klassifizierung eines Tuns
als 'Poiesis' resp. 'Praxis' heranziehen." (49)

Erst wenn wir 'Poiesis' und 'Praxis' nicht als disjunkte Tätigkeits-
klassen, sondern als unterschiedliche Aspekte von Tätigkeiten betrachten, kann man deren Verhältnis zueinander aus der Perspektive
der 'Poiesis' so charakterisieren: "Wer etwas herstellt, ist in
seinem Produzieren durch etwas anderes motiviert als durch den
Wunsch, sein Produkt fertigzustellen; er will es gebrauchen, auf
Grund seiner Herstellung Anerkennung finden oder auch seinen Lohn
dafür bekommen. Sein Machen ist also unter dem Aspekt (der letzt-
lichen Motiviertheit durch den Wunsch nach Gebrauch etc.) immer auch
eine Praxis." (50)

Diese sich nicht ausschließende Bestimmung des Verhältnisses von
'Poiesis' und 'Praxis' macht es natürlich nicht gerade leichter, beide Klassifizierungen des Tuns zu unterscheiden. Daher soll im folgenden auf den Unterschied etwas näher eingegangen werden:

Zunächst zur 'Poiesis': 'Poiesis' "bezeichnet ein durch Instinkt
oder Überlegung gesteuertes Machen, nicht ein bloß zufälliges Bewir-
ken" (51). Mit dieser Bestimmung läßt sich der Leistungsaspekt des
FORMULIERENs angemessen berücksichtigen. Weiterhin gilt, was bereits
mehrfach thematisiert wurde: "Produkten ist es eigentümlich, daß sie
von zwei Seiten her definiert werden können. Man kann sie als Ergebnisse eines Herstellungsprozesses, aber auch als Dinge in der Welt
beschreiben. Ein Tisch oder ein Schuh tragen objektive Merkmale, die
sich unabhängig von ihrer Genesis angeben lassen, auch wenn jene
Dinge ihre Existenz nicht natürlichen Vorgängen, sondern planmäßiger
Produktion verdanken." (52) Mit einem Blick auf die Textlinguistik
kann man sagen, daß diese zweifelsfrei auch für Texte geltende Dualität von Genesis und Produkt einseitig zugunsten des Produktcharak-
ters verabsolviert wurde: Texte (i.S. von "discourses") "were regarded as something given, as a completed product and object of research" (53). Demgegenüber soll hier im Sinne des Poiesis-Begriffs
der Herstellungscharakter der Texte unterstrichen werden (54). Auch

---
49 EBERT (1976:20).
50 EBERT (1976:21).
51 EBERT (1976:24).
52 BUBNER (1976:75).
53 RIESER (1978:15).
54 Dieser Versuch steht in der Tradition von S.J. SCHMIDT (1973).

die weiteren Charakteristika legen eine solche Behandlung nahe: Dazu
zählt BUBNER "technische Anleitung", "Lehrbarkeit" und "Prüfbarkeit"
(55), also Merkmale, die für das alte Rhetorik-Verhältnis charakteristisch waren (56). Wenngleich in dieser Arbeit der "Optimismus" der
Technifizierbarkeit von Textherstellungen (im Gegensatz zur alten
Rhetorik) gerade nicht geteilt wird (57), soll nicht generell der
technische Charakter der Textherstellung geleugnet werden. Gerade
die Prüfbarkeit von Formulierungen, wie sie in den metakommunikativen Formeln der Art: "Das ist x formuliert" etc. deutlich wurden,
zeigt, daß sich (Text-) Produkte unter Kriterien wie "gut", "besser",
"schlechter" etc. beurteilen lassen. D.h. bei der 'Poiesis' wird,
anders als bei der 'Praxis', nicht die Tätigkeit, sondern das fertige Produkt beurteilt. Damit sind wir bei der Bestimmung der 'Praxis':

"Von Praxis gilt all das nicht, was von Poiesis gilt" (58). Dieser
Satz markiert die (handlungstheoretische und philosophische) Schwierigkeit der genauen Bestimmung der Praxis. Immerhin läßt sich über
das Gesagte hinaus folgendes feststellen: Wenn man eine Tätigkeit
unter dem Praxis-Aspekt betrachtet, so hebt man nicht auf die hergestellten Produkte ab (die es ja bei vielen komplexen Handlungen,
z.B. Autofahren nicht gibt), sondern beim Vollzug der Handlung auf
Aspekte und Eigenschaften dieses Tuns, insbesondere auf (moralische)
Einstellungen, Wirkungen, Folgen und auf das Wissen um bestimmte
Wirkungen und Folgen. Nimmt man die aristotelischen Beispiele wie
"jemanden retten", "Krieg führen", "Politik treiben", "Zeugen",
"Sich ernähren", "Rechtsprechen" etc. ernst, so kann 'Praxis' in
einer weiten Interpretation als Tätigkeit bestimmt werden, die zwar
nicht auf Werke, aber auf andere Handlungen abzielt und damit Ziele
außerhalb ihrer selbst hat bzw. Konsequenzen für andere Tätigkeiten.
"Es scheint also eher auf den Aspekt anzukommen, unter dem eine
Handlung ausgeführt wird, um zu beurteilen, ob es eine Praxis oder
Poiesis sei, als auf eine extensionale Unterscheidung" (59). So läßt
sich beispielsweise das Kochen resp. das Resultat des Kochens im
Hinblick auf Wirkungen bzw. auf Konsequenzen für andere Handlungen,
also unter Praxis-Aspekten, so beurteilen: Es schmeckt nicht/
schmeckt gut, "Kochen ist ein Stück Kultur", "Liebe geht durch den
Magen", "Man kocht, weil es Spaß macht" etc. Man kann aber ebenso
gut die Tätigkeit des Kochens resp. das dabei hergestellte Essen

---

55 Vgl. BUBNER (1976:79 f).
56 Vgl. BEETZ (1980).
57 'Formulieren' als Poiesis zu begreifen ist übrigens gute rhetorische Tradition. Im Hinblick auf die das FORMULIEREN konstituierenden Teile (1. "inventio" = Finden der Gedanken, 2. "dispositio" = Ordnen der Gedanken, 3. ""elocutio" = Umsetzen der Gedanken in Sprache) bemerkt LAUSBERG (1960:42):
"Genauer genommen ist die Rhetorik durch ihre Teile ´memoria´ und ´actio´ (...) als praktische Kunst (d.h. als Aufführungskunst wie etwa die Schauspielkunst; (...) charakterisiert, während die Teile ´inventio, dispositio, und ´elocutio´ (...) eine poietische Vorbereitung der (durch ´memoria´ und ´actio´ bewirkten) praktischen Ausführung sind."
58 BUBNER (1976:80).
59 HUBIG (1981:79). Für wichtige Hinweise und Kommentare bin ich Christoph HUBIG (Berlin) sehr dankbar.

unter Poiesis-Aspekten als "Kochkunst" ansprechen. Wenn es um die
Zubereitung des Fleisches oder um die Komposition der Soße geht,
dann wird ersichtlich der Praxis-Aspekt vollkommen aus der Diskussion
ausgeblendet. Gleichwohl läßt sich das Herstellen eines Produkts
(nämlich Essen) nicht vollkommen losgelöst von Zielen beschreiben,
die der Praxis zuzuordnen sind.

3.4.2 Zum Verhältnis von 'Formulieren' und 'Kommunizieren'

Das Verhältnis beider Aspekte soll zunächst am Beispiel eines Vortrags problematisiert werden. BUBNER fingiert einen Redner, der
seine Zuhörer von seinen Ansichten überzeugen will:

> "Er hat das Ziel der Gewinnung der Menge. Er sucht das Ziel
> durch eine Handlung zu erreichen, die im wesentlichen redend
> verfährt, aber durchaus nicht darauf beschränkt ist, sondern
> andere Aktoren des Auftretens, der gestischen Selbstdarstellung, der Inszenierung der Umstände usw. einschließt. Er erreicht sein Ziel im Vollzug seiner Handlung, d.h. durch den
> Vortrag selber. Fällt deshalb am Ende ein objektives Ergebnis
> heraus, das sich als veränderter Weltzustand ansprechen läßt,
> insofern demoskopische Umfragen nach positiven oder negativen
> Einstellungen der Zuhörer vorher und nachher etwa verschiedene Prozentzahlen ergeben? Das Ziel war: zu überzeugen; dies
> gelang, indem der Redner den Saal mitriß. Der Effekt mag sich
> nachträglich in Sympathiekurven und Stimmzahlen niederschlagen.
> Dies war aber nicht das ursprüngliche Handlungsziel des aufrichtigen Redners. Zwar ist denkbar, daß darin eine Nebenabsicht lag. Dann sind mehrere Zielsetzungen im Spiel, die zu
> unterscheiden sind." (60)

BUBNER versucht an diesem Beispiel den Vollzugscharakter sprachlicher Kommunikation und damit den Praxis-Aspekt herauszuarbeiten.
Bessere Beispiele, in denen "Reden" als 'Praxis' zu beschreiben ist,
sind quasi ritualisierte Formen wie "Klatsch", "Plauderei", "ein
Schwätzchen halten", "Klönen", "Flirten" und andere Formen des
"Small Talks", oder konversationelles Erzählen (61). Diese Kommunikationsformen haben primär ihr Ziel in sich selbst, d.h. in ihrem
Vollzug. Das schließt Selbstdarstellung, "Inszenierung der Umstände",
Auf- und Ausbau des sozialen Kontakts etc. nicht aus. Mit Ausnahme
vielleicht von Versicherungsvertretern und Politikern, die angestrengt Kontakt zum Kunden/Bürger suchen, steht bei Small-Talks
normalerweise kein bilanzierbares Werk im Vordergrund. Ziel ist - so
könnte man auch sagen - die gemeinsame (Aufrechterhaltung der) Interaktion selbst, was durchaus Konsequenzen für andere (soziale) Handlungen haben kann.

Miteinander-Reden als gemeinsame 'Praxis' hat auch Konsequenzen für
die Art und Weise des FORMULIERENs und der Rolle des Verstehens:

---
60 BUBNER (1976:77).
61 Zum Vollzugs-Charakter konversationeller Erzählungen vgl.
   RATH (1981).

Da bei der Kommunikation, in der der Charakter der Interaktion dominiert, normalerweise kein "Sprachwerk" im Sinne K. BÜHLERs anvisiert wird, sondern eher das, was er an anderer Stelle "Aktualwerk" (62) nennt, scheint bei spontanem, sich teils elliptisch, teils redundant manifestierendem FORMULIEREN ein erhöhtes Maß an "Partnerarbeit" (63) erforderlich zu sein. Ja in "wortloser" Kommunikation verschwindet der Werkcharakter ganz; zumeist ein Zeichen dafür, daß die Interaktion besonders perfekt oder besonders defekt ist.

Noch eine Konsequenz der Betrachtung von Kommunikation als 'Praxis' sei angemerkt: Wenn man von der wechselhaften Rolle der 'Poiesis' absieht und den sprachlichen Vollzug in den Vordergrund rückt, dann wird verständlich, warum Interaktionstheorien und Sprechakttheorie nicht als sprachwissenschaftliche Theorien entstanden sind und auch einer dezidiert sprachwissenschaflichen Betrachtung gar nicht bedurften. Allerdings scheint es unter linguistischer Perspektive sinnvoll und erforderlich, genau den fehlenden 'Poiesis'-Aspekt in die Rezeption dieser Ansätze einzubringen.

Der Betrachtung von Kommunikation unter 'Praxis'-Aspekt steht von alters her die sich vor allem in der Rhetorik manifestierende Behandlung von "Reden" als Poiesis gegenüber. Dabei sind zwei Arten von "poietischen Zielen" zu unterscheiden: außerkommunikative Ziele und "formulative" Ziele, die sich auf das "Sprachwerk" beziehen. Dabei hängen natürlich beide Zielsorten zusammen. Wer ein außerkommunikatives Ziel verfolgt - BUBNER kommentiert dies als: "es wird ein Meinungsergebnis erzeugt statt eine Rede gehalten" (64) - konzentriert sich bezüglich des angestrebten Erfolgs auf die Art und Weise der Formulierung. Allerdings ist das Verhältnis von Formulierung und außerkommunikativem Erfolg nicht als "notwendige oder gar hinreichende Voraussetzung" beschreibbar: Denn dann wäre "wortlose Kommunikation" per definitionem erfolglose Kommunikation. Die Güte von Formulierungen kann aber niemals kommunikativen Erfolg <u>garantieren</u> - dies glauben nur Werbefachleute, schlechte Rhetoriker und oberflächliche Linguisten. Wohl aber kann sich die <u>Chance</u> auf außerkommunikative Zielverwirklichung in Abhängigkeit <u>von der</u> Art des FORMULIERENs erhöhen/vermindern. Diese These wird weiter unten dazu führen, Texte als Verständnisangebote zu bestimmen (vgl. 3.5.4).

Mit der 'Poiesis'/'Praxis'-Dichotomie läßt sich auch ein wichtiger Spezialfall der gegenwärtigen Bestimmung von 'Formulieren' und 'Kommunizieren' präzisieren, nämlich die Unterscheidung von 'Formulieren eines Sprechakts' und 'Vollzug eines Sprechakts'. Diese Präzisierung scheint insofern angebracht, als durch die Betonung des Vollzugscharakters kommunikativer Handlungen (Sprechakte) folgerichtigerweise der Poiesis-Aspekt ausgeblendet bleibt, ohne daß dies als solches aufgrund des Fehlens der Dichotomie deutlich werden kann. Die Folgen

---

62 Vgl. BÜHLER (1965:48 ff) und (1965:362).
63 Vgl. K. MÜLLER (1979), der darunter all die Sozialhandlungen versteht, "die ein Sprecher im Verlaufe interaktiven Handelns zusätzlich zu den auf inhaltlicher, organisatorischer, nonverbaler u.a. Ebene sich abspielenden kooperativen Handlungen vollzieht" (S. 188).
64 Vgl. BUBNER (1976:78).

dieser Einseitigkeit sind aber dennoch bemerkt, wenn auch nicht immer auf den Begriff gebracht worden: So ist es sehr schwer, die Organisation von Texten sprechakttheoretisch in den Griff zu bekommen, eben weil der 'Poiesis'-Aspekt systematisch ausgeblendet ist (was dazu führt, daß die orthodoxe Sprechakttheorie nur durch Erweiterung oder kaum noch eine dominante Rolle bei Textanalysen spielt (65). Man kann dies auch anders ausdrücken: Unter dem Vollzugs-Aspekt von Kommunizieren kann 'Formulieren' nur als Realisierung verstanden werden, was bestenfalls zu einer unter grammatischen Gesichtspunkten vorgenommenen Taxonomie der "Realisierungsformen von Sprechakten" (66) führen kann (67). Die durchaus konsequente Ausblendung des 'Poiesis'-Aspekts in der Sprechakttheorie zeigt sich im übrigen daran, daß Sprechakttypen auch ohne Bezug auf einzelsprachliche Realisierungsweisen analysiert werden können (68).

Zunächst soll kurz gezeigt werden, was bisher unterstellt wurde, daß nämlich der Vollzug von Sprechakten eine Beschreibung von Kommunikation unter dem 'Praxis'-Aspekt ist:

1. Sprechakte und Teilakte (illokutiver und perlokutiver Akt) werden im Hinblick auf Ziele (intendierte Wirkungen) definiert. AUSTIN spricht ausdrücklich von "consequential effects" oder "conventional consequences" (69). Wie erinnerlich wurden 'Poiesis' und 'Praxis' ebenfalls nach dem Kriterium unterschiedlicher Zielsetzung geschieden.

2. Die Ziele der kommunikativen 'Praxis' sind sowohl unter Vernachlässigung der eingesetzten Mittel des Vollzugs als auch unter Vernachlässigung der eingetretenen perlokutiven Wirkungen zu beschreiben: Nach AUSTIN können daher auch außersprachliche Mittel zum Vollzug illokutiver Akte eingesetzt werden (z.B. Tomaten, um zu protestieren). Und: Der Vollzug eines Sprechakts gilt auch dann als Handlung, selbst wenn keine perlokutiven Wirkungen (und damit keine außerkommunikativen poietischen Ziele) erreicht werden. Der "Witz" des Vollzugs illokutiver Akte besteht ja gerade darin, daß beispielsweise

---
65 Vgl. SCHWITALLA (1979a:29 f) und SCHANK (1978).
66 WUNDERLICH (1976a:301 ff).
67 Einen interessanten Versuch, textuelle Herstellungstätigkeit im Rahmen einer erweiterten Sprechakttheorie zu erfassen, unternimmt DITTMANN (1976). Mit seiner "kommunikativ-funktionalen Grammatik" versucht er, die einzelsprachlichen Ausdrucksmittel systematisch hinsichtlich ihrer 'Funktion' im/zum Vollzug von Sprechakten zu bestimmen." Die Fragerichtung Sprechakt - Ausdrucksmittel aber entspricht dem Ausgehen von der Intention, dem 'Was will ich mitteilen?', das auf die Beantwortung der Frage 'Mit welchen einzelsprachlichen Ausdrucksmitteln kann ich diese Intention realisieren?' abzielt." (DITTMANN 1976: 54 f). Daß diese Intentionsrealisierung durchaus eine Leistung implizieren kann, wird deutlich, wenn die schichtenspezifischen, situationsspezifischen, medialen, arealen, diachronen etc. Sonderheiten einzelsprachlicher Ausdrucksmittel berücksichtigt werden (vgl. DITTMANN 1976:57 f).
68 Vgl. SEARLE (1969:39 f).
69 AUSTIN (1976:102 f). Unterstreichungen von mir.

ein Versprechen nicht erst bei seiner Erfüllung, sondern bereits
dann gilt, wenn der Sprechakt des Versprechens (aufrichtig und regelkonform) vollzogen ist.

3. Schließlich wird der 'Praxis'-Charakter in der zentralen Formel
"To say something is to do something" (70) deutlich: Indem ich etwas
sage, vollziehe ich auch einen Sprechakt, (z.B. das Ja-Wort beim
Heiraten). Die damit verbundenen moralischen Voraussetzungen (71)
und die zum Teil konventionell gesicherten Obligationen (72) machen
überdies deutlich, daß man nicht nur für hergestellte Werke, sondern
auch für eine vollzogene 'Praxis' verantwortlich gemacht werden kann.

Wenn Tätigkeiten als 'Praxis' betrachtet werden, dann können sie wie
ausgeführt per definitionem nicht als "Werk" verstanden werden. Dies
zeigt sich exemplarisch an der SEARLEschen Einführung des Sprechakt-
Begriffs als kleinster Einheit sprachlicher Kommunikation: "the production or issuance of a sentence token under certain conditions is
a speech act" (73). Daß "production" nichts mit Herstellen im 'Poiesis'-Sinn zu tun hat, zeigt sich nicht nur an der Präzisierung
"issuance", sondern auch daran, daß er im Sinne der type/token-Dicho-
tomie von Resultaten ausgeht. Das intentionale Verwenden von Resultaten schneidet die Reflexion auf die Genesis dieser Resultate ab.
Dies scheint SEARLE auch zu sehen, wenn er am Beispiel des Arrange-
ments von Möbeln zwei Arten von Intentionen zu unterscheiden versucht: Das intentionale Aufstellen von Möbeln als 'Einrichten' (Herstellen eines "Werks") können wir als 'Poiesis' rekonstruieren. Wir
können aber auch versuchen, mit dem Möbelarrangement zu kommunizieren (beispielsweise wenn ein eifersüchtiger Ehepartner sein Bett im
Wohnzimmer aufschlägt, um Trennung zu signalisieren). Erst diese
Sorte von Intention wäre nach SEARLE mit Sprechakten, d.h. mit einer
besonderen intentionalen Verwendung von Produkten, vergleichbar. Was
SEARLE hier irrtümlich zwei verschiedenen Sorten von Intentionen zuschreiben will, ist nichts anderes als eine doppelte aspektualisier-
te Beschreibung (74) ein und derselben Tätigkeit unter zwei Zielen,
einmal als 'Poiesis' und zum anderen als 'Praxis'.

Halten wir fest: Sowohl unter 'Poiesis'- als auch unter 'Praxis'-Per-
spektiven kann man von 'Produkten intentionalen Verhaltens' ausgehen.
Betrachten wir diese Produkte als Handlungsmittel für den Vollzug
einer Handlung, so werden unter dieser 'Praxis'-Perspektive per definitionem die Genesis und damit der Werkcharakter des Handlungsmittels
ausgeblendet, was sich dann in Dichotomien niederschlägt, die auf der

---

70 AUSTIN)1976:94).
71 'sincerity condition', vgl. SEARLE (1969:60 ff).
72 WUNDERLICH (1976b:445 ff).
73 SEARLE (1969:16).
74 "For example, it would be possible to communicate by arranging
items of furniture in certain ways. The attitude one would have
to such an arrangement of furniture, if one 'understood' it,
would be quite different from the attitude I have, say, to the
arrangement of furniture in this room, even though in both cases
I might regard the arrangement as resulting from intentional
behavior. Only certain kinds of intentions are adequate for the
behavior I am calling speech acts." (SEARLE 1969:17)

strukturell gleichen Abstraktionshandlung (wie 'type/token', 'Schema/ Aktualisierung' (75), 'Muster/Realisierung', 'langue/parole', 'competence/performance' etc) beruhen. Einfacher ausgedrückt: Wenn man ein Tätigkeitsprodukt als Mittel zum Vollzug auffaßt, so läßt sich das nur als Mittel zur Realisierung eines abstrakten Musters darstellen. Wäre es nämlich möglich, diese Mittel nicht unter dem 'Vollzugs-Ziel', sondern unter dem Ziel der Herstellung eines "Werks" zu sehen, so fiele die ganze 'Poiesis'/'Praxis-Dichotomie in sich zusammen.

Unter 'Poiesis'-Aspekt werden 'Produkte intentionalen Verhaltens' als Herstellungsresultate verstanden. Ziel ist die Herstellung eines Produkts, das allerdings als Mittel unter weitergehender Zielsetzung verwendet werden kann. D.h. beispielsweise: 'Formulierungen' können als 'Äußerungen' verwendet werden. Wie schon anhand von EBERT hingewiesen, ist das Ziel des Herstellens zwar ein Produkt (die Formulierung), aber fast immer unter der weitergehenden Zielsetzung nach Verwendung des Produkts motiviert. Damit lassen sich nun aber Tätigkeitsprodukte dualistisch auffassen: als Resultate einer Herstellungshandlung und als Mittel zur Realisierung eines Ziels, wobei dann hier diese Mittel als Realisierungen von bestimmten Mustern betrachtet werden müssen.

Diese Dualität ist nun konstitutiv für den schon im 1. Kapitel skizzierten Text-Begriff (76): Unter 'Poiesis'-Perspektive sind Texte komplexe Formulierungsresultate ("Werke"); aber indem wir diese Resultate als kommunikative Mittel verwenden können, um kommunikative Handlungen zu vollziehen, "verwandeln" sich die Herstellungsresultate zu Kommunikationsinstrumenten. Formulierungen werden damit zu sprachlichen Mitteln des Vollzugs. -

3.4.3 'Formulieren' als Schema-Innovation

Die Dualität von Text als Formulierungsresultat und als Kommunikationsmittel kommt noch in einer anderen Hinsicht zum Ausdruck: Texte können einmal als Realisierungen von konventionalisierten grammatischen und sozio-kulturellen Schemata (z.B. Textsorten) verstanden werden. Andererseits lassen sich aber auch viele Texte unter dem 'Poiesis'-Aspekt als Resultate einer schöpferischen Leistung verstehen. Von der Art und Weise der Formulierung von Texten hängt es bekanntlich ab, ob und wie die mit und in Texten sich manifestierende Intention des Sprechers/Schreibers Chancen hat, in bezug auf außerkommunikative Ziele verwirklicht zu werden. Gerade darin liegt die "kommunikative Funktion" individueller schöpferischer Leistung.
Nach den bisherigen Ausführungen ist klar geworden, daß diese kommunikationsrelevante Leistung nicht mit den üblichen Performierungskonzepten beschreibbar ist. Insofern ist der durch die 'Poiesis'/ 'Praxis'-Dichotomie präzisierte Begriff der 'Herstellungshandlung' eine brauchbare Alternative zu eben diesen Performierungs-Konzepten.

---
75 Vgl. KAMLAH/LORENZEN (1967).
76 Vgl. S. 34.

Vielleicht mag aber bei der ständigen Betonung des Unterschieds der Eindruck entstanden sein, als ob 'Herstellung' und 'Realisierung' inkommensurable Begriffe sind, was hieße, daß sie sozusagen zwei völlig verschiedene und unvermittelbare Beschreibungs-Welten für Texte repräsentierten. Um diesem Eindruck vorzubeugen, möchte ich zeigen, daß sich Texte trotz ihrer Dualität unter einem begrifflichen tertium comparationis beschreiben lassen.

Die in der Textlinguistik bis heute geführte Kontroverse: "Satz" versus "Text" (77) läßt sich im Sinne des folgenden Zitats zu dem Kernproblem der Dualitätsthese verändern, das man so umschreiben kann: Wie können Texte zugleich als individuelle, schöpferische Leistungen und als Realisierungen konventionalisierter Schemata verstanden werden? Diese Frage läßt sich im Hinblick auf eine befriedigende Definition von "Text" auch so darstellen:

"Im gegensatz zu sätzen, wo man deutlich zwischen satz und äußerung (type und token) trennen kann, ist diese unterscheidung bei texten schon intuitiv wesentlich problematischer als bei sätzen: während man sätzen noch eine existenz zuschreiben kann, unabhängig davon, ob sie je geäußert werden, wird man von texten wohl sagen müssen, daß sie erst dann existieren, wenn sie von einem textproduzenten tatsächlich realisiert werden. Andererseits können texte, die der kommunikation dienen sollen und daher auf verständlichkeit hin angelegt werden müssen, nicht einfach freie, willkürliche schöpfungen von sprachbenutzern sein, sondern diese machen gebrauch von den im sprachsystem vorgegebenen möglichkeiten. Dieses 'gebrauch-machen' von im sprachsystem vorgegebenen möglichkeiten ist bei der produktion von texten jedoch insofern ein kreativer prozeß, als dadurch entitäten neu geschaffen werden, die vorher nicht existiert haben, was auf das äußern von sätzen nicht in gleicher weise zutrifft." (78).

Aus dieser Problembeschreibung können in bezug auf eine Definition des Textbegriffs zwei Anforderungen abgeleitet werden:

"Sie müßte einerseits deutlich machen, daß ein text nicht irgendwie unabhängig von sprachbenutzern existiert, sondern erst vom textproduzenten geschaffen wird,
und sie müßte anderersetis deutlich machen, daß der textproduzent seinen neugeschaffenen text dabei ausschließlich aus sprachlich bereits vorgegebenen einheiten, etwa sätzen, aufbaut - wobei jedoch als zusätzliches problem auftaucht, daß der textproduzent von den verwendeten sätzen auch in anderer als der konventionell vorgegebenen weise gebrauch machen kann." (79)

Ich möchte das hier gestellte Problem terminologisch so lösen, daß ich mit KAMLAH/LORENZEN konventionalisierte oder "vereinbarte Hand-

---

77 Vgl die breite Diskussion in PETÖFI (1979), in dem in zwei Bänden Stellungnahmen vieler Textlinguisten zu diesem "Dauerbrenner" der Textlinguistik abgedruckt sind.
78 NIKOLAUS (1978:5).
79 NIKOLAUS (1978:6).

lungsschemata", zu denen auch Phoneme und "sprachliche Zeichen" (Morpheme, Wörter, Wendungen) zu rechnen sind, unterscheiden will, von nicht vereinbarten, frei entworfenen Handlungsschemata:

> "Neben den Wörtern und Wendungen als Redegewohnheit und neben den vereinbarten Sprechweisen der Wissenschaft können wir jederzeit Schemata konstruieren wie z.B. ein Gedicht, allgemein: einen Text. Ähnlich ist auch eine musikalische Komposition ein Handlungsschema, das für die aktuelle Ausführung (oder "Aufführung") bereit steht. Ein Lied kann zwar auch zur Handlungsgewohnheit werden (Volkslied, Schlager), ist aber auch dann schon ein Schema, wenn es gerade erst geschaffen wurde." (80)

Bezogen auf diese Unterscheidung sind (abstrakte) Satzstrukturen/ Muster als konventionalisierte Handlungsschemata aufzufassen. Diese liegen, eben weil sie konventionalisiert sind, als Einheiten in einer Sprache ("langue") fest. Eine Schema-Variation, -Revision oder -Innovation ist nur in sehr engen Grenzen möglich (etwa als Moment des Sprachwandels), weil die "Stabilität" konventionalisierter Schemata Voraussetzung für eine funktionierende Verständigung ist.

Wenn wir hingegen in einem "schöpferischen Prozeß" neue "Text-Entitäten" herstellen, so bezieht sich diese Aussage auf nicht-konventionalisierte Handlungsschemata, die erst mit und durch den Akt der Herstellung (Beispiel: Lied) geschaffen werden. Für viele Texte ist typisch, daß insbesondere im Hinblick auf den Aspekt der Textorganisation vorgegebene Schemata variiert bzw. verändert oder neue geschaffen werden. Pointiert ausgedrückt: Textherstellung impliziert zumeist Schema-Variation oder gar Schema-Innovation.

Allerdings ist nicht zu verkennen, daß der entscheidende Punkt in der Dichotomie von KAMLAH/LORENZEN verständnismäßig auch der schwierigste ist: Ist die Redeweise von "gerade erst geschaffenen Schemata" überhaupt sinnvoll? Oder noch schärfer gefaßt: Ist eine solche Redeweise nicht widersprüchlich? Ich glaube, daß man solche Fragen nur stellen kann, wenn "Schema" immer nur als "vorgegebenes Schema" verstanden wird (was der "langue"-Begriff in der Tat nahelegt). Wer aber nicht gerade eine Ontologie des Platonismus vertritt, dürfte bei genauerem Zusehen keine Schwierigkeiten haben: Wenn ein von einer Person zustandegebrachtes Ergebnis (81) repetierbar oder (z.B. in Form von Satiren) imitierbar (82) ist, und wenn das Ereignis nicht als Realisierung schon bekannter Handlungsschemata beurteilt werden muß, dann kann man davon reden, daß mit einem neuen Herstellungs-Resultat zugleich ein potentielles Schema entstanden ist. (Was in der Tat bei avantgardistischen künstlerischen Handlungen immer wieder Verwirrung und Unverständnis hervorruft: "Das was der Beuys macht, kann ich auch!") M.a.W. Handlungsschemata müssen schon bei imitierbaren bzw. repetierbaren Herstellungsresultaten angenommen werden, nicht erst bei faktisch imitierten oder repetierten.

---

80 KAMLAH/LORENZEN (1976:63).
81 Vgl. BRENNSTUHL (1975:279).
82 Vgl. LORENZ (1976:250 ff).

Wie vage auch immer diese in das Gebiet der Philosophie hineinreichenden Bemerkungen sein mögen - so möchte ich mit ihnen im Sinne des KAMLAH/LORENZEN-Zitats nur verdeutlichen, daß die Herstellung eines Textes vergleichbar mit der Komposition eines Musikstücks (Sonate) oder eines Bildes ist und daß - sofern nicht Imitation anderer Texte vorliegt - die Formulierung eines Textes die Schaffung neuer Schemata darstellt. Damit ist zwar noch nichts über den Grad der Leistung oder der Kreativität gesagt, wohl aber darüber, daß die Textherstellung als ein schöpferischer Prozeß aufzufassen ist.

Daß bei der Textherstellung Handlungsschemata frei entworfen werden können, heißt aber nicht, daß der individuelle Aspekt der Textherstellung verabsolutiert werden soll. Zum einen muß man sich bei der Textherstellung grammatischer, d.h. konventionalisierter Schemata bedienen, wenn man mit Hilfe des Textes Verständigung erreichen will (83). Zum andern sind die frei gestalteten Textschemata fast durchweg orientiert an schon vorhandenen Texten und eingebettet in wiederum konventionelle Superschemata (84). D.h. die Sphäre innovatorischer Textschemabildung ist restringiert durch den Bereich der grammatisch-konventionalisierten und bezogen auf sozio-kulturellkonventionalisierte Schemata. Bei bestimmten Textsorten (etwa Gebrauchstexten wie Wetterbericht (vgl. RATH 1968), Horoskope (vgl. SANDIG 1978), Kochrezepte, Formulare etc.) kann die Möglichkeit zur innovatorischen Schemabildung gegen null konvergieren. Umgekehrt ist es möglich (Beispiel: Moderne Literatur), daß von der Innovationsmöglichkeit intensiv Gebrauch gemacht wird. Bei der Textherstellung ist also beides zu berücksichtigen: die subjektive Innovation von Texten auf der Basis und im Rahmen vorgegebener und konventionalisierter Schemata.

Schlußbemerkung

Mit der präzisierten 'Poiesis'/'Praxis'-Dichotomie ist eine handlungstheoretische Grundlage geschaffen worden, auf der nicht nur der den Leistungsaspekt berücksichtigende Begriff 'Herstellungshandlung' eingeführt, sondern auf der auch das Verhältnis von 'Formulieren' und 'Kommunizieren' ('als Vollzug')genauer bestimmt werden kann. Wie wichtig diese Unterscheidung über das Gesagte hinaus ist, soll abschließend an einigen Phänomenen aufgezeigt werden, die zum Teil in den anfangs thematisierten Fragen (S.1) erwähnt wurden.

Erst wenn wir zwei Tätigkeitsaspekte voraussetzen, macht es Sinn, hervorhebend zu sagen, daß man (besonders) *auf bestimmte Worte achtet*, daß man *Formulierungen goutiert* (und trotzdem ihren Sinn durch-

---

83 Unberücksichtigt bleiben bestimmte Versuche in der modernen Literatur (etwa: Konkrete Poesie), die auch eine Schema-Innovation bei grammatischen Einheiten versuchen.
84 Z.B. 'Superstrukturen' i.S. VAN DIJKs (1980) bzw. 'Diskurswelten' I.S. FRIERs (1979).
"Zu jeder Diskurswelt gehört eine bestimmte Anzahl von Textsorten und eine bestimmte Anzahl von Situationen. Situationen geben dabei den Rahmen an, in dem sich Textsorten entfalten können" (FRIER 1979:19).

schaut) oder daß man beklagt, daß ein bestimmter *Wortlaut aus dem Zusammenhang gerissen* oder eine *Formulierung ohne Rücksicht auf den Kontext "aufgespießt"* wurde. Diese alltäglichen Redeweisen belegen, daß und wie wir unter mehr oder weniger Berücksichtigung des "Werk-Aspekts" FORMULIEREN und REZIPIEREN können. Man kann aber auch den 'Poiesis'-Aspekt völlig aus seiner Betrachtung ausblenden und Texte nur noch als Realisierungsmittel für den Vollzug kommunikativer Handlungen bzw. als Instrumente sprachlicher Interaktion verstehen. Hier konzentriert sich die Rezeption nicht auf die Formulierung, sondern auf den (vermeintlichen) Sinn. In bestimmten Fällen wird überhaupt nicht mehr wahrgenommen, was wirklich gesagt wurde (85); hier kann die Bestätigung vorgefaßter Meinungen das tatsächlich Gesagte überdecken. Im Extrem spielen Worte dann überhaupt keine Rolle mehr, beispielsweise wenn nur noch Gemeinschaftsgefühle zelebriert (etwa bei Liebenden) oder Herdeninstinkte mobilisiert werden (etwa bei den Reden HITLERs).

3.5 'Formulieren' als Verständnisbildung

Warum wird 'Formulieren' nicht nur als Textherstellen bestimmt; warum ist das Explikat 'Textherstellen als Verständnisbildung' zweiteilig formuliert? Im wesentlichen sind dafür folgende Gründe maßgebend:

(1) Eine Theorie des Formulierens ist keine Theorie der Sprachproduktion (des Verbalisierens) in einem sprachpsychologischen Sinn. Unter Betrachtung des kriterialen Leistungsaspekts geht es um Sprach- oder "Text"-Produktion nur insoweit, als dabei die Lösung von Kommunikationsproblemen in und mit Texten tangiert wird.

(2) Wie schon angedeutet muß im Begriff des 'Formulierens' sowohl die Herstellungs- als auch die Darstellungsform berücksichtigt werden. Dieser Doppelaspekt wird mit dem Explikat unterstrichen und weitergeführt. D.h. indem ein Text hergestellt wird, wird zugleich eine 'Sache' in einer bestimmten, selektiven Weise dargestellt; anders ausgedrückt: Man bildet sich in dem Text ein bestimmtes Verständnis von einer 'Sache'.

(3) Im Hinblick auf die Ablehnung der "Inhalt/Form"-Denkfigur soll mit dem Begriff 'Verständnisbildung' deutlich gemacht werden, daß - wie es einmal K. KRAUS ausgedrückt hat - "Die Sprache (...) die Mutter, nicht die Magd des Gedankens" ist.

(4) Der Hauptgrund liegt aber darin, daß mit 'Verständnisbildung' ein Terminus bereitgestellt werden soll, mit dem die verschiedenen Manifestationen der Herstellungsleistung aufgezählt werden können. Welche konkreten Leistungen beim konkreten FORMULIEREN erbracht werden müssen, ist natürlich individuell und textsorten- bzw. situationsspezifisch sehr unterschiedlich. (D.h. dies ist eine empirisch zu behandelnde Frage, die anhand der Analyse von Formulierungsproblemen und deren Lösung tentativ beantwortet werden kann.) Dennoch können einige grundsätzliche Leistungsanforderungen herausgegriffen

---

85 "Kognitive Dissonanz" vgl. COULMAS (1977:207 ff).

werden, deren Aufzählung den Begriff 'Verständnisbildung' bestimmen soll:

3.5.1 'Verständnisbildung' als Darstellung von Welt

Spätestens seit WITTGENSTEINs ´Philosophischen Untersuchungen´ ist klar geworden, daß sich uns Welt erst in sprachlichen Beschreibungen erschließt. "Die Welt ist uns nie an sich gegeben, sondern immer nur in sprachlicher Interpretation" (86). Bezieht man diesen Befund auf die Begriffe "Sprachspiel" und "Lebensform" (87), so wird ferner klar, daß uns nicht eine Welt in einer Interpretation vorliegt, sondern daß wir es mit verschiedenen Welten zu tun haben, die durch voneinander abgrenzbare Interpretationen charakterisierbar sind.

Die erkenntnistheoretischen Implikationen dieser Position haben aber in nicht unerheblichem Maße eine vergleichsweise trivial erscheinende linguistische Pointe verdeckt: (Ausschnitte von) Welten liegen uns weitgehend in Texten vor. Dabei sind Texte - ob schriftliche oder mündliche - nicht als "sprachlicher Output" von Sprachspielen oder Lebensformen anzusehen, sondern in ihnen konstituieren sich erst die verschiedenen Welten. Zwar sind die Texte, in denen explizit oder implizit eine Welt dargestellt wird, an die Regeln und damit an die Restriktionen der in einer Gesellschaft tradierten Diskurswelten (und Textsorten) (88) orientiert, doch heißt das nicht, daß die Darstellung einer Welt (z.B. Beschreibung eines Unfalls, eines Gefühls, Darstellung einer Meinung, Bericht über ein technisches Phänomen etc.) nicht auch eine Leistung erfordert. In diesem Sinn könnte man auch sagen, daß mit der Herstellung eines Textes zugleich eine Welt geschaffen, ausdifferenziert oder modifiziert wird.

3.5.2 'Verständnisbildung' als Intentionsbildung

Wie schon in 3.3 ausgeführt ist die Redeweise, daß beim Sprechen/Schreiben Intentionen sprachlich realisiert werden, gefährlich, weil auch sie suggeriert, daß eine vorhandene Meinung in eine sprachliche "Verkleidung" gebracht wird. Erkennbar absurd wird diese Vorstellung, wenn man sie im Hinblick auf Texte überprüft. Denn hier geht es - wie anhand des im 1. Kapitel abgedruckten Textherstellungstextes zu zeigen ist - wesentlich um die Bildung von Formulierungszielen und damit um eine komplexe Intentionsbildung. Diese bezieht sich - trotz des trivialen Gegenstandes "Hauptseminar" nicht bloß auf das "Wie", d.h. auf die Ziele der "Mittelwahl", sondern auch und insbesondere auf das "Was", d.h. auf das "inhaltliche" Konzept. Unter dieser Perspektive meint die Bestimmung "Verständnisbildung als Intentionsbildung", daß mit der Textherstellung und durch sie "Leitideen" (Oberziele) (89) in einem Prozeß sukzessiver Klärung ausdifferenziert,

---

86 KUTSCHERA (1975:133).
87 Vgl. WITTGENSTEIN (1971:23).
88 Vgl. FRIER (1979).
89 Vgl. dazu auch VAN DIJKs Begriffe 'Themawort' bzw. 'Themasatz'. VAN DIJK (1980:50).

strukturiert und damit eine Menge komplexer Ziele erst "generiert" werden. Nur so ist - wie im Zusammenhang mit KLEIST schon erwähnt wurde - zu erklären, warum man erst nach der Formulierung eines (neuen) Textes "schlauer" ist. Da die Erklärung dieser Zielbildung ein entscheidender Punkt für das im nächsten Kapitel zu diskutierende Modell des 'dialektischen Problemlösens' sein wird, sollen diese Bemerkungen zur Intentionsbildung (oder wie man auch sagen könnte: Willensbildung) zunächst genügen.

3.5.3 'Verständnisbildung' als Bedeutungskonstitution

Ein Haupteinwand gegenüber einer Theorie des Formulierens könnte dahingehen, daß man ihr entgegenhielte, sie sei im Prinzip überflüssig, weil - kurz gesagt - FORMULIEREN nichts anderes sei als umgekehrtes INTERPRETIEREN. Da zweifellos Interpretationstheorien (90) sehr viel häufiger sind als "Formulierungstheorien", ergäbe sich aus dem Symmetrie-Argument der genannte Schluß. In der Tat kann man FORMULIEREN und REZIPIEREN als strukturell gleiche Prozesse, die lediglich sozusagen spiegelverkehrt ablaufen, auffassen. Mehr noch: FORMULIEREN ist immer schon ein Stück weit antizipiertes REZIPIEREN (was in persuasiven Texten soweit geht, daß den Adressaten die Interpretation nicht nur leicht gemacht, sondern am liebsten abgenommen bzw. verhindert werden sollte). Und umgekehrt ist REZIPIEREN immer auch ein weitergeführtes FORMULIEREN (vgl. dazu WIENOLDs Begriff der "Textverarbeitung" (3.3)). Trotz dieser hier nur angedeuteten strukturellen Gemeinsamkeiten möchte ich unter Berufung auf die Konversationsanalyse auf eine prinzipielle Differenz aufmerksam machen: Dort wird zunächst auf grundsätzliche Unvereinbarkeiten des Interaktionsprozesses hingewiesen, auf "die Unvergleichbarkeit der beteiligten Selbstidentitäten, die Vagheit der ausgetauschten Symbolgesten, die mangelnde Angleichung ihrer wechselseitigen Interpretation usw." (91). Zur Bewältigung dieser Unvergleichbarkeiten müssen Idealisierungen angenommen werden, die als Basisregeln des Fremdverstehens formuliert werden können (92).

Die Bewältigung dieser grundsätzlichen Unvereinbarkeiten ist nun aber nicht allein den unterstellten Idealisierungen aufzubürden, sondern wird - insbesondere in schriftlicher Kommunikation - zu einer eigenen Aufgabe. Unter dieser Perspektive erscheint das FORMULIEREN als ein notwendigerweise defizienter Modus kooperativer Bedeutungskonstitution, notwendig insofern, als die Unterstellung und Beschwörung von Idealisierungen nicht immer ausreichen dürfte und defizient insofern, als durch das FORMULIEREN die Unvereinbarkeiten nicht prinzipiell, sondern nur tendenziell - sozusagen im Duktus des Angebots - überbrückt werden können.

---

90 Faßt man diesen Begriff sehr weit, so reichen diese von hermeneutischen Ansätzen über sprachphilosophische (VON WRIGHT 1974, 1976), linguistische (KUMMER 1975, COULMAS 1977) bis hin zu sprachpsychologischen Ansätzen (HÖRMANN 1976, BOCK 1978, BOCK/ENGELKAMP 1979).
91 KALLMEYER/SCHÜTZE (1976:9).
92 Vgl. SCHÜTZ (1971) und CICOUREL (1975).

Einen Punkt der Unvereinbarkeiten möchte ich kurz erläutern:
Er betrifft die "Vagheit der ausgetauschten Symbole". In der Ethnomethodologie ist die Indexikalität sprachlicher Ausdrücke (93) nachdrücklich betont worden; COULMAS geht noch einen Schritt weiter, wenn er sie als "allgemeines Charakterisitikum der Sprache" bezeichnet. Daraus ergeben sich Konsequenzen für die Bedeutungskonstitution:

> "Bedeutung ist nicht konstant, sie wird konstituiert; die Sprechsituation ist nicht gegeben, sie wird im Diskurs geschaffen - je besondere Eigenschaften werden als kritische anerkannt, indem sich die Kommunikationspartner auf eine Kommunikation einigen; der Kontext ist keine fixierte Größe, sondern konstituiert sich durch eine gemeinsame Relevanzbeurteilung von Vorausgegangenem und Folgendem; schließlich ist die Reziprozität der Perspektiven bezogen auf die konkrete Kommunikationssituation ebenfalls nicht gegeben, sondern wird in der Kommunikation hergestellt." (94)

Diese Beschreibung gilt im Prinzip für die Situation des FORMULIERENS allgemein, auch für das schriftliche FORMULIEREN. Ein zusätzliches Problem ergibt sich aber daraus, daß der zur Bedeutungskonstitution fehlende Interaktionspartner durch besondere formulative Leistungen "ersetzt" werden muß. Dieser durch die fehlende interaktionelle Rückkoppelung bedingte Ersatz führt dann faktisch dazu, daß der Charakter kooperativer Bedeutungskonstitution im Selbstverständnis des Formulierenden möglicherweise verschwindet - oder dieses Selbstverständnis aufgrund konventionalisierter oder institutionalisierter Formulierungsweisen gar nicht erst aufkommt (man denke etwa an die Fach- und Sondersprachen).

Dennoch muß für den nicht-konventionalisierten Bereich festgehalten werden, daß FORMULIEREN trotz oder gerade wegen der genannten Unvereinbarkeiten als "einseitige Bedeutungskonstitution" zu verstehen ist. D.h. zunächst, daß "der Gebrauch von Bedeutungen durch den Menschen in seiner Handlung" nicht "als die Aktualisierung und Anwendung bereits bestehender Bedeutungen" aufgefaßt werden kann. BLUMER, der dies nachdrücklich aus der Perspektive des Symbolischen Interaktionismus hervorhebt, betrachtet daher den "Gebrauch von Bedeutungen" als Interpretationsprozeß, der aus zwei verschiedenen Schritten besteht:

> "Zunächst zeigt der Handelnde sich selbst die Gegenstände an (1a), auf die er sein Handeln ausrichtet; er hat sich selbst auf die Dinge aufmerksam zu machen, die eine Bedeutung haben. Die Vornahme solchen "Anzeigens" ist ein internalisierter, sozialer Prozeß, in dem der Handelnde mit sich selbst interagiert. Diese Interaktion mit sich selbst ist etwas anderes als ein Zusammenspiel psychischer Elemente; es ist das Beispiel einer Person, die mit sich selbst in einen Kommunikationsprozeß eintritt. Zweitens wird die Interpretation aufgrund dieses Kommunikationsprozesses des einzelnen mit sich selbst eine Frage des Handhabens von Bedeutungen. In Abhängigkeit von der Situation, in die er gestellt ist, sowie der Ausrichtung seiner Handlung sucht der Handelnde die Bedeutungen aus, prüft sie, stellt sie zurück, ordnet sie neu und formt

---
93 GARFINKEL/SACKS (1976).
94 COULMAS (1977:75).

sie um. Demgemäß sollte die Interpretation nicht als eine rein automatische Anwendung bestehender Bedeutungen betrachtet werden, sondern als ein formender Prozeß, in dessen Verlauf Bedeutungen als Mittel für die Steuerung und den Aufbau von Handlungen gebraucht und abgeändert werden. Es ist notwendig zu sehen, daß die Bedeutungen aufgrund des Interaktionsprozesses des einzelnen mit sich selbst einen wesentlichen Bestandteil der Handlung darstellen." (95)

In diesem Zitat finden sich fast alle Ingredienzen der bisher skizzierten Theorie des Formulierens (daher auch die zu rechtfertigende Länge des Zitats): Die erste der von BLUMER geschilderten Phase (Interaktion des Handelnden mit sich selbst) läßt sich ganz grob als Selbstverständigung und Intentionsbildung verstehen. Die zweite Phase umfaßt dann die situationsspezifische und soziale Ausrichtung der Bedeutungskonstitution. Interessant dabei ist, daß BLUMER seine Ablehnung einer "rein automatischen Anwendung bestehender Bedeutungen" verbindet mit einer Phänomenologie des Problemlösens: der Handelnde sucht die Bedeutung aus, prüft sie, stellt sie zurück (Korrektur), ordnet sie neu (erneuter Versuch), formt sie um (erneute Korrektur).

Diese strukturelle Übereinstimmung von Interpretationsprozeß, Bedeutungskonstitution, Textherstellung und Problemlösen soll als gemeinsamer Nenner der hier vorgestellten Theorie festgehalten werden.

3.5.4 Text als Verständnisangebot

Textuelle Verständnisbildung hat eine kognitive und eine kommunikative Seite. Bisher ist vor allem die kognitive Seite betont worden. Selbstverständigung und Willensbildung, vielleicht auch die textuelle Konstituierung von Bedeutung kann man primär als Objektivation "geistiger und sozialer Handlungen" in Texten sehen. Hier steht mehr oder weniger 'Text' als Repräsentationsmedium im Vordergrund. Die Formulierung von Notizen, die Notierungen von Gedanken, Ereignissen, Tatsachen; wissenschaftliche Beschreibungen, Erstellung von Protokollen, Berichten etc. zeigen an, daß die Herstellung von Texten keineswegs unter kommunikativen Aspekten erfolgen muß. Dennoch liegt selbst bei einer unscheinbaren Notiz im Tagebuch, die nur für den Schreiber bestimmt ist, ein Ansatz (oder mehr) von Verständnisbildung vor. D.h. insbesondere: Wenn etwas als Text objektiviert wird, dann ist dies auch unter kognitivem Aspekt immer schon ein "internalisierter sozialer Prozeß", wie es bei BLUMER heißt; oder im Sinne MEADs könnte man sagen: FORMULIEREN ist ein Denken, eine Selbstreflexion unter der Perspektive des "generalisierten Anderen" (96). Die Verstehbarkeit von Texten (bzw. die Ausdrückbarkeit von "Gedanken") ist noch kein Beleg für eine kommunikative Ausrichtung von Texten. Angesichts einer mit Namen wie "Pragmatik" oder "Interaktion" verbundenen Tendenz, alles Gesagte oder Geschriebene sofort

---

95 BLUMER (1973:84).
96 Vgl. MEAD (1968:Teil III).

als "kommunikativ" zu erklären, empfiehlt es sich, allerdings unter
Berücksichtigung des sozialen Charakters von Sprache, in diesem
Punkt auf HUMBOLDT zu verweisen:

> "Die zunächst liegende, aber beschränkteste Ansicht der Sprache
> ist die, sie als ein blosses Verständigungsmittel zu betrachten.
> (...) Die Sprache ist aber durchaus kein blosses Verständigungs-
> mittel, sondern der Abdruck des Geistes und der Weltansicht des
> Redenden, die Geselligkeit ist das unentbehrliche Hülfsmittel zu
> ihrer Entfaltung, aber bei weitem nicht der einzige Zweck, auf
> den sie hinarbeitet ..." (97)

Dieser Pointierung von Texten als Repräsentationsmedium steht aber
unzweifelhaft die - durchaus nicht konträre - Ansicht gegenüber, daß
viele Texte rezipientenorientiert ("kommunikativ") angelegt sind.
Wenn auch nicht ausschließlich, so doch besonders unter kommunikativer Perspektive müssen bei der 'Textherstellung als Verständnisbildung' zwei Punkte hervorgehoben werden:

In diesem Abschnitt wird zunächst unterstrichen, daß Texte nicht
nur als Medium für die Verständnisbildung bei Formulierern fungieren, sondern daß sie aus der Sicht des Rezipienten den Status von
Angeboten haben, sich auf der Basis des vorgegebenen Textes selber
ein Verständnis zu bilden. Aber auch aus der Perspektive des Spre-
chers/Schreibers können Texte - als Kommunikationsmittel verstanden -
"nur" als Angebot für eine von ihm intendierte bestimmte Verständnisbildung seitens des Rezipienten betrachtet werden.

Texte müssen dann als Angebote zur Verständnisbildung (ich verkürze
dies manchmal zu 'Verständnisangebot') verstanden werden, wenn ernst
mit der Trivialität gemacht wird, daß Texte nicht nur FORMULIERT,
sondern auch REZIPIERT werden. Daraus folgt, daß Texte als "Anweisungen" aufzufassen sind, die dann vom Rezipienten als "Instruktio-
nen" verarbeitet werden müssen (daran anschließbar sind Überlegungen, wie sie von ISER (1976) im Rahmen der Rezeptionsästhetik entwickelt wurden). Am weitesten ist dieser Gedanke bei HÖRMANN entfaltet worden, der auf die "konstruktive Leistung" des "Meinens"
und "Verstehens" hinweist und anschließend folgende Modellvorstellung skizziert:

> "Auch unter diesem Aspekt wird die sprachliche Äußerung wieder
> erkennbar als Anweisung zur Konstruktion eines bewußten (oder
> jedenfalls bewußtseinsfähigen) kognitiven 'Bildes', aber sie
> ist nicht etwa ein Bild und auch nicht notwendig mit einer
> bildhaften Vorstellung assoziiert. Auf Grund der Anweisung
> vollzieht der Hörer Operationen mit Tat- oder besser Gedächt-
> nis-Beständen, die selbst nicht Bestandteil der Äußerung sind
> (...). Die sprachliche Äußerung vermittelt also dem
> Hörer nicht Information, die er vorher nicht gehabt hat, son-
> dern der Hörer s c h a f f t , geleitet von der sprachli-
> chen Äußerung, Information." (98) (Hervorh. von mir, G.A.)

---
97 HUMBOLDT (1963:134 f).
98 HÖRMANN (1976:506).

Aus dieser Sicht sind Sprecher und Hörer gleichberechtigt, aber mit verschiedenen Aufgaben der Schaffung von Verständnis und Verständigung beteiligt: Der Sprecher gibt qua hergestelltem Text Anweisung zur Konstruktion eines 'Bildes', das der Hörer "geleitet von der sprachlichen Äußerung" in einem ebenfalls konstruktiven Akt sozusagen ausmalen kann (aber nicht muß).

Nach dieser Modellvorstellung läßt sich verstehen, warum Verstehen nicht vollständig durch die angebotenen Formulierungen determiniert ist. Metaphorisch ausgedrückt: Man kann sich einerseits sehr wohl ein (kognitives) Bild machen, auch wenn die Formulierungen unvollkommen, schlecht etc. sind. Umgekehrt kann die Anweisung sehr präzis und gut sein und dennoch scheitert die intendierte Verständnisbildung.

Wenn Texte als Anweisungen - oder wie ich sagen würde: als Angebote - aufgefaßt werden, dann wird auch die Rolle der "Leerstellen" verständlich, auf die in der Rezeptionsästhetik besonderes Gewicht gelegt wird (99). Schon BÜHLER hat auf das konstitutive "Weglassen" hingewiesen: "... gut sprechen heißt sparsam sein und dem Hörer viel übrig lassen; vor allem aber eine weitgehende Freiheit im eigenen mitkonstruierenden Denken." (100) An "Leerstellen" setzt aber nicht nur die besondere interpretative Aktivität, das "mitkonstruierende Denken" der Adressaten an, sondern Leerstellen sind auch eine wichtige und notwendige Konstituente des FORMULIERENS selbst: Auf Präsuppositionen und Implikationen ist in der Linguistik - wenngleich nicht immer unter textueller Perspektive - großen Wert gelegt worden. Daneben ist aber auch auf Herstellungsstrategien des Andeutens, Verschweigens, Auslassens oder Unbestimmt-Lassens zu verweisen.

Wenn wir von Texten als von 'Kommunikationsmitteln' reden, so muß nach dem Gesagten klar sein, daß hier 'Mittel' nicht in einem das Ziel determinierenden Sinn zu verstehen ist. D.h. 'Kommunikationsmittel' und 'Verkehrsmittel' dürfen bezüglich des Ausdrucks 'Mittel' nicht dasselbe assoziieren. Wenn allerdings bei Texten der Begriff 'Kommunikationsmittel' als Verständnisgrundlage, als Anweisung oder als Angebot aufgefaßt wird, dann wird auch verständlich, daß mit Texten nur die Chance auf Verständnis reguliert werden kann. Die Güte von Formulierungen allein erzwingt weder eine erfolgreiche Kommunikation, noch garantiert sie eine solche. Für den Sprecher/Schreiber folgt daraus: Er kann und soll versuchen, ein erfolgversprechendes textuelles Verständnisangebot zu schaffen, aber er kann auf der Ebene des Textes über die Schaffung von Voraussetzungen zu einer erfolgreichen Kommunikation nichts weiter tun. Zwar sollte man

---

99 ISER (1976:284 ff). HUBIG hat mich darauf aufmerksam gemacht, daß der eingeführte Poiesis-Begriff für intendierte "Leerstellen", d.h. für Formulierungsunterlassungen anders gefaßt werden muß: Während bei ARISTOTELES das Ziel der Poiesis immer ein hergestelltes Gut ist, müßte im Hinblick auf "Leerstellen" ein Handlungsbegriff eingeführt werden, der als Ziel der Poiesis die Realisierung gewünschter Sachverhalte involviert, wobei das Nicht-Bestehen eines Sachverhalts auch ein Sachverhalt ist. Vgl. dazu HUBIG (1981).
100 BÜHLER (1965:397).

so FORMULIEREN, daß das REZIPIEREN erleichtert wird, aber es ist nicht ersetzbar . Selbst das persuasive FORMULIEREN, das genau auf die Neutralisierung und Ausschaltung des Rezipierens abzielt, kann nur qua raffiniertem und manipulativem Angebot versuchen, den Status von Texten als Verständnisangebot zu überspielen.

3.5.5 Texte als unikale Kommunikationsmittel

Der zweite Punkt, der bei der Betrachtung der kommunikativen Funktion von Texten besonders deutlich wird, wirft ebenfalls ein bezeichnendes Licht auf die Herstellung von Texten unter dem Aspekt der Verständnisbildung.

In Anlehnung an eine hermeneutische Redeweise kann man sagen, daß Texte eine spezifische Antwort auf eine (meist rekonstruierbare) Frage darstellen (101). Im Kontext unserer Begrifflichkeit könnte man das ersetzen durch: Texte sind Lösungsmanifestationen kognitiver, ästhetischer, administrativer, kommunikativer etc. (Formulierungs-) Probleme. Texte (in ihrer Eigenschaft als Verständnisangebote), die auf kein Problem antworten, wären demnach "witzlos" und würden gegen das Kooperationsprinzip verstoßen. Allerdings würde ein solcher Text aus der Rezipientenperspektive wohl als "sinnvoll" gedacht werden müssen, wenn man als konstitutives Merkmal des Verstehens (und des FORMULIERENs) den Glauben "an die Intelligibilität der Welt" (102) annimmt.

Was ergibt sich daraus für die Bestimmung des Formulierungs-Begriffs? Wenn wir davon ausgehen, daß sich Probleme ändern bzw. daß sie neu gesehen und unterschiedlich gestellt werden, dann müssen sich als Antwort auf die permanente Variabilität von Problemstellungen auch die Lösungsversuche tendenziell ändern. Damit wird nun auch verständlich, warum Texte unter Berücksichtigung wechselnder individueller, psychischer, sozialer, situativer, historischer etc. Randbedingungen immer wieder neu hergestellt werden müssen. D.h. die Innovation von Texten (Schema-Variation, -Revision und -Innovation) ist nicht Ausfluß eines individuellen Schöpfungsdranges, sondern letztlich durch Erfordernisse der Kommunikation bestimmt. Daher können Texte, die auf spezifische und damit prinzipiell variable Problemstellungen zugeschnitten sind, nicht alle vollständig konventionalisiert festliegen. Daraus läßt sich die These ableiten, daß für die meisten Texte typisch ist, daß sie 'unikale' Kommunikationsmittel sind.

Betrachten wir diese - vielleicht überraschende - These etwas genauer: Zunächst sei auf einige Klassen von Bestimmungsfaktoren hingewiesen, die die Problemstellung beim FORMULIEREN nachhaltig beeinflussen. Problemstellungen können beispielsweise bedingt sein:
1. durch Motivation, Interesse, Wissen, Erwartungen von Adressaten, aber auch durch so etwas wie ihre Vorlieben oder Empfindsamkeiten, durch eine gemeinsame Geschichte (Erfahrungen) oder durch deren

---
101 Vgl. GADAMER (1960:352).
102 HÖRMANN (1976:410).

Fehlen; 2. durch Art und Umfang und 3. durch Aufbau, Gewichtung und
Gliederung eines Textes (der seinerseits durch Faktoren wie zur Verfügung stehende Zeit oder Beschränkung des Umfangs beeinflußt sein
kann); 4. durch die Menge der (variablen) Zielpräferenzen; 5. durch
individuell oder gesellschaftlich bedingte Anforderungen an die herzustellenden kommunikativen Mittel (Effektivitätsanforderungen etwa
im rhetorischen Sinn) und 6. durch das Wissen, daß Textproduzenten
für ihre Texte sanktioniert werden können. All diese ständig wechselnden Faktoren werden bei der Analyse von Formulierungsproblemen
wieder auftauchen.

Diese Faktoren bestimmen nun weitgehend die durch den Formulierenden vorzunehmende Situationsdefinition (103). Dabei ist nicht auszuschließen, daß eine ("objektiv" vorgegebene) unikale Kommunika-
tionskonstellation als ein unikales Kommunikationsproblem interpretiert wird - und nicht bloß als eine typische Kommunikationsaufgabe
(104), die schematisch durch Rückgriff auf formelhafte Textreper-
toires bewältigt werden kann. Wenn der Sprecher/Schreiber aber eine
"einmalige" Konstellation als ein (unikales) Problem auffaßt, dann
ist nicht ausgeschlossen, daß er mit einer ebenso unikalen Lösung,
nämlich mit einem problemspezifischen Text, reagiert. D.h. nicht,
daß jeder Text als Ergebnis einer Problemlösung zu verstehen ist,
oder daß jede Kommunikationssituation als ein spezifisches Problem
analysiert werden muß. Zweifellos können viele Situationen (etwa bei
bestimmten "Small-Talks", Gebrauchstexten (Geschäftsbriefe) usw.)
als typische Aufgaben und nicht als Probleme behandelt werden, und
zweifellos zeigen alle formelhaften Wendungen und Textteile, daß
viele Texte auch als vorfabrizierte Antworten (für immer wiederkeh-
rende Aufgaben) anzusehen sind. Dennoch scheint die typische Funktion von Texten als kommunikative Mittel gerade darin zu bestehen,
daß sie als Lösungen für "einmalig vorkommende" Probleme zu betrachten
sind. Zugespitzt ausgedrückt: Für Texte als verbale Problemlösungs-
manifestationen ist typisch, daß die spezifischen Lösungen unikaler
Natur sind.

In dieser - bewußt paradox formulierten - Unikalitätsthese, so
scheint mir, kommt die Verzahnung zwischen kommunikativen Anforderungen und individueller schöpferischer Leistung als Antwort auf diese
Anforderung vielleicht am besten zum Ausdruck. Dies resultiert letztlich aus der Dualität des Text-Begriffs, wobei der Herstellungsaspekt
die subjektive Seite spiegelt und bei der 'Text' als Kommunikationsmittel die objektive Seite repräsentiert. 'Text' ist also beides:
individuelle Schöpfung und soziales Handlungsmittel.

Mit dieser Dualitätsthese läßt sich auch die trivial scheinende Tatsache erklären, warum Individuen, die alle ihre Muttersprache beherrschen, trotzdem unterschiedlich "gut" Texte herstellen können.
Auf diese Tatsache kann die "Regel"-Linguistik keine Antwort geben,
ja in ihrem Paradigma läßt sich nicht einmal diese Tatsache feststellen - denn dies implizierte die unakzeptable Konsequenz, daß manche
Muttersprachler "Textherstellungs-Regeln" besser/schlechter be-

---

103 Vgl. BAYER (1977) und GEISSNER (1981:65 ff).
104 Vgl. zur Gegenüberstellung von 'Problem' und 'Aufgabe' (4.5.4).

herrschten oder über eine zusätzliche Menge dieser Regeln verfügen müßten.

Ferner läßt sich mit dieser Dualitätsthese erklären, warum Texte über ihre kommunikative oder kognitive Funktion hinaus, einen gewissen ästhetischen, stilistischen, rhetorischen oder ganz allgemein: einen kulturspezifischen "Eigenwert" qua sprachlicher Gestaltung haben können. Je nach schöpferischer Leistung sind Texte nicht nur Vehikel der Kommunikation, sondern partiell autonome Gebilde. Wie andere Kunstwerke (im weitesten Sinne: "Garten anlegen", "Bilder malen", "Töpfern" etc.) auch, sind sie daher nicht bloß unter reinen Zweck-Mittel-Beziehungen zu analysieren (z.B.:"sich verständlich machen").

3.6 Regel-Begriff und Strategie-Bildung

Das letzte Bestimmungsstück der Explikation verweist schon auf das nächste Kapitel und soll zugleich Schlußpunkt der Diskussion der Sprechakttheorie sein: Es geht um die Frage, nach welchen Regeln FORMULIERT wird. Oder noch allgemeiner: Welche Rolle spielen Konventionen in einer Theorie des Formulierens? Die Relevanz dieser konvergierenden Fragen soll nur an einem Punkt verdeutlicht werden:

"Die sprachtheoretischen Erörterungen der jüngsten Zeit treffen sich über alle Schulbildungen hinweg immer mehr im Interesse an dem, was man die Regelgeleitetheit des Sprechens nennen kann. Bei Positionen, die unüberbrückbar weit voneinander entfernt scheinen, ergeben sich in diesem Punkt unübersehbare Gemeinsamkeiten. Selbst bei so verschiedenen Ansätzen wie denen der Transformationsgrammatiker und der Sprechakttheoretiker ist es nicht schwer, auf Parallelen hinzuweisen: Sie reichen von der Idee des Generierens bis hin zur Beurteilungsproblematik im Fall von Abweichungen, lassen sich darüber hinaus in zahlreichen terminologischen und technischen Übernahmen wiederfinden." (105)

Nun ist schon im ersten Kapitel angedeutet worden, daß die Antwort auf diese beiden Fragen aus der Perspektive der wohl wichtigsten These dieser Arbeit gegeben wird: Danach greift unser Verständnis von "Sprache" und "Kommunikation" zu kurz, wenn nur die Regelgeleitetheit/die Konventionalisiertheit des Sprechens beachtet wird. Demgegenüber soll - vor allem im nächsten Kapitel - auf der Basis der bisherigen Ergebnisse gezeigt werden, daß Sprechen im Sinne von 'Formulieren' auch als problemlösendes Verhalten aufzufassen ist. Die handlungstheoretische Pointe des Paradigmas 'Problemlösen' liegt nun gerade darin, daß auf der Grundlage von (konstitutiven) Regeln und unter Berücksichtigung vorgegebener Bedingungen zielgerichtetes Handeln als Kreation sowohl der Ziele als auch der Mittel verstehbar ist. Wie schon betont, kann kreatives Problemlösen zwar an Mustern orientiert sein, aber per definitionem ist problemlösendes Handeln nicht nur reproduzierendes, regelgeleitetes Handeln. D.h. es "operiert" auch in einem nicht-konventionellen Bereich, was bedeutet,

---
105 GÖTTERT (1979:151).

daß es als Agens für den Übergang von Nicht-Konventionellem zum Konventionellen zu betrachten ist (106).

Daß Sprachwissenschaft immer beide Aspekte und den Übergang zwischen beiden berücksichtigen sollte, hat mit einer seltenen Klarheit COULMAS unterstrichen. Am Schluß seiner Auseinandersetzung mit dem Konventionsbegriff bei SEARLE (den dieser von seinen konstitutiven Regeln abhebt) bemerkt er:

> "Demgemäß greift eine Theorie, die den Zusammenhang von Sprache und Konvention so darstellt, als ob Konventionen sozusagen die Ursache für das Zustandekommen von Kommunikation sind, ebenfalls an einem entscheidenden Punkt zu kurz, indem sie übersieht, daß a) Konventionen zur Regelung der Verständigung selbst Produkt der Verständigung sind und b) 'unkonventionelle' Verständigung möglich ist ... Es wäre ganz irreführend, die Möglichkeit der sprachlichen Verständigung zwischen Menschen in der Gesellschaft als abhängig und völlig determiniert durch fest regulierte, konventionell bestimmte Verhaltensmuster zu erklären. Es kann nicht das Konventionelle ohne das Ungeordnete, Konventionalisierungsbedürftige gedacht werden." (107)

Aus dem Gesagten darf aber nicht der Eindruck entstehen, als ob beim FORMULIEREN überhaupt keine Regeln beachtet werden. Im Gegenteil - Problemlösen besteht zum Teil darin, Regeln zu schaffen oder zu modifizieren. Allerdings sind dies 'strategische (regulative) Regeln', nicht die im grammatischen und zum Teil im sprechakttheoretischen Bereich angesiedelten 'konstitutiven Regeln'. Das Verhältnis beider Regeltypen soll hier etwas ausführlicher behandelt werden.

"Konstitutive Regeln konstituieren (und regeln damit) eine Tätigkeit, deren Vorhandensein von den Regeln logisch abhängig ist" (108). Nach SEARLE sind konstitutive Regeln dafür verantwortlich, daß sie bestimmte Handlungen - etwa Fußball- oder Schachspielen - überhaupt erst definieren. Man könnte auch sagen: Konstitutive Regeln setzen den Maßstab für eine Verhaltensweise als Verhaltensweise (gegenüber anderen).

Die Bestimmung der regulativen Regeln bleibt hingegen blaß - trotz oder wegen der vielen von SEARLE angeführten Beispiele. "Regulative Regeln" werden dahingehend charakterisiert, daß sie "bereits bestehende oder unabhängig von ihnen existierende Verhaltensformen regeln - zum Beispiel regeln viele Anstandsregeln zwischenmenschliche Beziehungen, die unabhängig von jenen Regeln existieren" (109). So unklar SEARLE die regulativen Regeln einführt, so unklar bleibt

---

106 Im Gegensatz zu Ansätzen wie GRICE (1968), LEWIS (1969) oder SCHIFFER (1972) wird dieser Übergang auf der Basis eingeprägter grammatischer etc. Konventionen gedacht, nicht als Rekonstruktion des Konventionsbegriffs überhaupt. D.h. es handelt sich bei Textschemata - sofern diese schon konventionalisierte sein sollten - um Konventionen höherer Ordnung.
107 COULMAS (1977:84 f).
108 SEARLE (1971:55).
109 SEARLE (1971:54).

auch ihre Funktion: Sie dienen im wesentlichen nur als Kontrast
zu den konstitutiven Regeln.

Klarer wird die Unterscheidung dieser Regeltypen dann, wenn man sich
die jeweils unterschiedlichen Beurteilungskriterien genauer ansieht:
Wird eine Handlung als "richtig" oder "abweichend" bezeichnet, dann
betrachtet man sie im Hinblick auf konstitutive Regeln; wird sie als
"erfolgreich, gewieft, dumm ungeschickt" etc. bezeichnet, dann hat
man regulative oder strategische Regeln (auch "Maximen" genannt) im
Auge: "Wer eine konstitutive Regel nicht befolgt, tut etwas anderes
als das, was er zu tun vorgibt oder tun möchte. Wer eine Maxime
nicht befolgt, geht ein erhöhtes Risiko des Mißerfolgs ein ..." vermerkt G. FRITZ (110) in seinem instruktiven Aufsatz "Strategische
Maximen für eine sprachliche Interaktion".

Im selben Sinn illustriert HERINGER beide Regeltypen anhand des
Fußballspiels:

"Ein Foul beim Fußball ist durchaus durch die konstitutiven Regeln zugelassen. Das Foulspielen gehört zu den Regeln des Fußballspiels. Wenn mal einer Hand macht, wird es nicht gleich Handball.

Die strategischen Regeln bewerten das Verhalten innerhalb des
Spiels. Wenn man gegen diese Bewertung verstößt, ist in dem Spiel
schon eine Sanktion vorgesehen. Sie gehört auch zum Spiel. Ob ich
defensiv spiele oder offensiv, ich kann auf beide Weisen Fußball
spielen. Aber unter gewissen Umständen kann es besser sein, defensiv zu spielen. Verstößt man gegen diese Strategie, so kann die
Sanktion sein, daß man verliert.

Selbstverständlich ist die Trennung zwischen konstitutiven und
strategischen Regeln nicht scharf. Denn wenn ich dauernd gegen
strategische Regeln verstoße, kann es sein, daß ich doch ein
anderes Spiel spiele." (111)

Welche Konsequenzen ergeben sich aus der bisherigen Klärung? Zunächst muß festgehalten werden, daß regulative Regeln keineswegs so
nebensächlich sind, wie es die Beispiele von SEARLE nahelegen (z.B.
Anstandsregeln etc.). Wenn man hingegen regulative Regeln als strategische Regeln auffaßt, dann wird klar, daß sie - wenn man in der
Spielmetaphorik bleibt - eigentlich jenen Teil einer Praxis (eines
Spiels) regeln, der erst eine Praxis (ein Spiel) interessant, spannend und zielorientiert macht. Wer nur die Fußballregeln kann, ohne
Kondition zu haben (ohne zu wissen, wie man eine Flanke schlägt,
wie man offensiv spielt etc.), der wird andere kaum in Begeisterung
versetzen und natürlich auch kein Spiel gewinnen können. Die Relevanz strategischer Regeln beim Fußballspielen erkennt man auch daran,
daß man eigens Trainer für viel Geld engagiert, die Strategien entwerfen und umsetzen sollen.

Die hier nur angedeutete "Umkehrung der Relevanzen" bezüglich der
Regeltypen wird bei RAGGIO explizit herausgestrichen:

---
110 FRITZ (1977:51).
111 HERINGER (1974:27).

"Im Spiel geschieht dasselbe: die konstitutiven Regeln bestimmen eine gewisse agonale Situation, die wegen ihrer Elementarität diesseits jeglicher Diskussion und Infragestellung liegt. Und nachher führen die regulativen Regeln die Gegner innerhalb jenes festumrissenen Gebietes in verschiedene Richtungen. Erst in dieser zweiten Phase hat es einen Sinn, zu planen, abzuschätzen, zu wählen, zu treffen, zu verpassen usw. Das heißt, diese zweite Phase bildet die eigentlich menschliche Dimension des Spiels; die erste ist bloß eine nötige Präambel dazu." (112)

Diese Aufwertung der regulativen Regeln, verbunden mit einer Relativierung der Wichtigkeit der konstitutiven ("bloß eine nötige Präambel") charakterisiert m.E. zutreffend den unterschiedlichen Stellenwert der beiden Regeltypen im alltäglichen Handeln: Daß einer weiß, wie eine Praxis definiert ist (daß er also weiß, was Fußball, Badminton etc. ist) ist normalerweise kaum erwähnenswert; wichtig ist, daß und wie er Fußball etc. spielen kann. Darauf, daß Wissen und Können zusammengehören, hat schon RYLE (113) aufmerksam gemacht, ohne daß dort explizit auf die beiden Regeltypen eingegangen wird. SAVIGNY hat - um die Zitatenkollektion zu komplettieren - im Sinne RYLEs auf (zumindest) die Gleichwertigkeit von Wissen und Können hingewiesen:

"Wer sagt, jemand könne schachspielen, sagt damit unter anderem, daß dieser Mensch im allgemeinen richtig und erfolgreich schachspiele. (...) Jemand beherrscht die Spielregeln und die Regeln taktisch guten Spiels, wenn er die erlaubten und erfolgreichen Züge macht und die verbotenen und erfolglosen vermeidet; wenn er beim Gegner Regelverstöße und dumme Züge bemerkt, gegen Regelverstöße protestiert und dumme Züge ausnutzt." (Hervorhebungen von mir, G.A.) (114)

Wie man sieht, verbindet SAVIGNY Prädikate aus dem Bereich der konstitutiven Regeln ("richtig, erlaubt, verboten") mit Prädikaten aus dem Bereich der strategischen Regeln ("erfolgreich, dumm"); er unterscheidet zudem explizit zwischen den "Spielregeln" und den "Regeln taktisch guten Spiels". Erstere sind zwar Voraussetzungen für letztere, und diese müssen sich im Rahmen der durch die konstitutiven Re-

---
112 RAGGIO (1970:235).
113 RYLE (1963:Kap II).
114 SAVIGNY (1974:101 f); "Es gibt noch ein gutes und ein schlechtes Spielen (auch intelligentes, nicht-intelligentes). Diese zweite Opposition setzt zwar die erste voraus, da um gut oder schlecht zu spielen, man zuerst richtig spielen muß, aber sie wird durch andere Regeln bestimmt (...) Die regulativen Regeln entstehen aus einer bewußten Reflexion auf das Schach, die sogar die Bildung einer Schachtheorie veranlaßt hat. Aus einer gewissen geschichtlichen Phase dieser Reflexion entstehen Regeln, die das gute vom schlechten Spiel zu unterscheiden gestatten. Während die konstitutiven Regeln gemeinsames Gut aller Schachspieler sind, wechseln die regulativen von Spieler zu Spieler, nicht nur weil sie aus verschiedenen Phasen und Formen jener Reflexion und ihrer theoretischen Ausgestaltung herkommen können, sondern weil sie sich nach dem persönlichen oder schulmäßigen Stil differenzieren." (RAGGIO 1970:234)

geln definierten Praxis bewegen. Doch Strategien sind etwas, was jeder neu erfinden, modifizieren oder außer Kraft setzen kann. Darin besteht unter anderem die Kunst großer Schachspieler. Das, was grosse Schachspieler oft ihr Leben lang perfektionieren, ist ihre Fähigkeit, ihr Repertoire an Strategien auszubauen, um dadurch die Chance auf Siege zu erhöhen.

Wenngleich ich die Suggestivität der Spiel-Metaphorik nicht verkenne, möchte ich auf diesem Hintergrund zwei Thesen aufstellen:

1. In der Sprachwissenschaft wird sowohl in der Grammatik als auch in der Sprechakttheorie (zumindest implizit) von konstitutiven Regeln ausgegangen.

2. Strategische Regeln sind bezüglich ihrer Relevanz mindestens als gleichberechtigt anzusehen.

Zu 1.: Ausdrücke einer Sprache, die unter grammatischen Aspekten betrachtet werden, können im Normalfall (115) nur als "richtig" oder "abweichend" beurteilt werden. Entsprechend gilt für Sprechakte: Entweder sind sie "geglückt" oder "mißglückt"; tertium non datur. KUMMER hat aus dieser Tatsache konsequent für beide Bereiche einen Konventionsbegriff zugrunde gelegt. Für seinen Begriff der "Bedeutungskonvention" (116) gilt daher:

> "Das Sprechen nach Bedeutungskonventionen kann als ein Spezialfall des Handelns nach konstitutiven Regeln aufgefaßt werden, und in diesem Sinn ist die Beherrschung von Bedeutungskonventionen ein Explikat für die "Kompetenz" von Individuen, Äußerungen zu produzieren, die in einer Gruppe G verständlich sind, bzw. Äußerungen zu interpretieren, die von einem Mitglied der Gruppe G gemacht werden." (117)

Und

> "Bedeutungskonventionen haben die Struktur konstitutiver Regeln im Sinne von SEARLE und können als Explikat für diesen Begriff angesehen werden." (118)

Zu 2.: Die Relevanz von strategischen Regeln beim Kommunizieren wird immer dort unterstellt, wo Formulierungen (und Diskurseinheiten unter Herstellungsaspekten) im Hinblick auf stilistische, rhetorische, soziale, mediale, situative, persönlichkeitsspezifische etc. Fragen behandelt werden. Daß diese strategischen Regeln in der Sprachwissenschaft - außer in der Stilistik und der Rhetorik - kaum

---

115 Wenn man allerdings von sprachlicher Heterogenität ausgeht, dann benötigt man neben kategorischen (konstitutiven) Regeln auch noch 'variable Regeln' im Sinne LABOVs (1976). Variable Regeln sind aber kein prinzipielles Gegenargument zu der Behauptung von konstitutiven grammatischen Regeln, da die Variation, die mit ihnen beschrieben werden soll, selber wieder konstitutiven Charakter annehmen kann.
116 KUMMER (1975:144 ff).
117 KUMMER (1975:163).
118 KUMMER (1975:166).

zur Kenntnis genommen werden, liegt an folgender Eigenschaft dieses
Regeltypus:

Strategische Regeln (Maximen) haben beim Kommunizieren nur eine
Hilfsfunktion: "Die entscheidenden strategischen Fähigkeiten bestehen ja nicht darin, daß man passende Maximen kennt und bei Bedarf
aufsagen kann (...), sondern darin, daß man im Ernstfall die besten
Züge kennt und machen kann. Und das ist vor allem auch eine Frage
der Routine" (119). Diese Routine ist das Resultat der Fähigkeit,
"im Ernstfall" Formulierungsprobleme effektiv lösen zu können.

---

119 FRITZ (1977:55).

4. FORMULIEREN ALS PROBLEMLÖSEN

In diesem Kapitel soll die Struktur des FORMULIERENs in dem aus der kognitiven Psychologie adaptierten und erweiterten Modell des 'dialektischen Problemlösens' (DÖRNER 1976) theoretisch und empirisch beschrieben werden. 'Formulieren als Problemlösen' kann dabei einmal unter begrifflicher Perspektive als "Sprachregelung" und das heißt: als ein weiterer über das 3. Kapitel hinausführender Explikationsvorschlag verstanden werden und unter empirischer Perspektive als Hypothese über die Handlungsweise des FORMULIERENs. Hierbei wird auf die Erklärung von typischen Phänomenen des FORMULIERENs abgezielt.

In 4.1 werden zunächst alternative Formulierungsmodelle und danach in 4.2 Problemlöse-Ansätze in der Linguistik vorgestellt. Danach wird der DÖRNERsche Ansatz des 'dialektischen Problemlösens' ausführlich diskutiert und auf die besonderen Verhältnisse der Handlungsweise FORMULIEREN übertragen (4.4 u. 4.5). Es schließt sich eine "exemplarische Analyse" jenes Textherstellungstextes an, der in der Einleitung diskutiert und vollständig abgedruckt wurde (4.6).

4.1 Formulierungsmodelle

4.1.1 S.J. SCHMIDTs "Texttheorie"

"Der Text existiert nicht außerhalb seiner Erstellung oder seiner Rezeption" (1). Dieser Satz ist nicht nur für die sogenannte "Tätigkeitstheorie" in der Tradition der WYGOTSKI-Nachfolge charakteristisch, sondern er markiert auch seit Anfang der siebziger Jahre in der deutschsprachigen Linguistik durch das Herausbilden einer kommunikationsorientierten Linguistik eine gewisse Akzentverschiebung: Nicht mehr der Text isoliert, sondern der Text als produziertes und rezipiertes Verständigungsmittel zwischen Kommunikationspartnern wird zunehmend als Gegenstand erkannt. Ganz im Sinne LEONT'EVs hat dies S.J. SCHMIDT pointiert so umschrieben: "Insofern Texttheorie die Produktion und Rezeption kommunikativ funktionierender Texte untersucht, ist sie notwendig immer "pragmatisch", oder gar nicht. Forschungsaufgabe einer Texttheorie wäre näherhin zu untersuchen, mit welchen Mitteln und nach welchen Regeln Texte-in-Funktion produziert und rezipiert werden; ..." (2)

SCHMIDT hat diese Forderung dadurch einzulösen versucht, daß er am Ende seiner kommunikativ orientierten 'Texttheorie' ein 'Text-

---
1 A.A. LEONT'EV (1971:22).
2 S.J. SCHMIDT (1973:15 f).

erzeugungs-Modell' präsentiert, das als ein heuristisches Modell für
die Textproduktion die Faktoren und Ebenen der Erzeugung beliebiger
Texte beschreiben soll:

> "Vertexten ist ein komplexer Prozeß funktionsgerechter bzw. intentionserfüllender Komplexion sprachlicher Äußerungen zu einem
> kohärenten Textablauf. Dieser Prozeß kann segmentiert werden in
> eine geordnete Folge von *Entscheidungen* für Vertextungsmöglichkeiten (= *Selektionsprozeß*), die innerhalb einer sozialen Gruppe
> zur Verfügung stehen und als akzeptabel gelten. Die Entscheidungen sind theoretisch (re)konstruierbar als motivierte Selektionen
> aus Textbildungsrepertoires; die Motivationen kommen aus der komplexen Voraussetzungssituation, der Kommunikationssituation, der
> Einschätzung der Kommunikationspartner, der maßgeblichen (vorausgehenden bzw. sich im kommunikativen Handlungsspiel herausbildenden) Mitteilungs- und Wirkungsabsicht und der in einem kommunikativen Handlungsspiel dominanten thematischen Orientierung.
> Der Vertextungsprozeß muß daher generell als ein rückkopplungsfähiger, also offener dynamischer Prozeß intentionalen sprachlichen Handelns angesehen werden." (3)

In seinem handlungs- und kommunikationsorientierten Ansatz, in dem
auch wichtige Impulse der Tätigkeitstheorie A.A. LEONT'EVs aufgenommen sind, wird zum ersten Mal konsequent Text als "Manifestation
kommunikativen sprachlichen Handelns beschrieben. Seine Betonung von
"Texten-in-Funktion" als nicht nur sprachlich, sondern auch sozial
bestimmbare Kommunikationsmittel im Rahmen "kommunikativer Handlungsspiele" und die starke Ausrichtung auf die Sprechakttheorie, die dazu
führt, "textuales Sprechen" (= Vertexten) als Manifestation eines
Illokutionspotentials aufzufassen, lassen angesichts der damals diskutierten Frage nach der Begründbarkeit eines "pragmatischen" Paradigmas auch gar nicht die Frage aufkommen, ob und wie 'textuales
Sprechen' als 'Formulieren' zu verstehen sei. D.h. der so naheliegende Schritt der Identifizierung von 'Texterzeugung' und 'Formulieren' wird nicht gesehen. Konsequenterweise kann auch nicht in dem
Entscheidungsmodell der für das FORMULIEREN charakteristische Leistungsaspekt und die Frage nach der Intentionsbildung thematisiert
werden. - Dennoch stellt SCHMIDTs Texterzeugungs-Modell unzweifelhaft einen wichtigen Schritt in Richtung auf den hier vorgestellten
Ansatz dar.

4.1.2 Textherstellung zwischen Rhetorik und Kybernetik: BREUER

Auch BREUERs "Einführung in die pragmatische Texttheorie" (1974) hat
eine starke Wirkung ausgeübt, und zwar vor allem in zwei Hinsichten:

1. Um den "Prozeßcharakter von Texten einsichtig zu machen", schlägt
er das Studium von "Textherstellung" vor, das "zur Bildung pragmatischer Kategorien" auf "Vorarbeiten der traditionellen rhetorischen
Texttheorie aufbauen" soll (4). Seine so motivierte Rhetorik-Rezeption ist für uns in zwei Punkten übernehmbar:

---
3 S.J. SCHMIDT (1973:161 f).
4 BREUER (1974:135,138,139).

- Der Hinweis auf die Relevanz der traditionellen Lehrbücher der Rhetorik und Stilistik darf nach BREUER nicht falsch verstanden werden: Ungeachtet ihres zum Teil beachtlichen Niveaus bei der Systematisierung "pragmatischer Sachverhalte" können sie eine Theoriebildung nicht ersetzen. Ersichtlich gilt diese Bemerkung auch für unsere Arbeit (5).
- Ferner wird hervorgehoben, daß "Textherstellung als Reaktion auf hergestellte Texte" zu verstehen ist; insofern "ist die Analyse von Textherstellungen immer schon Wirkungsforschung" (6).

2. Was BREUERs Ansatz für die hier vorgestellte Theorie so interessant macht, ist aber nicht nur die Rhetorik-Rezeption unter Aspekten der pragmatischen Textanalyse. Durch seine Einbeziehung kybernetischer Modellvorstellungen in der Nachfolge von G. KLAUS versucht er überdies, die Historizität der Textherstellung, konkret: den Wandel von (Sprach-) Verhaltensnormen (wie ihn die Literaturwissenschaft konstatiert) durch ein modernes methodisches Instrumentarium beschreibbar zu machen.

BREUER unterscheidet mit KLAUS schematisch-algorithmisches von schöpferisch-heuristischem Denken/Sprechen und Handeln (7), für das als Modell Trial-and-error-Verfahren herangezogen werden. Mit diesen Verfahren läßt sich die versuchsweise Anpassung an neue Bedingungen modellieren, wohingegen Algorithmen als "historisch fest gewordene Resultate von Trial-and-error-Prozessen" (8) mehr oder weniger festgelegte Anleitungen (Programme) für mögliches oder tatsächliches Handeln sind. BREUER betrachtet nun - hierin ebenfalls KLAUS folgend - schöpferisches, also letztlich nicht festgelegtes, sondern versuchsweise vorgetragenes Denken als eine besondere Form der Anwendung der Trial-and-error-Methode, das er in folgende Beziehung zu dem schematischen, auf Sicherung, Stabilisierung und damit auf Erwartbarkeit gerichteten algorithmischen Denken setzt:

"Aus der historischen Relativität des Schöpferischen folgt, daß alles schöpferische Denken dann schematisch wird, wenn es allgemein bekannt und evident geworden ist. Andererseits werden erst dann, wenn ein Bereich des Denkens schematisch geworden ist, auch die Möglichkeiten seiner Weiterentwicklung ersichtlich, die Mängel der bisherigen Algorithmen, zu deren Überwindung wiederum schöpferische Arbeit notwendig wird. Schöpferisches und schematisches Denken bedingen sich demnach wechselseitig, und erst in diesem Wechselverhältnis führt die Trial-and-error-Methode zu jeweils neuen Denkweisen, die mehr leisten als deduktive Ableitungen aus schon bekannten Voraussetzungen, und zu jeweils neuen, komplexeren Verhaltensweisen, die den Umweltbedingungen adäquater sind." (9)

Schöpferisches Denken ist sicherlich in dem noch vorzustellenden Problemlösemodell adäquater als bei BREUER zu beschreiben; dennoch

---
5 Vgl. BREUER (1974:140), siehe dazu auch ANTOS/DEETZ (1981).
6 BREUER (1974:218).
7 Vgl. BREUER (1974:125 ff).
8 BREUER (1974:126).
9 BREUER (1974:126).

ist die Beschreibung im Hinblick auf die 'Dialektik' von schöpferischem und schematischem FORMULIEREN zu übernehmen. Hiermit läßt sich die 'Evolution' von zunächst unikalen Lösungsstrategien zu konventionalisierten Mitteln verstehen: Je effektiver sich Herstellungsresultate erweisen, umso eher werden sie übernommen und "verwendet". Sie können zu Formulierungsweisen "aufsteigen", wobei sie immer stärker zu einem konventionalisierten Schema werden. Im gleichen Maß wird aber auch die Rezeption auf diese Formulierungsweise "automatisiert". Durch Inflationierung ursprünglich effektiver Formulierungsweisen verbunden mit einer Fixierung ihrer Rezeptionsweise "verkommen" langsam eingespielte Muster, werden zur Formel oder zum Klischee. Dieser Wandel von Formulierungs- und Rezeptionsweisen geht natürlich langsam vor sich, aber man muß diesen Zusammenhang im Auge behalten, wenn man erklären will, warum immer wieder Innovationen beim FORMULIEREN notwendig und konstatierbar sind - nicht nur bei poetischer Tätigkeit, die BREUER als Musterbeispiel schöpferischen FORMULIERENs herausstellt.

4.1.3 Ansätze zur Sprachproduktion: Ein Überblick

Mit Ausnahme der sowjetischen Tätigkeitstheorie (10) stand in der Sprachpsychologie bis vor kurzem die Rezeption von Sprache (Sätzen) gegenüber der Sprachproduktion klar im Vordergrund (11). (Insofern ist es auch kein Wunder, daß bei den beiden gerade diskutierten linguistischen Arbeiten - außer dem Hinweis auf die Tätigkeitstheorie bei S.J. SCHMIDT - keine Verbindungen zu sprachpsychologischen Arbeiten zu finden sind.) Die Gründe für die Vernachlässigung der Sprachproduktion durch die Sprachpsychologie sind vor allem methodologischer Art; sie liegen in der mangelnden Kontrollierbarkeit experimenteller Prozeduren (12). Dennoch scheint sich in den letzten Jahren ein stärkeres Interesse für die Sprachproduktion anzudeuten, was sich u.a. an den Sammelbänden von ROSENBERG (1977) und BUTTERWORTH (1980) ablesen läßt.

Im folgenden möchte ich versuchen, einige Entwicklungsstränge zu unterscheiden, die für einzelne Punkte der vorliegenden Theorie Belege bzw. Hintergrundwissen liefern.

(1) Auf die auf WYGOTSKI zurückgehende Tätigkeitstheorie wurde schon verwiesen. Übersetzungen wichtiger Arbeiten ins Deutsche haben seit einiger Zeit zu einer auch in der Linguistik zu verzeichnenden Rezeption (13) geführt. Was diesen Ansatz für uns interessant macht,

---

10 Vgl. A.A. LEONT'EV (1975).
11 Vgl. ENGELKAMP (1976:7), OSGOOD/BOCK (1977:89), BUTTERWORTH (1980:2).
12 Vgl. OSGOOD/BOCK (1977:89 f); BUTTERWORTH (1980:2) weist zusätzlich darauf hin, daß die mangelnde Identifizierung von psychologischen und sozialen Variablen für potentielle Forscher abschreckend gewirkt haben muß.
13 Vor allem von Arbeiten von A.N. LEONTJEW (1973), RUBINSTEIN (1977), A.A. LEONT'EV (1971, 1974, 1975).

ist - neben dem schon erwähnten Konzept der 'inneren Sprache' (14) - das integrative Konzept von 'äußeren' und 'inneren' ('geistigen') Handlungen und schließlich der Begriff der 'Sprechtätigkeit' (der zumindest assoziative Gemeinsamkeiten mit dem Formulierungs-Begriff nahezulegen scheint) (15). Wichtig ist die Bestimmung des Übergangs von Fähigkeiten zu Fertigkeiten unter dem Kriterium der Automatisierung (16). Denn diese Bestimmung liefert eine - für automatisierte Lösungen von Formulierungsproblemen notwendige - Erklärung für eine genetische Beziehung zwischen zielgerichteten, bewußten Handlungen und Operationen. Grob gesagt können nämlich Operationen als automatisierte (ehemalige) Handlungen aufgefaßt werden. Dieser Zusammenhang ist wichtig, wenn man erklären will, warum ein konkreter Sprecher/Schreiber nicht nur Formulierungsprobleme zu lösen hat. Je routinierter ein Formulierer in einem Bereich ist, umso mehr Herstellungshandlungen sind automatisiert und als Operationen abrufbar. Umgekehrt werden für ein Kind oder für Ungeübte die Menge der Operationen sehr viel geringer sein. D.h. allerdings nicht, daß ein Kind mehr Formulierungsprobleme zu lösen hat, denn man muß ein variables Fähigkeits-Fertigkeits-Niveau unterstellen, das sozusagen bezüglich des Maßes an Routine "mitwächst".

(2) Als zweiten Traditionsstrang kann man jene kognitionsorientierte Ansätze isolieren, die Verzögerungsphänomene ("hesitation phenomena") (17) beim spontanen Sprechen zum Ausgangspunkt nehmen, um Aufschluß über verbale Planung zu erreichen (18). Vier Punkte aus diesem Forschungsbereich sind auch für uns von Wichtigkeit:

- Spontane, normale Rede ist gewöhnlich keineswegs vollständig frei von Fehlern und enthält oft Versprecher (19); sie ist gewöhnlich auch keineswegs völlig kontinuierlich und enthält fast ausnahmslos Indikatoren von Stockungen wie Pausen, Wiederholungen oder Vokalisierungen wie 'äh', 'ah' und 'hm' (20). Pointiert ausgedrückt heißt das: Normale Rede ist nicht-fehlerfreie Rede; nicht-fehlerfreie Rede ist der Normalfall! Diese Phänomene sind aber keine "Anomalien" (im Sinne T.S. KUHNs), die es als Rand- oder Performanzphänomene aus der Sprachwissenschaft auszuschließen gilt. Im Gegenteil - sie haben

---

14 "Die innere Sprache ist Sprechhandlung, die "nach innen" verlegt ist, d.h. in komprimierter, reduzierter Form ausgeführt wird: Ein typischer Fall, in dem es dazu kommt, ist die Situation einer Aufgabenlösung. Die innere Sprache kann (bei hinreichend schweren Aufgabentypen) von innerem Sprechen begleitet werden, doch ist dies keinesfalls eine notwendige Bedingung: Innere Sprache kann im Sprechen auch durch einzelne "Andeutungen", sprechmotorische Stützen für Wörter und Wortgruppen, "dargestellt" werden." (LEONT'EV 1975:182)
15 Vgl. VAHLE (1975).
16 Vgl. A.A. LEONT'EV (1974:17 f).
17 Vgl. "speech disturbances" bei MAHL (1956), "speech errors" bei FROMKIN (1973).
18 GOLDMAN-EISLER (1968), BOOMER (1965), BOOMER/LAVER (1968), TAYLOR (1976), FROMKIN (1973),
19 BOOMER und LAVER (1968).
20 BOOMER (1965), GOLDMAN-EISLER (1968), LAVER (1975:58).

nicht nur wichtige kommunikative Funktion (21), sondern sie können
als manifeste Spuren von Problemlösungsversuchen bzw. Entscheidungsprozessen und d.h. als Spuren der bei der Textherstellung investierten Leistung erklärt werden. Somit werden die als "Anomalien" behandelten Performanzphänomene CHOMSKYs zu zentralen Indikatoren verbal
manifester Problemlösung. Solche "Fehler" sind - wie weiter unten
nochmals betont werden soll (5.3) - also nicht als Abweichungen von
einem Standard, sondern als Zeichen kommunikativer Anstrengung zu
interpretieren.

- Entsprechendes gilt für die in diesem Traditionsstrang hervorgehobene Rolle des Korrigierens und Redigierens (22).

- GOLDMAN-EISLERs (1968) einflußreiche Arbeiten über Sprechpausen
kreisen um die Frage, inwiefern welche Arten von Pausen Rückschlüsse
auf verbale Planung zulassen (23). Für uns vor allem wichtig ist der
experimentelle Nachweis, daß sich formulierendes bzw. reproduzierendes Verbalisieren einmal in unterschiedlichen Pausenzeiten manifestiert und daß zum anderen umso mehr neu (und länger) FORMULIERT
werden muß, je höher das Anspruchsniveau steigt: So erfordert beispielsweise die anspruchsvollere Interpretation von Cartoons eine
etwa doppelt so lange Pausenzeit wie das Beschreiben. Bei Wiederholungen derselben Interpretation bzw. derselben Beschreibung nimmt
die Pausenzeit rapide ab. D.h. ehemals kreatives Sprechen wird
durch Wiederholungen habituell. Daraus zieht GOLDMAN-EISLER den
Schluß, daß die Pausenlänge nicht mit dem Informationsgehalt der
Äußerung, sondern mit der schöpferischen Aktivität des Sprechers
zusammenhängt. Wie man sieht, ergeben sich hier nicht nur Verbindungen zum erwähnten Operations-Begriff als habituell gewordene
Handlung, sondern dieser Versuch exemplifiziert auch den Übergang
vom schöpferischen FORMULIEREN zum habituell gewordenen REPRODUZIEREN "geplanter" Texte.

- Bestimmte Verzögerungsphänomene (24) erscheinen aber nicht nur als
Manifestation verbaler Planung, sondern können auch als "Index für
den Grad der Unsicherheit und Ängstlichkeit des Sprechers" aufgefaßt werden (25). Mit solchen - vor allem bei DROMMEL und HELFRICH
ausführlich behandelten - Experimenten läßt sich die scheinbare Ambivalenz von Sprech-Phänomenen erklären, die einerseits als Spuren
des Problemlöseprozesses zu interpretieren sind, aber auch als Ausdruck von (sekundären) Formulierungsschwierigkeiten (vgl. S. 31 ff).

Ein dritter Traditionsstrang innerhalb der Sprachproduktion kann
mit Namen wie OSGOOD (1971) und OLSON (1970) identifiziert werden.
Es geht hier um die Regelhaftigkeit situations- bzw. kontextspezifischer Variation der Satzproduktion. Aus unserer Sicht könnte man
auch von einem experimentellen Nachweis situationsgerechter Formulierungsstrategien sprechen (26).

---

21 Vgl. RAMGE (1973).
22 Vgl. LAVER (1975:68 f).
23 Vgl. auch DROMMEL (1974).
24 "Sprechstörungen" vgl. GOEPPERT/GOEPPERT (1973).
25 RAMGE (1973), ausführlich HELFRICH (1973).
26 Vgl. dazu auch die Arbeiten von HERRMANN und LAUCHT.

Auf zwei weitere Traditionsstränge sei hier nur hingewiesen: Im Gefolge der generativen Transformationsgrammatik CHOMSKYs wurden eine Reihe von Performanz-Modellen entwickelt (27), die bis Anfang der siebziger Jahre die Entwicklung von Sprachproduktionsmodellen mitbeeinflußten. Gegenwärtig verspricht das im Rahmen der 'Artificial Intelligence'-Forschung entwickelte 'Frame'-Konzept (28) für die Zukunft den größten Erfolg, insbesondere wenn es gelingt, den Zusammenhang zwischen "kognitiver Struktur und sozialem Handeln" systematisch für Produktions- und Rezeptionsansätze fruchtbar zu machen (29).

In diesen der Orientierung dienenden Unterscheidungen von Traditionssträngen sind nicht neuere und neueste Arbeiten aufgenommen (etwa die in ROSENBERG (1977) aufgeführten Arbeiten, insbesondere die von SCHLESINGER, DANKS und KEMPEN), bei denen abzuwarten bleibt, ob sie nicht - bei allen Unterschieden im einzelnen - eine neue Tradition der Sprachproduktion-Forschung begründen. - Eines scheint sicher: Zukünftige durchaus sprachwissenschaftlich orientierte Formulierungstheorien können nur in enger Verbindung sowohl mit sprachpsychologischen Produktions- als auch Rezeptionstheorien entwickelt werden (30). In gewisser Weise beispielhaft für eine solche Zusammenarbeit zwischen Linguistik und kognitiver Psychologie sind Arbeiten von VAN DIJK (1978, 1979, 1980).

4.2 Problemlöse-Ansätze in der Linguistik

Bestimmte Aspekte sprachlicher Kommunikation im Rahmen von Problemlöse-Modellen zu beschreiben, ist in der Linguistik zwar nicht neu, doch kann man weder sagen, daß das Paradigma des Problemlösens in der Sprachwissenschaft anerkannt wäre, noch gar, daß es sich durchgesetzt hätte. Verantwortlich hierfür sind das schon erwähnte "Regel"-Paradigma und wohl auch noch immer Vorbehalte gegenüber einem "Psychologismus" in der Sprachwissenschaft. Dennoch sind in verschiedenen Bereichen sprachlicher Kommunikation Problemlöse-Ansätze diskutiert oder verwendet worden:

1. Modellierung des Erwerbs grammatischer Strukturen als Resultate von Problemlöseprozessen: SYDOW (1976).

2. Darstellung semantischer Netzwerke und Abbildung von Realitätsbereichen im Gedächtnis: KLIX et alii (1976), DÖRNER (1976:28 ff u. 49 ff), BOCK (1978).

3. Argumentieren als Problemlösen: KUMMER (1972).

4. Textherstellen als Problemlösen: PASIERBSKY (1976), DÖRNER (1976).

5. Gesprächsorganisation bzw. konversationelle Aktivitäten als Problemlösen: SACKS (o.J.), BLIESENER/NOTHDURFT (1978), SCHANK (1978), HINDS (1979).

---

27 Vgl. dazu kritisch: ENGELKAMP (1974), HÖRMANN (1976), DANKS (1977).
28 Vgl. den Sammelband von METZING (1980) sowie CHAFE (1977).
29 Vgl. K. MÜLLER (1980).
30 Vgl. HÖRMANN (1976), BOCK (1978).

6. Kommunizieren (generell) als Problemlösen: UNGEHEUER (1974).
7. Konventionen als Lösung von Koordinationsproblemen: LEWIS (1969).

Auf einige Punkte soll näher eingegangen werden (sofern sie für das Folgende relevant erscheinen).

4.2.1 KUMMER (1972) und (1975)

KUMMER (1972) schlägt in seinem Aufsatz "Aspects of a theory of argumentation" vor, Problemlösen als Modell der Verkettung von Sprechakten (monologischer) Argumentation zu verwenden. Argumentation wird dabei als zielgerichtete Kette von Sprechakten dargestellt, wobei Sprechakte, die als Basiseinheiten fungieren sollen, wie andere Handlungen auch, strukturell als Folge von Übergängen zwischen jeweils zwei Zuständen (31) beschrieben werden können. Interpretiert man die Sprechhandlungen als Teilhandlung der Handlung 'Argumentation', wobei die Sprechakte als Zwischenziele der Argumentationshandlung aufgefaßt werden können, dann läßt sich der sprechakttheoretische Ansatz mit einem Modell des Problemlösens verbinden.

Der Problemlöse-Ansatz impliziert auch bei KUMMER eine Reihe von Hinweisen, die typisch für die Verwendung des Paradigmas scheinen:

"In a process of productive problem-solving a strategy of solution is found which is new and not comparable with other types of behavior obtained from the organism. In the same way the strategy involved in the goal-directed process of some argumentation seems to be highly individual, representing an original way of solving the given problem. (...)
The model of problem-solving seems to be more adequate as a pattern for argumentation than a general definition of plan and "carrying out of a plan" as that proposed by G.A. MILLER, E. GALANTER and K.H. PRIBRAM (1960), because problem-solving allows changes of sub-goals or strategies within the process of solution, depending upon the control processes connected with each step of action, and is not bound to a pre-given plan. It is well known in the theory of problem-solving, that within the general goal-directed frame a way to a solution can suddenly appear after some restructurings of the original situation have tentatively been tried, and that in some cases the directedness of the process sinks into subconsciousness, so that the steps toward solution appear spontaneously in the course of work on the problem and are not controlled by a conscious plan of the problem-solver (...) The directedness of problem-solving seems to work like a magnetic field patterning the material coming within its reach." (32) (Unterstreichungen alle von mir, G.A.)

Diese gleichsam "magnetische Wirkung", die der antizipierte (oft

---
31 Vgl. von WRIGHT (1974) und BRENNSTUHL (1975).
32 KUMMER (1972:29).

noch unklare) Endzustand auf die Problemlösungsversuche ausübt (33), läßt, wie KUMMER hervorhebt, nicht nur die Annahme eines vorgegebenen Plans als inadäquat erscheinen, sondern verbaut auch die Verwendung von spieltheoretischen Modellen für Argumentationen (34).

Isoliert man KUMMERs Bemerkungen zur Theorie des Problemlösens in Argumentationen, dann kommt man ziemlich schnell der in dieser Arbeit vertretenen Auffassung nahe. Daß KUMMERs Vorschläge die Theorie der Problemlösung betreffend, relativ folgenlos bleiben (dies gilt auch für KUMMER 1975), liegt sehr wahrscheinlich daran, daß er - einem gewissen Hang zur Integration bis Kompilation der verschiedenartigsten Ansätze folgend - seinen Ansatz mit einer Reihe weiterer zum Teil stimulierender, zum Teil problematischer Vorschläge vermischt und damit auch abschwächt und zum Teil verunklärt. Darauf soll nicht näher eingegangen werden.

Für unsere Zwecke wichtiger ist die Würdigung des isoliert betrachteten KUMMERschen Vorschlags zur Problemlösung: Trotz einiger oben angedeuteter Berührungspunkte liegt der Hauptunterschied darin, daß KUMMER das Modell des Problemlösens ausschließlich für die Beschreibung von Argumentationen heranzieht und nicht für Formulierungen. Das zeigt sich beispielsweise daran, daß die Zielzustände beim Problemlösen identifiziert werden mit argumentativen Zielen, die - wie die anschließende Diskussion zeigt (35) - durchaus nicht unproblematisch zu bestimmen sind. Von diesen konzeptuellen und technischen Details einmal abgesehen, liegt die Bedeutung dieses Ansatzes aus unserer Perspektive darin, daß hier wohl zum ersten Mal explizit die Theorie des Problemlösens in einem linguistischen Ansatz thematisiert wird.

In KUMMER (1975) wird das Problemlöse-Modell im Zusammenhang mit der Diskussion von "Tätigkeiten und Intentionen" wieder aufgenommen. Allerdings wird erst im zweiten Teil des Buches explizit - wenn auch eher beiläufig - erwähnt, daß nicht nur Tätigkeiten allgemein, sondern "Sprechtätigkeiten" mit diesem Ansatz beschrieben werden sollen. Erst hier im Rahmen der "Interpretation von Sprechtätigkeit" wird eine Beschreibung des Formulierungsprozesses gegeben:

"Die Entscheidung des Sprechers über seine Sprechtätigkeit hat die Struktur eines Koordinationsproblems zwischen seiner Intentionsbildung und den Interpretationsmöglichkeiten des Interpreten. In diesen Entscheidungsprozeß gehen die konstitutiven Merkmale von kollektiver Tätigkeit, also die gegenseitigen Spiegelungen die das menschliche Bewußtsein auszeichnen, ein. Der Entscheidungsprozeß kann dabei algorithmiert sein, d.h. über vorgegebene fertige Ketten von Sprechtätigkeit verlaufen, oder die Struktur eines Problemlösungsprozesses haben. Im Falle eines Problemlösungsprozesses für die Planung von Sprechtätigkeit sind ein Ausgangspunkt und eine Zielregion vorgegeben, die durch Wünschbarkeit oder spezifische Angaben definiert sind. (...) Das Problem,

---
33 ACH (1905) spricht in diesem Zusammenhang von "determinierenden Tendenzen"
34 Vgl. GÜLICH/RAIBLE (1972:53).
35 Vgl. GÜLICH/RAIBLE (1972:52).

das vom Sprecher zu lösen ist, ergibt sich daraus, daß der
Bewußtseinszustand eines Interpreten nicht mit einem von
ihm intendierten Bewußtseinszustand zusammenfällt. Seine
Sprechtätigkeit resultiert aus dieser Diskrepanz und endet,
wo er diese Diskrepanz überwunden zu haben glaubt, d.h. das
Problem für gelöst hält." (36)

So interessant diese Beschreibung auch ist, so stellt sich doch die
Frage, warum KUMMER nicht der Untersuchung des Interpretationsprozesses eine Untersuchung des Formulierungsprozesses gegenüberstellt, in der er dann zentral diese Beschreibung unterbringen könnte.
KUMMER sieht auch dieses Problem, wenn er am Anfang des Interpretations-Kapitels schreibt:

"Entsprechend der Aufspaltung von Bedeutungskonventionen in
Mitteilungskonventionen und Interpretationskonventionen könnte
parallel zur Untersuchung des Interpretationsprozesses eine
Untersuchung des Formulierungsprozesses und seiner Struktur
angestellt werden. Im folgenden soll die Analyse des Formulierungsprozesses nur soweit berücksichtigt werden, wie sie zum
Verständnis des Interpretationsprozesses notwendig ist. Diese
Entscheidung ergibt sich daraus, daß sich in der Struktur des
Interpretationsprozesses entsprechend der Verschränkung von
Formulierung und vorweggenommener Interpretation die Struktur
des Formulierungsprozesses wiederspiegelt." (37) (Unterstreichungen von mir, G.A.)

Die tieferen Gründe scheinen mir allerdings nicht in der kaum bestreitbaren partiellen Isomorphie von Formulierungs- und Interpretationsprozessen zu liegen, sondern darin, daß er weder den Begriff
der 'Sprechtätigkeit' mit 'Formulieren' gleichsetzen kann, weil
ersterer als ein integrierender Begriff angelegt ist (darum wird
auch der 'speech act'-Begriff unter 'Sprechtätigkeit' gefaßt), noch
daß er einen Formulierungsbegriff im Rahmen des Begriffs 'Sprechtätigkeit' isolieren kann.

KUMMERs Buch ist für unseren Ansatz interessant, weil er im Rahmen
einer (materialistischen) Handlungstheorie Sprechtätigkeit in einem
über die Sprechakttheorie hinausgehenden Sinn als Handeln und Sprache (Texte?) als Resultate dieser Sprechtätigkeit beschreibt. Seine
konsequente Betonung der Interpretation und die Verbindung zu Problemlöse-Ansätzen sind auch Voraussetzungen unseres Ansatzes. Entscheidende Differenzen ergeben sich aber daraus, daß bei KUMMER die
logische Genese menschlicher Sprechtätigkeit zu einer Rekonstruktion
sprachlicher Kategorien führen soll, insbesondere zu einer Rekonstruktion sprachlicher Konventionen. Davon zu unterscheiden ist die
Rekonstruktion der strukturellen Genese von konkreten Texten, wie
sie hier unter der Voraussetzung der Gültigkeit von Konventionen in
einem Problemlösungs-Modell beschrieben werden soll.

---

36 KUMMER (1975:187).
37 KUMMER (1975:181).

4.2.2 Sprechen als Lösen kommunikativer Probleme: UNGEHEUER

Einen Schritt weiter als KUMMER geht UNGEHEUER (1974). In seinem Aufsatz "Kommunikationssemantik" skizziert er einen Ansatz, in dem Sprechen allgemein - und nicht nur speziell das Argumentieren - als Lösen von Problemen beschrieben wird. Damit gelangt UNGEHEUER zu einer - gegenüber der "Regel-Linguistik" - ganz neuen Perspektive: "Verständigung durch Sprechen" wird primär als Lösen kommunikativer Probleme und erst sekundär als Befolgen kommunikativer und grammatischer Regeln aufgefaßt. Voraussetzung für diese veränderte Perspektive ist die Annahme einer breiten Skala von kommunikativen Schwierigkeiten, die in einem interaktionistisch verstandenen kommunikativen Mehr-Personen-System in Rechnung zu stellen sind. Daraus ergibt sich ein zentrales Axiom seiner Kommunikationstheorie:

> "Aus diesen erläuterungen ergibt sich aber nun weiterhin, daß die eingeführte fundamentalkategorie "gespräch" als definiens nicht die bestimmung erhalten kann, daß mit sprachsystem-richtiger formulierung der sprachlichen äußerungen auch schon ein sicheres erreichen des gesprächsziels, nämlich gegenseitige verständigung, erwartet werden kann. Vielmehr muß im grundbegriff des gesprächs als bestimmendes moment das mißlingen der kommunikativen anstrengung, d.h. das nichterreichen von verständnis systematisch und prinzipiell erhalten bleiben." (38)

Nicht mehr die regelkonforme Performierung ("sprachsystem-richtige formulierung") steht im Vordergrund des sprachwissenschaftlichen Interesses, sondern die (interaktionellen und sprachlichen) Konsequenzen aus der axiomatischen Annahme des Mißlingens der kommunikativen Anstrengung. Aus dieser m.E. grundlegenden Perspektivänderung ergibt sich zunächst,

> "daß sich die kommunikationspartner dem problem gegenübersehen, mit hilfe welcher sprachlicher formulierungen (rhetorische leistung) und mit hilfe welcher inhalte, abgeleitet aus diesen formulierungen (hermeneutische leistung), sie das handlungsziel gegenseitiger verständigung erreichen können." (39)

Mehr andeutend als ausführend zieht dann UNGEHEUER folgende methodische Konsequenz:

> "Das eine moment jedoch, daß jede kommunikationshandlung aufzufassen ist als ein zug in der lösungspraxis eines gesetzten oder gestellten kommunikativen problems, muß als zentrale eigenschaft herausgestellt werden. Die phänomenologische prädominanz dieser eigenschaft leidet auch nicht unter der beobachtung, daß das kommunikative problemlösungsverhalten im alltäglichen leben stereotyp und automatisiert abläuft, da erfahrungsgemäß jede sprachlich-kommunikative stereotypität durch einfache rhetorische züge in frage gestellt werden kann." (40)

---
38 UNGEHEUER (1974:5).
39 UNGEHEUER (1974:7).
40 UNGEHEUER (1974:7).

Obwohl es UNGEHEUER weitgehend bei diesen programmatischen Forderungen beläßt - er verweist auf die noch inadäquate Ausarbeitung von Problemlöseansätzen für eine linguistische Adaption - wird doch die grundsätzlich neue Ausrichtung seines Ansatzes deutlich.

4.2.3 Textherstellung und Optimierung: PASIERBSKY

PASIERBSKY hat in seinem Aufsatz "Textherstellung und Optimierung" (1976) ein formales Modell für die Textherstellung vorgeschlagen, das wohl am adäquatesten Textherstellung beschreiben würde, wenn die Zielkriterien formal faßbar wären, wie dies PASIERBSKY unterstellt. Zentraler Gedanke ist die Modellierung der Textherstellung mit Hilfe eines Verfahrens aus dem Bereich der Operations Research, hier der "dynamischen Optimierung". Damit wird es möglich, Textherstellung als Entscheidungen auf verschiedenen Stufen zu beschreiben (PASIERBSKY verweist dabei auf LEONT'EV). Gegenüber der Entscheidungslogik hat dies folgenden Vorteil:

> "Die Entscheidung für die Vertextungsmöglichkeiten auf den einzelnen Stufen des Textherstellungsprozesses werden nicht unabhängig von den Entscheidungen auf den nachfolgenden Stufen getroffen, sondern die Einzelentscheidungen werden unter Beachtung der Optimalbedingungen für den Gesamtprozeß der Textherstellung vorgenommen. Durch diese Feststellung wird das charakteristische Merkmal von Textherstellungsprozessen hervorgehoben, daß irgendwelche Entscheidungen für Vertextungsmöglichkeiten, die auf einer bestimmten Stufe getroffen werden, den Handlungsspielraum für Entscheidungen auf den folgenden Stufen einschränken und daß eine akzeptable Textherstellung nicht nur von Einzelentscheidungen abhängig ist, sondern von der Gesamtheit aller Entscheidungen im Textherstellungsprozeß. Alle Entscheidungen stehen miteinander im Verhältnis einer <u>temporalen Interdependenz</u>." (41)

Wenn man tatsächlich davon ausgehen könnte, daß Textherstellung numerisch erfaßbar wäre, dann stellte dieses Modell zweifellos einen großen Fortschritt dar. Nun räumt PASIERBSKY selbst ein, daß nicht "alle in einem solchen Prozeß zu beobachtenden Größen numerisch erfaßt wären" (42). Diese optimistische Aussage muß allerdings auf die Feststellung reduziert werden, daß gar keine (konkreten) Größen numerisch angegeben sind. PASIERBSKY fährt denn auch abschwächend fort: "Allerdings stellt gerade ein Modell wie das hier skizzierte dynamische Optimierungsmodell präzise die Aufgabe, welche Faktoren zu quantifizieren sind und an welcher Stelle des Gesamtmodells sie als numerische Größen einzuführen sind. Die Perspektiven, die sich für eine Linguistik der Optimalplanung ergeben, können selbst als optimal angesehen werden" (43). Diesen Optimismus kann man wohl dann nicht teilen, wenn man erkennt, daß eine Quantifizierung prinzipiell nicht möglich ist, weil der "Witz" schöpferischen Textherstellens gerade darin besteht, daß Zielkriterien

---

41 PASIERBSKY (1976:271).
42 PASIERBSKY (1976:277).
43 PASIERBSKY (1976:277).

selbst erst im Prozeß der Herstellung "erzeugt" werden, also nicht
(quantifiziert) vorgegeben sind. D.h. die "Bezugsgrößen" für eine
Optimierung sind selber variabel und Ergebnis des Herstellungsprozesses, was bedeutet, daß damit der Begriff 'Optimierung' in bezug
auf die Textherstellung unbrauchbar wird.

4.3 'Dialektisches Problemlösen' bei DÖRNER

Seit DÖRNER (1976) liegt unter der Bezeichnung 'dialektisches Problemlösen' ein Ansatz vor, mit dem zentrale Eigenschaften des FORMULIERENs in einem adäquaten Modell zu behandeln sind. Der Zusammenhang zwischen beiden Ansätzen wird vor allem durch zwei - noch
näher zu erläuternde - Punkte hergestellt:

1. Die Zielgerichtetheit sowohl des Problemlösens als auch des
FORMULIERENs schlägt sich in einem strukturell gleichen Komponentenmodell nieder: Ein 'Problem' ist danach wie folgt definierbar:

　　1. Unerwünschter Anfangszustand
　　2. Erwünschter Endzustand, der aus dem Anfangszustand herzustellen ist.
　　3. Barrieren, die zwischen Anfangszustand und Zielzustand
　　　 liegen und die unmittelbare Überführung der Anfangssituation in die angestrebte Zielsituation verhindern (44).

Wenn wir FORMULIEREN prinzipiell und praktisch als einen Prozeß
des permanenten Umformulierens verstehen (vgl. 4.4.1), dann haben
wir es ebenfalls mit drei Zuständen zu tun:

　　1. Ausgangstext ("Leitidee", Vorlage etc.)
　　2. Zieltext
　　3. Überführung von 1 zu 2 (Transformation)

Der permanente Umformulierungsprozeß läßt sich nun so darstellen,
daß ein erreichter Zieltext wieder als Ausgangstext für eine weitere Umformulierung interpretiert wird, ad infinitum. D.h. jeder
Text hat sozusagen ein Doppelgesicht: Als Zieltext ist er Ergebnis
eines elementaren Formulierungsprozesses und zugleich kann er als
Ausgangspunkt für eine weitere Umformulierung genommen werden. Dieser Gedanke wird zwar bei DÖRNER nicht explizit geäußert, ist aber
in Form des noch zu diskutierenden ENZENSBERGER-Gedichts angelegt (45).

2. Wie schon erwähnt, ist mit dem Modell des dialektischen Problemlösens die Zielgenerierung, -differenzierung und -strukturierung,
also das entscheidende schöpferische Moment des FORMULIERENs zu beschreiben.

Im folgenden soll das dialektische Problemlösen vorgestellt und auf
die bisher herausgearbeiteten Charakteristika des FORMULIERENs bezogen werden.

---
44 Vgl. DÖRNER (1974:10).
45 Vgl. S.143 f.

Wenn man einmal von der ersten Phase der Entwicklung von Problemlöse-Ansätzen im Rahmen der Gestaltpsychologie absieht, so kann man sagen, daß die Entwicklung dieser Ansätze seit der Mitte der fünfziger Jahre auf einen zwar formal faßbaren, aber sehr speziellen Problemtyp hinauslief: nämlich auf das, was man mit "well-defined problems" bezeichnet. Nach McCARTHY ist ein Problem dann gut definiert, wenn es a priori eine Regel, ein Verfahren (Algorithmus) usw. gibt, um von einem beliebigen Zustand (Lösungsvorschlag) entscheiden zu können, ob ein Endzustand vorliegt oder nicht (46). Nach dieser Bestimmung ist Schachspiel ein gut definiertes Problem, da eine Entscheidung, ob sich der Gegner in Schachmattstellung befindet, ob also ein Zielzustand erreicht ist, qua Schachregeln immer möglich ist.

Wohl-definierte Probleme (etwa mathematische Beweise oder Denksportaufgaben etc.), also Probleme, deren Endzustände klar definierbar sind, sind eben aufgrund dieser Eigenschaft "objektiv", das heißt von konkreten Subjekten und ihren Problemstellungen unabhängig (47). Sie sind daher auch besonders gut formal darstellbar und in Computern simulierbar (48). Dies führt aber, worauf DÖRNER hingewiesen hat, dazu, daß die zugrunde gelegten Problemsituationen wenig komplex, transparent und statisch sind (49).

Dieses Urteil über Entwicklung der Problemlösetheorien und ihre weitgehende Beschränkung auf "well-defined problems" ist zu ergänzen durch die Feststellung, daß Alltagsprobleme in der Regel keine wohldefinierten Probleme sind (z.B. Planung einer Abendgesellschaft oder Einrichtung einer Wohnung etc.) (50). Der Zielzustand ist oft nicht klar, und es läßt sich auch kein systematisches Verfahren angeben, mit dessen Hilfe man entscheiden könnte, ob ein Ziel erreicht ist oder nicht. "Oft findet man Komparativkriterien bei solchen Problemen. Eine neu einzurichtende Wohnung soll schöner werden als die alte. Dabei bleibt unklar, um wieviel schöner und hinsichtlich welcher Kriterien schöner" (51). D.h. im Gegensatz zu wohldefinierten Problemen - man beachte die bewertende Terminologie - sind bei sogenannten "ill-defined problems" die Zielkriterien nicht klar. Der Problemlöser ist daher gezwungen, die Zielkriterien selbst zu setzen oder sie im Laufe der Problemlösung zu konkretisieren und zu präzisieren:

"U.U. ist das Problem mit der klaren Herausarbeitung des Zielpunktes bereits gelöst, und die Setzung des Zielpunktes, die in einem Prozeß der "sukzessiven Zielkonkretisierung" (Dunker 1966) abläuft, ist der eigentliche Problemlösungsprozeß. Es sind aber andere Fälle denkbar, in denen die klare Herausarbeitung des anzustrebenden Zieles nur die Vorbedingung des Problemlöseprozesses ist, der dann erst eigentlich einsetzen

---
46 Vgl. DÖRNER (1976:13) u. SEIDEL (1976:127 f).
47 Vgl. SEIDEL (1976:127).
48 Vgl. NEWELL/SIMON (1972).
49 Vgl. SEIDEL (1976:41).
50 Beispiele von DÖRNER (1976:13,14).
51 DÖRNER (1976:13).

kann, wenn der Problemlöser 'weiß, was er will'." (52)

Ersichtlich sind diese Fälle kongruent mit den beiden beim FORMULIEREN zu unterscheidenden, aber nicht notwendigerweise scharf getrennten Fällen von "Ins-Unreine-Formulieren" und "Ausformulieren". Eben weil beide Stadien trotz ihrer Unterscheidbarkeit mit ein und demselben Beschreibungsansatz zu fassen sind, bezieht sich die Handlungsweise FORMULIEREN nicht nur auf das AUSFORMULIEREN, also die "Mittelwahl", sondern auch auf die Festlegung der Zielkriterien. - Aber zunächst zurück zu den "ill-defined problems". Diese Probleme lassen sich nach DÖRNER durch eine "dialektische Barriere" genauer charakterisieren. Er unterscheidet anhand verschiedener Barrieretypen die beiden Problemtypen "well-defined" und "ill-defined problems" folgendermaßen (wobei er statt der dichotomen Unterscheidung eine Skala von "geschlossen" bis "offen" setzen möchte):

1. "Wenn man in einer Problemsituation weiß, was man will und auch die Mittel kennt, mit denen der angestrebte Zielzustand erreichbar ist, dann liegt das Problem in der richtigen Kombination der Mittel. Man hat eine Interpolationsbarriere vor sich." (53)

2. Weiß man, was man will, kennt aber die Mittel nicht, so hat man eine Synthesebarriere vor sich. Idealtypisch definieren beide Typen die wohldefinierten Probleme (wenn man bei dieser Dichotomie bleiben will).

3. Weiß man gar nicht, was man eigentlich genau will, so hat man eine dialektische Barriere vor sich. Verschärfend kann hinzukommen, daß nicht nur die Klarheit der Zielkriterien (= "Geschlossenheit der Zielsituation"), sondern auch der Bekanntheitsgrad der Mittel (= "Geschlossenheit des Operationsinventars") gering ist. (Dies wäre etwa in bestimmten Bereichen der Literatur der Fall, wo sprachliche Mittel innovatorisch eingesetzt werden, etwa in der konkreten Poesie.) Hier hätten wir neben einer Interpolations-Barriere noch zusätzlich eine Synthesebarriere.

DÖRNER macht zurecht darauf aufmerksam, daß der Barrieretyp nicht unabhängig vom Wissen und Können des Problemlösers ist, und daß bei einer komplexen Problemstellung mehrere Barrieretypen im Spiel sein können. Dies ist für die individuell und sozial unterschiedliche Praxis beim FORMULIEREN zu bedenken: Leute, die "viel" zu sagen haben, werden andere Probleme und damit auch andere Barrieren haben als Leute, für die die Niederschrift eines Briefes oder eine Ansprache bereits ein schweres Problem ist.

Über die Bestimmung von dialektischen Barrieren kommt DÖRNER zu einer Bestimmung von "dialektischen Problemen". "Dialektisch" meint die sukzessive Beseitigung von "inneren" und "äußeren" Widerständen (54) und damit eine fortschreitende Präzisierung des Zielzustandes. Diese Widersprüche stellen sich in dem Maße ein, wie eine "Vermehrung der Zwänge" ("constraint proliferation") entsteht. REITMAN

---
52 DÖRNER (1974:46).
53 DÖRNER (1976:14).
54 Vgl. DÖRNER (1976:96).

(1965) exemplifiziert dies an der Komposition einer Fuge. Zwänge entstehen bzw. werden gesetzt, wenn sich der Komponist beispielsweise dafür entscheidet, die Fuge für Klavier und nicht für Orgel zu schreiben (55). Hieraus ergeben sich Konsequenzen im Sinne von bestimmten Einschränkungen und Zwängen für den weiteren Verlauf der Komposition. Aber auch und gerade die formalen Regeln der Fuge definieren weitere Zwänge, die fortlaufend Korrekturen und Revisionen notwendig machen. Je weiter die Komposition fortschreitet, umso mehr wachsen auch die Zwänge und es entsteht so etwas wie die "innere Logik" eines Werks. Dabei sind zwei scheinbar überraschende Punkte zu unterstreichen:

1. Der Zielzustand (Komposition einer bestimmten Fuge), genauer: die Kriterien für die Beurteilung, ob das Ziel erreicht ist oder nicht, entstehen zusammen mit der Konstruktion des Zielzustandes, also mit der bestimmten Fuge selbst. Oder anders ausgedrückt: Erst mit der fertigen Fuge läßt sich das Ziel, sofern der Künstler mit seinem Produkt zufrieden ist, qua Ergebnis präzis angeben. Möglicherweise ist aber der Produzent noch unzufrieden: Dann könnte die Suche nach einem "erahnten" besseren Werk fortgeführt werden.

2. Die Frage, ob ein "ill-defined problem" gelöst ist, läßt sich - wie aus 1. schon hervorgeht - nur zu einem Teil durch die Analyse der vorausgesetzten, qua Regeln herangetragenen oder aus dem Werk entnommenen Kriterien entnehmen. Wenn man nicht gerade sekundäre Kriterien wie Veröffentlichung etc. heranzieht, wird man nicht umhin können, "beim Subjekt Auskunft einzuholen, ob das von ihm akzeptierte bzw. gestellte Aufgabenziel erreicht sei oder nicht. Da Aufgaben, Ziele, Probleme letzten Endes immer von Subjekten gestellt, bearbeitet und beurteilt werden, sind die Kriterien der genannten Art letzten Endes die entscheidenden"(56).

Natürlich ist dieser Hinweis nicht als Plädoyer für einen linguistischen Agnostizismus zu verstehen und insofern auch ungeeignet, zu der formalen "Geborgenheit" wohldefinierter Probleme zurückzukehren. Er macht nur die dem hermeneutischen Verstehen entsprechende Problematik der Textherstellung deutlich, die allerdings durch den pragmatischen Umstand entschärft wird, daß die Texte - wie unfertig sie auch immer sein mögen - objektiv vorliegen.

Wenn man beide Punkte zusammennimmt, dann läßt sich der "Witz" des dialektischen Problemlösens so zusammenfassen: "Das angestrebte Zielkriterium ist nicht von vornherein vorhanden, sondern entwickelt und verändert sich im Gefolge des Problemlösungsprozesses und ist damit nicht nur die Ursache, sondern auch die Folge von Problemlösungsoperationen" (57). Es ist klar, daß damit eine formale Beschreibung sehr schwierig wird: Sie müßte nämlich den qua Rückkopplung gesteuerten Prozeß der Zielfindung durch sukzessive Zielkonstruktion und -revision simulieren. Dennoch ist daran, wie DÖRNER hervorhebt, "nichts Geheimnisvolles, Mystisches, im Prinzip Undurchdringliches" (58).

---

55 Vgl. SEIDEL (1976:126 f).
56 SEIDEL (1976:127).
57 BOCK (1978:87).
58 DÖRNER (1976:102).

Dies soll im folgenden näher gezeigt werden.

DÖRNER exemplifiziert und konkretisiert seine Theorie des dialektischen Problemlösens an ENZENSBERGERs "Die Entstehung eines Gedichts". Wie schon erwähnt, spricht DÖRNER zwar nirgends von "Formulieren" (d.h. auch: er versucht keine Theorie des Formulierens, sondern eine Exemplifizierung des dialektischen Problemlösens), doch scheint mir die Wahl dieses Beispiels mehr als nur ein Zufall zu sein: Einmal ist die Handlungsweise des FORMULIERENs zweifellos diejenige schöpferisch-intellektuelle Tätigkeit, die die meisten von uns durch Reden und/oder Schreiben ausüben (können) (etwa im Vergleich zu Dichten, Musizieren, Bildhauen etc.) Hinzu kommt, daß ENZENSBERGER eine scharfsichtige Phänomenologie des FORMULIERENs eines Textes liefert, der eigentlich nur noch das Gerüst fehlt, das DÖRNER beisteuert. - Aus unserer Perspektive ist es zwar nicht ganz unproblematisch, daß die Entstehung eines sehr artifiziellen Textes im Rahmen einer nicht sehr alltäglichen Textsorte beschrieben wird, doch ist die DÖRNERsche Analyse ein guter Einstieg in die später folgende Analyse des "Kommissionsgesprächs".

ENZENSBERGER isoliert mehrere Herstellungszustände seines Gedichts entsprechend den Phasen ihrer Entstehung. Die ersten drei Phasen und ihre Übergänge werden nun paradigmatisch von DÖRNER betrachtet:

ENZENSBERGER beginnt:

"Vor mir liegt ein leeres Blatt. Ich schreibe darauf: etwas, das ... Diese beiden Worte sind sozusagen der Zustand I des Gedichts." (59)

"ENZENSBERGER berichtet weiter, wie dieser Zustand I geprüft wird und sich aus dieser Prüfung der nachfolgende Zustand entwickelt. Anknüpfungspunkt ist das Wort 'etwas', welches dem Schreiber unbestimmt und unfixiert erscheint. Er ergänzt:

'etwas, das keinen namen hat, etwas zähes.'

Der dritte Zustand des Gedichts hat die folgende Form:

'etwas, das keinen namen hat, etwas zähes
trieft aus den verstärkerämtern, davon die
sanatorien sich wie segel aufblähen,
davon der salm in den flüssen stirbt,
und der butt im meer.

der himmel von radarspinnen zugewebt,
und der sommergeruch nach phlox und
resolutionen'" (60)

Ersichtlich gestaltet sich die Beschreibung des Formulierungsprozesses als eine Folge von Um- resp. Ausformulierungen. Interessant ist nun, wie dieser Formulierungs- bzw. Umformulierungsprozeß verläuft. DÖRNER unterscheidet dabei Konstruktions- von Prüfprozessen: In den Konstruktionsprozessen geht es um die "Setzung von Zielzuständen"

---

[59] ENZENSBERGER (1962:43).
[60] DÖRNER (1976:97).

und um die "Entfernung inkonsistenter und Hinzufügung konsistenter Teile", wohingegen Prüfprozesse durch Punkte wie "Z befriedigend?" und "Prüfung der Teile von Z auf Konsistenz" charakterisierbar sind (61).

Zunächst zu den Konstruktionsprozessen: Bei ihnen "geht es um diejenigen Prozesse, durch die man dem entstehenden Endzustand Teile hinzufügt". DÖRNER unterscheidet in diesem Beispiel neben Analogieschlüssen Teil-Ganzes-Übergänge und Konkret-Abstrakt-Übergänge und deren Umkehrungen. Den Übergang von Zustand II zu Zustand III beschreibt er unter Zuhilfenahme der Erklärungen von ENZENSBERGER so:

> "Für das 'Zähe' findet sich ein Teil-Ganzes-Übergang; es wird in den größeren, situativen Zusammenhang des Handelns mit etwas Zähem eingeordnet: 'Wer das Zähe anfaßt, beschmutzt sich die Finger. Er verwickelt sich in die Fäden, welche das, was zäh ist, zieht. Es ist schwierig, sich vom Zähen zu befreien. Das haftet und klebt. Fast könnte man sagen: Man ist sein Gefangener, wenn man es berührt.'
> Diese situative Ergänzung führt nicht unmittelbar zu neuen Zeilen des Gedichts. Vielmehr präzisiert sie den assoziativen Hintergrund des Gedichts. Der Inhalt 'Zähe, klebrige Fäden' führt z.B. zu 'Spinnennetzen', 'Spinnen', 'zuweben'; alles Inhalte, die im Verlauf der Gedichtskonstruktion eine Rolle spielen.
> Auch diese Übergänge sind Teil-Ganzes und kategoriale Übergänge bzw. deren Umkehrungen. Aus klebrigen Fäden besteht ein Spinnennetz (Teil-Ganzes-Übergang); vielleicht aber auch: die Fäden eines Spinnennetzes sind Beispiele für klebrige Fäden (Abstrakt-Konkret-Übergang)" (62)

Neben den inhaltlichen Übergängen kann man auch formale Konstruktionsregeln berücksichtigen. Im Gedicht sind dies beispielsweise Alliterationen und Assonanzen, z.B. "Sanatorien-Segel-Salm", Vokalisation wie "zäh-verstärkerämter-blähn" und rhythmische Regeln (63). An einer anderen Stelle erwähnt DÖRNER (64) grammatische Regeln, Reim, Metrik etc. Generell können zu den formalen Konstruktionsregeln alle sozial verbindlichen Regeln (textsortenspezifische, grammatische, pragmatische stilistische Regeln (65) gerechnet werden.

---

61 DÖRNER (1976:97).
62 DÖRNER (1976:97).
63 DÖRNER (1976:98).
64 DÖRNER (1976:101).
65 Eine sehr wichtige pragmatische Regel ist z.B. die die stilistische "Stimmigkeit" garantierende Regel des 'Fortführens': "Mit F o r t f ü h r e n wird also beschrieben, daß Sprecher immer wieder dieselben oder unter einem Gesichtspunkt ähnliche sprachliche Phänomene gebrauchen bzw. Handlungen vollziehen und zwar zusammen mit anderen ebenfalls immer wieder gleichartigen. Durch Fortführen wird Stil als individuelles oder konventionelles Handlungsmuster, als Aspekt von Text oder Textmuster beschreibbar." (SANDIG 1978:32)

Neben Konstruktionsprozessen sind Prüfprozesse bei der Beschreibung der Entstehung eines Gedichtes auffällig. DÖRNER hat die Prüfbemerkungen ENZENSBERGERs bezüglich des Zustandes II (1-3) und bezüglich des Zustandes III (4-10) wie folgt aufgelistet:

"1. 'Magerer Zustand.'
2. 'Absolut nichtssagende Worte.'
3. 'Der erste Halbsatz ist pleonastisch.'
4. 'Der Satzbau ist brüchig und undurchsichtig.'
5. 'Satzglieder haben kein Prädikat.'
6. 'Zusammenhang mit Vorangehendem ist unklar.'
7. 'Metaphern zeigen Spuren von Hast.'
An einer Stelle ist von Sanatorien die Rede, die sich wie 'Segel blähn' - ein durchaus unbrauchbares Bild. Ein Sanatorium kann sich nicht aufblähn und schon gar nicht wie ein Segel.
8. 'Fragwürdig erscheint auch die Wendung, die behauptet, 'aus den verstärkerämtern 'triefe' etwas zähes'. Was soll das heißen?
9. 'Offen bleibt die Frage nach dem möglichen Ende des Gedichts.'
10. 'Auch hier ist die Textur vorläufig ganz lose. Die einzelnen Aufgaben sind ungenügend verzahnt'" (66).

Auch hier ist die Unterscheidung von inhaltlich und formal zwanglos möglich: 4 und 5 beziehen sich auf den formalen Aufbau, während sich der Rest auf den inhaltlichen Aufbau bezieht.

Mit der Unterscheidung von "immanenten" und "transzendenten" Prüfprozessen führt DÖRNER für die formalen Prüfprozesse eine weitere wichtige Unterscheidung ein:"4 bezieht sich auf die Notwendigkeit, eine bestehende Struktur so zu verändern, daß sie die kritisierte "Brüchigkeit" und "Undurchsichtigkeit" verliert" (67). Solche immanenten Prüfprozesse führen zu einer Veränderung der schon geschaffenen Konstruktion; während transzendenten Prüfprozesse sich wie 5 auf die notwendige Ergänzung einer bestehenden Struktur richten.
"Die Unterscheidung immanenter und transzendenter Prüfprozesse ist bedeutsam für die Steuerung des Einsatzes von Operatoren; immanente Prüfprozesse ziehen - je nach Ausgang - den Einsatz von Tausch-, Weglaß- oder Wandlungsoperatoren nach sich, transzendente Prüfprozesse den Einsatz von Anfügeoperationen" (68). Diese Operatoren erinnern einmal an entsprechende Transformationen bei CHOMSKY (Permutation, Tilgung, Substitution und Insertion) und zum andern an entsprechende Operationen in der Rhetorik (69). Der Hinweis auf die Problemlöse-Operatoren soll aber nicht nur den Charakter einer Reminiszenz haben. Versucht man nämlich im Rahmen der Textlinguistik (70) rhetorische Strukturen durch Basisoperationen wie 'Hinzufügung', 'Auslassung', 'Umstellung' und 'Ersetzung' zu beschreiben, die auf verschiedenen Ebenen (Phonologie, Morphologie, Syntax, Semantik)

---

66 DÖRNER (1976:99).
67 DÖRNER (1976:100).
68 DÖRNER (1976:100).
69 So wird die "mutatio" auf vier Grundmuster zurückgeführt: "adiectio"(Zusatz); "detractio"(Auslassung); "transmutatio"(Umstellung); "immutatio"(Ersetzung) ,vgl. SANDERS (1977:76).
70 Vgl. VAN DIJK (1980:155 ff).

operieren können, dann könnten die genannten Problemlöse-Operationen
ein geeignetes, übergeordnetes Beschreibungsinstrument darstellen,
mit dem sich kognitive Prozeduren und linguistische Operationen 'integrativ' beschreiben ließen.

Die Anwendung der erwähnten Konstruktionsprozesse führt bei ENZENSBERGER (über einige bei ihm nicht erwähnte Zwischenstufen) zu folgendem IV. Zustand (= Endfassung), der hier auszugsweise zitiert
werden soll:

> "etwas, das keine farbe hat, etwas,
> das nach nichts riecht, etwas zähes
> trieft aus den verstärkerämtern,
> setzt sich fest in die nähte der zeit
> und der schuhe, etwas gedunsenes
> kommt aus den kokereien, bläht
> wie eine fahle brise die dividenden
> und die blutigen segel der hospitäler
> mischt sich klebrig in das getuschel
> um professuren und primgelder, rinnt,
> etwas zähes, davon der salm stirbt,
> in die flüsse, und sickert, farblos
> und tötet den butt auf den bänken." (71)

Die Entstehung des "an alle fernsprechteilnehmer" betitelten Gedichts ist geeignet, dialektisches Problemlösen, insbesondere die
Vermehrung und Beseitigung formaler und inhaltlicher Widersprüche
zu beleuchten. Darüber hinaus liefert die DÖRNERsche Analyse sicherlich auch einen guten Einstieg für die Modellierung des Formulierungsprozesses durch das Instrumentarium des dialektischen Problemlösens. Dennoch zeigt sich m.E. sehr deutlich - einmal, weil wir
einen sehr artifiziellen Text vor uns haben, und zum anderen, weil
die Schritte (Zustände) zu weit auseinanderliegen -, daß eine paradigmatische Analyse des Herstellungsprozesses eines Textes methodisch anders ansetzen muß.

4.4 Elemente eines Formulierungsmodells

Auf der Grundlage der Bemerkungen zum 'dialektischen Problemlösen'
und im Hinblick auf Erfordernisse der empirischen Analyse von sprachlich-manifesten Formulierungsprozessen wird ein Formulierungsmodell
skizziert, das folgende Aufgaben erfüllen soll:

1. Es soll gezeigt werden, daß die Handlungsweise FORMULIEREN tatsächlich als Problemlösen modellierbar ist. D.h. ein Text soll als
Resultat eines Herstellungsprozesses darstellbar sein, der nicht nur
durch die Anwendung von Regeln und Strategien, sondern auch durch das
sukzessive Lösen von (isolierbaren) Formulierungsproblemen zu charakterisieren ist. Natürlich können in diesem Modell keine Aussagen über
Art und Umfang faktischer Problemlösungen erwartet werden, da dies
den empirischen Untersuchungen vorbehalten bleibt.

---
71 ENZENSBERGER (1962:52 f).

2. Das Formulierungsmodell ist nicht nur ein Analyseinstrument für faktische Textherstellungen. Vielmehr soll es so ausgelegt sein, daß die Handlungsweise FORMULIEREN so darzustellen ist, als ob sie idealiter nur aus einer Folge von Problemlösungen bestände. Eine solche Rekonstruktion der Struktur des FORMULIERENs wäre nicht nur unter ontogenetischer Perspektive motivierbar, sondern hätte darüber hinaus den Vorteil, daß je nach Fähigkeit und Routine des Formulierers, "automatisiertes Problemlösen" als regelhaftes Aufgabenbewältigen (72) und damit als "Schwundstufe" des Problemlösens beschreibbar wären. Anders ausgedrückt: Das Formulierungsmodell soll so beschaffen sein, daß trotz der faktischen Habitualisierung vieler Formulierungsaktivitäten FORMULIEREN idealiter vollständig als eine Folge von Problemlösungen aufzufassen ist.

3. Schließlich sollen bei der Skizzierung des Modells einige Unterscheidungen erläutert werden, die für ein vertieftes Verständnis des Formulierungsmodells wichtig sind (73).

4.4.1 Skizze des Formulierungsmodells

Bisher sind wir von der Unterstellung ausgegangen, daß FORMULIEREN als Problemlösen aufzufassen ist. Diese Unterstellung soll nun in einem Formulierungsmodell eingelöst werden. Aus Gründen der Übersichtlichkeit wird das Modell schrittweise entwickelt:

Erster Schritt: Wie das ENZENSBERGER-Beispiel gezeigt hat, kann man die Überführung eines "Textzustandes" T_1 in einen "Textzustand" T_2 dann als Problemlösen betrachten, wenn die Überführung nicht sofort, d.h. nicht ohne kognitiven und damit auch zeitlichen Aufwand möglich ist. Da eine solche "Texttransformation" als Explikat für den Begriff 'Umformulieren' herangezogen werden kann, läßt sich auch sagen, daß UMFORMULIEREN ebenfalls als ein Spezialfall problemlösenden Handelns aufzufassen ist. Diese Interpretation ist durch den Nachweis der strukturellen Gleichheit der Komponenten von PROBLEMLÖSEN und UMFORMULIEREN zu sichern (vgl. 4.3). Schematisch kann man UMFORMULIEREN als PROBLEMLÖSEN dann so darstellen: (74)

$$T_i \longrightarrow (B_i) \longrightarrow T_j$$

Zweiter Schritt: Dieses einfache Modell des UMFORMULIERENs muß nun durch eine rekursive Komponente erweitert werden. Dies geschieht dadurch, daß - wie schon angedeutet (75) - ein hergestellter Zieltext (etwa T_j) seinerseits wieder als Anfangszustand (als "Ausgangstext") für eine weitere UMFORMULIERUNG verwendet wird. Eine so entstehende Folge von Umformulierungsschritten ist prinzipiell unabschließbar - was der Tatsache gerecht wird, daß jeder Text für weitere Umformulierungen "offen" ist. Zieltexte, die im Hinblick auf eine weitere Umformulierung die Funktion von (unerwünschten) Anfangszuständen annehmen, lassen sich als Zwischenlösungen (ZL) auffassen. Dieses

---
72 Vgl. 4.5.4.
73 Siehe 4.4.2.
74 'B' steht für die jeweils zu überwindenden Barrieren.
75 Vgl. 4.3.

durch die rekursive Komponente erweiterte Modell kann man schematisch so darstellen:

$$T_1 \longrightarrow (B_1) \longrightarrow T_2(=ZL_1) \longrightarrow (B_2) \longrightarrow T_3(=ZL_2) \longrightarrow (B_3) \longrightarrow \ldots$$

In diesem Modell kann nun jeder Umformulierungsschritt als eine Problemlösung verstanden werden. Entsprechend läßt sich der Umformulierungsprozeß als eine Folge von Problemlösungen interpretieren. Daraus folgt, daß jeder hergestellte Text T_i als eine verbal repräsentierte Lösung oder Folge von Problemlösungen betrachtet werden kann. Anders ausgedrückt: jeder Text T_i ist tatsächlich als Resultat eines Problemlöseprozesses verstehbar.

Dritter Schritt: Trotz aller noch fehlenden Modifikationen und Differenzierungen kann man nun das skizzierte Modell als Basis für das anvisierte allgemeine Formulierungsmodell heranziehen. Dahinter steht die Annahme, daß FORMULIEREN als sukzessives UMFORMULIEREN und entsprechend: daß der Formulierungsprozeß als Folge von Umformulierungsschritten interpretierbar ist. In diesem so präzisierten Modell des "umformulierenden FORMULIERENs" stößt man aber - anders als bei dem vorher entwickelten Modell des UMFORMULIERENs - auf das Problem, ob und wie die Anfangs- und Zwischenzustände als "Texte" aufgefaßt und begründet werden können. Für eine Darstellung von Problemlösezuständen als "Texte" sprechen folgende - freilich auf verschiedenen Ebenen angesiedelte - Gründe:

Unter empirischer Perspektive belegen Stichwörter, Gliederungen, Zusammenfassungen, Entwürfe und verschiedene Fassungen eines Zieltextes, daß Problemlösezustände tatsächlich in textuellen Manifestationen vorkommen. Betrachtet man zusätzlich die Progression des durch die angegebenen Texte repräsentierten Formulierungsprozesses, so kann man dies ebenfalls als Indiz dafür ansehen, daß Formulierungs- und Problemlöseprozeß sozusagen zwei Seiten ein und derselben Sache sind. Daß der Problemlöseprozeß beim FORMULIEREN im allgemeinen nicht lückenlos durch eine Folge progressiv-geordneter, klar unterscheidbarer Textstadien manifestiert ist, spricht nicht grundsätzlich gegen die Annahme, Problemlösezustände als "Texte" aufzufassen.

Diese Auffassung läßt sich durch die Annahme stützen, die von der "Texthaftigkeit des originären sprachlichen Zeichens" (76) ausgeht. Wie schon in (3.3) ausgeführt, können bereits verbalisierte Planbildungsstadien wie Gliederungen, Zusammenfassungen, Entwürfe etc. als selbständige und informative Texte fungieren (unabhängig von ihrer Hilfsfunktion bei Planungsaufgaben). Diese Nicht-Unterscheidbarkeit von "Planungstexten" (77) und "Ausführungstexten" hinsicht-

---

76 HARTMANN (1971:12).
77 Natürlich können Texte, die der Planung dienen - etwa Gliederungen - (vgl. 'verbalisierte Schemabildung' bei REHBEIN (1977: 154 ff) von ausformulierten Texten in bezug auf ihr Planungsstadium unterschieden werden.
Dieses Kriterium wird aber dann entwertet, wenn einerseits mit "Planungstexten" kommuniziert wird (etwa in Form von abstracts), bzw. wenn "Ausführungstexte" hingegen andererseits im Hinblick auf eine weitere Überarbeitung nicht veröffentlicht werden.

lich ihrer semiotischen Funktion wird besonders deutlich bei "Entwürfen" und bei "Fassungen". Denn der Status eines Textes als "Fassung" läßt sich nur a posteriori, d.h. von einem geplanten oder schon vorhandenen Zieltext her bestimmen. Darüber hinaus wird eine "Fassung" oder ein "Entwurf" nicht dadurch zu einem "Un-Text", d.h. zu einem nicht-kommunikablen Gebilde, daß ein Zieltext hergestellt wird, der ja seinerseits wieder für eine weitere Umformulierung offen ist.

Schließlich muß bei der diskutierten Frage ein forschungspragmatischer Gesichtspunkt in Betracht gezogen werden: Mit dem Formulierungsmodell wird nicht impliziert, daß eine textuelle Problemlösung dem Kriterium der faktischen Konstruierbarkeit eines Textes genügen muß. Die Funktion des Formulierungsmodells besteht vielmehr darin, daß umgekehrt sichergestellt wird, daß Texte (also auch "Planungstexte") als Resultate von Problemlösungen identifizierbar sind. Diese Identifizierung wird durch das Modell gestiftet und nur darauf beruht seine Funktion. Die Isomorphieannahme von Problemlösezuständen und Texten ist also ein analytisches Mittel zur Darstellung von 'Formulieren als Problemlösen'. Pointiert ausgedrückt: Bei dem Formulierungsmodell geht es um die Motivierung der Annahme, daß Texte als Problemlösezustände darstellbar sind, nicht um die Behauptung, daß Texte solche Problemlösezustände sind.

Unter dieser letzten Perspektive beantwortet sich auch die Frage nach der textuellen Struktur des Anfangszustandes im Formulierungsmodell: Es geht nämlich nicht um die Frage, ob und wann "Ideen", Intentionen etc. zu Texten werden. Vielmehr ist unter empirischer Perspektive lediglich relevant, daß der sprachlich-manifeste Anfang eines Formulierungsprozesses als Anfangszustand der Darstellung des Problemlöseprozesses gewählt werden kann. Dabei ist zu beachten, daß der unter rein zeitlichen Aspekten definierbare Beginn einer Textherstellung nicht immer mit der Erzeugung des Anfangszustandes des Modells identisch sein muß. Denn als Anfangszustand wird man das globale "Thema" oder - wie ich im nächsten Abschnitt ausführen werde - 'fokale Formulierungsziele' wählen. Dabei kann es durchaus vorkommen, daß ein ursprünglich genanntes Ziel im Laufe des Herstellungsprozesses präzisiert oder durch andere Ziele relativiert bis modifiziert wird.

In der bisherigen Beschreibung des Formulierungsmodells haben wir auf die Darstellungs- und Identifizierungsfunktion hingewiesen: Danach ist es zentrale Aufgabe des Modells, einen verbal manifestierten Formulierungsprozeß als progressiv verlaufenden Herstellungsprozeß darzustellen und dabei vor allem Formulierungsprobleme und deren Lösungen identifizierbar zu machen. Erwähnt werden muß aber auch, was man die Reduktions-Funktion des Formulierungsmodells nennen könnte: Da bei empirischen Untersuchungen von Textherstellungen Art und Umfang der zu lösenden Formulierungsprobleme in Abhängigkeit von individuellen Fähigkeiten und Routine, aber auch in Abhängigkeit von definierten Anforderungen an den herzustellenden Text variieren werden, ist das Formulierungsmodell so konstruiert, daß unter analytischer Perspektive jeder Umformulierungsschritt so klein gewählt werden kann, daß unanalysierte Barrieren- bzw. Problemkomplexe auf tentativ angenommene "Minimalbarrieren" bzw. "Elementarprobleme" reduzierbar sind. Damit steht ein Weg offen, Formulierungsprobleme nach dem Grad der durch die Barrieren bestimmten "Schwere", aber auch nach ihrer Funktion im Herstellungsprozeß zu ordnen. Dies erfordert allerdings die Analyse eines umfangreichen empirischen Materials.

4.4.2 Drei Modifikationen des Formulierungsmodells

Läßt man sich allzusehr von den graphischen Darstellungen der bisher entworfenen Modell-Versionen leiten, so wird eine Art eindimensionaler Formulierungsprozeß suggeriert, der ganz sicher hinsichtlich der beim FORMULIEREN auftretenden Phänomene inadäquat ist. Aber auch wenn wir vom zuletzt dargestellten Formulierungsmodell ausgehen, so müssen mindestens drei Differenzierungen gemacht werden, die zu wichtigen Modifikationen des Modells führen: Berücksichtigt werden müssen die Unterschiede von:
1. Formulierungszielen und Formulierungsvorschlägen,
2. globalen und lokalen Formulierungsproblemen,
3. Konstruktion und Prüfung.

Zu 1. Formulierungsziel vs. Formulierungsvorschlag

Bei intuitiven Charakterisierungen des Formulierungsprozesses spielt häufig die schon mehrfach erwähnte Unterscheidung von "Ins-Unreine-Formulieren" und "Ausformulieren" eine Rolle. Eine Rekonstruktion dieser Redeweise führt zu einer Unterscheidung von zwei Bereichen der Zielgenerierung: Die eine richtet sich auf die Erzeugung und Strukturierung von Formulierungszielen; die andere versucht bei geklärter Zielsetzung entsprechende Formulierungsvorschläge zu realisieren, die als vorläufig letzte Formulierungsresultate die Endfassung repräsentieren. Hinter der Unterscheidung von Formulierungszielen und -vorschlägen (die in dem Textherstellungstext durch die Unterscheidung "normal"/"kursiv"-gedruckt berücksichtigt wird) steckt natürlich die Zweck/Mittel-Differenz einerseits und die Planung/Ausführung-Unterscheidung andererseits. Wie aber aus der Argumentation in 3.3 hervorgeht, unterschlagen sowohl der Mittel-Begriff als auch die Planungs-Ausführungs-Unterscheidung einige Spezifika der Handlungsweise FORMULIEREN. In diesem Zusammenhang ist nochmals auf das DÖRNER-Zitat in 4.3 (78) zu verweisen, in dem ausgeführt wird, daß sich Problemlösen einmal auf das "Was", die Formulierungsziele, aber zum anderen auch auf das "Wie", die Formulierungsvorschläge, richten kann.

Betrachten wir die Unterscheidung etwas genauer: In den Formulierungszielen werden Bedingungen für Formulierungsvorschläge erarbeitet. Bei den Formulierungszielen lassen sich fokale (79)

---

78 Vgl. S. 140 f.
79 "Der Handlungsfokus ist eine handlungskontextstrukturierende 'Orientierungsrichtung' auf den Sektor der Wirklichkeit, in dem von einem Aktanten, der aufgrund einer Motivation ein bestimmtes Ziel hat, die zieladäquaten Mittel angenommen werden. Die faktische Bereitstellung von Mittel-Ziel-Ketten erfolgt erst in der Planung". (REHBEIN 1977:150)

von nicht-fokalen Zielen unterscheiden. Zu den fokalen Formulierungszielen zähle ich:

1. intentional-voluntative Fixierung,
2. intentional-propositionale Fixierung,
3. Fixierung auf globale Handlungsmuster (Textsorte, "Superstruktur") (80).

Nicht-fokale Ziele beziehen sich z.B. auf (globale oder lokale) Ziele der Textorganisation, der Sachadäquanz, der Verständnisbildung, auf Wissen und Motivation der Adressaten, auf den interaktionellen Bereich, auf persönliche Konsequenzen (Image) (81).

Häufig bedürfen die fokalen Formulierungsziele keiner expliziten Bildung, nämlich dann nicht, wenn von Anfang an die Fixierung auf alle drei Punkte gegeben ist. Dies kommt beispielsweise in Äußerungen zum Ausdruck, für die man folgende Struktur angeben kann: ICH MÖCHTE X ERZÄHLEN (BERICHTEN, BESCHREIBEN etc.). In einer solchen Struktur werden eine intentionale (1) mit einer propositionalen Fixierung (2) in einem Handlungsmuster (3) verknüpft. Äußerungen mit solchen Strukturen können als 'unerwünschte Ausgangszustände' für eine weitere Textherstellung angesehen werden.

Tatsächlich gebildet (82) muß ein Fokus dann werden, wenn nicht alle drei Fixierungen klar sind. Eine rein intentional-voluntative Fixierung ist etwa in folgenden Äußerungen gegeben: "Ich möche X in die Pfanne hauen", "Ich will X gegen Vorwürfe in Schutz nehmen", "Wenn ich das höre, kommt mir die Galle hoch" etc. In solchen meist emotional besetzten Textherstellungsmotivationen bleibt zunächst die propositionale Fixierung und die Wahl des Handlungsmusters offen. Weitere Beispiele für unvollständige fokale Formulierungsziele sind: "Eigentlich müßte man etwas zu X sagen (schreiben)", "Vielleicht sollte man sich dazu äußern". Hier ist im Gegensatz zu den nächsten Beispielen lediglich eine propositionale Fixierung erkennbar, wohingegen in den beiden nächsten Beispielen nur das Handlungsmuster feststeht: "Ich muß meiner Tochter eine neue Geschichte erzählen", "Ich soll in K. einen Vortrag halten, weiß aber noch nicht worüber". Bei solchen unvollständigen fokalen Formulierungszielen läßt sich die daran anschließende Bildung eines vollständigen Fokus als Problemlösen (insbesondere als Zielsuche) verstehen.

Die Bildung fokaler Formulierungsziele ist Voraussetzung für die weitere Planbildung, die - weil sie beim dialogischen FORMULIEREN verbalisiert vorliegt - identisch mit der Bildung eines Handlungs-

---

80 Vgl. VAN DIJK (1980:128 ff).
81 Vgl. dazu 4.5.2.
82 REHBEIN (1977:150 f) betrachtet die Fokusbildung als Tätigkeit, weil die drei für die Orientierungsrichtung konstitutiven Elemente ("(a) Motivation des Aktanten; (b) Repräsentation des Ziels; (c) Sektor der Wirklichkeit (im konkreten Handlungskontext), der potentielle Mittel-Ziel-Ketten enthält" (S. 150)) in Bezug gesetzt und permanent aufrechterhalten werden müssen.

schemas, d.h. eines 'Layouts der Gesamthandlung' im Sinne REHBEINs (83) ist.

Ein Layout ist bei komplexen - meist schriftlichen - Formulierungsaufgaben in Form der schon mehrfach erwähnten Stichwörter, Gliederungen, Entwürfe etc. fast immer unerläßlich, weil sowohl bei der Konstruktion als auch bei der Repräsentation der Formulierungsziele mit Gedächtnisbeschränkungen gerechnet werden muß. Denn bei der Konstruktion müssen nicht nur die fokalen Formulierungsziele, insbesondere die Ziele der Makrostruktur entfaltet, ausdifferenziert und in Beziehung zueinander gesetzt werden - was ohne verbale Repräsentation kaum möglich ist -, sondern die entstehende Hierarchie von Formulierungszielen erfordert darüber hinaus auch noch die Harmonisierung mit den nicht-fokalen Zielen, die partiell als unklar unterstellt und daher ihrerseits erarbeitet werden müssen. Sicherlich wird ein Teil dieser Aktivitäten der Zielgenerierung regelhaft und routiniert ablaufen, doch muß auch mit Problemlösungen gerechnet werden.

In diesem Zusammenhang sind einige Vorbehalte gegen eine aus rezeptionsanalytischer Sicht möglicherweise gerechtfertigten Idealisierungen bezüglich des Aufbaus der propositionalen Komponente ("Makrostruktur") (84) anzumelden. Die Vorstellung, daß bei der Textherstellung zuerst die Makrostruktur (im Rahmen einer Superstruktur ("Textsorte") ausgebildet und festgelegt wird, scheint in dieser Generalisierung einschlägigen Beobachtungen beim FORMULIEREN zu widersprechen.

Im allgemeinen wird man davon ausgehen müssen, daß "lediglich Bruchstücke von Makropropositionen gebildet und ausgeführt werden" (85), daß also nicht "abstrakte oder ideale Makro- oder Superstrukturen fix und fertig bereitstehen, wenn ein Sprachgebraucher einen Text produzieren will" (86). Zwei Gründe sollen hierfür aus unserer Sicht hervorgehoben werden:

1. Bei der Herstellung einer globalen Zielhierarchie spielen nicht

---

83 Ein Handlungsschema ist das Layout der Gesamthandlung derart, daß es konstruiert:
   (i)   den Aufbau der Gesamthandlung (roter Faden);
   (ii)   Teilhandlungskonzepte (einschließlich impliziter Teilhandlungskonzepte);
   (iii)   eine Repräsentation des Sektors der Wirklichkeit, in dem die Handlung wahrscheinlich stattfinden wird;
   (iv)   eine Grobsegmentierung des Gesamtablaufs;
   (v)   eine Hierarchie der Teilhandlungskonzepte;
   (vi)   mögliche Resultate, mögliche Nachgeschichte der Gesamthandlung;
   (vii)   Entscheidungsknoten (kontrafaktische Elemente);
   (viii) Leerstellen für weitere Akte.
Das Layout der Gesamthandlung ist zu einem gewissen Teil darstellbar in projektierten Handlungsbäumen." (REHBEIN 1977:16o)
84 Vgl. VAN DIJK (1980:41 ff)
85 VAN DIJK (1980:207).
86 VAN DIJK (1980:207).

nur Relationen zwischen Propositionen eine Rolle, wie sie für die semantische Analyse von Interesse sind. Bei ausschließlicher Betrachtung von semantischer Konnexion, Implikationen und 'Makroregeln' etc. besteht nämlich die Gefahr, daß folgender für die Textherstellung entscheidender Punkt zu wenig berücksichtigt wird: Mit der Herstellung einer Ziel- und darin eingelassen einer "Informationspyramide" (87) ist der Aufbau einer sich im Formulierungsprozeß noch verändernden Präferenzordnung (88) für Propositionen verbunden. D.h. die Stellung, die eine Proposition im 'Makroplan' einnehmen soll, hängt wesentlich davon ab, welcher affektive und soziale, aber auch welcher textuell-funktionelle Relevanzwert (89) einer Zielproposition zugewiesen wird.

Obwohl wir aufgrund fehlender empirischer Kenntnisse nicht wissen, welche - möglicherweise rückgekoppelten - Beziehungen zwischen der Zielgenerierung und der Herstellung der Präferenzordnung bestehen, kann man aufgrund von Beobachtungen jedoch mutmaßen, daß die Bewertung von Propositionen und ihre Plazierung in der Zielhierarchie selbst Teil und Folge des Textherstellungsprozesses ist. Andernfalls wäre nicht erklärbar, warum sich oft während des Formulierungsprozesses "Akzente verschieben", "Schwergewichte sich ändern" etc. Daraus kann man schließen, daß der mit der Ausdifferenzierung von Formulierungszielen verbundene Aufbau des "Makroplans" nicht nur als ein Ableitungs- und Transformationsprozeß, sondern auch als ein mit der Klärung von Präferenzen verbundener Problemlösungsprozeß ist.

2. Daß gegenüber der Reproduktion von Texten (90) bei der Produktion von neuen Texten Probleme gelöst werden müssen, hängt ferner mit der textsorten- bzw. situationsspezifischen Berücksichtigung sozialer, interaktioneller und rhetorisch-stilistischer Anforderungen (91) an

---

87 Vgl. KRAFT/NIKOLAUS/QUASTHOFF (1977), die mit dem Begriff der 'Informationspyramide' (1977:320 ff) für die Textproduktion einen gegenüber der 'Makroproposition' flexibleren Begriff einführen.
88 Vgl. REHBEIN (1977:159).
89 Vgl. VAN DIJK (1980:194, 204 u.306).
90 VAN DIJKs Darstellung der Textproduktion ist sehr stark an der Reproduktion von Texten orientiert. Daraus erklären sich manche unterschiedliche Beurteilungen der Textproduktion. Vgl. VAN DIJK (1980:198 ff).
91 Dies sieht auch VAN DIJK, wenn er konzediert: "Zwar wird der Sprecher in erster Instanz das äußern, was er sagen möchte - abhängig von Kenntnissen, Wünschen, Meinungen, Intentionen usw. -, jedoch ist seine Äußerung dann vor allem eine sprachliche Handlung - eine Form der kommunikativen Interaktion. Daraus ergibt sich beinahe von selbst, daß die allgemeineren Regeln, Konventionen und Strategien der (kommunikativen) Interaktion, wie auch die je spezifischen sozialen Eigenschaften des aktuellen Kontextes (Beziehung Sprecher-Hörer, Status, Rollen u.a.) einen nachdrücklichen Einfluß auf alle Ebenen der Textproduktion ausüben, vom globalen Inhalt übers Schema bis zur phonologischen/ phonetischen Realisierung ("Muß ich eigentlich mit dem Fensterputzer Dialekt sprechen oder nicht?")". (VAN DIJK 1980:207 f)

den zu formulierenden Text zusammen, wie dies in den nicht-fokalen globalen Formulierungszielen spezifizierbar ist. Dabei verfängt der gegenüber der Problemlöse-These gerichtete Hinweis auf die Konventionalisiertheit der Regeln insofern nicht, als die Konventionalisiertheit weder die bei der Textherstellung typischen Normkonkurrenzen bzw. -konflikte (92) ausschließt noch Verfahren impliziert, wie die sozialen, interaktionellen, pragmatischen, rhetorischen etc. Anforderungen in einen homogenen, ziel- und wirkungsadäquaten Text zu integrieren sind.

<u>Zu 2. Globale versus lokale Formulierungsprobleme</u>

Wie bisher gezeigt, ist die Generierung, Ausdifferenzierung, Strukturierung, Bewertung und Hierarchisierung von globalen Zielen - insbesondere bei "komplizierten Texten" nicht bloß als Abarbeiten von Regeln, sondern als ein Problemlösen zu beschreiben. In solchen Fällen möchte ich von der Lösung ' <u>globaler</u> ' Formulierungsproblemen sprechen. Globale Formulierungsprobleme haben teils "trans-sequenziellen Charakter" (93): Einen Text "verständlich", "spannend", "überzeugend", "hart" oder "ironisch" (94) zu gestalten, impliziert eine globale Problemstellung und -lösung, die sich nicht - oder jedenfalls nicht zentral - auf die sequenzielle Struktur eines Textes, sondern auf seinen "ganzheitlichen Charakter" ("wholistic character") (95) bezieht. Globale Formulierungsprobleme treten aber <u>auch</u> bei der "Grobsegmentierung des Gesamtablaufs" bzw. bei der Herstellung einer "Hierarchie der Teilhandlungskonzepte" (96) auf. Solche Probleme werden in folgenden Äußerungen angesprochen: "Was nehme ich als Einleitung?", "Ist hier ein Übergang, eine Zusammenfassung nötig oder sinnvoll?", "Wie präsentiere ich die Argumente?", "Wo setze ich die Pointe?" etc.

<u>Lokale</u> Formulierungsprobleme erwachsen aus der Schwierigkeit der Linearisierung der globalen Zielsetzungen im Hinblick auf eine überschaubare und bewältigbare 'Portionierung' (97) der Lösungen. D.h. ein Teil der lokalen Formulierungsprobleme entsteht dadurch, daß nicht klar ist, wie globale Formulierungsziele in lokale Formulierungsziele aufgespalten werden sollen. Generell beeinflussen lokale Formulierungsprobleme die Festlegung der lokalen Formulierungsziele, die ihrerseits die Bedingungen für die Formulierungsvorschläge umreißen.

Daß globale Formulierungsprobleme lokale Probleme präjudizieren, ist leicht einzusehen. Doch auch die Umkehrung kommt vor: So kann

---

92 Vgl. 2.5.2.
93 Auf den 'trans-sequenziellen Charakter' des Fokus verweist REHBEIN (1977:152).
94 Vgl. die Ausführungen zu den 'formulierungskommentierenden Ausdrücken' in Kap. 2.
95 Vgl. OOMEN (1979:272 ff).
96 REHBEIN (1977:160).
97 Die von RATH (1979:72 ff) als 'Äußerungseinheiten' bestimmten Gliederungen in der gesprochenen Sprache können als empirisches Korrelat dieser Portionierung aufgefaßt werden.

die Beseitigung von Widersprüchen zwischen lokalen Zielen (etwa hinsichtlich der Kohärenz der argumentativen Konsequenz oder der "Stimmigkeit") dazu führen, daß ein globales Problem daraus entsteht.

Andererseits ist auf die relative Eigenständigkeit lokaler Formulierungsprobleme hinzuweisen, die manchmal die Tendenz zur "Verselbständigung" haben und dann schwer in den Gesamtzusammenhang zu reintegrieren sind. Gerade wenn man sich "an einem Punkt festbeißt" und damit das lokale Problem aus seinem Zusammenhang isoliert, wird deutlich, daß lokale Formulierungsprobleme bei der Textherstellung eine durchaus eigenständige Rolle spielen können.

Abschließend noch eine Bemerkung zu den Formulierungsvorschlägen. Wenn die lokalen Formulierungsziele - eventuell über die Lösung lokaler Probleme - geklärt sind, so heißt das noch lange nicht, daß damit automatisch Formulierungsvorschläge bereitstehen. Vielfältige Versuche, Verbesserungen, Modifikationen, Präzisierungen und sogar Wechsel des lokalen Handlungsplans ("Umsteigen" (98)) spiegeln die Tatsache wider, daß trotz "Planung" die "Ausführung" beim FORMULIEREN ebenfalls nicht unproblematisch ist.

Zu 3. Konstruktion vs. Prüfung

Nach dem bisher Gesagten könnte man den Eindruck bekommen, daß das Formulierungsmodell ein"Planungsmodell"ist, in dem - von einigen Spezifika des FORMULIERENs abgesehen - verschiedene 'Handlungsstadien'(99) durchlaufen werden. Bei der Diskussion des 'dialektischen Problemlösens' ist demgegenüber ausgeführt worden, daß neben den Konstruktions- die Prüfungsaktivitäten eine ebenso zentrale Rolle spielen. Zwar wird im Stadien-Modell von REHBEIN, das hier als Vergleich herangezogen werden kann, der Kontrolle, die sich an dem aus dem Handlungsplan abgeleiteten 'Kontrollplan' orientiert, ein hoher Stellenwert eingeräumt. Ferner ist eine "Reparatur des Kontrollplans" vorgesehen, wenn nämlich die Umsetzung eines 'Plans' Schwierigkeiten macht (100). Obwohl dies alles auch für das Verständnis der Handlungsweise FORMULIEREN einschlägig ist, scheint bei dieser Handlung neben dem 'Kontrollplan', der vor der "Ausführung" operiert, auch eine Prüfung nach der "Ausführung", also nach der Präsentation von Formulierungsvorschlägen charakteristisch zu sein. Diese Prüfung kann einmal als nachgeholte Kontrolle verstanden werden, die sich an dem 'Kontrollplan' orientiert. Kennzeichnend für das FORMULIEREN ist aber, daß die Prüfung andererseits sich vom 'Plan' emanzipieren muß. Denn Formulierungsvorschläge sollen am Ende eines Formulierungsprozesses gerade nicht mehr am "Plan", also an dem "Was-man-sagen-wollte" gemessen werden, sondern allein an den möglichen Wirkungen des Textes. Um die Formulierungsziele zu vergessen, wird daher schon in der rhetorischen Tradition geraten (101), den fertigen Text liegen zu lassen und ihn

---

98 Vgl. REHBEIN (1977:213 ff).
99 Die Orientierung an den von REHBEIN (1977:137 ff) herausgearbeiteten 'Stadien des Herstellungsprozesses' ist offensichtlich.
100 REHBEIN (1977:177).
101 Vgl. ANTOS/BEETZ (1981).

immer wieder "mit fremden Augen" zu prüfen - solange bis man sicher sein kann, daß alle vorhersehbaren Nebenwirkungen ausgeschaltet sind. "Liegenlassen", um von seinen eigenen Vorstellungen Abstand zu gewinnen, ist offensichtlich ein weiteres Spezifikum des FORMULIERENs. Es kann als Voraussetzung für das <u>planemanzipierte</u> Prüfen verstanden werden.

Diese Relativierung des "Planens" führt dazu, das Prüfen als gleichberechtigten und partiell unabhängigen Prozeß beim FORMULIEREN herauszustellen. Damit verschiebt sich auch der Schwerpunkt des problemlösenden FORMULIERENs. Entgegen dem ersten Eindruck liegt das Zentrum des Problemlösens beim schriftlichen FORMULIEREN zumeist nicht bei der Herstellung der "Planungstexte" wie Gliederungen und Entwürfe, sondern schon ziemlich bald bei der durch Prüfungen zu revidierenden "Ausführung", also bei der Suche nach angemessenen Formulierungsvorschlägen. Dies entspricht im übrigen auch Beobachtungen beim FORMULIEREN "komplizierter Texte": Entgegen der Erwartung, daß solche Textherstellungen eine detaillierte und sukzessive Verbalisierung der verschiedenen 'Planungsstadien' erforderten, kann man zeigen, daß nach relativ wenigen Schritten bereits ein vorläufiger Zieltext angesteuert wird, der dann oft unter völliger Umarbeitung sukzessiv in einen akzeptablen "endgültigen" Zieltext überführt wird. Wenn diese Beobachtung richtig ist, so kann man daran folgende Bemerkungen knüpfen:

1. Nach der bisherigen Darstellung des Formulierungsmodells könnte ein Skeptiker einwenden: Wenn er bei der "Planung" von Texten soviele Formulierungsprobleme zu lösen hätte, wie dies das Modell suggeriert, dann hätte er trotz seiner Routine bisher kaum einen schweren Text "formuliert". Vor allem: Ihm wäre schon längst die Lust daran vergangen.

Dieser durchaus ernst zu nehmende Einwand kann ohne Relativierung der beim FORMULIEREN zu bewältigenden Schwierigkeiten und Probleme dahingehend aufgefangen werden, daß auf den außerordentlichen Stellenwert des (meist mehrfachen) Prüfens hingewiesen wird. Diese Prüfungsdurchgänge an vorliegenden Formulierungsvorschlägen treiben in geradezu charakteristischer Weise den Formulierungsprozeß voran - und zwar als permanentes UMFORMULIEREN. Allein schon aus der Quantität der Prüfungsvorgänge an Formulierungsvorschlägen kann man das empirisch zu fundierende Argument ableiten, den Formulierungsprozeß im ganzen - also auch schon den "Planungsteil" - als UMFORMULIEREN darzustellen.

2. Die Berücksichtigung der Prüfungsaktivitäten an schon vorliegenden Formulierungsvorschlägen führt zu einer wichtigen Modifikation des Formulierungsmodells: Bisher ist es weitgehend als "Planungsmodell" dargestellt worden; es muß nun um die Komponente der durch die Prüfungsprozesse ausgelösten (echten) UMFORMULIERUNGEN erweitert werden.

3. Dies führt zu einer ganz erheblichen Aufwertung jener Problemlösungen, die beim Verändern der Formulierungsvorschläge eine Rolle spielen. Zugleich wird gegenüber dem die Prüfprozesse trivialisierenden Begriff der "sprachlichen Mittelwahl" (102) in Form des Formulierungsmodells ein empirisch abzusichernder theoretischer Vorbehalt geliefert.

---

102 Vgl. 3.3.2.

4. Für manche innovatorischen komplexen Handlungen scheint die Unterscheidung von 'Plan' und 'Ausführung' zurückzutreten gegenüber dem als Trial-and-Error darzustellenden Prozeß (103) des Veränderns von Handlungsresultaten, wie dies durch das mehrfach übliche UMFORMULIEREN beim Textherstellen zum Ausdruck kommt. Insofern unterscheidet sich innovatorisches FORMULIEREN von anderen komplexen Handlungen (104).

4.5 Zur Struktur von Formulierungsproblemen

Bei der Darstellung des Formulierungsmodells sind wir nur am Rande auf Formulierungsprobleme und deren Strukturiertheit (etwa: 'globale' vs. 'lokale' Probleme) eingegangen. Dieser Aspekt soll nun im folgenden zentral thematisiert werden.

4.5.1

Je besser Probleme gestellt werden, umso leichter können sie gelöst werden. Diese Einsicht (105) kann man als Ausgangspunkt auch für die Betrachtung der Problemstellung beim FORMULIEREN heranziehen. Allerdings sollte man - selbst beim REFLEKTIERTEN FORMULIEREN - nicht erwarten, daß vor der eigentlichen Problemlösung die Problemstellung jedesmal explizit umrissen wird. Es wird sich vielmehr am Material zeigen, daß dies zumeist nur dann geschieht, wenn mehrere Lösungsversuche fehlschlagen, so daß erst als Reaktion auf die Fehlschläge eine gezielte Klärung der Problemstellung eingeleitet wird.

Unter einer formulativen Problemstellung wird im folgenden der gesamte Prozeß der Konstituierung und Strukturierung des Problems bis zum Beginn der Lösungsversuche verstanden. Im Prozeß der Problemstellung wird die Voraussetzung zur Erkenntnis, Strukturierung und Lösung von Formulierungsproblemen geschaffen. Mit SCHÜTZ könnte man sagen, daß es in diesem Prozeß darum geht, aus 'offenen Möglichkeiten' eines Handlungshorizonts 'problematische Möglichkeiten', d.h. reale Kandidaten der Lösung zu machen (106). Dabei spielen - wie schon erwähnt (107) - eine Reihe von Bestimmungsfaktoren eine Rolle, die ich

---

103 Vgl. Kap. 5.
104 FORMULIEREN ist eine im Sinne REHBEINs zu bestimmende 'komplexe Handlung'; daher auch die teils explizite, teils implizite Bezugnahme auf dessen Darstellung. Dies sollte bei aller Betonung der Spezifika des FORMULIERENs ("innovatorische Herstellungshandlung", "Plan/Ausführungs-Problematik", "planunabhängiges Prüfen") nicht in Vergessenheit geraten.
105 "Allerdings kommt es auf die Problemstellung häufig mehr an als auf die eigentliche Lösung, die manchmal nur Sache der mathematischen und experimentellen Routine ist." So Einstein zit. nach SEIDEL (1976:97).
106 Vgl. S. 98.
107 Vgl. S. 119.

im folgenden so ordnen möchte, daß eine gewisse Ähnlichkeit zwischen dem Komponentenmodell des Problemlösens und rhetorischen Unterscheidungen sichtbar wird:

Wenn man *auf ein Problem stößt, sich vor ein Formulierungsproblem gestellt sieht* oder *aktiv ein Problem erkennt*, dann läßt sich eine solche Problemstellung auf dem Hintergrund folgender Determinanten verstehen:

1. Analyse und Interpretation der Anfangssituation
2. Klärung der Zielsituation
3. Bereitstellung und Bewertung potentieller sprachlicher Mittel, Heurismen und Strategien

Zu (1) Die im Sinne LAUCKENs "naive" Analyse und Interpretation der Anfangssituation sollte mit der Rekonstruktion des Handlungskontextes beginnen. Der Formulierer muß sich darüber klar werden, was er macht, welche Voraussetzungen zu erfüllen, welche Anforderungen gestellt und welche Konsequenzen zu erwarten sind. Kurz: Er muß sich ein "Bild" von seiner Situation machen. Wichtige Elemente dieses Bildes sind a) die Aktivierung seiner Kenntnis über die Wirkung von Texten auf Adressaten (vergleichbar der rhetorischen 'Affektenlehre'), b) die Aktivierung der durch die Glückens-Dimensionen, Standards und Normen vorgegebenen Formulierungskriterien (vgl. 2.6) (dies entspräche der "Stiltheorie" in der u.a. Postulate der 'Puritas', der 'Perspicuitas' und des 'Ornatus' zu erfüllen sind) und c) schließlich die Interpretation der konkret vorliegenden Situation (vergleichbar der 'Statuslehre') (108). Hier spielt besonders die Einschätzung von Motivation, Interesse, Wissen, Erwartungen, Vorlieben etc. der Adressaten eine Rolle. Die Variabilität dieser situativen Faktoren, die freilich vom Formulierer als solche interpretiert werden müssen, verändert nicht nur die jeweilige Problemstellung, sondern schlägt - wie dies in der Unikalitätsthese ausgeführt wurde - bis zur Lösung durch. In diesem Sinn kann BREUER sagen: "Gemachter Text" ist die Funktion einer konkreten kommunikativen Situation" (109).

Die "Einschätzung der Situation" (110) und die damit verbundene Orientierung des Formulierers hat vor allem Konsequenzen für die sogenannte "Startpunktwahl" (111). Formulierungstheoretisch ist dieser Begriff so zu deuten: Je nach Einschätzung der Situation wird der Formulierer sich einen "Ausgangspunkt" definieren müssen, an dem er ansetzt bzw. "die Adressaten abholt". Damit wird sogleich die Grenze gezogen zwischen dem, was als gemeinsames Wissen präsupponiert und dem, was im Text ausgeführt werden soll. Stehen mehrere Anfangssituationen zur Auswahl (etwa bei heterogenem Adressatenkreis oder bei einer diffusen Situationsdefinition des Formulierers), "so wird die Startpunktauswahl zum "Vorproblem", welches vor dem eigentlichen Problem zu lösen ist" (112). Beim FORMULIEREN äußert sich dies konkret

---

108 Vgl. dazu BREUER (1974:143 ff).
109 BREUER (1974:158).
110 REHBEIN (1977:143 ff).
111 DÖRNER (1974:44 ff).
112 DÖRNER (1974:44)

u.a. darin, daß oft Textanfänge besondere Schwierigkeiten bereiten, sofern sie nicht - etwa wie bei vielen Märchen - festgelegt sind.

Zu (2) Problemstellungen entzünden sich ferner an der schon mehrfach diskutierten Klärung der Ziele, ausgehend von einer bestimmten Motivation des Formulierers zur Textherstellung. Da auf diesen Punkt im nächsten Abschnitt noch näher eingegangen wird, sehe ich hier von einer weiteren Diskussion ab.

Zu (3) Um ein Formulierungsproblem zu konstituieren und im Hinblick auf seine Lösung vorzustrukturieren ist es notwendig, den Problemraum einzugrenzen. Unter dem 'Problemraum' versteht man im allgemeinen die wechselnden Mengen von Zuständen (einschließlich Zwischenzustände) und die Relationen zwischen ihnen (113). Gemäß der Unterscheidung in globale und lokale Formulierungsprobleme können wir entsprechend auch zwei Problemräume unterscheiden, die sich gegenseitig bedingend ergänzen: Zum globalen Problemraum ist die Anfangssituation (bei UMFORMULIERUNGEN auch der Ausgangstext) zu rechnen; hinzu kommen Zwischenzustände, die mit dem jeweils schon hergestellten Text gleichgesetzt werden können und schließlich einige mehr oder weniger konkrete (globale) Ziele bzw. Zielkriterien. Der lokale Problemraum wird - wie in der Analyse des Textherstellungstextes veranschaulicht werden kann - vom jeweils ersten (lokalen) Formulierungsziel als Anfangszustand über diverse Zwischenzustände, die sowohl Formulierungsziele als auch -vorschläge umfassen können, bis zum endgültigen Formulierungsvorschlag als Zielzustand reichen.

Charakteristisch für den Problemraum ist, daß die einzelnen Zustände bewertet werden, und zwar positiv nach ihrer abnehmenden Distanz zum Zielzustand, sofern dieser selbst schon klar ist; denn: "je größer die Zielnähe, um so höher die Bewertung eines Zustands relativ zu anderen Zuständen im Problemraum" (114).

Mit dem Auf- und Ausbau des Problemraums werden zugleich potentielle sprachliche Mittel, Heurismen und Strategien aktiviert, die dann in Form problematischer Alternativen bei der Lösung zur Wahl stehen. Der Prozeß der Aktivierung und Bereitstellung dieser Mittel und damit der Ausgestaltung des Problemraums läßt sich ohne größere Schwierigkeiten mit der 'inventio' der rhetorischen Textherstellung in Verbindung bringen; nur daß dort das Gedächtnis als räumliches Ganzes aufgefaßt wird, in dessen einzelnen Raumteilen (Örter, Topoi, Loci) die einzelnen Gedanken gespeichert sind (115) - während dies in einer problemlöse-orientierten Formulierungstheorie als Auf- und Ausbau des Problemraums gedeutet wird.

4.5.2 Struktur der Barrieren

Aus der Perspektive von Problemstellungen, aber auch bei der Analyse von Textherstellungstexten stellt sich die Frage, _wie_ Formulierer auf

---
113 Vgl. KLIX (1971:644).
114 KLIX (1971:645).
115 Vgl. BREUER (1974:160).

Formulierungsprobleme überhaupt stoßen können, d.h. nach welchen Kriterien erkennbar ist, daß ein Formulierungsproblem vorliegt. Im Sinne des dreiphasigen Komponenten-Modells könnte man sagen: indem bestimmte Barrieren überwunden werden. Aber was heißt das für das FORMULIEREN genau?

Sehr vereinfacht kann man zunächst darauf antworten: Überall dort, wo in einer Textherstellung Formulierungsvorschläge nicht sofort und endgültig gemacht werden, liegen Barrieren vor. Allerdings wird mit Hilfe dieses Kriteriums nicht klar, worin die zu überwindenden Barrieren bestehen. Dies ist auch aus der Analyse konkreter Textherstellung nicht immer klar ablesbar. Daher soll auf dem Hintergrund der bisher entwickelten Theorie versucht werden, Strukturtypen der beim Lösen von Formulierungsproblemen auftretenden Barrieren zu isolieren:

1. Barriere zwischen (vorhandenen) wenigen und/oder vagen Formulierungskriterien und einem gesuchten Ensemble ausreichender und/oder klarer Formulierungskriterien.
Wer einen Liebesbrief oder eine Dissertation schreiben muß, hat aufgrund dieser Vorgabe nur wenige und im Fall des Liebesbriefs zudem noch vage Formulierungskriterien (in Form von unvollständigen fokalen Zielen) vor sich. In beiden Fällen muß der Formulierer zusehen, daß er sich ein Ensemble zureichender und klarer Formulierungskriterien (oft in Verbindung mit der Konstruktion und Klärung von Zielen) erstellt.

2. Barriere zwischen bestimmten Formulierungskriterien und gesuchten Formulierungszielen.
Wer vorhat, "bestimmte Bedenken zu äußern", "einen Bericht zu geben" oder "ein Märchen zu erzählen", hat zwar damit Formulierungskriterien in der Hand, an denen er sowohl seine weiteren Zielvorstellungen als auch den fertigen Text messen kann, doch ergibt sich daraus noch nicht automatisch, welche Formulierungsziele relativ zu den Kriterien angemessen erscheinen.

3. Barriere zwischen vorhandenen aber unstrukturierten Zielen und gesuchten strukturierten und/oder ausdifferenzierten Zielhierarchien.
Bei längeren Texten kommt es oft vor, daß man zwar weiß, "Was man alles sagen will", ohne jedoch eine genaue Vorstellung davon zu besitzen, wie die verschiedenen Ziele nach ihrer Relevanz zu strukturieren und nach ihrem Zusammenhang zu ordnen sind.

4. Barrieren zwischen Formulierungsziel und Formulierungsvorschlag.
Ein weiterer Barrieretyp ist zwischen Formulierungszielen und Formulierungsvorschlägen anzusetzen. Dieser Typ ist dadurch gekennzeichnet, daß die Umsetzung von erklärten Formulierungszielen in endgültige Formulierungsvorschläge nicht auf "Anhieb" gelingt. Das Phänomen, daß man zwar weiß, was man sagen will, es aber nicht (sofort) sagen kann, hat hier seine allgemeine strukturelle Bestimmung.

5. Barriere zwischen Zielen und Vorschlägen einerseits, und der erwünschten Berücksichtigung von teilweise konfligierenden Formulierungskriterien, Standards, Normen oder sonstigen (individuellen oder sozialen) Anforderungen andererseits.

Bei Formulierungszielen und/oder -vorschlägen ergibt sich aus
der Berücksichtigung bestimmter Anforderungen und Normen ein
sehr heterogener Barrieretyp. Dieser Typ hat vor allen Dingen
soziolinguistische Bedeutung, da die Kenntnis und Beherrschung
von Standards und Normen gruppenspezifisch unterschiedlich ist.

6. Barriere zwischen verschiedenen widersprüchlichen lokalen oder
zwischen lokalen und globalen Lösungsvorschlägen.
Die Aufdeckung und Beseitigung von Widersprüchen und die Herstellung von "innerer" Konsistenz, textueller Kohärenz und
stilistischer "Stimmigkeit" definiert einen Barrieretyp, der
erst auf der Basis des schon hergestellten Textes virulent wird.
Mit diesem Barrieretyp läßt sich auch zeigen, daß Prüfprozesse
relativ selbständige Prozesse sind, die nicht nur Handlungsresultate im Hinblick auf ihre "Planung" vergleichen. Wie schon
in 4.4.2 erläutert: Man kann die Ausschaltung von Widersprüchen
nicht vorweg "planen", sondern nur retrospektiv auf der Basis
hergestellter Resultate praktizieren.

7. Barriere zwischen prospektiver Konstruktion und retrospektiver
Prüfung.
Schon bei SCHÜTZ (116) klang an, daß ein Handlungsziel durch
Erfahrungen der Durchführbarkeit oder der Mittelanwendung neu
bewertet werden kann. D.h. während oder retrospektiv nach dem
Herstellungsprozeß ergeben sich neue Handlungsanforderungen
und neue Nutzungsmöglichkeiten (117).

Zu diesen sieben Barrieretypen, die Formulierungsprobleme spezifizieren, kommen noch zwei heterogene Barrieren hinzu, die allgemeine
Kommunikationsprobleme zusammenfassen:

'Vorprobleme': Hierzu gehören die in 4.5.1 angesprochenen Fälle
von a) unklarer Kenntnis der Wirkung bestimmter sprachlicher
Formen (man denke etwa an die unterschiedliche Kenntnis und Beherrschung von verschiedenen "codes", Fach- und Sondersprachen,
b) ungenaue Kenntnis von Formulierungskriterien, Standards und
Normen und c) unklare Situationsdefinition. Diese Punkte allein
oder zusammen können als 'Unsicherheit der Anfangssituation' zusammengefaßt werden.

'Nachprobleme': Auch nach der eigentlichen Textherstellung lassen
sich drei Quellen der Unsicherheit unterscheiden, die sich verselbständigen und damit zu 'Nachproblemen' werden können: a) Unsicherheit über die zutreffende Antizipation der Rezeption bzw.
der Interpretation des hergestellten Textes, b) Unsicherheit
über die unbeabsichtigten/unvorhersehbaren Nebenwirkungen des

---

116 Vgl. 3.3.2.
117 Eine Handlung bekommt hierbei als praktizierte neue Qualitäten
    gegenüber ihrem Status als geplanter (...), so daß sich erweist,
    daß die Gleichsetzung Handlung-Entscheidung falsch ist ..."
    (HUBIG 1978:238).

Textes (118), einschließlich der Rückschlüsse von Rezipienten auf die Fähigkeiten, Wertsysteme, Präferenzen etc. des Textherstellers und c) Unsicherheit über die Verantwortbarkeit des Textes (119).

4.5.3 Funktionstypen von Formulierungsproblemen

Formulierungsprobleme lassen sich nicht nur hinsichtlich ihrer Reichweite ('global' vs. 'lokal') und ihrer Zugehörigkeit zu einem Barrieretyp charakterisieren, sondern auch hinsichtlich ihrer Funktion. Diese Funktionen stehen im Zusammenhang zu Glückens-Dimensionen (120), sofern sie allgemeiner Natur sind. Daneben sind textsorten-, situations- und gruppenspezifisch noch speziellere Funktionen möglich. In enger Anlehnung an die durch die 'formulierungskommentierenden Ausdrücke' analysierbaren Glückens-Dimensionen lassen sich - hypothetisch zum Zwecke der Analyse - folgende allgemeine Funktionen unterscheiden:

1. <u>Probleme der Textorganisation</u>: Berücksichtigung der Textsorte, von Umfang/Zeit, Aufbau, Gliederung, Gewichtung und Proportionierung.

2. <u>Probleme der Sachadäquanz</u>: Klärung der Sachlage (die oft - wie im letzten Teil des Textherstellungstextes - zu einer sich verselbständigenden Diskussion entwickeln kann), Prüfung der sachlichen Angemessenheit, Fragen des Wahrheitsnachweises bei Behauptungen etc.

3. <u>Probleme der Verständnisbildung</u>: Klarheit, Kompliziertheit, Anschaulichkeit, Kürze, Länge, Exaktheit, Detaillierungsgrad und Berücksichtigung von Leerstellen (für die Interpretationsaktivitäten der Hörer) usw.

4. <u>Adressatenspezifische Formulierungsprobleme</u>: Berücksichtigung von Motivation, Erwartung, Wissen der Adressaten, kognitive Belastung (Aufnahmefähigkeit), gemeinsame Erfahrungen etc.

5. <u>Interaktionelle Formulierungsprobleme</u>: Hierunter sollen all jene Probleme subsumiert werden, die die Beziehungsebene zwischen den Kommunikationspartnern tangieren.

6. <u>Image-Probleme</u>: Image-Probleme entstehen aus der Antizipation positiver, zumeist aber negativer Rückwirkungen auf den Formulierer aufgrund seines hergestellten Textes.

---

118 "Ein hoher Grad an Vernetztheit fordert vom Handelnden und Problemlösenden, daß er <u>Nebenwirkungsanalysen</u> unternimmt. Er darf nicht nur den angestrebten <u>Haupteffekt seiner</u> Operationen im Auge haben, sondern muß zusätzlich mögliche Nebenaffekte berücksichtigen." (DÖRNER 1976:20)
119 Vgl. 2.1
120 Vgl. 2.6

7. Ästhetisch-stilistische Formulierungsprobleme: Angesichts der stilistischen Tradition erübrigt sich hierzu ein weiterer Kommentar (121).

Diese Funktionstypen von Formulierungsproblemen geben zwar nur ein grobes Raster für die empirische Analyse ab, doch bieten sie einen an der Analyse von Glückens-Dimensionen orientierten Ausgangspunkt für eine differenzierte Betrachtung von Formulierungsproblemen.

4.5.4 Das Lösen von Formulierungsproblemen. Oder: Wie "schwer" ist FORMULIEREN?

Die Beschreibung des Such- und Lösungsprozesses beim FORMULIEREN ist eine empirische Aufgabe. Verallgemeinerungsfähige Aussagen sind daher erst auf der Basis einer großen Menge Materials zu machen. Was man vorweg theoretisch erörtern kann und muß, ist die an die empirische Untersuchung heranzutragende Frage, welche Möglichkeiten es für den Sprecher/Schreiber gibt, sich das Lösen von Formulierungsproblemen zu erleichtern. Angesichts der für diese Theorie konstitutiven Behauptung, daß beim Textherstellen die verschiedenartigsten Probleme zu lösen sind, stellt sich die Frage, warum selbst schriftliche Texte "relativ" schnell "formuliert" werden können. Zugespitzt gefragt: Ist die Behauptung, daß konkrete Texte als sprachliche Lösungsresultate aufzufassen sind, überhaupt realistisch? Ist das hier beschriebene FORMULIEREN hinsichtlich der kommunikativen Anforderungen und der individuellen Fähigkeit der "kommunikativen Normalverbraucher" nicht viel zu "schwer" und damit irreführend dargestellt? Steht nicht die komplizierte Aufgabe des Lösens von Formulierungsproblemen zur Herstellung von Texten im Gegensatz zu der Tatsache, daß Texte ziemlich prompt und "massenweise" produziert werden? Ist aufgrund der hier angedeuteten Diskrepanz zwischen dem kognitiven Aufwand beim Problemlösen einerseits und dem "Massenausstoß" an Texten andererseits das ganze hier dargestellte Hypothesengebäude haltbar?

Der in diesen Fragen geäußerte zentrale Einwand kann dadurch entkräftet werden, daß auf verschiedene Entlastungs-Strategien hingewiesen wird, die das Lösen von Formulierungsproblemen umgehen oder je nach kommunikativen Zwecken erleichtern.

Dazu eine Vorbemerkung: Das (einmal weiter unterstellte) Lösen von Formulierungsproblemen ist in der Regel (122) an der Lösung übergeordneter Kommunikationsprobleme orientiert. D.h. FORMULIEREN ist normalerweise kein Selbstzweck, sondern ein - partiell verselbständigtes - Hilfsmittel zur Realisierung sprachlicher Kommunikation. In diesem Sinn sind Formulierungsprobleme funktional abhängig von zu lösenden Kommunikationsproblemen. Aus dieser Bestimmung folgt, daß die Art der Lösung von Formulierungsproblemen weitgehend abhängig ist von den sozial unterschiedlich definierten Anforderungen, die an kom-

---
121 Solche Probleme sind etwa in FLEISCHER/MICHEL (1977) und SOWINSKI (1973) detailliert dargestellt.
122 Die im Beispiel 7 auf S. 9 kritisierte Formulierung kann man als Ausnahme von dieser Regel betrachten.

munikative Handlungsweisen konventionell gestellt werden. Wie man hinsichtlich welcher Themen in welchen Situationen zu FORMULIEREN und zu INTERPRETIEREN hat, bemißt sich nach den in einer Gesellschaft geltenden Normen. Davon hängt auch der beim FORMULIEREN nötige Aufwand und die erforderliche 'textuelle Qualität' ab. Im Hinblick auf die konventionalisierten Standards beim FORMULIEREN (123) können beim Lösen von Formulierungsproblemen folgende Entlastungs-Strategien unterschieden werden: (Dabei ist zu beachten, daß die Entlastungs-Strategien Beschreibungskonstrukte sind; sie dienen zur Erklärung vereinfachter Problemlösung, sind also keine zu wählenden Handlungs-Strategien.)

Vorweg müssen zwei uneigentliche Entlastungs-Strategien genannt werden, nämlich das reproduzierende "Formulieren", das sich an "vorfabrizierten Äußerungen" (124) orientiert und das muster-orientierte FORMULIEREN. Zu letzterem zähle ich im Mikro-Bereich stilistische und die meisten rhetorischen Muster und im Makro-Bereich beispielsweise argumentative und narrative "Superstrukturen" (125), auf deren konventionellen Charakter immer wieder verwiesen wird (126). So unbestritten es ist, daß Argumentieren oder Erzählen erst auf der Basis dieser Muster (auch im Hinblick auf die Rezeptionserwartungen) beherrschbar wird - was in der Tat als Entlastung qua Konvention aufgefaßt werden kann - so fraglich bleibt, ob wir nicht doch bei der Linearisierung dieser Muster von der Annahme "Nicht-kategorischer Regeln" ausgehen müssen (127). Wenn man als selbstverständlich unterstellt, daß mit abnehmendem Innovationsgrad die Befolgung von Mustern (Regeln) bei der Textherstellung gegenüber dem Problemlösen eindeutig dominiert, so könnte man dieses (Problemlösen zulassende) muster-orientierte FORMULIEREN als erste echte Entlastungs-Strategie ansehen. Ein Spezialfall davon wäre das muster-koordinierende FORMULIEREN, wobei die Problemlösung hauptsächlich oder vollständig darin besteht, die verschiedenen Muster so zu realisieren, daß ein "stimmiger" Text daraus wird.

<u>Strategie der Anspruchsanpassung</u>: Bei der Beschreibung des Formulie-

---

123 Im Gegensatz zu den Formen REFLEKTIERTEN FORMULIERENs herrschen in der spontan gesprochenen Sprache andere Standards vor. Vgl. Kap. 5.
124 Vgl. S. 86 ff.
125 Vgl. VAN DIJK (1980:128 ff).
126 Vgl. VAN DIJK (1980:130).
127 "Das hat zur Konsequenz, daß die Linearisierungsstrategien für die Produktion von Texten keinesfalls als kategorische Regeln formuliert werden dürfen, deren Nicht-Anwendung als abweichendes Verhalten klassifiziert werden müßte. Daraus folgt weiterhin, daß jede Form der Regelformulierung, die nur sprachstrukturelle Gegebenheiten im Sinne einer strukturellen Beschreibung von abstrakten Form-Bedeutungs-Paaren berücksichtigt, mindestens für den hier zu beschreibenden Prozeß der Textproduktion als einzige Beschreibungsform inadäquat ist. Von diesen beiden Feststellungen führt nur noch ein Schritt zur Übernahme der LABOVschen Konzeption von kategorischen und variablen Regeln (...) auf die Ebene der Textproduktion, für die sie ursprünglich nicht entwickelt wurde." (KRAFT/NIKOLAUS/QUASTHOFF (1977:326)

rungsmodells könnte der Eindruck entstanden sein, daß von einem
idealen, d.h. hoch motivierten und vollständig rational handelnden
Menschen bei der Lösung von Formulierungsproblemen ausgegangen wird.
Für einen solch idealen Modell-Menschen hätte sich eine durch Computer-Simulation überprüfbare formalisierte Darstellung empfohlen.
Trotz sehr unterschiedlicher individueller Voraussetzungen der verschiedenen Formulierer geht es aber in dieser Theorie darum, die
Struktur der Handlungsweise FORMULIEREN unter der Annahme realistischer, d.h. relativ un-idealer Voraussetzungen zu beschreiben. Der
erste Grund hierfür liegt darin, daß die theoretische Modellierung
und die empirische Analyse noch korrespondierend aufeinander beziehbar bleiben müssen. (Ansonsten könnte die erwähnte Computer-Simulation die empirische Arbeit ersetzen.) Der zweite Grund liegt in der
Annahme begründet, daß der Formulierer in Abhängigkeit von seinen
Fähigkeiten und vor allem in Abhängigkeit von seiner Motivation Formulierungsprobleme lösen wird. D.h. er wird bei der Textherstellung
seine Problemlösebereitschaft und -fähigkeit an gewissen individuellen und eventuell sozialen Ansprüchen justieren. Daraus läßt sich
auch eine gewisse Nivellierung des Anspruchsniveaus für viele Formulierungsaufgaben ableiten.

Diese realistische Beschreibung von Problemlöse-Aufgaben ist von
dem Problemlösetheoretiker (und Nobelpreisträger für Ökonomie)
H. SIMON als Modell des "administrative man" beschrieben worden.
SIMON kritisiert die Annahme eines total rational entscheidenden
Menschen, der - so kann man hinzufügen - vollständig informiert und
motiviert ist und unbeschränkt viel Zeit zur Verfügung hat. Angriffspunkt ist genauerhin die Annahme,

> "daß der rational Entscheidende in der Lage sein sollte, seine
> Entscheidungsaufgabe vollständig zu erkennen, seine Wertvorstellung konsistent zu ordnen und auf dieser Basis die Handlungsalternativen mit der maximalen Zielerreichung auszuwählen. (...)
> Der idealistisch-normativen Denkweise der betriebswirtschaftlichen Entscheidungslogik hat Simon ein realistisch-deskriptives
> Modell des Menschen entgegengesetzt. Seine ernüchternde zentrale
> These lautet: Die geistigen Fähigkeiten des Menschen, seine Denkkapazität, sind so beschränkt, daß er nicht in der Lage ist, sich
> bei komplexen Entscheidungsaufgaben im entscheidungslogischen
> Sinne zu verhalten.
> Dementsprechend kann sich der Entscheidende immer nur eine vereinfachte Vorstellung seiner realen Entscheidungssituation aufbauen. Sie ist durch eine relativ kleine Zahl subjektiv wahrgenommener Annahmen über die Einflußfaktoren der Entscheidungsaufgabe geprägt. Der Entscheidende kann sich folglich nur im Rahmen
> seiner unvollständigen Erkenntnis <u>beschränkt</u> rational verhalten.
> (...)
> Neben der selektiven Erfassung der Entscheidungsprobleme folgt
> aus der begrenzten Denkkapazität des Menschen auch, daß er nicht
> die maximalen Ergebnisse für die typischen Entscheidungsaufgaben
> in der Unternehmung ermitteln kann. Der Entscheidende wird vielmehr nur solange nach Handlungsalternativen suchen und deren Konsequenzen beurteilen, bis er eine befriedigende Alternative gefunden hat. Dabei ist das befriedigende Zielniveau allerdings

nicht als konstant für alle Entscheidungen anzusehen. Entsprechend der in der Psychologie entwickelten Theorie der Anspruchsanpassung ist vielmehr davon auszugehen, daß der Mensch in Abhängigkeit von Erfolgen oder Mißerfolgen bei der Zielerreichung sein Anspruchsniveau herauf- oder herabsetzen wird. Dieses Modell des Menschen, der nur beschränkt rational handeln kann und statt maximaler lediglich befriedigende Zielerfüllung anstrebt, wird von Simon als Modell des administrative man bezeichnet." (128)

Auch wir müssen bei unserem "un-idealen" Sprecher/Schreiber davon ausgehen, daß er nur beschränkt rational Formulierungsprobleme löst und ebenso Entscheidungen über die Art und Weise seiner Textherstellung trifft. Dieser zwar idealisierte, aber nicht "ideale" Modell-Mensch unserer Theorie braucht Zeit, er variiert in Abhängigkeit vieler individueller, sozialer, kultureller, situativer etc. Faktoren sein Anspruchsniveau, er macht Fehler, versucht - soweit erforderlich - diese "auszubügeln", er strebt beim Problemlösen nicht immer nach maximaler, sondern den Umständen und Anforderungen entsprechend - nach befriedigender Zielerfüllung.

Strategie der Exothetisierung der Zwischenlösungen: Die für die empirische Analyse vielleicht wichtigste Entlastungs-Strategie beim Lösen von Formulierungsproblemen ist die textuelle Verbalisierung der verschiedenen Planungs- und Prüfstadien. Wie schon in 4.4 dargestellt, läßt sich der Aufwand für die Herstellung eines Textes (dadurch drastisch) reduzieren, daß die Problemlösungen für den zu formulierenden Text in überschaubare Schritte aufgespalten und diese verbalisiert werden. Anders ausgedrückt: Der Herstellungsprozeß wird in viele sukzessive Zwischenlösungen (Teilziele) zerlegt und diese gemäß unserem Formulierungsmodell als Texte repräsentiert. Konkret sieht diese Exothetisierung der Zwischenlösungen beispielsweise so aus: Wenn ich jemanden gegen einen Vorwurf verteidigen will (129), so brauche ich nicht unbedingt einen zieladäquaten Text zu planen, sondern kann mich, ausgehend von der fokalen Zielsetzung, auf irgend ein argumentatives Ziel konzentrieren, es textuell entfalten und danach weitere Argumente nachschieben. Möglicherweise wird dies keine elegante und durchkonstruierte Verteidigung, vielleicht verwickele ich mich auch in Widersprüche, wiederhole mich und merke erst am Schluß, daß ich das entscheidende Argument noch gar nicht genannt habe. Bei einer solch frei formulierten (130) Textherstellung brauchen immer nur wenige Formulierungsprobleme auf einmal gelöst zu werden. Diese Entlastung durch die Verbalisierung der Teilziele kann - und das ist gerade der Witz des Formulierungsmodells - dadurch kaschiert werden, daß man die ad-hoc-Verteidigung als "Planung" für einen rhetorisch eleganten Text auffaßt, der auf der Grundlage der präzisierten Formulierungsziele und der schon erarbeiteten Formulierungsvorschläge ebenfalls relativ einfach FORMULIERT werden kann. Damit erweist sich das scheinbar komplizierte Formulierungsmodell durch die darin vorgesehene sukzessive Vertextung der Zwischenlösungen zugleich als ein Modell, mit dessen Hilfe auch die relative Einfachheit des problemlösenden FORMULIERENs zu zeigen ist.

---

128 W. MÜLLER (1978).
129 Vgl. 4.4.2.
130 Vgl. Kap. 5.

Strategie der Routine: Auf diese schon mehrfach erwähnte Strategie braucht nur noch kurz eingegangen zu werden: Wenn individuelle Lösungen sich in einem Individuum als Lösungsmuster verfestigt haben, so daß Formulierungsweisen habituell - und bei sozial erfolgreichen Lösungsmustern - sogar typisch oder gar konventionell werden, dann handelt es sich in diesen Punkten nicht mehr um Problemlösen, sondern "nur" noch um "Aufgaben-Bewältigen" (131). Während beim Problemlösen etwas Neues geschaffen werden muß, spricht man von Aufgaben, wenn einschlägige Methoden (Regeln) zur Bewältigung von Anforderungen bereitstehen und sie dem Handelnden bekannt sind (etwa die Beherrschung der Grundrechnungsarten bei Erwachsenen). Die Umwandlung ursprünglicher Probleme in methodisch zu lösende Aufgaben kann mit der Annahme verbunden werden, daß zugleich eine "Verfahrensbibliothek" aus Heurismen angelegt wird (132). Routine bewirkt aber nicht nur Vereinfachung, sondern auch Entlastung: Die auf Routine beruhende Habitualisierung des Problemlösens und damit seine Ersetzung auf einer elementaren Ebene ist zugleich Voraussetzung für die Steigerung des Anspruchsniveaus und eine Erweiterung der Problemlösefähigkeiten auf höheren Ebenen.

Neben diesen Entlastungsstrategien gibt es im Hinblick auf die vereinfachte, aber auch auf die sich verkomplizierende Lösung von Formulierungsproblemen noch folgende Eigenschaften für Formulierungsvorschläge ("sprachliche Mittel") zu berücksichtigen (133):

- Wirkungsbreite
- Reversibilität
- Größe des Anwendungsbereichs
- Wirkungssicherheit
- materielle und zeitliche "Kosten" des Formulierungsvorschlags.

Sprachliche Mittel lassen sich nach ihrer Wirkungsbreite unterscheiden. Formulierungsvorschläge können beispielsweise bezüglich der Sach-Dimension unterschiedlich allgemein oder differenziert sein (man denke etwa an den Unterschied zwischen populärwissenschaftlichen und wissenschaftlichen Darstellungen). Hinzu kommen kann ferner eine soziolinguistische Komponente, wenn man auf unterschiedlich große oder exklusive Adressatengruppen abzielt. Aber auch wer "verklausuliert" redet oder schreibt, fällt unter diese Rubrik: Denn er versucht - aus sehr unterschiedlichen Gründen - die Wirkung seiner Formulierungen begrenzt zu halten, u.a. durch Gebrauch exklusiverer Sprachformen und vielleicht durch gezielte Verunklärung seiner Ausdrucksweise.

Im Hinblick auf die Unterscheidung von 'gesprochener Sprache' und Schriftsprache ist die Eigenschaft der Reversibilität von entscheidender Bedeutung. Ein Formulierungsvorschlag ist "reversibel, wenn man seine Effekte direkt oder indirekt wieder aufheben kann". Die weiteren problemlösetheoretischen Ausführungen sind direkt in eine Formulierungstheorie zu übernehmen:

---
131 Vgl. DÖRNER (1976:10).
132 Vgl. DÖRNER (1976:27).
133 Vgl. zu der ganzen noch folgenden Diskussion: DÖRNER (1976:21 ff).

"Wenn fast alle Operatoren eines Realitätsbereichs reversibel sind, so ist in diesem Bereich ein hohes Maß an *spielerischem Probierverhalten* möglich. Da man alles (ohne große materielle und zeitliche Kosten) rückgängig machen kann, kann man sich langwierige und mühselige Vorausplanungen ersparen und die Dinge einfach einmal ausprobieren. In einem solchen Fall kann der Problemlöseprozeß ganz anders aussehen als bei geringerer Reversibilität der Operatoren. Es wird nicht nur allein mehr Handeln von Innen nach Außen verlegt werden können, sondern man kann auch die gesamte Problemlösung viel breiter angehen als bei geringerer Reversibilität, wo man - eben auf Grund der Irreversibilität - gezwungen ist, sich auf einen Handlungsstrang festzulegen, sich für eine Möglichkeit zu entscheiden." (134)

Der Anwendungsbereich eines Formulierungsvorschlags ist groß, wenn seine Anwendung nur an wenige oder keine Bedingungen geknüpft ist. D.h. beispielsweise, daß die Lösung eines Formulierungsproblems umso einfacher wird, je weniger textsortenspezifische, situative, stilistische (Kontext-) Bedingungen berücksichtigt werden müssen. Wer positive Bewertungen - um einen Extremfall zu skizzieren - nur mit dem Ausdruck "*Spitze*" vornimmt, kann sich natürlich aufgrund des großen Anwendungsbereichs dieses Ausdrucks jedes weitere Problemlösen in dieser Hinsicht schenken.

Formulierer verfügen im allgemeinen über eine ungefähre Kenntnis der Wirkungssicherheit ihrer Formulierungsvorschläge. Man weiß beispielsweise, welche erwünschten oder unerwünschten Assoziationen bestimmte Ausdrücke bei Adressaten hervorrufen können, d.h. welche Formulierungen risikoreicher oder -ärmer sind.

Schließlich muß auch auf die materiellen und zeitlichen "Kosten" des FORMULIERENs verwiesen werden. Wer über unbegrenzt viel Zeit beim FORMULIEREN verfügte, der könnte in jedem Fall die voraussichtlich beste Lösung zu finden versuchen. Bekanntlich ist es aber so, daß ab einem gewissen Punkt - nach einer intuitiven "Kosten-Nutzen"-Analyse - der Versuch, noch bessere Texte herzustellen, wegen eines zu großen Aufwandes abgebrochen werden muß.

4.6 Exemplarische Analyse einer Textherstellung

Auf der Basis der erarbeiteten Theorie soll nun eine Textherstellung exemplarisch analysiert werden. Materialgrundlage ist der von S. 21 bis S. 31 abgedruckte Textherstellungstext ("Kommissionsgespräch"). "Exemplarisch" soll dabei heißen: Aufgrund des Material-Problems, geeignete Textherstellungstexte zu gewinnen, wird hier nur ein Beispiel dargeboten. Die Analyse dieses Beispiels ersetzt natürlich nicht eine breite empirische Erforschung des FORMULIERENs in all seinen Spielarten. Erst sie böte die Voraussetzung für eine Modifikation (partielle Falsifikation) (135) und für eine Ausgestaltung

---
134 DÖRNER (1976:22).
135 Zum Begriff der 'Falsifikation' im Rahmen von Forschungsprogrammen vgl. LAKATOS (1974).

der Theorie des Formulierens. "Exemplarisch" heißt aber auch, daß hier ein Beispiel für die empirische Erforschung des FORMULIERENs gegeben werden soll, d.h. dieses Beispiel soll paradigmatische Funktion (im Sinne T.S. KUHNs) haben.

Gemäß der anfangs umrissenen Zielsetzung (S. 33 ff) geht es im folgenden nicht um die letztlich folgenlos bleibende Rekonstruktion einer konkreten Textherstellung. Vielmehr steht hinter der Analyse konkreter Formulierungsprobleme und deren Lösung die Explizit-Machung und Erweiterung unserer (theoretischen) Kenntnisse über die Struktur der Handlungsweise FORMULIEREN. Insbesondere geht es um ein verallgemeinerungsfähiges und typisierbares Bild von textsorten-, situations- und gruppenspezifischen Formulierungsproblemen und deren Lösungsstrategien.

Mit dieser Zielbestimmung entkommt man einem methodischen Problem, das sich so umschreiben läßt: Wenn Texte als komplexe Problemlösungsresultate aufgefaßt werden, der Begriff 'Problem' aber relativ zu individuellen Fähigkeiten bestimmt wird, wie kann dann ein Analysator vor Routiniers sicher sein, die Texte im Sinne des Aufgabenbewältigens herstellen. Dieser Fall wird praktisch kaum vorkommen, denn die Einsetzung eines Formulier-Kollektivs ist dann kaum sinnvoll, wenn ein einzelner Formulierer die gestellten Aufgaben mühelos bewältigen könnte. Die Möglichkeit, nicht manipulierte Textherstellungstexte zu gewinnen, ist im allgemeinen an eine spezifische Problemsituation beim FORMULIEREN gekoppelt.

Angesichts der weitreichenden Zielsetzung stellt sich natürlich die Frage, ob eine umfassende empirische Analyse von Formulierungsproblemen und deren Lösung, die fortschreitend nach Textsorten, Situationen und Gruppen differenziert werden sollte, über ihre rein theoriebezogene Aufgabe hinaus begründet werden kann. Anders ausgedrückt: Welche Relevanz hat eine umfassende Untersuchung konkreter Textherstellungen und welchen Sinn hat die dazu nötige Erarbeitung von Textherstellungstexten?

Ich möchte nochmals auf drei theorie-interne Gründe hinweisen: Es scheint wichtig, daß wir mehr über die Frequenz und Distribution von Formulierungsproblemen in diversen Bereichen erfahren und damit verbunden über die Art und Weise, wie Probleme gesehen, gestellt und gelöst werden. Erst damit kann anschaulich konkretisiert werden, welche formulative Leistung beim Textherstellen erbracht wird. Ferner lassen sich kommunikative Strategien wohl nirgends besser analysieren, als anhand ihrer qua Herstellung greifbaren Genese. Schließlich kann das Zusammenspiel von regelgeleitetem und problemlösendem Handeln, von Konvention und Innovation empirisch wohl nur bei der Analyse des FORMULIERENs untersucht werden.

Bei den theorie-externen Gründen möchte ich auf Vorteile für die Textlinguistik und vielleicht auch für die Psycholinguistik bzw. Sprachpsychologie nur pauschal verweisen: Überall dort, wo es nicht ausreicht, daß fertige Resultate nachträglich analysiert werden, bietet sich das Studium der Genese von Texten anhand eines wünschenswerten Korpus von Textherstellungstexten an. Diese Berücksichtigung des Produktionsaspekts, wie in der Textlinguistik mehrfach gefordert (136), würde bereits die Erarbeitung eines Korpus von Textherstellungstexten rechtfertigen. Aber es gibt noch zwei weitere wichtige Punkte:

Die in den Textherstellungstexten manifestierten Debatten über das Für und Wider von Formulierungszielen und Formulierungsvorschlägen, der damit verbundene Zwang zur Explizierung von Positionen stellen einen hervorragenden methodischen Weg dar, um Einblick in das Alltagswissen über sprachliche Kommunikation zu gewinnen. Gegenüber dem analysierenden Zugang auf der Basis fertiger textueller Resultate bieten Textherstellungstexte die Möglichkeit, von Individuen selbst expliziertes Alltagswissen vermittelt zu bekommen. Die Explizierung des Alltagswissens aufgrund des Zwangs zum kollektiven FORMULIEREN ist unter sprachwissenschaftlichem Interesse besonders für die Beschreibung und Erforschung sprachlicher Wirkungen (137) zentral. Die explizite, oft kontroverse Beurteilung textueller sprachlicher Wirkungen durch ein Kollektiv scheint gewisse Vorteile gegenüber der rezipienten-orientierten Wirkungsforschung aufzuweisen. Denn hier können textuelle Wirkungen nur global bezogen auf den gesamten Text (nicht aber auf bestimmte Formulierungen hin differenziert) "gemessen" werden, und bei dieser "Messung" kann systematisch nicht zwischen der textuellen Wirkung und der Interpretation dieser Wirkung durch Rezipienten unterschieden werden. - Beim FORMULIEREN werden zwar auch textuelle Wirkungen im Hinblick auf Rezipienten diskutiert, aber aus dieser Perspektive lassen sich Wirkungen und Reaktionen auf Wirkungen getrennt halten. Hinzu kommt, daß nicht nur die Wirkung des ganzen Textes beurteilt werden kann, sondern auch die antizipierte Wirkung einzelner Formulierungen. Methodisch wichtig ist noch der Hinweis, daß die explizite Beurteilung textueller Wirkungen im Rahmen der Textherstellung "natürlich" ist, d.h. die bei Rezipienten zu unterstellende Verzerrung der "Meßergebnisse" aufgrund der Explizit-Machung der Reaktionen auf textuelle Wirkungen entfällt bei der formulierungs-orientierten Analyse.

Die Erarbeitung und Erforschung von Textherstellungstexten hat auch didaktische Relevanz. Die Betrachtung von Textherstellungstexten stellt für Schüler (und Studenten) eine zugleich anschauliche, unmittelbare und praxisbezogene Methode dar, um FORMULIEREN im statu nascendi zu studieren. Ein besonderer Vorteil scheint mir dabei darin zu liegen, daß nicht nur die gemeinsam ausgehandelten Absichten qua Diskussion explizit gemacht werden, sondern daß anhand des hergestellten Textes auch überprüft werden kann, ob und inwieweit diese Absichten in den Augen der Schüler auch eingelöst wurden. D.h. Schüler können sich bis zu einem gewissen Grad als Mit-Diskutanten verstehen. - Das Studium von Textherstellungen in Schule (und Universität) scheint angesichts des auch in Deutschland be-

---

136 Vgl. 4.1.1.
137 Daß die Erforschung sprachlicher Wirkungen ein legitimes Ziel der Sprachwissenschaft sei, unterstreicht COULMAS (1977:96 f), vgl. dazu auch die Darstellung über die 'Sprachwirkungsforschung' in VAHLE (1975).

merkten Phänomens von "illiteracy" (138) nicht ganz überflüssig zu
sein: Unter dem Einfluß des Fernsehens in Verbindung mit rationellen
Prüfungsverfahren ("multiple choice", Vervollständigen vorformulierter Antworten) soll bei Schülern (und Studenten) in den USA eine zunehmende "Schreibschwäche" zu beobachten sein, die sich besonders in
der Unfähigkeit zeigt, zusammenhängende mündliche oder schriftliche
Texte zu produzieren. Obgleich diese Verhältnisse nicht übertragbar
sind, scheint sich - glaubt man den zunehmenden Klagen von Lehrern -
auch bei uns eine gewisse Unsicherheit bezüglich der Herstellung
zusammenhängender Texte breit zu machen. Wie dem auch sei: Die zweitbeste Methode, um FORMULIEREN zu lernen, ist - neben der Praxis des
FORMULIERENs selbst - das Studium von kollektiv betriebener Textherstellung.

Nach diesen Bemerkungen zur Relevanzfrage bezüglich der Erarbeitung
und Analyse von Korpora mit Textherstellungstexten nun zur Analyse
des "Kommissionsgesprächs", das in intuitiv segmentierte Textpassagen gegliedert ist:

(1)
Der Vorstand I verliest zu Beginn die beiden ersten Sätze der Vorlage ("Anfangszustand"), die die Grundlage für die nachfolgende Umformulierung bilden:

I   (liest vor:)
Hauptseminare sind die wichtigste Stufe der wissenschaftlichen Ausbildung
können wir wohl weglassen, hm?

II   (ironisch:)
ist ein bedeutender Satz

I   aber jetzt: *Gegenstand eines Hauptseminars ist - ebenfalls
in ständigem Dialog mit dem Dozenten - die vertiefte Erschliessung eines Teilgebiets sowie die Entfaltung seiner sachlichen
und methodischen Problematik*

III das ist doch grad überflüssig

II   da sind einige rhetorische Figuren offenbar drin/ dieser ganze
Text ist das, was man einen persuasiven Text nennt, glaube ich
(Lachen)

Das Ergebnis des am ersten Satz der Vorlage ansetzenden Prüfprozesses ist eindeutig negativ. Damit ist dieser als "unerwünschter Anfangszustand" gemeinsam festgestellt. Die ironische bis spöttische
Ablehnung, die - wie das Lachen anzeigt - offensichtlich von allen
Mitgliedern der Kommission geteilt wird, verhindert allerdings eine
explizite Nennung der Ablehnungsgründe. Immerhin gibt II in seiner
zweiten Bemerkung einen Hinweis darauf, wo diese Gründe zu suchen
sind: Seiner Meinung nach liegen sie in einer offenkundigen Inad-

---

138 Vgl. den nicht ganz tendenzfreien Artikel von Ch. BRINCK:
"Der Ausverkauf der Sprache. Warum Johnny nicht schreiben kann.
Gründe und Folgen der zunehmenden Schreibschwäche amerikanischer Schüler und Studenten." (ZEIT v. 28. März 1980. S. 43)

äquanz der Sätze begründet, wenn man einmal annimmt, daß "rhetorische Figuren" bzw. ein "persuasiver Text" nichts in einer Definition von Hauptseminaren zu suchen haben. Diese Inadäquanz - so kann man zu Ende denken - bezieht sich also zumindest auf die globale Zielsetzung ("Herstellung eines justiziablen Textes") und in Verbindung damit auf die textsortenspezifische Anforderung, einen Definitions-Text herzustellen. Wenn man annimmt, daß sowohl die globale Zielsetzung als auch die textsortenspezifische Anforderung mit der wertenden bis präskriptiv interpretierbaren Formulierung ("soll *wichtigste Stufe der wissenschaftlichen Ausbildung* sein") nicht erfüllt werden kann, ja geradezu inkompatibel mit diesen Forderungen erscheint, so wird klar, was hinter dieser Ablehnung steht. Halten wir fest: Wir haben es hier mit einem qua Prüfprozeß konstituierten Formulierungsproblem zu tun, das sich bezüglich seiner strukturellen Barriere aus der Differenz zwischen einem vorliegenden Formulierungsvorschlag und bestimmten globalen d.h. textsortenspezifischen Anforderungen ergibt.

Die Lösung dieses Problems führt nicht zu der Erarbeitung von Formulierungsvorschlägen, sondern zunächst zur Eliminierung des schon hergestellten Textteils. Da dies aus textsortenspezifischen Gründen erfolgt, läßt sich dieses Formulierungsproblem unter dem Typus "Probleme der Textorganisation" subsumieren.

Die durch den Prüfprozeß erfolgte Eliminierung stellt nun aber die Verfasser vor das Problem, einen eigenen, begründbaren Konstruktionsvorschlag auf dem Hintergrund des durch die Prüfung vorstrukturierten Problemraums zu machen:

III im ersten Satz gehts doch entsprechend dem *Proseminar* / also wir müssen mal erst festlegen, daß Hauptseminare dem Hauptstudium zugeordnet sind

I ja, ah ja!

III ja nicht? das ist schlicht der erste Satz, der kommen muß, ja?

Diese von III vorgenommene Eingrenzung des Formulierungsziels orientiert sich an einem Formulierungskriterium, das sich so umschreiben läßt: "Gestalte jene Textstellen gleich, die inhaltlich und/oder formal analoge Struktur aufweisen". Dieses Analogie-Postulat stellt nicht nur ein Konstruktionskriterium dar, sondern mit der Befolgung dieses Postulats wird auch die Gefahr vermindert, daß bei rein zufälligen formulativen Unterschieden in bezug auf analoge Textstellen Interpretationen provoziert werden, die gerade an dem scheinbar intendierten Unterschied ansetzen.

Betrachten wir unter dieser Prämisse den Text genauer: In bezug auf Proseminare wurde formuliert: *Proseminare sind für Studenten vornehmlich des Grundstudiums gedacht.* Entsprechend muß man - dem Analogie-Postulat folgend - auch bei Hauptseminaren eine Zuordnung "Hauptseminar zu Hauptstudium" vornehmen. Wie sich im Fortgang der Textherstellung zeigt, entsteht mit der Etablierung des Analogie-Postulats ein die weitere Textherstellung präjudizierender Zwang (im Sinn der DÖRNERschen "Anreicherung der Zwänge"). Denn alle Formulierungen müssen nun, wenn irgend möglich, gleich gehalten werden. Abweichungen können dann natürlich nur mehr als gezielt interpretiert werden, was die Verfasser wiederum vor das globale Problem stellt, eine sorgsame Parallelisierung zwischen den verschiedenen Definitionen herzustellen. Dieses globale Formulierungsproblem ist - da es aus Anforderungen der Textsorte resultiert - ebenfalls dem Typ "Probleme der Textorganisation" zuzuordnen.

(2)
Die Globalität des Analogie-Postulats zeigt sich nun daran, daß rückwirkend der "Proseminar"-Text leicht verändert wird, um ihn der Formulierung des "Hauptseminar"-Textes anzugleichen: Aus *Proseminare sind für Studenten vornehmlich des Grundstudiums gedacht* wird der Satz: *Proseminare sind für Studenten vornehmlich im Grundstudium gedacht*. Entsprechend dieser Änderung wird nun der Anfang des "Hauptseminar"-Textes konstruiert: *Hauptseminare sind für Studenten im Hauptstudium gedacht*. Dagegen erhebt sich Einspruch:

IV ist das *gedacht* nicht ein bißchen zu schwach?
III wieso eigentlich *gedacht?* eben!
V   na ja *gedacht*/ die Veranstaltung ist doch ... (Störung durch Lärm) ... daß vielleicht sonst jemand, der sich eben dort schon länger mit beschäftigt, vielleicht auch reinhören darf
III *bestimmt!*
I   ja, ich mein, ich glaub, das sollte dann eine interne Regelung sein - die man jetzt also nicht in die Definition des Veranstaltungstyps reinnimmt/ daß da kein Mensch im Prinzip wohl etwas dagegen hat, wenn so etwas dann geschieht - das - das wär dann wohl Praxis/ aber nicht etwas was dann festzulegen wär
V   na dann kann man auch die Formulierung *gedacht* wählen
I   ja gut - dann -: ... *werden für Studenten im Hauptstudium angeboten*
V   kann man auch sagen, noch besser
I   *werden* dann *angeboten* - - und das oben analog: *Proseminare werden für Studenten vornehmlich im Grundstudium angeboten*.

Die Formulierung *gedacht* wird als zu schwach und danach als generell inadäquat in Zweifel gezogen. Die daraufhin vorgeschlagene Alternative *bestimmt* provoziert den Einwand des Studentenvertreters V, der offenbar den ausschließenden Charakter dieses Wortes fürchtet. Er möchte auch für sachkompetente Studenten des Grundstudiums den Besuch von Hauptseminaren offenhalten und dies auch zum Ausdruck bringen. I ist zwar in der Sache mit V einer Meinung, bestreitet aber, daß dies in eine Definition hineingehöre. Erst als ein neutrales (und klareres) Wort gefunden wird (*angeboten*), ist dieser mögliche Konfliktpunkt entschärft. Die gefundene Formulierung zieht wiederum entsprechende Konsequenzen für den "Proseminar"-Text nach sich.

Diese Passage ist ein Beispiel dafür, wie durch bestimmte Lösungen

neue Formulierungsprobleme provoziert werden, aber auch, wie sie
durch geschickte Wahl anderer Formulierungsvorschläge wieder entschärft werden können. Überspitzt könnte man sagen: Es kommt nicht
nur darauf an, Formulierungsprobleme zu lösen, sondern auch sie zu
umgehen. Ein Spezialfall dieser Methode zeigt sich vor allem im politischen Bereich, wenn versucht wird, Formulierungen zu finden, die
"keinem weh tun", bzw. "auf die sich alle einigen" können.

Betrachten wir die Stelle noch ein bißchen genauer: Daß in Formulierungen bestimmte Interessen eingehen, ist eine ziemlich triviale
Feststellung. Interessanter ist schon der Fall, wenn inhaltliche
und formale Zielsetzungen inkompatibel oder gar inkommensurabel ge-
geneinanderstehen, wie dies in dem zitierten Ausschnitt vorkommt:
Der Student verfolgt im Einklang mit seiner hochschulpolitischen
Interessenlage bestimmte inhaltliche Ziele, wenn er durch die entsprechende Wahl von Formulierungen bestimmte Interpretationsspiel-
räume offen halten will. Der vorsitzende Professor ist zwar inhaltlich gleicher Meinung, aber er hat primär den Textsortenaspekt "Definition" im Auge. Aus diesem formalen Grund sträubt er sich gegen
den Vorstoß des Studenten. Es ist aber sicher nicht überzogen, wenn
man noch einen zweiten Grund von I konstatiert: Sein Hinweis, inhaltliche Spezialfälle der jeweiligen Praxis zu überlassen, resultiert offensichtlich aus dem begründeten Vorbehalt, den Detaillierungsgrad nicht zu hoch anzusetzen. Anders ausgedrückt: Wenn man in
einer solchen Definition alles regeln wollte, was möglicherweise zu
regeln wäre, würde eine so geartete Kasuistik den zu formulierenden
Text sprengen. Insofern läuft die Weigerung von I auf die Kunst des
Weglassens von Überflüssigem hinaus. Damit zeichnet sich hier ein
komplexes, obendrein globales Formulierungsproblem ab, das als eine
Überlagerung von 'Problemen der Textorganisation' durch 'Probleme
der Verständnisbildung' bestimmt werden könnte.

(3)
Daß das FORMULIEREN nicht nur aus Konstruktionsvorgängen, sondern
ebenso aus Prüfvorgängen besteht, erhellt nochmals eine Episode
am Schluß der Herstellung des ersten Satzes. Im Anschluß an die Äußerung von I (oben) kommt es zu einer Konfusion um den Bezug von *vornehmlich*:

V   *vornehmlich für Studenten?*

III   *vornehmlich für Studenten!*

I   . nee! *vornehmlich im Grundstudium!* d.h. daß sie eben außerdem
    noch im Hauptstudium ... (undeutlich)

Wenn man unterstellt, daß V und III "Studenten" nicht in Kontrast
zu Hausfrauen, Rentnern etc. setzen wollen, sondern meinen: "vornehmlich für Studenten im Grundstudium" (im Gegensatz zu Studenten
im Hauptstudium), dann haben sie die präzisere Formulierung gewählt
(so ist dies auch in einer späteren Version abgeändert worden).

Nach dieser Episode "steht" endlich der erste Satz. Den Prozeß des
Umformulierens möchte ich durch die Kontrastierung von "Ausgangs-
Satz" und "End-Satz" mit der Zwischenstation des 1. Satzes des

"Proseminar"-Textes zusammenfassend nebeneinanderstellen:

"Ausgangszustand": *Hauptseminare sind die wichtigste Stufe der wissenschaftlichen Ausbildung*

"Zwischenstation": *Proseminare werden für Studenten vornehmlich im Grundstudium angeboten*

"Endzustand": *Hauptseminare werden für Studenten im Hauptstudium angeboten*

Man sieht es dem "harmlosen" "Endsatz" nicht an, welchen "Weg" er zurückgelegt hat. Am isoliert betrachteten Resultat ist nicht abzulesen, welche Probleme gelöst, welche Kriterien beachtet und entwickelt, und welche Widersprüche beseitigt worden sind. Dies ist - wenn auch nicht so deutlich wie im ersten Satz - ebenfalls in den nächsten Sätzen zu zeigen:

(4)
Nachdem der erste Satz wesentlich unter Beachtung des Analogie-Postulats konstruiert wurde, unterstreichen nun I und III, daß man auch den zweiten Satz konsequent nach diesem Kriterium herstellen müsse:

    (PAUSE)

I   (liest den nächsten Satz)
wir können hier natürlich jetzt auch analog verfahren wie oben - da haben wir immer mit: *in ihnen* gesagt

III im Grunde müßte man ja eine Formulierung finden die zum Proseminar in gewisser Weise analog ist - und nur das Anspruchsniveau differenziert ist - nicht?

I   ja, genau, ja - das hieße -: *in ihnen* oben hieß es: *In ihnen werden Teilgebiete gemeinsam durch Diskussion und Diskurs erarbeitet/* das mein ich, das könnte man im Prinzip so lassen - dann müßte jetzt also die differentia specifica da rein

    (PAUSE)

Aufgrund dieser klaren Problemstellung ergeben sich fast von selbst zwei - wenn auch auf verschiedenen Ebenen gelagerte - Lösungsstrategien:

1. Im Bereich der "Mittelwahl" muß mit *"in ihnen"* analog angeschlossen werden.
2. Die Parallelisierung erfordert für das Hauptseminar eine sachlich begründete differentia specifica, die die unterschiedlichen "Anspuchsniveaus" differenzieren soll.

(5)
Nachdem mit dem Stichwort "Anspruchsniveau" das Ziel in etwa bestimmt ist, ist die Bereitstellung und Suche nach entsprechenden Formulierungen vorgezeichnet. In diesem Moment tritt wieder der Studentenvertreter V auf den Plan. Ihm geht es bezüglich des Stichworts darum, die Ansprüche an die Studenten zu begrenzen. Daher übernimmt er -

taktisch geschickt - die entsprechend aus der Vorlage stammende Formulierung und koppelt sie mit der Studenten und Dozenten gleichermaßen verbindenden "Verfahrensweise" (*mit Diskussion und Diskurs*) aus dem "Proseminar"-Text. Dies sieht dann so aus:

V   ja - können wir doch sagen: *vertiefte Erschließung eines Teilgebiets -- und seiner sachlichen und methodischen Problematik/* und ansonsten die Verfahrensweise wieder übernehmen - von oben da - ich glaube schon, daß man da nochmals darauf hinweisen sollte, daß das die Verfahrensweise ist

I   (schreibt und liest laut mit:)
In ihnen werden durch vertiefte Erschließung Teilgebiete gemeinsam undsoweiter erarbeitet

V   ja, mit *Diskussion und Diskurs*

I   ja, ja is klar/ aber dann wäre die differentia specifica dann die *vertiefte Erschließung*? hm? oder müßte man das nicht vielleicht doch etwas weniger metaphorisch formulieren?

IV   es klingt so nach Ölbohren

II   die Hauptseminare sind ein Teilgebiet der Nordsee
(Lachen)

I   ich wollte grad sagen (Lachen) ... als ob in der Nordsee nie die vertiefte Erschließung stattgefunden hätte

(Lachen, Palaver, Unruhe)

Wahrscheinlich würde es die Phantasie der meisten von uns übersteigen, für die von II gemachte Äußerung: "die Hauptseminare sind ein Teilgebiet der Nordsee" einen sinnvollen Kontext bzw. eine sinnvolle Situationszuschreibung zu liefern. Obwohl humorvoll gemeint, ist dieser Satz in diesem Formulierungskontext keineswegs sinnlos, unterstreicht er doch - wie die Äußerung von IV -, daß *vertiefte Erschließung* offenbar zu assoziationsträchtig ist. Dies ist insofern bemerkenswert, als diese Formulierung in der Vorlage enthalten ist und anfangs auch "ernsthaft" von I und IV übernommen wurde. Wie läßt sich diese mit "Spätzündung" stimulierte Heiterkeit erklären? Eine die Verbindung *vertiefte Erschließung* isolierende Betrachtensweise kommt m.E. ebensowenig in Frage, wie eine Erklärung, die mit dem Begriff der mangelnden (stilistischen) Adäquatheit operiert (Wie könnte sonst diese Ausdrucksverbindung in der Vorlage auftauchen?). Eine Erklärung muß wohl in folgender Richtung gesucht werden:

"... das Erfassen der Bedeutung eines Wortes, sein 'Verstehen' involviert das aktive Anlegen von Schemata an das zu analysierende Wort, das Projizieren von Verstehensmöglichkeiten auf dieses Wort, das aktive 'Ansprechen' dieses Wortes durch vom Hörer an es herangetragene Verstehensmöglichkeiten; wir haben diesen Vorgang schon beschrieben, als wir von der Verwandtschaft zwischen Wahrnehmen und Verstehen sprachen. Ein Wort ist verstanden, wenn dieses aktive Ansprechen, das mehr ist als bloß passive Resonanz (denn der Hörer kann, wie wir noch erfahren werden, verschiedene Schemata nach Wahl anlegen),

sozusagen ein Echo aufklingen läßt, wenn das projizierte
Schema 'paßt'." (139)

(6)
Nachdem die *vertiefte Erschließung* als Kandidat für die differentia
specifica ausgeschieden ist, begibt man sich nun auf die Suche nach
entsprechend anderen Formulierungen. Vorgegeben ist zunächst nur
die Einleitung: *In ihnen:*

I   ich glaub -: *speziellere Teilgebiete?*

III   ist ja das alte Problem!

I   ja ja *durch Diskussion und Diskurs ...* (Störung)
methodisch und sachlich/ -ja- *anspruchsvoller* kann man nicht
sagen -- *in intensiverer Form/* oder könnte man vielleicht
sagen: *methodisch und sachlich intensiviert erarbeitet?*

Diese von I vor sich hin gemurmelten Äußerungen können durchaus als
"lautes Denken" interpretiert werden und geben recht anschaulich die
für das FORMULIEREN so charakteristische Suchhandlung mit Prüfung
und Korrektur wieder. Es ist also keineswegs ein bloßes Wählen zwischen präsenten Alternativen.

V   das ist aber auch metaphorisch

II stimmt auch nicht

I   richtig !! das ist ja ... (Störung)

II ja, ... daß es schwierig ist, die Hauptseminare von den Proseminaren abzuheben -- außer vielleicht durch den sachlichen
Hintergrund

I   ja, deshalb hätt ich da gesagt: *spezieller* also *um speziellere Teilgebiete*

II stimmt auch nicht

Der Anfang dieser Passage ist dadurch gekennzeichnet, daß I mit
seinen Vorschlägen keine Resonanz findet (bei V und II), den Mißerfolg seiner Suche konstatiert (richtig!!) und durch Rückgriff auf
speziellere Teilgebiete sich im Kreise zu drehen beginnt. In die
allgemeine durch lange Pausen und zurückhaltendes Sprechen gekennzeichnete Ratlosigkeit "platzt" folgender Vorschlag, der die Diskussion wieder "flott" macht:

VI man könnte vielleicht auf die Eigenständigkeit, die der
Student bei der Arbeit hat, hinweisen - weil das in meinen
Augen schon mal eine Abhebung von den Proseminaren ist

III bei den Anforderungen an die Studenten käme das aber erst!

II ja, vielleicht ist das aber auch die einzige Spezifizierung,
die gegenüber den Proseminaren gelingt - bei den Anforderungen gegenüber den Studenten

           (PAUSE)

---
139 HÖRMANN (1976:148).

Es ist kein Zufall, daß in die diagnostizierte Ratlosigkeit, in der offensichtlich bei den direkt Beteiligten der Blick für alternative Möglichkeiten schon verbaut ist, der weiterführende Vorschlag von einer Studentin (VI) kommt, die bislang noch keinen Beitrag geliefert hat. Offenbar haben sich insbesondere I und II "verrannt" oder "sehen den Wald vor lauter Bäumen nicht". Dies ist ein Spezialfall der in der Problemlösetheorie diskutierten Phänomene von "Blindheit des Fachmanns" (140). Die ganze Passage liest sich obendrein als Beispiel für eine "taktische Ratlosigkeit" (141), die dadurch charakterisiert ist, daß den Handelnden keine weiteren Operationen für existierende Absichten mehr zur Verfügung zu stehen scheinen (142). Die Studentin durchbricht das fruchtlose Suchen nach einer sachlich angemessenen Formulierung der diferentia specifica und formuliert die Problemstellung neu. Sie geht also von der Suche nach einer geeigneten Lösungsstruktur auf die zugrundeliegende Problemstellung zurück. Nachdem dies erkannt und akzeptiert ist (durch II), gelangt man jetzt sehr rasch zur Ausformulierung des zweiten Satzes:

I   hm, hm - also: *durch Diskussion* undsoweiter *erarbeitet*

III   *im Proseminar erarbeitet*

I   *auf der Basis der im Proseminar erarbeiteten Fähigkeiten*

III   *und Kenntnisse*

I   (wiederholt)
       Fähigkeiten und Kenntnisse

III   oder: *im Grundstudium* sogar

I   ja gut - das ist doch gut!
        (PAUSE)

I   *(In ihnen werden) Teilgebiete gemeinsam durch Diskussion und Diskurs auf der Basis der im Grundstudium erworbenen Fähigkeiten und Kenntnisse erarbeitet*

Dieser zweite Satz, der in einer sich gerade überstürzenden Koproduktion von I und III hergestellt wurde, unterscheidet sich von dem entsprechenden "Proseminar"-Satz nur in den Anforderungen an die Studenten: *auf der Basis der im Grundstudium erworbenen Fähigkeiten und Kenntnisse*. Zum Kontrast sei nochmals der zweite Satz der Vorlage zitiert: *Gegenstand eines Hauptseminars ist - ebenfalls in ständigem Dialog mit dem Dozenten - die vertiefte Erschließung eines Teilgebietes sowie die Entfaltung seiner sachlichen und methodischen Problematik.*

(7)
Nachdem der zweite Satz fertig ist, macht III aus der Warte des Mittelbaus belustigt auf eine Konsequenz der Definition aufmerksam:

III   (belustigt)
       das schlägt natürlich zurück, nicht? wehe, wir bringen jetzt

---

140 Vgl. DÖRNER (1976:24).
141 DÖRNER (1974:169).
142 DÖRNER (1974:175).

>
> den Studenten nicht diese Kenntnisse und Fähigkeiten
> bei, nicht - wenn's jetzt im Hauptstudium schlecht läuft,
> dann ist das Grundstudium dran schuld
>
> II (humorvoll)
> das war schon immer so
>
> I (Professoren karikierend:)
> nicht?! was habt ihr eigentlich im Proseminar gemacht?
>
> (Lachen)

Diese Episode läßt sich als ein typisches Beispiel für das Entdecken von Nebenwirkungen von Formulierungen verstehen ("Schuß nach hinten"); Nebenwirkungen, die fast immer a posteriori oder - was weit gefährlicher sein kann - überhaupt nicht von Handelnden entdeckt werden.

(8)
Nach dieser Abschweifung muß der Vorsitzende I wieder den "roten Faden aufnehmen", was er dadurch tut, daß er auf Bitten den gesamten bisher erarbeiteten Text nochmals vorliest. Daran anschließend versuchen III und V die sachliche Differenz von Pro- und Hauptseminar weiter zu entwickeln, wobei sie wieder auf die alten Formeln zurückgreifen. Das führt zu einem neuen Problemtyp:

> V ja, und man könnte an *vertiefte oder intensive Erschließung/ an intensive Arbeit* denken - *vertiefte Arbeit*
>
> III ... *und sich dabei die methodische Problematik entfaltet*
>
> I da könnt' man jetzt vielleicht jetzt -
>
> II das ist ja arg viel auf einmal
>
> I ja da könnt' man vielleicht doch 'nen neuen Satz sagen
> (Lachen), der noch auf die Seite draufgeht/

Wie man sieht, stellt sich ein stilistisch-ästhetisches Problem, nämlich was und wieviel man "in einen Satz hineinpacken soll". Zwar gibt es dafür keine operationalisierbaren Kriterien, doch gilt hier wohl das intuitive Kriterium der "Ausgewogenheit" (was immer das konkret sein mag). Die Reaktion von I am Schluß zeigt jedenfalls, daß stilistisch-ästhetische Probleme relativ schnell und klar erkannt werden, obwohl vorweisbare Kriterien offenbar fehlen.

(9)
Bei der endgültigen Herstellung des dritten Satzes entsteht zum Schluß ein typischer Konflikt zwischen "sachlichen" und "stilistischen" Formulierungskriterien:

> I aber - doch! - *Dabei - Dabei wird die sachliche und methodische Problematik des Gegenstandes* ja - *entfaltet* is ja vielleicht ein bißchen metaphorisch, aber irgendwo ist das aber auch richtig - na ich meine als Wort ist es vielleicht nicht so gut, aber sachlich schon, mein ich schon -/ - *entwickelt* oder so könnte man natürlich auch sagen
>
> II das klingt nüchterner

Damit ist auch der dritte Satz fertig. Er lautet: *Dabei wird die sachliche und methodische Problematik des Gegenstandes entwickelt.* Ein Vergleich mit dem dritten Satz der Vorlage (der im Anschluß behandelt wird) ist wenig sinnvoll, da der dritte Satz des "Hauptseminar"-Textes - wie wir gesehen haben - aus dem zweiten Satz "abstammt".

(10)
Bevor die Kommission zur Formulierung des vierten und letzten Satzes übergeht, entspinnt sich folgende Episode, die, wie schon die anderen, ein typisches Problem offenkundig macht:

(I schreibt; in der dabei entstehenden Pause:)

III so wie wir jetzt über die Vorlage lachen, so werden die hinterher über uns lachen

(allgemeine Heiterkeit)

IV ich hab ne Frage --: welches Argument hält man bereit, um *Diskussion und Diskurs* auseinanderzuhalten? das klingt zwar sehr schön/ aber jetzt - apropos "Lachen" - nicht - ich kam übers Lachen darauf - hm - die werden nur lachen, wenn sie das lesen - da müßten wir wenigstens ein Argument parat halten -/ ich mein, man kann zwar was über den Diskursbegriff bei Foucault sagen - aber das bringt wahrscheinlich nichts (Pause)
- ich finds schön, aber ...

I ... stabreimend

In diesen Beiträgen wird nicht nur die für die Diskussion kennzeichnende "Witzelei" und die allgemeine Heiterkeit thematisiert (III), sondern diese durch IV in Beziehung zur Begründbarkeit der Formulierungsvorschläge und das heißt zur Stichhaltigkeit der Mittelwahl gesetzt. Im Verlauf der folgenden Diskussion zeigt sich zwar, daß Argumente genannt werden können, daß sie aber trotz ihrer Plausibilität wieder infrage gestellt werden:

I ... stabreimend -/ ich mein, ich würde auch sachliche Unterschiede machen, irgendwo -- also Diskurs ist wohl/ wäre nach meinem Dafürhalten stärker philosophisch orientiert, sozusagen/ während Diskussion auch ganz handfeste Auseinandersetzungen um die Art der Seminargestaltung z.B. impliziert - das würde ich nicht als Diskurs bezeichnen -- sondern also in den Grad der Bezogenheit, der Konzentriertheit auf den abstrakten Gegenstand würde sich die Diskursivität - einer Diskussion herausstellen - aber

IV als Wahrheitsfindung im weitesten Sinne -

III in der Begrifflichkeit könnte man ja wohl Unterschiede machen zwischen den beiden

I eben! - also ich mein, wenn man jetzt dann noch vom Habermas .../ dann *Diskurs Klammer auf Habermas Klammer zu*/ könnten wir dann noch hinschreiben

III kennt wahrscheinlich keiner (Lachen)

I eben! und dann können wir noch die ideale Sprechsituation bringen und der Diskurs ist ja wohl so etwas wie die Realisierung einer - der Potentialität einer idealen Sprechsituation

IV Diskurs wäre etwa - um's ein bißchen banaler auszudrücken - eine Diskussion im Hinblick auf die Wahrheitsfindung, etwa im Gegensatz zu einer Diskussion um eine Seminargestaltung

I äh - ja! glaub ich auch, Diskussion darüber, welche texteditorischen Prinzipien - am besten wohl an einen Hölderlintext dranzubinden sind - also hinterher bin ich mir da auch nicht mehr so ganz sicher aber also - ja gut also, von mir aus kann man das mit dem *Diskurs* auch weglassen - oder mit der *Diskussion* - oder?

IV ach nee, ich finds schön, wir sollten's schon drinlassen, nur sollten wir eben auch ein Argument haben, nicht

I ja

II das klingt schön - das klingt schön, ist ein ... (Lachen)

III also lassen wir's doch drin ...

I (deklamiert)
motiviert durch den "X"-schwung ("X" = Hersteller der Vorlage, G.A.) - strebten auch wir zu neuen rhetorischen Formen

Wie läßt sich das hier vorgeführte Verhalten erklären? M.E. bewirkt die nonchalant und selbstironische Art unter interaktionistischen Aspekten nicht nur ein unformales und damit produktives Klima, sondern es ist zugleich Resultat der Erkenntnis, daß eine absolut stichhaltige Begründung von Formulierungsvorschlägen prinzipiell nicht möglich ist. Und das, obwohl Fachleute an der Formulierung des Textes arbeiten.

Darin spiegelt sich die Erkenntnis: FORMULIEREN ist letztlich ein dezisionistischer Akt, d.h. man muß sich auf der Basis einer bestenfalls relativen Begründbarkeit für irgendetwas entscheiden. Ohne Abbruch eines Begründungsversuchs ab einem gewissen Punkt (der allerdings selber nicht klar bestimmbar ist) und ohne Entscheidung für oder gegen eine Formulierung kommt man zu keinem Ende.

(11)
Die Formulierung des vierten Satzes unterscheidet sich beträchtlich von der Erarbeitung der ersten drei Sätze. Ausgangspunkt ist der dritte Satz der Vorlage:

> "*Die Seminarteilnehmer sollen sich durch intensives Studium von Primärtexten und durch kritische Verwendung der Sekundärliteratur eingehend mit dem Thema des Seminars beschäftigen und als eigenständige Leistung einen Teilaspekt dieses Themas in einer schriftlichen Arbeit oder einem Referat darstellen.*"

Dieser Satz wird nun folgendermaßen verändert:

> "*... beschäftigen und (als Voraussetzung für einen qualifizier-*

> *ten Leistungsnachweis) einen Teilaspekt dieses Themas eigenständig erarbeiten und darstellen."*

Diese scheinbar kaum ins Gewicht fallende Änderung ist Ergebnis einer langen und kontrovers geführten Diskussion (vgl. S. 27 ff). Schon ein kurzer Blick auf die verschriftete Version zeigt, daß die einzelnen Beiträge länger, die Äußerungen komplexer, die Argumente explizit adressiert werden ("Herr xy") und daß es weniger um Formulierungsprobleme als vielmehr um Sachprobleme geht. So interessant es wäre, die Genese unterschiedlicher Positionen zu verfolgen, so sehr würde diese Analyse (die sich auf 4 von ca. 10 Seiten Text bezieht) die Gesamtanalyse verzerren. Daher soll dieser Hinweis auf die Sonderrolle des vierten Satzes die Gesamtanalyse beschließen.

Abschließende Bemerkungen

Die Modellierung schöpferischer Prozesse, insbesondere die Modellierung des FORMULIERENs steht erst ganz am Anfang. Insofern wurde der Schwerpunkt der Analyse des "Kommissionsgesprächs" - unter bewußter Absehung typisch textlinguistischer Fragen (etwa "Kohärenz" etc) - auf folgende zwei Punkte gelegt:

1. Es wird deutlich, welcher Aufwand mit der Erarbeitung von nur vier "völlig harmlos" erscheinenden Sätzen verbunden ist/sein kann.

2. Obwohl schon ein Text vorgegeben ist, zeigt sich, daß selbst beim UMFORMULIEREN noch viele - vor allem niederrangige lokale Ziele - unklar sind und erst im Prozeß der Herstellung des Textes erarbeitet werden müssen. Man kann sich leicht vorstellen, wie dominierend dieser Aspekt bei der "Erst-Formulierung" eines Textes werden kann.

Angesichts dieser sehr speziellen Textherstellung ist unübersehbar, daß eine Theorie des Formulierens ohne eine textsortensituations- und gruppenspezifische Analyse von Textherstellungstexten letztlich unvollständig bleibt. Erst bei einer breit angelegten empirischen Analyse können einerseits die theoretischen Vorgaben voll genutzt und andererseits die theoretischen Überlegungen weiter differenziert und modifiziert werden.

5. 'GESPROCHENE SPRACHE' ALS FREIES FORMULIEREN

Die bisherigen Ausführungen könnten den Verdacht hervorrufen bzw. einen schon vorhandenen Eindruck verstärkt haben, daß 'Formulieren' zumindest implizit mit 'reflektiertem Formulieren' gleichgesetzt wird. Wenngleich die "Elaboriertheit" des Formulierungsmodells verbunden mit der Analyse des 'Kommissionsgesprächs' geeignet ist, diesen Verdacht zu fördern, so ist doch ein generalisierter Schluß in Richtung "Gleichsetzung" nicht richtig. Dies vor allem soll in diesem Kapitel erläutert werden, und zwar, indem der Begriff des 'freien Formulierens' herausgearbeitet und dem Begriff des 'reflektierten Formulierens' gegenübergestellt wird. Damit kann zugleich die bisher entworfene Theorie des Formulierens differenziert und erweitert werden.

Im Zentrum der Argumentation stehen dabei folgende Thesen:

1. Der Begriff 'gesprochene Sprache'(= GS) (1) ist weder medial noch funktional, d.h. in einem gesprächsanalytischen Sinn etwa als 'mündliche Kommunikation' zu bestimmen.

2. Vielmehr gehört der Begriff 'GS' zu einer Kategorie, die eine spezifische Textbildungsform bezeichnet.

3. In diesem Sinn ist 'GS' als 'freies Formulieren' zu bestimmen, wobei dieser letzte Begriff wiederum als eine bestimmte Ausformung eines Problemlöseheurismus zu explizieren ist, nämlich als 'Versuch-Irrtum-Heurismus'.

Was GS für eine Theorie des Formulierens interessant macht ist die Erkenntnis, daß in spontan GS der Formulierungsprozeß partiell manifest wird, daß - wie schon gesagt - (2) ein Text der GS "zum Teil daraus besteht, den Text als solchen herzustellen ..." (3). Anders nämlich als beim schriftlich realisierten REFLEKTIERTEN FORMULIEREN mit seiner klaren Trennung von Prozeß und Resultat, kann GS als teilweise verfolgbare Textherstellung in statu nascendi aufgefaßt werden.

5.1 Zum Problem der Definition von 'gesprochener Sprache'

Angesichts der Etablierung des Begriffs 'GS' in der Forschung (4)

---
1 Diese Abkürzung geht auf SCHANK/SCHOENTHAL (1976) zurück.
2 Vgl. S. 17
3 RATH (1979:20 f).
4 Vgl. etwa den neu hinzugekommenen Artikel 'Gesprochene Sprache und Gesprächsanalyse' von SCHANK/SCHWITALLA (1980) in der zweiten Auflage des Lexikons der Germanistischen Linguistik (LGL).

scheint es typisch "akademisch" zu sein, diesen Begriff erneut zu problematisieren. Wenn trotzdem eine Explikation versucht wird, so deshalb, weil in dem Begriff 'GS' drei verschiedene Bestimmungsstükke unterscheidbar sind: eine mediale, eine gesprächsanalytische und eine formulierungstheoretische Bestimmung. Im folgenden werde ich dafür plädieren, 'GS' medial und formulierungstheoretisch, nicht aber gesprächsanalytisch zu explizieren.

1. Mediale Bestimmung

Am Beginn der Erforschung der GS stand die Erkenntnis, daß 'GS' nicht mit mündlich realisierter Sprache gleichzusetzen ist. Die mündliche Realisierung ist zwar eine notwendige, aber keine hinreichende Bestimmung des Begriffs 'GS'. Dies kommt in der von WACKERNAGEL-JOLLES (5) leicht modifizierten Bestimmung von STEGER am klarsten zum Ausdruck. Nach STEGER kann als 'GS' nur akzeptiert werden:

"1. was gesprochen wird, ohne vorher aufgezeichnet zu sein;
2. was gesprochen wird, ohne vorher länger für einen bestimmten Vortragszweck bedacht worden zu sein;
3. (Sprache, die) gesprochen wird, ohne in Vers, Reim, Melodie oder vergleichbar fester Bindung zu stehen; ..."(6)

In dieser Definition, die das Verständnis und die Richtung der Erforschung von 'GS' nachhaltig beeinflußt hat, wird zum ersten Mal die weiterführende Position vertreten, daß 'GS' nicht allein medial zu definieren ist. Trotz dieses Fortschritts ist aber nicht zu verkennen, daß nur gesagt wird, was 'GS' nicht ist. So wird beispielsweise nicht geklärt, warum denn rezitierte geschriebene Sprache oder vorbereitete, d.h. reflektiert geplante Äußerungen nicht unter 'GS' zu subsumieren sind (7). Eine Antwort auf diese Frage schien sich mit einer gesprächsanalytischen Explikation der Realisierungsbedingungen der GS anzubahnen.

2. Gesprächsanalytische Bestimmung

Durch die Rezeption der Konversationsanalyse um 1975 ließ sich eine funktionale, d.h. an den Bedingungen der Face-to-Face-Kommunikation orientierte Bestimmung der GS nachschieben und damit zugleich die STEGERsche Definition ausfüllen und erweitern. Im wesentlichen wurden drei Bestimmungselemente für die 'GS' eingefügt: 1. Face-to-Face-Situation, 2. Sprechen in natürlichen Situationen und 3. keine "Verzerrung" der Interaktion durch Beobachter (8). Mit dieser Bestimmung, die die Dialogizität der GS einseitig in den Vordergrund stellt (9),

---

5 Vgl. WACKERNAGEL-JOLLES (1971:101).
6 STEGER (1967:262 f).
7 Dieses Manko ist offenbar auch in der Freiburger Forschungsstelle gesehen worden; ansonsten hätte man sich nicht immer wieder mit dieser Frage auseinandergesetzt. R. MÜLLER weist beispielsweise darauf hin, "daß das gesprochene Formulieren Texte sui generis ausprägt" (R.MÜLLER 1971:59), so daß 'GS' nicht einfach als medial anders geartete Variante der Schriftsprache aufgefaßt werden kann.
8 Vgl. SCHANK/SCHWITALLA (1980:314).
9 Dies zeichnet sich schon bei SCHANK/SCHOENTHAL (1976) ab.

schien eine nachträgliche Motivierung für die "negative" Definition
von STEGER in Form gesprächsanalytischer Kriterien gefunden. Diese
"positive" Bestimmung von 'GS' führt aber zu zwei korrespondierenden
Schwierigkeiten: 1. Die gesprächsanalytische Bestimmung der 'GS' ist
einerseits zu weit, da man sich auch Face-to-Face-Dialoge vorstellen
kann, in denen sehr reflektiert argumentiert und geredet wird. Solche (etwa wissenschaftliche, politische, juristische etc.) Dialoge
werden durchaus gesprächsanalytisch ergiebig sein, ohne daß aber in
einem bedeutsamen Maße Phänomene "produziert" werden, wie sie für
die GS typisch sind. 2. Eine gesprächsanalytische Bestimmung greift
aber andererseits zu kurz, weil in spontanen Erzählungen und Berichten
(10) viele Phänomene GS nachweisbar sind, ohne daß man solche Texte
- schon allein wegen der fehlenden Face-to-Face-Situation - einer
fruchtbaren gesprächsanalytischen Analyse unterziehen wollte (11).
Je "monologischer" eine spontane Äußerungssequenz wird, umso schwieriger wird eine gesprächsanalytische Motivation der Phänomene GS.

3. Formulierungstheoretische Bestimmung

Man entgeht den beiden genannten Schwierigkeiten, wenn man für die
Definition eine weitere Bedingung angibt, die - bewertet man die
Plazierung innerhalb der Definitionen - offenbar als eine Hauptbedingung angesehen wird. So definieren SCHANK/SCHOENTHAL'GS' als:"Frei
formuliertes, spontanes Sprechen aus nicht gestellten, natürlichen
Kommunikationssituationen, Sprache also im Sinne von Sprachverwendung, nicht von Sprachsystem" (12). Mit dieser Bestimmung schließt
man einerseits reflektierte Dialoge aus und eröffnet sich zudem die
Möglichkeit, auch spontane "monologische" Äußerungssequenzen unter
'GS' zu subsumieren. Der Nachteil dieser Bestimmungskomponente liegt
aber darin, daß nirgends expliziert wird, was denn "frei formuliertes, spontanes Sprechen" genau bedeuten soll. Vor allem ist nicht geklärt, welche Rolle der Hinweis auf die spezifische Form des "freien"
Formulierens im Rahmen der Gesamtbestimmung der GS überhaupt spielt.

Betrachtet man die Forschungen zur GS etwa zwischen 1973 und 1976 -
also noch vor dem Eindringen gesprächsanalytischer Ansätze - so
könnten die in dieser Zeit analysierten Charakteristika der GS wie
Anakoluthe, Korrekturen, Rekurrenzen, kommunikative Paraphrasen,
Nachtragsstil, Reduktionsformen (Ellipsen), Gliederungssignale, kommunikative Partikeln, Fragen der Einheitenbildung in GS (13) usw. als

---

10 Vgl. etwa die "monologischen" Texte: 1. Erzählungen, Vortrag,
   2. Reportagen" im Textband I (Texte gesprochener deutscher
   Standardsprache) S. 69 ff.
11 Damit soll natürlich nicht die interaktionelle Funktion von
   konversationellen Erzählungen bestritten werden.
12 SCHANK/SCHOENTHAL (1976:7).
13 Zu Anakoluthen (RATH 1975 b, BETTEN 1976); zu Korrekturen (RATH
   1975 b, RAMGE 1973); zu Rekurrenzen (WACKERNAGEL-JOLLES 1971,
   WEISS 1975); zu Paraphrasen (RATH 1975 a, K. MÜLLER 1976), zum
   Nachtragsstil (WEISS 1975); zu Ellipsen (WEISS 1975, BETTEN
   1976, RATH 1979); zu Parenthesen (BETTEN 1976); zu Gliederungssignalen (GÜLICH 1970, WACKERNAGEL-JOLLES 1973); zu kommunikativen Partikeln (WEYDT 1979) und zur Einheitenbildung (RATH 1979,
   SCHAEFFER 1979).

eine Art Operationalisierung des Begriffs 'frei formuliertes Sprechen' verstanden werden. Ferner scheint der Hinweis wichtig, daß diese Phänomene als Charakteristika der GS analysiert werden, d.h primär als Phänomene einer spezifischen Textbildung. Erst in zweiter Linie - und zeitlich häufig später - werden diese Phänomene gesprächsanalytisch reinterpretiert und dabei die interaktionelle Funktion herausgearbeitet (14). Für die Bestimmung von 'GS' als frei formuliertem Sprechen folgt aus diesem Hinweis, daß eine weitere Präzisierung bei der Erkenntnis anzusetzen hat, daß GS eine spezifische Textbildungsform ist, die durch die genannten Charakteristika näher bestimmbar ist. Natürlich stellt sich danach sofort die Frage, ob sich der Begriff 'GS' nicht allein, d.h. ohne gesprächsanalytische Bestimmung, als mündlich realisiertes, frei formuliertes Sprechen explizieren lasse.

Wenn im folgenden auf dem Hintergrund der bisher erarbeiteten Theorie des Formulierens dieser Versuch unternommen wird, so nicht, weil die interaktionelle Funktion bei vielen Charakteristika der GS gegenüber der Textbildungs-Funktion gering bewertet würde. Im Gegenteil: Zweifellos sind viele Phänomene in spontanen Äußerungen primär als interaktionelle Phänomene zu verstehen und damit in einem gesprächsanalytischen Rahmen zu beschreiben. Gleichwohl besteht ein zu markierender Unterschied, ob man Phänomene unter interaktioneller Perspektive oder im Licht ihrer situationsspezifischen Formuliertheit betrachtet. Letzteres erfordert natürlich eine formulierungstheoretische Explikation.

Die Bestimmung von GS im Rahmen einer Theorie des Formulierens läßt sich im übrigen nicht nur systematisch, sondern auch wissenschaftshistorisch begründen: In Darstellungen zur Geschichte der GS-Forschung (15) wird im allgemeinen eine Zweiteilung in eine "grammatische" Phase (1965-1975) und eine "interaktionelle" Phase (ab 1975) vorgenommen. Bei dieser Zweiteilung geht die Tatsache unter, daß es eine Phase zwischen 1973 und 1976 gab, in der sich die GS-Forschung eindeutig auf Fragen der Textbildung konzentrierte. Die folgende Explikation kann unter dieser Perspektive als Versuch gewertet werden, diesen Bemühungen im Rahmen einer Theorie des Formulierens einen eigenständigen Platz in der GS-Forschung zuzuweisen (16).

5.2 'Frei formuliertes Sprechen' - ein Explikationsvorschlag

Textbildung (-herstellung) nicht unter grammatischer/textgrammatischer, sondern unter kommunikations-orientierter Perspektive zu betrachten, führt - so habe ich zu zeigen versucht - auf eine Thematisierung und Problematisierung des Ausdrucks 'Formulieren'. Bei dem gegenwärtig erreichten Stand der Theoriebildung stellt sich nun die Frage, ob und wie die entworfene Theorie in der Lage ist, 'frei for-

---
14 Das gilt besonders für die Erforschung der Partikeln, vgl. dazu den Sammelband von WEYDT (1979).
15 Vgl. etwa BETTEN (1977/78).
16 Der Textbildungsaspekt ist jetzt bei RATH (1979) weitgehend in den Vordergrund gerückt worden.

muliertes Sprechen' zu explizieren, um damit eine medienspezifische Differenzierung der Theorie einzuleiten.

Bei dieser Frage müssen wir wieder auf die Zentralthese 'Formulieren als Problemlösen' zurück. Es ist unmittelbar einleuchtend, daß 'FREIES FORMULIEREN' unter dieser These als ein Spezialfall des Problemlösens behandelt werden muß - ebenso wie zumeist schriftliches 'REFLEKTIERTES FORMULIEREN' als ein davon unterschiedener Spezialfall zu betrachten ist. Dies läßt sich dann erreichen, wenn man idealtypisch zwei Klassen von Lösungsheurismen unterscheidet:

'FREIES FORMULIEREN' soll durch Versuch-Irrtum-Heurismen modelliert werden, 'REFLEKTIERTES FORMULIEREN' durch analytische Heurismen (17). Entsprechend der Entwicklung vom FREIEN zum REFLEKTIERTEN FORMULIEREN lassen sich Versuch-Irrtum-Heurismen als entwicklungsmäßig frühere Formen von differenzierten Heurismen des analytischen Problemlösens auffassen (18). Als Extremformen dieser Problemlöseart können Algorithmen angenommen werden, wobei allerdings dort in Wahrheit keine Probleme mehr gelöst, sondern Programme abgearbeitet werden.

Die Modellierung von GS durch Versuch-Irrtum-Heurismen resultiert zunächst aus der Beobachtung, daß FORMULIEREN in der spontan GS schritt- und versuchsweise vor sich geht, wie dies im Nachtragsstil, in Abbrüchen, Neuansätzen, Korrekturen und Paraphrasen deutlich wird. Da oft die globale Zielsetzung nicht oder noch nicht klar ist - und in dialogischen Texten durch Intervention und Rückkoppelung des Partners ständig neue Ziele auftauchen können - werden die Zwischenziele sehr viel kurzfristiger gesteckt (als beim REFLEKTIERTEN FORMULIEREN). Dies erweckt den Eindruck erhöhter Sukzessivität, was RATH einmal so charakterisiert hat:

"Wenn wir sprachlich kommunizieren, dann sind wir nicht in der Lage, das Gemeinte 'auf einmal', 'in einem Zug' vorzubringen. (...). Vielmehr sind wir durch die lineare Struktur des Kommunikationsmittels 'Sprache' gehalten, Schritt für Schritt, Zug um Zug das Gemeinte zu realisieren. Wir befinden uns also in einem Prozeß. In diesem Prozeß entwickeln wir, entfalten wir unsere Gedanken. Ein ganz wesentliches Charakteristikum dieser Entwicklung und Entfaltung ist, daß wir dauernd das Gesagte erweitern, einschränken, präzisieren, verstärken, abschwächen, verdeutlichen." (19)

Für GS ist charakteristisch, daß die durch die Sukzessivität definierten Zwischenziele sehr eng - sozusagen überschaubar - beieinander liegen, so daß eben der schrittweise Charakter des "Zug um Zug" entsteht. Dieses schrittweise Vorgehen resultiert nicht nur aus Kapazitätsgründen des Gedächtnisses, es erlaubt vielmehr auch ein flexibles Erweitern, Einschränken, Präzisieren etc.; verschafft dem Sprecher die Möglichkeit zur besseren Kontrolle und erlaubt schließlich durch Abbruch oder Umformulierung eine leichte (und oft kaum bemerkbare) Korrektur.

17 Vgl. DÖRNER (1976:45).
18 Vgl. DÖRNER (1976:74).
19 RATH (1975b:7).

Damit sind wir bei dem versuchsweisen Vorgehen des FREIEN FORMULIE-
RENS. Der sukzessive Charakter, also die enge Hintereinanderschal-
tung von Zwischenzielen, resultiert einmal aus dem schrittweise Vor-
gehen und zum anderen aus dem Suchen nach neuen Zielen bzw. nach der
Modifizierung (Korrektur) schon verbalisierter Ziele, wobei beide
Formen ineinander übergehen können. Verstärkt wird der sukzessive
Charakter der GS durch die auffälligen und häufigen Gliederungsphä-
nomene (Gliederungssignale, Floskeln, ungefüllte und gefüllte Pausen,
Stimmsenkung) (20).

Diese Gliederungsphänomene können dann als Indikatoren für Zwischenziele in der GS aufgefaßt werden, wenn sie in einer charakteristischen Kulmination an bestimmten Stellen der Äußerungssequenz auftauchen (21).

Versuch-Irrtum-Heurismen als Modell für FREIES FORMULIEREN und analytische Heurismen als Modell für REFLEKTIERTES FORMULIEREN lassen
sich schematisch so veranschaulichen:

A) FREIES FORMULIEREN   B) REFLEKTIERTES FORMULIEREN

     Endzustand   Endzustand

                    Paraphrase$_1$

                    Reduktion
                    (Ellipse)

                    Parenthese

                    Paraphrase$_2$
                    (eingebettete P.)

                    Sprung

                    Nachtrag

                    synt. Korrektur

                    Abbruch
                    (sem.-synt.Kor.)

     Anfangszustand   Anfangszustand

---
20 Vgl. dazu GÜLICH (1970) und RATH (1979).
21 Vgl. dazu RATH (1979:93) und SCHAEFFER (1979).

Eine graphische Veranschaulichung eines Modells ist natürlich selber
ein Modell und unterliegt wie dieses einem (weiteren) Abstraktions-
prozeß (22). Dadurch wird gerade das schritt- und versuchsweise Vorgehen beim FREIEN FORMULIEREN in A insbesondere im Hinblick auf das
Modell B (unter Vernachlässigung anderer Aspekte) drastisch herausgearbeitet und veranschaulicht:

Betrachtet man zuerst A, dann wird der trial-end-error-Charakter gesprochener Sprache, der durch das "Zick-Zack" der Zwischenziele symbolisiert werden soll, veranschaulicht. Ferner soll deutlich werden,
daß Zwischenziele (symbolisiert als Pfeilspitzen) ebenso wie Endzie-
le unscharf und möglicherweise implizit bleiben können, was so dargestellt wird, daß Ziele nicht immer punktförmig, sondern räumlich
gestreut dargestellt werden. Im übrigen wurde darauf geachtet, daß
die möglichen Übergänge von Korrekturen in Parenthesen oder Paraphrasen bzw. die Verwandtschaft von Phänomenen wie Korrektur, Paren-
these, Paraphrase, Nachtrag in der Darstellung verdeutlicht wird.
Unberücksichtigt bleiben Gliederungsphänomene, da für sie keine ver-
anschaulichende Darstellungsform gefunden wurde.

Im Modell des REFLEKTIERTEN FORMULIERENS (B) soll greifbar werden,
daß die Zielannäherung nicht schritt- und versuchsweise, sondern
- über einige Zwischenziele - direkt erfolgt. Alle "Umwege" und Korrekturen sind ebenso getilgt, wie mögliche Unklarheiten bei Fixierung von Zielzuständen. Es gilt: "Am Endprodukt sind die im Formulierungsprozeß aufgeführten Schwierigkeiten nicht mehr erkennbar.
Der schriftsprachliche Text erscheint als fehlerfreier, den Formulierungsprozeß nicht mehr reflektierender letzter Schritt dieses
Prozesses" (23).

Diese idealtypische Kontrastierung zweier Formulierungsheurismen
soll nun an einem Textbeispiel exemplifiziert werden:

Günther GRASS wird in einer Diskussion von einer Schülerin gefragt,
warum er in "Katz und Maus" bestimmte Wendungen wie "Wirliebendie-
stürme" zusammenschreibt. Er antwortet darauf:

```
1  G.G.   ja das sind äh
2         das ist also
3         als stilmittel mein ich damit
4         das sind so begriffe

5  SCH.   ja

6  G.G.   sind ja eigentlich schlagworte klischees

7  SCH.   mhm

8  G.G.   die ich äh
9         die auch so gespielt
10        oo wurde gesagt: wir singen jetzt wirliebendiestürme
11        und das ist phonetisch auch übernommen
```

---

22 Das Modell (A B) ist einer Darstellung von G. KLAUS (1974:210 f)
   nachempfunden, in der KLAUS algorithmisches und nicht-algorith-
   misches Verhalten gegenüberstellt.
23 RATH (1975b:9).

12	*und dazu kommt das dieses wirliebendiestürme ein zeitkolorit ist*
13	*s wurde zu einer bestimmten zeit zu bestimmten anlässen gesungen*
14	*deswegen läßt es sich so zusammenfassen*

(Texte I:139 f; Zeichensetzung und Anordnung von mir)

Die für die Veröffentlichung redigierte Fassung lautet so:

> "Ja, das sind so Begriffe. Es sind eigentlich Schlagworte, Klischees. Es wurde gesagt: "Wir singen jetzt Wirliebendiestürme", und das ist phonetisch übernommen. Hinzu kommt, daß dieses "Wirliebendiestürme" ein Zeitkolorit ist, es wurde immer zu einer bestimmten Zeit zu bestimmten Anlässen gesungen. Deswegen läßt sich das so zusammenfassen." (24)

In diesem Beispiel haben wir den nicht häufigen Fall vor uns, daß GS redigiert und in eine schriftliche Fassung gebracht wird - und zwar nicht vom analysierenden Wissenschaftler. Wie man aus einem ersten oberflächlichen Vergleich sieht, liegen beide Fassungen noch relativ eng nebeneinander. Die Spekulation ist erlaubt, daß GRASS sich zu dieser Frage - wenn auch nicht so sehr inhaltlich, so doch in punkto Formulierungen - schriftlich ganz anders geäußert hätte. Trotz der im ganzen relativ geringen Kosmetik der schriftlichen Fassung lassen sich beide Fassungen gleichwohl ohne Mühe den beiden unterschiedlichen Formulierungsmodellen zuordnen.

Ich betrachte zuerst die erste Fassung: Auffällig sind eine ganze Reihe von Charakteristika GS: z.B. (gefüllte Pausen) ("äh"), Rekurrenzen ((1) "das sind ..."; (2) "das ist ..."; (4) "das sind ..."), Gliederungssignale ("ja") ("also") ("und") einschließlich Automatismen ("mein ich"). Die Anordnung der Äußerungen soll den sukzessiven Ablauf der Textherstellung verdeutlichen; diese Anordnung ist nicht willkürlich, sondern resultiert aus dem regelmäßigen Auftreten von Gliederungsphänomenen. Zu ihnen zählen neben Eröffnungs- und Schlußsignalen (die für die folgende Äußerung wieder als Eröffnungssignale funkieren können (25)) auch Pausen, Partikeln und vor allem syntaktischer Parallelismus (26) (1-4 und 6; 8 und 9 "die", 10 und 13 ("es wurde ...") 11 und 12 "und"). Mit dieser sukzessiven Anordnung der Beiträge lassen sich auch formal Zwischenziele unterscheiden, auf die gleich noch näher einzugehen ist. Weitere Charakteristika sind: "kommunikative Paraphrasen" (4 und 6; oder 12 und 13 im Hinblick auf die Erläuterung von "Zeitkolorit") und Korrekturen (so läßt sich 4 als Korrektur von 3 deuten; 1 und 2 sind Abbrüche, ebenso 8).

Betrachten wir nun den Formulierungsheurismus etwas näher: Zunächst ist festzuhalten, daß wir bei einer solchen Untersuchung den Formulierungsprozeß studieren, d.h. wir analysieren den Text in Abhängigkeit seiner zeitlichen Genese dergestalt, daß die sukzessiven Bei-

---
24 GRÜNERT (1967:74 f), vgl.auch SCHANK/SCHOENTHAL (1976: 8 ff).
25 RATH (1979:107 ff).
26 K. MÜLLER (1976:80).

träge sozusagen "diachron" - und nicht wie die Bemerkungen zu den
Charakteristika "synchron" - betrachtet werden. Unter dieser Perspektive ist zweifellos am auffälligsten der gleich fünffache "Anlauf" von GRASS (1-4 und 6), um zu einem ihm akzeptablen ersten
Ergebnis zu kommen. Dabei zeigen die beiden ersten "Anläufe", daß
gar kein Ziel genannt wird/werden kann, weil beide "Anläufe" in Abbrüchen enden. Das Ergebnis dieses zweimaligen Abbrechens sind zwei
Anakoluthe.(In der obigen Darstellung sind solche Abbrüche durch
eine unterbrochene Linie ohne "Pfeilspitze" symbolisiert.) Abbrüche
können - müssen aber nicht - eine mangelnde Zielbestimmung signalisieren. In unserem Fall deutet der zweimalige fast gleiche Anlauf
darauf hin, daß sich GRASS in einem Suchprozeß nach einer ersten
Zielumschreibung befindet. Mit "stilmittel" kommt es dann im dritten
Versuch zu einer ersten globalen Zielangabe, die aber syntaktisch
"fehlerhaft" realisiert wird. Aus (4) kann man erschließen, daß nach
dem Konstruktionsprozeß (3) ein Prüfprozeß anzusetzen ist: GRASS hat
einmal die Möglichkeit, die Zielangabe zu akzeptieren und eventuell
zur weiteren Konkretisierung des Ziels weitere Mittel einzusetzen.
Der neue Versuch (4) zeigt aber, daß der Prüfprozeß negativ ausgeht
und die Zielangabe (3) als "Irrtum" zu betrachten ist. Denn in (4)
wird - wenn auch sehr pauschal - eine zu (3) veränderte Zielangabe
("so begriffe") gemacht, die aber so unklar bleibt, daß im Sinne der
Widerspruchsbeseitigung eine Verstärkung und Präzisierung von (4)
geboten erscheint. Dies wird in (6) durch das Synonymenpaar ("schlagworte, klischees") vollzogen, übrigens immer noch in jenem syntaktischen Rahmen, der bereits in (1) und (2) verwendet wurde. Diese Interpretation ist - wenn wir einen Blick auf die schriftliche Fassung
werfen - mit ihr kompatibel. Hier ist konsequenterweise die erste
Zielangabe, die zu einer negativen Prüfung führt, getilgt worden.
Daher setzt diese Fassung erst mit (4) ein: "Ja, das sind so begriffe". (6) kann als ein gewisser Abschluß der ersten Versuchsserie aufgefaßt werden, was durch die Partikeln "ja eigentlich" noch unterstrichen wird. Dennoch zeigen die beiden "verunglückten" Äußerungen
(8) und (9), daß die Zielangabe durch einen relativischen Anschluß
differenziert werden soll. Als dies trotz zweifachen "Anlaufs" mißlingt, schlägt GRASS wiederum im Sinn des Versuch-Irrtum-Verfahrens
einen (auch syntaktisch) anderen Weg ein und bringt die Antwort zu
einem Ende. Es versteht sich fast von selbst, daß die verschriftete
Fassung auch diese Versuche getilgt hat.

Dieses Beispiel zeigt trotz oder gerade wegen seiner Kürze m.E.
recht prägnant, daß der Begriff 'frei formuliertes Sprechen' in Form
von Versuch-Irrtum-Heurismen expliziert werden kann. Dabei deutet
der Plural an, daß individuell, situativ und textsortenspezifisch
verschiedene Grade von Versuch-Irrtum-Heurismen zu unterscheiden sind.
Genauerhin müßte man ein Kontinuum annehmen, das von vollständig
stochastischen bis vollständig systematischen Versuch-Irrtum-Heurismen reicht (27). Beispiele für stark stochastisches Formulier-Verhalten liefern Fälle von mehr oder weniger unverständlichem "Herumgestolter" - etwa bei Überraschung oder Erregung. Geht man auf diesem Kontinuum weiter, so kommt man zu einem ebenfalls noch weitgehend
stochastischen Subtyp, der dadurch gekennzeichnet ist, daß sozusagen
die Irrtums-Komponente fehlt. Dazu ein Beispiel:

---

27 Vgl. DÖRNER (1976:72).

und daß da wir im augenblick eine (P) große Wandlung sich sich
vollzieht und (P) ich meine wenn von säkulari äh säkularisierung
is es is schon nen veralteterter begriff ja also (P) das christen-
tum (P) verliert immer mehr an bedeutung oder (P) verliert hm hm
seinen sinn und es is viel viel schwerer noch noch den christli-
chen glauben aufrecht zu erhalten bei weltraumforschung und äh bei
allen grade biochemischen erkenntnissen und man is fähig irgendwie plasma zu zeugen was weiß ich (P) und äh in diesem hm ja hm
großen wandel der sich augenblicklich vollzieht äh zu dem gehört
auch daß daß dich die vorstellung vielleicht der ehe neue (P) ja
(P) neue gestalt annimmt und (P) daß daß also also einerseits aus
dieser sicht heraus man sich die vielen probleme auftun (P) denn
wie anders könnten sonst die chinesen (P) plötzlich (P) quasi die
ehe abschaffen (28)

"Anakoluthe auf Anakoluthe, ohne daß es zu einer abschließenden Korrektur käme. Eine Fülle von Gedanken, die sprachlich nicht gebändigt
werden" (29). Diese Äußerung einer Studentin (!) im Rahmen einer Argumentation belegt bis in die noch defiziente Syntax hinein, daß
versuchsweises FORMULIEREN nicht immer durch fortschreitende Verbesserung bzw. Klärung zu einem halbwegs verstehbaren Ergebnis geführt
wird. Dieser Typ des FREIEN FORMULIERENs zeigt damit an, daß in GS
offenbar die mentale Planung weitgehend zurücktreten kann, womit
höchst umformulierungsbedürftige Äußerungen zustande kommen können.
Entsprechend muß dieses Defizit durch vermehrte Höreraktivitäten
versuchsweise ausgeglichen werden. Damit läßt sich plausibel machen,
daß auch in GS "Formulierungsziele" teilweise erst ausprobiert werden.

Allerdings ist die eingeführte Unterscheidung von 'Formulierungszielen' und '-vorschlägen' beim FREIEN FORMULIEREN im strengen Sinne
noch nicht möglich, weil sie angesichts der zu beobachtenden Phänomene völlig unentfaltet bleibt. Diesen Umstand kann man sich zunutze
machen und die "Noch-Nicht-Unterscheidung" als Kriterium für die
Differenzierung zwischen FREIEM und REFLEKTIERTEM FORMULIEREN heranziehen.

Das Kriterium ist insofern hilfreich, als es gestattet, die auf dem
Kontinuum auftretenden 'systematischen Heurismen' gegenüber den beim
REFLEKTIERTEN FORMULIEREN typischen 'analytischen Heurismen' zumindest
theoretisch abzugrenzen. Charakteristische 'systematische Heurismen'
beim FREIEN FORMULIEREN liegen etwa bei Politiker-Äußerungen in Diskussionen (30) vor. Dieser Pol auf dem Kontinuum des FREIEN FORMULIE-
RENs, das idealtypisch durch den Versuch-Irrtum-Heurismus modelliert
wurde, zeigt in einem Punkt eine Gemeinsamkeit mit dem diskutierten
"stochastischen" Beispiel: Fehlt in diesen Fällen die Irrtums-Komponente - bzw. ist sie stark eingeschränkt -, weil eine auf Verbesserung zielende Auswertung der Versuche nicht oder noch nicht vorgenom-

---

28 Vgl. Texte I:223 unter Benutzung von SCHAEFFER (1979:226 f).
   Auf Zeichensetzung wird verzichtet, (P) markieren Pausen.
29 RATH (1975b:7).
30 Vgl. etwa das Politiker-Gespräch: "Journalisten fragen - Politi-
   ker antworten" in Texte I: 139 ff.

men werden kann, so fehlt sie beim "systematischen" frei formulierten Textherstellen - bzw. ist dort sehr eingeschränkt -, weil (beispielsweise bei besagten Politiker-Äußerungen) die Irrtums-Komponente durch Vorbereitung oder Routine minimiert ist. Ausgeprägte Versuch-Irrtum-Heurismen kommen - wie im GRASS-Beispiel - also vorwiegend in einem Mittelbereich zwischen "stochastischem" und "systematischem" FORMULIEREN vor.

Zusammenfassend kann man festhalten: Im Rahmen einer Theorie des Formulierens lassen sich FREIES und REFLEKTIERTES FORMULIEREN idealtypisch durch zwei verschiedene (Klassen von) Heurismen rekonstruieren. Anhand der verschiedenen Ausprägungen der beiden Heurismen kann man erklären, warum es verschiedene Grade des FREIEN bzw. des REFLEKTIERTEN FORMULIERENs geben kann. Dabei ist die Annahme naheliegend, daß bei steigender Vorbereitetheit und/oder Routine der stochastische Charakter des FREIEN FORMULIERENs und entsprechend damit die Menge der produzierten Charakteristika der GS tendenziell abnimmt. Umgekehrt: ein Ansteigen des systematischen FREIEN FORMULIERENs wird zu einem "druckreifen" FORMULIEREN führen, wobei ab einem gewissen Punkt ein Heurismus-Wechsel zum analytischen Heurismus des REFLEKTIERTEN FORMULIERENs eintritt.

Abschließend sei auf einen Punkt verwiesen, der die formulierungstheoretische Explikation des Begriffs 'GS' stützt: Vor allem im Kontext der Dialektologie war der Ausdruck 'gesprochene Sprache' mit soziolinguistischen Implikationen besetzt. Daher stand am Beginn der Erforschung der GS der Hinweis, daß - bildlich gesprochen - ein Professor ebenso GS spricht wie der "kleine Mann auf der Straße" (31). Diese Abkopplung des Begriffs 'GS' von einer primär soziolinguistischen Explikation machte dann auch den Weg frei, von einer 'Gesprochenen Standardsprache'(32) als einer GS mit überregional akzeptierter Geltung zu sprechen. Nimmt man diesen Zusatz wieder durch eine analytische Trennung weg , so bleibt ein Begriff von 'GS', der keine dialektale oder soziolektale Varietät bezeichnet, sondern eine davon unabhängige Textbildungsform, die in allen dialektalen oder soziolektalen Varietäten auftreten kann.

5.3 Zwei abschließende Bemerkungen

Zum Schluß soll auf zwei naheliegende Einwände eingegangen werden, die das Verhältnis von Kommunikation und FREIEM FORMULIEREN tangieren:

1. Einwand:
Nicht jede Kommunikation läßt sich als Problemlösen auffassen und nicht jedes Gespräch kann als FREIES FORMULIEREN betrachtet werden! Diese beiden zusammenhängenden Aussagen sind korrekt, doch stellen sie keinen Einwand gegen die vorgetragene Theorie dar:

Mit der Unterscheidung von 'Kommunizieren' und 'Formulieren' wird

---
31 Vgl. RUPP (1965).
32 Vgl. SCHANK/SCHWITALLA (1980:314).

auch dem Faktum Rechnung getragen, daß in bestimmten Formen schriftlicher oder mündlicher Kommunikation nicht FORMULIERT, sondern wie in Kochrezepten, Geschäftsbriefen oder Routine-Gesprächen nur REPRODUZIERT wird. Für den speziellen Fall der mündlichen Kommunikation lassen sich besonders zwei Typen hervorheben, in denen Formen des FREIEN FORMULIERENs weitgehend zurücktreten: 1. In manchen Gesprächen (etwa Beziehungsgespräche) tritt die Lösung von Formulierungsproblemen völlig hinter die versuchte Lösung von interaktionellen Problemen zurück, die übrigens nicht immer verbal gelöst werden müssen (man denke etwa an die gerade in diesem Bereich wichtige Rolle der non-verbalen Kommunikation). 2. Bei jenen Alltagsgesprächen (33), die GEIßNER (34) als 'phatische Kommunikation' bestimmt, braucht idealiter so gut wie überhaupt nicht FORMULIERT, sondern nur ein Repertoire abgespult zu werden. Im Hinblick auf den damit involvierten Zusammenhang von Alltagswissen und "Routinesprechen" bemerkt er mit deutlich ideologiekritischem Unterton: "Diese Fertigware des routinierten Alltagswissens sorgt für den "Betrieb" der Alltagswelt, für ihren "reibungslosen Ablauf", sozusagen nach "Fahrplan". (...) <u>Dem Fertigwarencharakter des Routinewissens entsprechen die Fertigbauteile alltäglichen Routinesprechens.</u> Die in Floskeln, auch in Sprichwörtern, ritualisierten gehobenen "Sprechblasen" haben einerseits eine unschätzbar entlastende Funktion (...); andererseits liegt darin (...) eben nicht nur entlastende Routinierung, sondern zugleich Bornierung" (35). In diesen "zwischen Geschwätzigkeit und Sprachlosigkeit" (36) angesiedelten Gesprächen brauchen ebenfalls keine Probleme, schon gar keine Formulierungsprobleme gelöst zu werden.

Im übrigen wird es aber in den meisten Fällen so sein, daß auch beim Gespräch und im Gespräch FORMULIERT wird: " I n n e r h a l b   der Gesprächsschritte oder   m i t   den Gesprächsschritten formuliert der Sprecher Gesprächsakte, die situativ und gesprächsstrategisch bestimmt, mit gestischen und/oder mimischen Akten verbundene Sprechakte darstellen" (37). Die hier unterstellte Synthese aus gesprächsanalytischer und formulierungstheoretischer Betrachtungsweise scheint für eine fruchtbare Analyse mündlicher Kommunikation ebenso wichtig zu sein, wie eine darin inkorporierte Analyse des FREIEN FORMULIERENs.

2. Einwand:
Der zweite Einwand hängt mit dem ersten eng zusammen: Zentraler Ausgangspunkt der Arbeit war die These, daß FORMULIEREN "schwer" sei. Gegen diese These spricht nun aber die alltägliche Erfahrung, daß

---
33 Vgl. RAMGE (1978:12).
34 "Alltagsgespräche sind phatische Gespräche, solange sie routiniert und ritualisiert Kontakte anbahnen und erhalten, thematisch im begrenzten Horizont determiniert sind, und die Ziel-Mittel-Relation bewußtlos, d.h. nicht-intentional verfolgt wird dergestalt, daß diese Gespräche sowohl in der thematischen als auch und vor allem in der personalen Dimension unverbindlich bleiben." (GEIßNER 1981:152)
35 GEIßNER (1981:150 f).
36 GEIßNER (1981:152).
37 HENNE (1980:95).

gerade in der GS Reden besonders "leicht" fällt. Denn hier braucht nicht auf die "äußere Form" und kaum auf Formulierungen Wert gelegt zu werden.

Dieser Einwand ist nur zu einem Teil zutreffend. Zunächst kann - wie beim ersten Einwand - darauf verwiesen werden, daß mündliche Kommunikation immer dann "leicht" fällt, wenn lediglich textuelle Repertoires reproduziert werden (dies gilt - wie schon mehrfach erwähnt - auch für schriftliche Kommunikation). Zweitens ergeben sich aus den verminderten Anforderungen an die "äußere Form" gewisse Erleichterungen in bezug auf grammatische und stilistische Präsentation der Formulierungsvorschläge. Und schließlich kann der Sprecher - gesteuert von dem Rückmeldeverhalten des Hörers (38) - seine Formulierungsleistungen auf dem Niveau ansiedeln, das bei unterstelltem hohen Rezeptionsaufwand des Hörers noch funktionierende Kommunikation verspricht.

Daß trotzdem FREIES FORMULIEREN - wenn auch als "leicht" empfunden - objektiv "schwer" ist, zeigen die für die GS so typischen "Fehler", die in ihrer Gesamtheit - bei einer extrakommunikativen Betrachtungsweise (!) - den Eindruck einer "mangelnden äußeren Form" hervorrufen. Gerade die grammatischen, insbesondere die syntaktischen "Fehler" stützen die Annahme, daß es sich hier um Spuren des formulativen Problemlöseprozesses (39) handelt. Würden beim FREIEN FORMULIEREN - indiziert durch das Versuch-Irrtum-Verhalten - keine Formulierungsprobleme gelöst, so wäre nicht erklärbar, warum ausgerechnet beim scheinbar "leichten" Reden so viele grammatische und stilistische Unvollkommenheiten produziert werden.

---

38 Vgl. HENNE (1979:122 ff).
39 Vgl. 4.3.

6. NACHWORT

Wenn schon nicht für den Linguisten, so doch für den Durchschnittsbürger dürfte "Formulieren" - und insbesondere das schriftliche "Formulieren" - das zugleich fühlbarste und folgenreichste Grundproblem - vielleicht sogar das einzige Grundproblem - sein, mit dem er sich alltäglich in seiner Kommunikationspraxis auseinandersetzen muß. Umso bemerkenswerter ist es, daß die moderne Sprachwissenschaft dieses Grundproblem nicht zu einem wissenschaftlichen Problem gemacht hat. Daß dies kein Versehen oder Zufall, sondern paradigmabedingt ist, haben die Ausführungen zur Theorie des Formulierens gezeigt.

Auch unabhängig vom Aufbau einer solchen Theorie ist die Erkenntnis, daß "Formulieren" nicht gerade unproblematisch ist, so neu nun auch wieder nicht: Die stete Aktualität rhetorischer Erfordernisse in all ihren auch modernen Metamorphosen (wie Propaganda, Werbung, etc.) beweist anhand ihrer über Jahrhunderte kulmulierten Lösungsversuche, daß offenbar schon immer - wenn auch nur für bestimmte gesellschaftliche Gruppen - das angesprochene Grundproblem existiert haben muß (vgl. ANTOS/BEETZ 1981). Trotz dieser gemeinsamen Ausgangslage wäre es für die Sprachwissenschaft kurzschlüssig, in der Rhetorik pauschal ein Vorbild erblicken zu wollen. Denn die Sprachwissenschaft muß über die rhetorische Grundfrage: "Wie soll man adressatengerecht formulieren?" und über ihre präskriptiven Antworten darauf hinausgehen und nach den Bedingungen und Voraussetzungen dieser Frage bzw. dieser Antwort fragen: Nicht: "Wie sollen wir formulieren?" ist sprachwissenschaftlich von primärem Interesse, sondern: "Warum 'müssen' wir beim Textherstellen überhaupt formulieren?".

Der Zugang zur Beantwortung einer solchen Frage ist freilich durch eine ganze Reihe ideologischer bzw. wissenschaftssoziologischer Gründe ebenso behindert wie durch wissenschaftshistorische Gründe, die in der Geschichte der neueren Sprachwissenschaft liegen. Wenn man einmal die zuerst genannten Gründe außer acht läßt und sich nur auf die linguistische Tradition stützt, so dürfte es einigermaßen schwer fallen, gegenüber dem oben vereinnahmten Durchschnittsbürger plausibel verständlich zu machen, warum ausgerechnet sein so offenkundiges Grundproblem kein sprach- bzw. kommunikationswissenschaftliches Problem ist.

Da hier kein Raum für ideologische bzw. wissenschaftssoziologische Motiverforschung ist, um die bemerkenswerte, weil systematische Ausklammerung des angesprochenen Grundproblems erklären zu können, möchte ich gleichwohl nur auf historisch bedingte Gründe eingehen und sie als Ergänzung der in der Arbeit genannten anführen. Der Zugang zu einer Thematisierung des Formulierens über die dargelegte Barriere des "Regel"-Paradigmas hinaus ist durch folgende drei, historisch begründete Faktoren erschwert:

Zunächst muß auf den aus der strukturalistischen Tradition nachwirkenden Anti-Psychologismus verwiesen werden. Obwohl wir gesehen haben, daß eine Theorie des Formulierens keineswegs mit einer sprachpsychologischen Theorie der Sprachproduktion zusammenfällt, dürfte der inzwischen weitgehend abgebaute Anti-Psychologismus die Thematisierung sicherlich nicht gefördert haben.

Hinzu kommt ein tiefsitzendes, in der sprachanalytischen Sprachkritik begründetes Mißtrauen gegen sprachliche Maskerade, wie es scheinbar untrennbar mit Vorstellungen vom "Formulieren" als "sprachlicher Verkleidung" zum Ausdruck kommt. Ist nicht "Formulieren" genau jener sprachliche Mummenschanz, der erst und im besonderen Maße "Scheinprobleme" (CARNAP) produziert oder sie zumindest fördert? Impliziert nicht "Formulieren" eine - sozusagen mutwillige, weil rhetorisch raffiniert betriebene - zusätzliche "Verhexung des Verstandes durch die Mittel der Sprache" (WITTGENSTEIN)? Und meint man mit dem Ausdruck "Formulierung" nicht genau das, wogegen die sprachanalytische Tradition immer gekämpft hat: gegen das Variante in der Sprache, gegen das Pseudo-Konkrete, das Ungreifbare, das Emotionale, das Nicht-der-Erkenntnis-Dienende, das Täuschende in der Sprache, kurz: gegen den sprachlichen Schein?

Angesichts solcher, durchaus noch virulenter Vorbehalte - die ja mit der vorgestellten Formulierungstheorie nichts gemein haben - ist ein Zugang zu dem Thema natürlich erschwert.

Der letzte Grund liegt in der bis vor kurzem betriebenen ausschließlich "extra-kommunikativen" (UNGEHEUER) Betrachtungsweise von Sprache und Kommunikation. Auch von daher wurde systematisch die Frage versperrt, mit welchen konkreten Problemen kommunizierende Individuen zu kämpfen haben, und wie sie diese Probleme zu lösen versuchen.

Angesichts dieser nur teilweise genannten Schwierigkeiten im Zugang zu einer Theorie des Formulierens, scheint es ratsam, abschließend eine zusammenfassende Begründung des gesamten Ansatzes zu geben:

(1)
Die erste Begründung der Arbeit wurde gerade genannt: Mit der Thematisierung des "Formulierens" wird von alltäglichen und konkreten Problemen kommunizierender Individuen ausgegangen. Ein solcher Ausgangspunkt scheint für das Verständnis und die "gesellschaftliche Legitimität" von Linguistik unverzichtbar.

(2)
Aber auch aus einer linguistikimmanenten Betrachtungsweise heraus läßt sich begründen, daß unser Wissen über sprachliche Kommunikation systematisch lückenhaft bleibt, solange keine theoretisch fundierte und empirisch abzusichernde Beantwortung der Frage nach dem "Was-tun-wir-beim-Formulieren?" versucht wird.

(3)
Damit ist der Anspruch auf eine dezidiert sprachwissenschaftliche Produktionstheorie - als wünschbare Ergänzung zu interpretativen Ansätzen - verbunden. Dieser Anspruch ist sowohl durch den Aufbau der Theorie des Formulierens als auch durch die im Lichte dieser

Theorie erfolgten - Erschließung einer empirischen Grundlage in Form von sog. Textherstellungstexten in zwei wesentlichen Punkten einlösbar.

(4)
Mit der Thematisierung der Handlungsweise des Formulierens, die auf Verständnisbildung "als Text" und "im Text" abzielt, ist die These verbunden, daß "Formulieren" eine die jeweilige Kommunikation determinierende und damit zugleich eine sozial folgenreiche <u>sprachliche Handlungsweise</u> ist.

(5)
Auf dem Hintergrund der 'Praxis/Poiesis'-Dichotomie (Kap. 3) wird dafür plädiert, das "Äußern von Sprache" nicht immer nur als "Realisieren von Mustern/Schemata" zu verstehen. Sofern Texte die sprachliche Gestaltung von "Inhalt" und "Form" (Bildung der Darstellungs- bzw. Herstellungsform) verlangen, sind sprachliche (Vollzugs-) Realisate auch als <u>textuelle Resultate</u> der Herstellungshandlung "Formulieren" aufzufassen.

(6)
Zentrale Voraussetzung für eine solche Betrachtungsweise ist die grundlegende These von der sich beim Textherstellen dokumentierenden <u>Formulierungsleistung</u>. Die Einschätzung des Wertes einer Theorie des Formulierens hängt direkt davon ab, ob und inwieweit diese Leistung von der Linguistik ignoriert, vernachlässigt oder trivialisiert wird.

(7)
Diese Formulierungsleistung läßt sich kommunikationstheoretisch mit der Annahme begründen, daß Texte "ihrem Wesen nach" <u>Verständnisangebote</u> sind. Diese Bestimmung respektiert die Tatsache, daß Texte interpretationsfähig und bisweilen auch <u>interpretationsbedürftig</u> sind. Ferner wird damit verständlich, warum Texthersteller mit einer prinzipiellen, wenn auch minimierbaren Diskrepanz zwischen im Text Gesagtem und Verstandenem zu rechnen haben. Eine Konsequenz ist, daß sogar Texthersteller ihre eigenen Texte manchmal nicht mehr/ unterschiedlich oder anders verstehen als früher. Texte erscheinen somit als Verständnisangebote auch für den Hersteller.

(8)
Zur Spezifizierung und Erklärung von 'Formulierungsleistung' wird der Begriff des <u>Formulierungsproblems</u> entwickelt. Mit der Bestimmung von 'Formulierungsproblem' als ein sprecherseitig lösbares Kommunikationsproblem - dessen Lösung sich als Text und im Text niederschlägt - wird nicht nur der Angebots-Charakter von Texten unterstrichen, sondern zugleich impliziert, daß "Formulieren" und "Rezipieren" zwei unterschiedliche, wenngleich korrespondierende und Kommunikation gemeinsam konstituierende Handlungsweisen sind.

(9)
Im Rahmen des vorgestellten Formulierungsmodells läßt sich "Formulieren" als ein Prozeß sukzessiven Umformulierens darstellen. Damit kann man Texte nicht mehr nur metaphorisch als "Resultate einer Handlung" verstehen. Vielmehr ist diese Bestimmung dahingehend präzisier-

bar, daß Texte als verbale Lösungsmanifestationen von Formulierungsproblemen zu bestimmen sind. Unter Zugrundelegung des Formulierungsmodells erscheinen Texte "janusköpfig" als <u>Ergebnisse</u> eines Umformulierungsprozesses und zugleich als potentieller <u>Ausgangspunkt</u> für weitere Umformulierungen.

(10)
Texte lassen sich nicht nur hinsichtlich der in ihnen enthaltenen Informationen oder hinsichtlich der mit ihnen vollziehbaren Handlungen verstehen, sondern sie sind auch als spezifische Formulierungsresultate zu betrachten. Hierbei wird besonders der Aspekt der <u>Textorganisation</u> reflektiert: Das Verständnis eines Textes und eine spezifische Sorte von Wirkungen resultieren aus dem (jeweils unterschiedlichen) Darstellungs- bzw. Herstellungsmodus eines Textes. Für die Explikation des Ausdrucks "Formulierung" ergibt sich daraus, daß bei der Analyse konkreter Äußerungen/Texte nicht nur der propositionale und illokutive, sondern auch der "formulativ"-textorganisatorische Aspekt eine wichtige Rolle spielt, der zugleich als distinktive Komponente den Terminus "Formulierung" charakterisiert.

(11)
Da wir bei der Gestaltung von Äußerungen/Texten zwar größere Freiheiten haben, aber auch größeren Risiken ausgesetzt sind, erscheint das Problemelöse-Paradigma als ein angemessenes Modell, den Ziel und Mittel suchenden und dabei Fehler machenden und Fehler korrigierenden homo loquens als "normalen" Menschen theoretisch zu beschreiben. Selbst wenn man im Sinne der Textgrammatik alle Bedingungen aufzählte, die für die Explikation des Begriffs 'möglicher Text' einschlägig wären, so hätte man damit immer noch keinen Ansatz für die Erklärung der Tatsache, daß - vor allem bei frei formulierten - Texten syntaktisch-grammatische "Fehler" ebenso charakteristisch sind, wie stilistisch-rhetorische "Unvollkommenheiten". Das Problemlöse-Paradigma erlaubt ferner eine Erklärung für die simple Tatsache, daß Individuen unterschiedlich angemessen, "gut", geschickt, gelungen etc. Texte herstellen können.

(12)
Die Arbeit ist schließlich ein Plädoyer dafür, in der Linguistik nicht nur Regeln zu reflektieren, sondern auch die teils unbeholfene (vgl. das Kapitel zur gesprochenen Sprache), teils rhetorisch geschickte <u>Anwendung</u> von Regeln zu thematisieren. Daß diese Anwendung nicht nur als regelhaftes, sondern - darauf aufbauend - als problemlösendes Handeln zu bestimmen und im Bereich des Textgestaltens zu "verorten" ist, resultiert aus der Annahme, daß zur Beschreibung der Anwendung von Regeln ein eigenes Paradigma, nämlich ein (spezielles) Problemlöse-Paradigma, erforderlich ist. Damit ist Sprechen/Schreiben im Sinn von "Formulieren" auch als schöpferisches Handeln erklärbar.

ANHANG: "Belege"

Die im 1. und 2. Kapitel abgedruckten Belege, den Gebrauch der Wörter *formulieren* und *Formulierung* betreffend, sind aus dem nachfolgend zusammengestellten Korpus entnommen. Ohne Anspruch auf Repräsentativität zu erheben, dient das Korpus zur Stützung und Überprüfung der Intuition des Vf. Darüber hinaus sollen die Belege die Vielfalt und Verwendungsbreite der Wörter *formulieren* und *Formulierung* demonstrieren. Unter diesem Kriterium erfolgte auch die Auswahl der Belege. Geordnet sind sie nach ihrem Auftreten im 1. und 2. Kapitel; die darüber hinaus aufgenommenen Belege folgen keinem Ordnungsschema. Formulierungskommentierende Ausdrücke, *formulieren* und *Formulierung* sind unterstrichen.

1 Selbst das Bundesverfassungsgericht, ansonsten in seiner Radikalen-Rechtsprechung höchst unverbindlich, kritisierte die systematische Überprüfung von Stellenbewerbern für den Vorbereitungsdienst mit harschen Formulierungen. (DER SPIEGEL Nr. 41 vom 9. Oktober 1978)

2 Auch wenn diese Vorstellungen bei verschiedenen Lesern des Textes sicherlich variieren, so bleibt doch eine Basisvorstellung, die eben mit der Redewendung "Hahn im Korb" metaphorisch - sprachlich gefaßt wird; eine Formulierung, deren konventionelle Geltung und Verständlichkeit es ja gerade der Verfasserin ermöglichte, diese Formulierung zur Charakterisierung zu verwenden. (RAMGE 1977:122)

3 Dennoch hat auch die Linke ihre Neigung zu zweideutigen Formulierungen nicht zügeln können - nicht zuletzt in der Hoffnung auf eine Regierungsübernahme und die dann mögliche Interpretation mancher Artikel. (DIE ZEIT Nr. 27 vom 30. Juni 1978)

4 Man kann über Formulierungen streiten. Aber der Sache nach ist es richtig. (TEXTE II:139)

5 Eine ihrer Aussagen lautet "Krebsvorsorge sei Humbug". Auch diese Aussage enthält, wenn auch vulgär formuliert, einen richtigen Anteil. (DER SPIEGEL Nr. 41 vom 9. Oktober 1978)

6 Nicht selten hat man nur den Eindruck, alles sei so gut formuliert, daß es gar nicht falsch sein könne. (DER SPIEGEL Nr. 41)

7 Das Faszinierende an solchen Formulierungen ist, daß man nicht zu entscheiden vermag, ob sie gekonnt zur Verdummung des Lesers eingesetzt sind oder ob die Verfasser sie am Ende selber glauben. (DIE ZEIT Nr. 23 vom 2. Juni 1978)

8 Klaus Buch formulierte so, daß man, wenn man widersprach oder zustimmte, fast nur der Formulierung, aber nicht dem Gesagten widersprach oder zustimmte. (M.WALSER: Ein fliehendes Pferd, 1978:23)

9 Natürlich gelingen Zahrnt reihenweise bonmothafte Formulierungen, ... (DER SPIEGEL Nr. 41 vom 3. Oktober 1977)

10 Ich gestehe, daß ich den Satz <u>geschickter und präziser</u> hätte <u>formulieren</u> können. (DER SPIEGEL Nr. 37 vom 5. September 1977)

11 Ingeborg Bachmann, die man unbefangen noch eine Dichterin nennen konnte, war - so man über sie schrieb - die "grande dame" und - so man über sie sprach - die "femme fatale" der Literatur. Dies hatte Folgen. Folgen für das - <u>zurückhaltend formuliert</u> - Unbewußte des Kritikerlobs. (DIE ZEIT Nr. 28 vom 7. Juli 1978)

12 Er begnügt sich mit Anmerkungen, <u>rapid</u> und <u>mitnehmend</u> geschriebenen, gescheiten und, wie ich meine, da und dort auch <u>irrigen</u>, <u>plastisch formulierten</u> und anderen, die eine merkwürdige Unsicherheit zeigen. (DIE ZEIT Nr. 25 vom 16. Juni 1978)

13 Was Bergson abstrakt <u>formuliert</u>, verwirklicht Loriot auf der Szene - (DIE ZEIT Nr. 26 vom 24. Juni 1978)

14 Es ist interessant, daß Vygotsky (1962) in seinem stimulierenden Buch "Denken und Sprechen" einen Standpunkt einnimmt, der dem hier eingenommenen ähnlich ist. Wenn er untersucht, wie das Denken der Sprache konform wird - und dies trotz seiner <u>ziemlich lose formulierten</u> Ansicht - daß "das Denken inneres Sprechen ist." (BRUNER 1971:80)

15 Eine solche theoretische und methodische Integrierung wird aber sehr viel mühsamer sein, als es mitunter <u>flink formulierte</u> Thesen verheißen: ... (SPILLNER 1974:114)

16 Ein Schlüsselwort von Zadeks Überlegungen zu einem Theater, das "die wimmelnden Massen beschreibt", übrigens eine reichlich <u>zynische Formulierung</u>, ist der Begriff der "Spiegelung". Um heutig zu sein, soll die Bühne heutiges Gewimmel spiegeln. (DIE ZEIT Nr. 52 vom 22. Dezember 1978)

17 Mit der <u>gewundenen Formulierung</u>, dieses Buch enthalte "viel in anderen Arbeiten über die Königin nicht verwendetes Material", wird suggeriert, hier werde Unveröffentlichtes zitiert. (DIE ZEIT Nr. 26 vom 24. Juni 1978)

18 Denn so <u>pompös</u> und <u>verschwommen</u> der entfesselte Kulturphilosoph Syberberg <u>formuliert</u>, so suggestiv und faszinierend sind seine visuellen Phantasien, sind auch manche Bild- und Tonkontraste. (DIE ZEIT Nr. 28 vom 7. Juli 1978)

19 Wie <u>vage</u> diese <u>Formulierung</u> auch immer sein mag, sie macht doch deutlich, worum es bei der Spracherklärung im Sinne (II) geht.
(KANNGIEßER 1976:344)

20 '... Man kann also nichts anderes tun, als den Linguisten zu empfehlen, endlich ernsthaft Logik zu studieren. Dann werden sie hoffentlich aufhören, mit solchen Scheinbegriffen wie dem der Nominalphase zu operieren.'
Die eben gewählte drastische <u>Formulierung</u> enthält keine Obertreibung." (STEGMÜLLER 1975:49)

21 Eine solche Gegenstandsbestimmung ist freilich nicht unumstritten, ja sie ist - oft sogar schon in dieser vorläufigen, abkürzenden Formulierung - dem Verdacht der Ideologiehörigkeit ausgesetzt. (BREUER 1974:7)

22 Freud formulierte es später wissenschaftlich. (DIE ZEIT Nr. 28 vom 7. Juli 1978)

23 Wenn man später den Übersetzern oft Beifall spenden möchte, denen es vielfach gelingt, für englische Formulierungen das genau entsprechende deutschsprachige Äquivalent zu finden (...), wird man doch auch immer an den Anfang erinnert. (DIE ZEIT Nr. 47 vom 17. November 1978)

24 Die Quantenzahlen ergeben sich für die wellenmechanisch formulierte Theorie als Lösung von gewissen Eigenwertproblemen (STEGMÜLLER 1975:348 (f))

25 Eine weitere Schwierigkeit ergibt sich aus der notstandsartigen Formulierung der Treuepflicht in den Beamtengesetzen des Bundes und der Länder ... Die Formulierung weist auf einen in unbestimmter Zukunft liegenden, möglichen Ernstfall hin, indem diese Grundordnung - etwa durch einen Staatsstreich angefochten werden könnte. (DIE ZEIT Nr. 30 vom 21. Juli 1978)

26 Früher oder später wird der Bundesgerichtshof die Frage entscheiden müssen, die durch die ungenaue Formulierung des Gesetzes im Vermittlungsausschuß provoziert wurde. (DIE ZEIT Nr. 26 vom 23. Juni 1974)

27 Der Gleichheitssatz wendet sich nun gegen das Bürgertum; denn seine Formulierungen in den Verfassungen: "Gleichheit der Rechte" "Gleichheit vor dem Gesetz" verhinderte nicht oder beförderte gar die Bildung neuer Ungleichheiten. (DIE ZEIT Nr. 47 vom 17. November 1978)

28 Er formuliert nicht, um zu formulieren.(DIE ZEIT Nr. 28 vom 7. Juli 1978)

29 Und wie Franz Josef Strauß formuliert, da ist jeder Satz schon Schubkraft für den nächsten.(DIE ZEIT Nr. 37 vom 11. August 1978)

30 Bin ich, wenn ich in Hörfunk oder Fernsehen marxistisch formuliere, schon verdächtig?(DIE ZEIT Nr. 30 vom 21. Juli 1979)

31 Für die Philosophie der normalen Sprache folgt aus alledem ein Satz, den man von zwei Blickwinkeln aus formulieren kann. (SAVIGNY 1974:174)

32 Dieses generelle Unbehagen, deutlich und drängend gefühlt, läßt sich freilich nur schwer formulieren. (HÖRMANN 1976:8)

33 Die Aphorismen wurden so abgedruckt, wie die Autoren sie formuliert haben. (DIE ZEIT Nr. 25 vom 16. Juni 1978)

34 Aufsehen erregte vor allem die 1927 formulierte "Heisenbergsche Unbestimmtheitsbeziehung", auch "Unschärferelation" genannt. (DIE ZEIT Nr. 47 vom 17. November 1978)

35 Zum Unterschied von Eigen beansprucht Kuhn nicht, eine quantitative Theorie zu formulieren. (STEGMÜLLER 1975:XXI)

36 Ein Berger-Anhänger unter den Hochschullehrern formulierte es zugespitzt: (DIE ZEIT Nr. 52 vom 22. Dezember 1978)

37 Er analysiert brilliant, formuliert geschmeidig, fühlt sich offensichtlich auf festem Boden. (DER SPIEGEL Nr. 47 vom 20. November 1978)

38 Auf alle Fälle gratuliere ich nicht in der Formulierung des Telegrammtextes. (HENNIG/HUTH 1975:25)

39 Zentraler Gegenstand der Untersuchung ist hingegen die sprachliche Formulierung des vom Redner gemeinten Gedankenganges. (UNGEHEUER 1972:69)

40 Brinkmann 1974, S. 144 formuliert terminlogisch-programmatisch: "..." (RATH 1979:237 Anm.107)

41 So viel anderes wieder ist problematisch, mag vielleicht im heimlichen Vergnügen an provokanter Formulierung hingesetzt worden sein. (DIE ZEIT Nr. 25 vom 16. Juni 1978)

42 Diese Hemmschwelle vor dem Ablauf des ersten Trennungsjahrs ist auf Betreiben des Bundesrates im Vermittlungsausschuß formuliert worden; große Bedeutung maß man ihr damals nicht zu. (DIE ZEIT Nr. 26 vom 23. Juni 1978)

43 "Spanien ist ein nicht konfessioneller Staat", lautete etwa der ursprüngliche Entwurf, der die spanischen Bischöfe zu lautstarken Protesten herausforderte, die sowohl in schwächeren Formulierungen ("keine Konfession ist Staatsreligion") als auch in verfassungsmäßigen Garantien des katholischen Besitzstands aufgefangen wurde. (DIE ZEIT Nr. 27 vom 30. Juni 1978)

44 In Wirklichkeit bildet Eislers Schaffen eine Einheit, die verbunden ist durch seine zugleich tiefen und brilliant formulierten Überlegungen. (DIE ZEIT Nr. 28 vom 7. Juli 1978)

45 Aber ich wollte das Begrüßungslächeln um seinen Schnurrbart endlich abrutschen sehen, und sagte: "Heute ist der 20. Juli. Für diesen Tag müßten Sie doch als Publizist eine knappe und vielsagende Formulierung bereithalten." (DIE ZEIT Nr. 37 vom 11. August 1978)

46 "Ängste und Prophezeihungen immer in zuschlagenden Formulierungen", sagte ich (DIE ZEIT Nr. 47 vom 17. November 1978)

47 Professor Michael Freund, der Leiter des Seminars für Wissenschaft

und Geschichte der Politik in Kiel, war ein brillianter Formulierer, und wir beide genossen immer Formulierungen in der Reflexion. Ich war sein Assistent. (DIE ZEIT Nr. 47 vom 17. November 1978)

48 Eberhard Weis, Professor der Geschichte an der Universität München, hat im allgemeinen der Versuchung, fertige Meinungen und Bewertungen von der Stange zu liefern, widerstanden, und soweit es nicht ganz zu vermeiden war, die Gefahr durch vorsichtige Formulierungen vermindert. (DIE ZEIT Nr. 47 vom 17. November 1978)

49 "Der Dschungel" ist zwar relativ fehlerfrei übersetzt, hat aber durchweg einen auch für dieses Frühwerk Sinclairs unangemessen hölzernen Ton. Da wird zum Beispiel "which made it impossible for him ever to walk" mit "auf Grund dessen er völlig unfähig war" übertragen - eine Formulierung, bei der sich dem Leser die Haare sträuben. (DIE ZEIT Nr. 47 vom 17. November 1978)

50 "... Fällt Ihnen denn gar nichts auf? Ich formuliere doch viel kürzer als früher. Ich muß immer an Ihre kurzen Sachen gleich nach dem Krieg denken." (DIE ZEIT Nr. 47 vom 17. November 1978)

51 An diesem Werk bestachen der Glanz des Stils, die Brillianz der Formulierung, die Fähigkeit, das Vergangene mit einer sensiblen Sprache in vertraute Nachbarschaft zu rücken. (DIE ZEIT Nr. 47 vom 17. November 1978)

52 Solche Wirkung erreichte Zadek, weil er in seinen Inszenierungen, zum Glück für das deutsche Theater, natürlich viel radikaler gewesen ist als die etwas laschen Formulierungen seines "Manifests". (DIE ZEIT Nr. 52 vom 22. Dezember 1978)

53 Die Regierungserklärung rund dreißig Stunden nach dem chinesischen Angriff war mehr eine fordernde Note als ein Ultimatum. Sie war kurz und lakonisch formuliert aus der Überzeugung, daß sowjetische Zurückhaltung in diesem Augenblick mehr zum Gesichtsverlust der Chinesen beitragen werde als übereilte Androhungen eines Gegenschlags. (DIE ZEIT Nr. 9 vom 23. Februar 1979)

54 "Das läßt verschiedene Deutungen zu", sagte ich, "aber wie immer man es formuliert, dieses Behagen an Formulierungen und Formeln ..." (DIE ZEIT Nr. 9 vom 23. Februar 1979)

55 Zweifel wurden freilich schon damals laut. Der Beschluß, später ebenso häufig wie falsch als Erlaß bezeichnet, öffne "durch" seine ungenaue und allgemeine Formulierung Tür und Tor für Verfassungsverletzungen der Exekutive" - so der frühere Bundesverfassungsrichter Herbert Scholtissek. (DER SPIEGEL Nr. 41 vom 9. Oktober 1978)

56 Ich glaube, daß der Staat gar keine andere Möglichkeit hat. Denn die Einstellungsbehörde selber kann ja nicht in jedem Fall eine Art Ermittlung führen. Insofern halte ich die zugespitzte Formulierung im Verfassungsgerichtsbeschluß für falsch. (DER SPIEGEL Nr. 41 vom 9. Oktober 1978)

57 Er versucht gegenüber seinen harmlosen Befragern jene Stärken auszuspielen, die bisher seinen Wert für Genscher und für die Partei gemacht haben: sein hurtiges Public-Relations-Talent, seine kokett-ironischen Formulierungen, sein Ideenreichtum. (DER SPIEGEL Nr. 47 vom 20. November 1978)

58 ... oder wenn man es freundlicher formulieren will: (HÖRMANN 1976:497)

59 Hier wird ganz klar das formuliert, was Schlesinger später (1971 a) die Prioritätshypothese genannt hat, die ihre unbekümmertste Formulierung wohl durch Wecksel erfahren hat. (HÖRMANN 1976:50)

60 Dies ist der Grund für diese etwas holprige Formulierung. (R. KELLER 1977a:14)

61 Die 'rhetorische Frage' (...) peitscht die Affekte (§ 444) durch die Evidenz (§ 232; 429,1) der Unnötigkeit der fragenden Formulierung auf. (LAUSBERG 1976:145)

62 Eine den Umständen angemessene Formulierung (...) wäre einfach, daß die Planungsfunktion ein Programm organisiert, indem ... (LAVER 1975:61)

63 Die Diskussion der nunmehr neu formulierten Frage. (SAVIGNY 1974:170)

64 Dies ist eine sehr einseitige Formulierung (RATH 1979:235 Anm.83)

65 Die allgemeinere Formulierung "sprachlicher Interaktionen" wird hier bewußt im Gegensatz zur Ausgangsformulierung gewählt, um den Ansatz möglichst offen zu halten. (RAMGE 1977:125 Anm. 20)

LITERATUR

NACHWEIS des Mottos:
LICHTENBERG, G.C.: "Schriften und Briefe" Erster Band. Sudelbücher.
  Herausgegeben von W. Promies, Darmstadt 1968:603 = F998
NAESS, A. (1975:37 u. 34)
KRAUS, K. (1955:326)
WELLERSHOFF, D.: "Fiktion und Praxis". In: "Akzente. Zeitschrift
  für Literatur". 16. Jahrgang. 1969:165

ABS (1973) (= Arbeitsgruppe Bielefelder Soziologen): Alltagswissen,
  Interaktion und gesellschaftliche Wirklichkeit. I. u. II. Reinbek
ACH, N. (1905): Über die Willenstätigkeit und das Denken. Vandenhoeck
  u. Ruprecht, Göttingen
ANSCOMBE, G.E.M. (1957): Intention. In: Proceedings of the Aristotelian Society, 57, Oxford. 1957:321-332
ANTOS, G. (1979): Aspekte einer Theorie des Formulierens. Saarbrücken (Ms)
- (1981): Zum Problem der Zeichenproduktion am Beispiel der gesprochenen Sprache. In: Lange-Seidl, A. (Hrsg): Zeichenkonstitution
  - Akten des 2. Semiotischen Kolloquiums, Regensburg 1978, Bd.I.
  Berlin, New York 1981:180-188
ANTOS, G./BEETZ, M. (1981): Rhetorisches Textherstellen als Problemlösen. Zur linguistischen Rekonstruktion von Rhetoriken des 17.
  u. 18. Jhs. Erscheint in: Zeitschrift für Literaturwissenschaft
  und Linguistik. LiLi 43
ARISTOTELES: Die Nikomachische Ethik. Übersetzt und herausgegeben
  von Olof Gigon. Vollständige Ausgabe nach dem Text der zweiten,
  überarbeiteten Auflage in der "Bibliothek der Alten Welt" des
  Artemis Verlags, Zürich und München 1967, München 1978³
AUSTIN, J.L. (1971/1968): Performative - Constative. In: Searle, J.R.
  (ed): The Philosophy of Language. Oxford Univ. Press 1971:13-22
  Dt.: Performative und konstatierende Äußerung. In: Bubner, R.
  (Hrsg): Sprache und Analysis. Göttingen 1968:140-153
- (1976): How to do things with Words. Oxford University Press 1962,
  1976². Dt.: Zur Theorie der Sprechakte. Stuttgart 1972
- (1979/1975): Philosophical Papers. Oxford University Press 1961,
  1979³. Dt.: Wort und Bedeutung. Philosophische Aufsätze. München
  1975
BARTSCH, R. (1972): Adverbialsemantik. Frankfurt
BAYER, K. (1977): Sprechen und Situation. Aspekte einer Theorie der
  sprachlichen Interaktion. Tübingen. RGL
BEETZ, M. (1980): Rhetorische Logik. Prämissen der deutschen Lyrik
  im Übergang vom 17. zum 18. Jahrhundert. Tübingen
BETTEN, A. (1976): Ellipsen, Anakoluthe und Parenthesen. Fälle für
  Grammatik, Stilistik, Sprechakttheorie oder Konversationsanalyse?
  In: DS 4/1976:207-230

BETTEN, A. (1977/1978): Erforschung Gesprochener Deutscher Standardsprache. Teil I in: DS 5/1977:335-361. Teil II in: DS 6/1978: 21-44
BLIESENER, Th./NOTHDURFT W. (1978): Episodenschwellen und Zwischenfälle. Zur Dynamik der Gesprächsorganisation. Hamburg
BLUMER, H. (1973): Der methodologische Standort des Symbolischen Interaktionismus. In: ABS 1973:80-146
BRENNENSTUHL, W. (1975): Handlungstheorie und Handlungslogik. Vorbereitungen zu einer sprachadäquaten Handlungslogik. Kronberg
BREUER, D. (1974): Einführung in die pragmatische Texttheorie, München
BOCK, M. (1978): Wort-, Satz-, Textverarbeitung. Stuttgart
BOCK, M./ENGELKAMP, J. (1979): Textstrukturen aus sprachpsychologischer Sicht. Saarbrücken (Ms)
BOOM, H. van den (1978): Eine Explikation des linguistischen Universalienbegriffs. In: Seiler, H. (ed): Language Universals. Tübingen 1978:59-78
BOOMER, D.S. (1965): Hesitation and grammatical encoding. In: Language and Speech 8/1965:148-158
BOOMER, D.S./LAVER, J. (1968): Slips of the tongue. In: British Journal of Disorders of Communications 3/1968:2-12
BRUNER, J. et alii (1971): Studien zur kognitiven Entwicklung. Stuttgart
BUBNER, R. (1976): Handlung, Sprache und Vernunft. Grundbegriffe praktischer Philosophie. Frankfurt
BÜHLER, K. (1965): Sprachtheorie. Die Darstellungsfunktion der Sprache. Stuttgart 1965² (1934)
BUTTERWORTH, B. (ed) (1980): Language Production. Vol. 1: Speech and Talk. Academic Press. London
CHAFE, W.L. (1977): Creativity in Verbalization and Its Implications for the Nature of Stored Knowledge. In: Freedle, R.O. (ed): Discourse Production and Comprehension. Norwwod, New Jersey 1977
CHOMSKY, N. (1965): Aspects of the Theory of Syntax. Cambridge, Mass. Dt.: Aspekte der Syntax-Theorie, Frankfurt 1969
CICOUREL, A.V. (1975): Sprache in der sozialen Interaktion. München
COULMAS, F. (1977): Rezeptives Sprachverhalten. Eine theoretische Studie über Faktoren des sprachlichen Verstehensprozesses. Hamburg
DANKS, J.H. (1977): Producing Ideas and Sentences. In: Rosenberg 1977:229-258
DIJK, T.A. van/KINTSCH, W. (1978): Cognitive Psychology and Discourse: Recalling and Summarizing Stories. In: Dressler, W. 1978: 61-80
DIJK, T.A. van (1979): Recalling and Summarizing Complex Discourse. In: Burghardt, W./Hölker, K. (ed): Text Processing/Textverarbeitung. Berlin, New York 1979:49-118
- (1980): Textwissenschaft. Eine interdisziplinäre Einführung. München
DITTMANN, J. (1976): Sprechhandlungstheorie und Tempusgrammatik. Futurformen und Zukunftsbezug in der gesprochenen Standardsprache. München
- (Hrsg) (1979): Arbeiten zur Konversationsanalyse. Tübingen
DÖRNER, D. (1974): Die kognitive Organisation beim Problemlösen. Bern
- (1976): Problemlösen als Informationsverarbeitung. Stuttgart

DRESSLER, W. (ed) (1978): Current Trends in Textlinguistics. Berlin, New York
DROMMEL, R. (1974): Die Sprechpause als Grenzsignal im Text. Göppingen
DUNCKER, K. (1963): Zur Psychologie des produktiven Denkens. Berlin 1935, 1963
EBERT, Th. (1976): Praxis und Poiesis. Zu einer handlungstheoretischen Unterscheidung des Aristoteles. In: Zeitschrift für philosophische Forschung 30/1976:12-30
EHLICH, K./REHBEIN, J. (1977): Wissen, Kommunikatives Handeln und die Schule. In: Goeppert, M.C. (Hrsg): Sprachverhalten im Unterricht. München 1977:36-114
ENGELKAMP, J. (1974): Psycholinguistik. München 1974
- (1976): Satz und Bedeutung. Stuttgart
ENKVIST, N.E. (1964/1972): Linguistics and Style. Oxford Univ. Press 1964. Dt.: Enkvist, N.E. et alii: Linguistik und Stil. Heidelberg 1972
ENZENSBERGER, H.M. (1962): Gedichte - Die Entstehung eines Gedichts. Frankfurt
FEINBERG, J. (1965/1977): Handlung und Verantwortung. In: Meggle 1977:186-224
FILLMORE, Ch. (1968): The Case for Case. In: Harms, R.T./Bach, E. (ed): Universals in Linguistic Theory. New York 1968:1-88
FLEISCHER, W./MICHEL, G. (1977): Stilistik der deutschen Gegenwartssprache. Leipzig 1977[2]
FRIER, W. (1979): Linguistische Aspekte des Textsortenproblems. In: Frier, W./Labroisse, G. (Hrsg): Grundfragen der Textwissenschaft. Linguistische und literaturwissenschaftliche Aspekte. Amsterdam 1979:7-58
FRITZ, G. (1977): Strategische Maximen für sprachliche Interaktion. In: Baumgärtner, K. (Hrsg): Sprachliches Handeln. Heidelberg 1977: 47-68
FROMKIN, V. (ed) (1973): Speech Errors as Linguistic Evidence. Mouton. The Hague and Paris
GADAMER, H.G. (1960): Wahrheit und Methode. Tübingen
GARFINKEL, H./SACKS, H. (1976): Über formale Strukturen praktischer Handlungen. In: Weingarten, E. et alii 1976:130-176
GEIßNER, H. (1981): Sprechwissenschaft. Theorie der mündlichen Kommunikation. Königstein
GOEPPERT, S./GOEPPERT, H. (1973): Sprache und Psychoanalyse. Reinbek
GOFFMAN, E. (1971): Interaktionsrituale. Über Verhalten in direkter Kommunikation. Frankfurt
GOLDMAN, A.I. (1970): A Theory of Human Action. Englewood Cliffs: Prentice-Hall
GOLDMAN-EISLER, F. (1968): Psycholinguistics. Experiments in Spontaneous Speech. Academic Press. London and New York
GÖTTERT, K.-H. (1979): Regelbefolgung, Regeldurchbrechung, Regelerneuerung. In: ZGL 7/1979:151-166
GRICE, H.P. (1957): Meaning. In: The Philosophical Review 66/1957: 377-388
- (1968): Logic and Conversation. (Ms)
GROOT, A. de (1964): Thought and choice in chess. Den Haag
GRUNERT, M.u.B. (Hrsg) (1967): "Wie stehen Sie dazu?" Jugend fragt Prominente. München und Bern
GÜLICH, E. (1970): Makrosyntax der Gliederungssignale im gesprochenen Französisch. München 1970

GÜLICH, E./RAIBLE, W. (Hrsg) (1972): Textsorten. Differenzierung aus linguistischer Sicht. Frankfurt
- (1977): Linguistische Textmodelle. Grundlagen und Möglichkeiten. München
GÜLICH, E. (1978): Redewiedergabe im Französischen. Beschreibungsmöglichkeiten im Rahmen einer Sprechakttheorie. In: Meyer-Hermann, R. (Hrsg): Sprechen - Handeln - Interaktion. Ergebnisse aus Bielefelder Forschungsprojekten zur Texttheorie, Sprechakttheorie und Konversationsanalyse. Tübingen
HABERMAS, J. (1971): Vorbereitende Bemerkungen zu einer Theorie der kommunikativen Kompetenz. In: Habermas, J./Luhmann, N.: Theorie der Gesellschaft oder Sozialtechnologie - Was leistet die Systemforschung? Frankfurt 1971:101-141
HARWEG, R. (1968): Pronomina und Textkonstitution. München
HARTMANN, P. (1971): Text als linguistisches Objekt. In: Stempel, W.D. (Hrsg): Beiträge zur Textlinguistik. München 1971:9-29
HAUBRICHS, W. (1976): Erzählforschung I-III. In: LiLi, Beiheft 4, 6 u. 8. Göttingen
HEGEL, G.W.F. (1952): Phänomenologie des Geistes. Hrsg. v. J. Hoffmeister. Hamburg
HELFRICH, H. (1973): Verzögerungsphänomene und sprachliche Leistung beim spontanen Sprechen in Abhängigkeit von Angstbereitschaft und Bekräftigung. Eine psycholinguistische Untersuchung. Hamburg 1973[2]
HENNE, H. (1979): Die Rolle des Hörers im Gespräch. In: Rosengren, J. (Hrsg): Sprache und Pragmatik (Lunder Symposium 1978) Gotab Malmö 1979:122-134
- (1980): Probleme einer historischen Gesprächsanalyse. Zur Rekonstruktion gesprochener Sprache im 18. Jahrhundert. In: Sitta, H. (Hrsg): Ansätze zu einer pragmatischen Sprachgeschichte. Tübingen 1980:89-102 (RGL)
HENNE, H./REHBOCK, H. (1979): Einführung in die Gesprächsanalyse. Berlin. New York
HENNING, J./HUTH, L. (1975): Kommunikation als Problem der Linguistik. Göttingen
HERINGER, H.J. (1974): Praktische Semantik. Stuttgart
- (1979): Verständlichkeit. Ein genuiner Forschungsbereich der Linguistik? In: ZGL 7/1979:255-278
HERRMANN, T./LAUCHT, M. (1977): Pars pro toto. Überlegungen zur situationsspezifischen Variation des Sprechens. In: Psychologische Rundschau, Bd. 28/4, 1977:247-265
HINDELANG, G. (1975): Äußerungskommentierende Gesprächsformeln. " "Offen gesagt", ein erster Schritt. In: Ehrich, V./Finke, P. (Hrsg): Beiträge zur Grammatik und Pragmatik. Kronberg 1975:235-264
HINDS, J. (1979): Problem solving as a conventional activity. In: Grazer Linguistische Studien 10/1979:95-114
HÖRMANN, H. (1976): Meinen und Verstehen. Grundzüge einer psychologischen Semantik. Frankfurt
HOLLY, W. (1979): Imagearbeit in Gesprächen. Zur linguistischen Beschreibung des Beziehungsaspekts. Tübingen
HUBIG, C. (1978): Dialektik und Wissenschaftslogik. Eine sprachphilosophisch-handlungstheoretische Analyse. Berlin. New York 1978
- (1980): Handlung, Identität, Verstehen. Von der Handlungstheorie zur Geisteswissenschaft. Berlin (Ms)

HUMBOLDT, W. von (1963): Schriften zur Sprachphilosophie. Werke in fünf Bänden III. Herausg. von Flitzner, A./Giel, K. Darmstadt. Wissenschaftliche Buchgesellschaft
ISER, W. (1976): Der Akt des Lesens. München
JAKOBSON, R. (1960/1971): Linguistik und Poetik. In: Ihwe (Hrsg): Literaturwissenschaft und Linguistik. Ergebnisse und Perspektiven Bd. II/1, Frankfurt 1971:142-178
- (1956/1974): Zwei Seiten der Sprache und zwei Typen aphatischer Störungen. In: Jakobson, R.: Aufsätze zur Linguistik und Poetik. (Hrsg. v. W. Raible) München 1974:117-141
KALLMEYER, W. et alii (1974): Lektürekolleg zur Textlinguistik. Bd.1 Einführung. Frankfurt
KALLMEYER, W./SCHÜTZE, F. (1976): Konversationsanalyse. In: Studium Linguistik 1/1976:1-28
KAMLAH, W./LORENZEN, P. (1967): Logische Propädeutik. Vorschule des vernünftigen Redens. Mannheim
KANNGIEßER, S. (1976): Sprachliche Universalien und diachrone Prozesse. In: Apel, K.-O. (Hrsg): Sprachpragmatik und Philosophie. Frankfurt 1976:273-393
KATZ, J.J. (1964): Mentalism in Linguistics. In: Language 40/1964: 124-137
KELLER, H.-J. (1977): Rephrasieren. Düsseldorf (Ms).
KELLER, R. (1977a): Verstehen wir, was ein Sprecher meint, oder was ein Ausdruck bedeutet? Zu einer Hermeneutik des Handelns. In: Baumgärtner, K. (Hrsg): Sprachliches Handeln. Heidelberg 1977: 1-27
- (1977b): Kolluktionäre Akte. In: Germanistische Linguistik, H 1-2, 1977:4-50
KEMMERLING, A. (1976): Bedeutung und Sprachverhalten. In: Savigny, E. von (Hrsg): Probleme der sprachlichen Bedeutung. Kronberg 1976:73-99
KEMPEN, G. (1977): Conceptualizing and Formulating in Sentence Production. In: Rosenberg (ed) 1977:259-274
KLAUS, G./LIEBSCHER, H. (1974): Systeme Information Strategien. Berlin (Ost).
KLEIST, H. von (1952): Sämtliche Werke und Briefe in zwei Bänden. Hrsg: Sembdner, H., München 1952:321-326
KLIX, F. (1971): Information und Verhalten. Bern, Stuttgart, Wien 1976^3
- (1976): Psychologische Beiträge zur Analyse kognitiver Prozesse. Berlin (Ost), München 1976
KRAUS, K. (1955): Beim Wort genommen. Dritter Band der Werke von Karl Kraus. Mit einem Nachwort. Hrsg. v. Fischer, H., München
KRAFT, E./NIKOLAUS, K/QUASTHOFF, U.(1977): Die Konstitution der konversationellen Erzählung. In: Folia Linguistica XI 34. 1977: 287-337
KUHN, T.S. (1976): Die Struktur wissenschaftlicher Revolutionen. Frankfurt 1976^2
KUMMER, W. (1972): Aspects of a theory of argumentation. In: Gülich, E./Raible, W. (Hrsg): Textsorten. Differenzierungskriterien aus linguistischer Sicht. Frankfurt 1972:25-49
- (1975): Grundlagen der Texttheorie. Zur handlungstheoretischen Begründung einer materialistischen Sprachwissenschaft. Hamburg
KUTSCHERA, F. von (1975): Sprachphilosophie. München 1975^2

LABOV, W. (1976): Sprache im sozialen Kontext. 2 Bd. Kronberg
LAKATOS, I. (1974): Falsifikation und die Methodologie wissenschaftlicher Forschungsprogramme. In: Lakatos, I./Musgrave, A. (Hrsg): Kritik und Erkenntnisfortschritt. Braunschweig
LANCKER, D. van (1975): Heterogenity in Language and Speech. Neurolinguistic Studies. Working Papers in Phonetics 29, L.A. (zit. nach HÖRMANN 1976)
LANG, M. (1977): Sprachtheorie und Philosophie. Zwei wissenschaftshistorische Analysen. In: OBST Beiheft 1
LASHLEY, K.S. (1951): The Problem of Serial Order in Behavior. In: Saporta (ed): Psycholinguistics. A Book of Reading. New York 1961:180-198
LAUCHT, M./HERRMANN, T. (1978): Zur Direktheit von Direktiva. Über eine Determinante der Direktheit von Handlungsaufforderungen. Arbeiten der Forschungsgruppe Sprache und Kognition am Lehrstuhl Psychologie III der Universität Mannheim
LAUCKEN, U. (1974): Naive Verhaltenstheorie. Stuttgart
LAUSBERG, H. (1960): Handbuch der literarischen Rhetorik. Eine Grundlegung der Literaturwissenschaft. München
- (1976): Elemente der literarischen Rhetorik. Eine Einführung für Studierende der klassischen, romanischen, englischen und deutschen Philologie. München 1971^4
LAVER, J. (1975): Die Hervorbringung von Rede. In: Lyons, J. (Hrsg): Neue Perspektiven der Linguistik. Reinbek 1975:50-69
LEONT'EV, A.A. (1971): Sprache - Sprechen - Sprechtätigkeit. Stuttgart
- (1974): Psycholinguistik und Sprachunterricht. Stuttgart
- (1975): Psycholinguistische Einheiten und die Erzeugung sprachlicher Äußerungen. München
LEONTJEW, A.N. (1973): Probleme der Entwicklung des Psychischen. Frankfurt
LEWIS, D. (1969): Convention: A Philosophical Study. Cambridge (Massachusetts). Dt.: Konventionen. Eine sprachphilosophische Abhandlung. Berlin, New York 1975
LICHTENBERG, G.C. (1968): Schriften und Briefe. Erster Band, Sudelbücher. Hrsg: W. Promies. Darmstadt
LORENZ, K. (1976): Sprachtheorie als Teil einer Handlungstheorie. Ein Beitrag zur Einführung linguistischer Grundbegriffe. In: Wunderlich, D. (Hrsg): Wissenschaftstheorie der Linguistik. Frankfurt 1976:250-266
LORENZEN, P. (1969): Methodisches Denken. Frankfurt
LUHMANN, N. (1971): Sinn als Grundbegriff der Soziologie. In: Habermas, J./Luhmann, N.: Theorie der Gesellschaft oder Sozialtechnologie. Was leistet die Systemforschung? Frankfurt 1971:25-100
MAHL, G.F. (1956): Disturbances and silence in patient's speech in psychotherapy. In: J. of Abnormal and Social Psychology 53/1956: 1-15
MEAD, G.H. (1968): Geist, Identität und Gesellschaft. Frankfurt. (engl.: Mind, Self and Society. From the standpoint of a social behaviorist. 1934)
MEGGLE, G. (Hrsg) (1977): Analytische Handlungstheorie Bd. 1 Handlungsbeschreibungen. Frankfurt
MERTON, R.K. (1971): Die Eigendynamik gesellschaftlicher Voraussagen. In: Topitsch, E. (Hrsg): Logik der Sozialwissenschaften Köln/Berlin 1971:144-161

METZING, D. (ed) (1980): Frame Conceptions and Text Understanding. Berlin, New York
MEYER-HERMANN, R. (1978): Aspekte der Analyse metakommunikativer Interaktionen. In: Meyer-Hermann, R. (Hrsg): Sprechen - Handeln - Interaktion. Ergebnisse aus Bielefelder Forschungsprojekten zu Texttheorie, Sprachtheorie und Konversationsanalyse. Tübingen
MILLER, G./GALANTER, E./PRIBRAM, K.H. (1960/1973): Strategien des Handelns. Pläne und Strukturen des Verhaltens. Stuttgart. (engl.: Plans and the Structure of Behavior. New York 1960)
MÜLLER, K. (1976): Kommunikative Paraphrasen und Wiederholungen im gesprochenen Deutsch. Saarbrücken (Ms)
- (1979): Partnerarbeit in Dialogen. Zur Kontaktfunktion inhaltlich redundanter Textelemente in natürlicher Kommunikation. In: Grazer Linguistische Studien 10. 1979:183-216
- (1980): Rahmenanalyse des Dialogs. Zum Verhältnis zwischen kognitiver Struktur und sozialem Handeln. Diss. Saarbrücken
MÜLLER, R. (1973): Die Konzeption des Corpus gesprochener Texte des Deutschen in der Forschungsstelle Freiburg des Instituts für deutsche Sprache. In: Gesprochene Sprache (1973). Bericht der Forschungsstelle Freiburg (= Forschungsbericht des IdS 7). Tübingen
MÜLLER, W. (1978): Ein unbequemer Amerikaner. Warum die deutschen Betriebswissenschaftler das Werk des Nobelpreisträgers Simon bisher totgeschwiegen haben. In: DIE ZEIT Nr. 45, v. 3.11.1978
MUKAROVSKY, J. (1964): Standard Language and Poetic Language. In: Garvin, P.L. (ed): A Prague School Reader on Esthetics, Literary Structure, and Style. Washington D.C.
NAESS, A. (1975): Kommunikation und Argumentation. Eine Einführung in die angewandte Semantik. Kronberg
NIKOLAUS, K. (1978): Textbedeutung und Textverarbeitung. Berlin (Ms)
NEWELL, A../SIMON, H.A. (1972): Human Problem Solving. Prentice-Hall, Inc. Englewood Cliffs, N.J.
OHMANN, R. (1971): Generative Grammatiken und der Begriff: Literarischer Stil. In: Ihwe, J. (Hrsg): Literaturwissenschaft und Linguistik. Ergebnisse und Perspektiven. Bd. 1. Frankfurt 1971:213-233
OLSON, D. (1970/o.J): Sprache und Denken: Aspekte einer kognitiven Theorie der Semantik. In: Leuninger, H. et alii: Linguistik und Psychologie. Ein Reader. Bd.1. Psycholinguistische Untersuchungen sprachlicher Performanz. Frankfurt o.J. (engl.: Language and Thought: Aspects of a Cognitive Theory of Semantics. In: Psychological Review 77,4,1970:257-272)
OOMEN, U. (1979): Texts and text linguistics. In: Petöfi 1979:272-280
OSGOOD, C. (1971): Where do sentences come from? In: Steinberg D.D./Jakobovits (eds): Semantics. Cambridge 1971:497-529
OSGOOD, D./BOCK, J.K. (1977): Salience and Sentencing: Some Production Principles. In: Rosenberg 1977:89-140
PASIERBSKY, F. (1976): Textherstellung und Optimierung. In: Sprachtheorie und Pragmatik, Tübingen 1976:269-278
PETÖFI, J.S. (ed) (1979): Text vs. Sentence. Basic Questions of Text Linguistics I u.II. Hamburg
POSNER, R. (1972): Theorie des Kommentierens. Eine Grundlagenstudie zur Semantik und Pragmatik. Frankfurt
- (1979): Bedeutung und Gebrauch der Satzverknüpfer in den natürlichen Sprachen. In: Grewendorf, G. (Hrsg): Sprechakttheorie und Semantik. Frankfurt 1979:345-385

QUASTHOFF, U. (1973): Soziales Vorurteil und Kommunikation. - Eine sprachwissenschaftliche Analyse des Stereotyps. Frankfurt
RAGGIO, A. (1970): Einige Betrachtungen zum Begriff des Spiels. In: Kantstudien 61/1970:227-237
RAMGE, H.(1973): Spontane Selbstkorrekturen im Sprechen von Schulanfängern. In: Diskussion Deutsch 4/1973:165-190
- (1977): Zur sprachwissenschaftlichen Analyse von Alltagsgesprächen. In: Baumgärtner, K. (Hrsg): Sprachliches Handeln. Heidelberg 1977:109-128
- (1978): Alltagsgespräche. Arbeitsbuch für den Deutschunterricht in der Sekundarstufe II und zum Selbststudium. Frankfurt (Diesterweg)
RATH, R. (1968): "Unvollständige Sätze" im heutigen Deutsch. Eine Studie zur Sprache des Wetterberichts. in: Rath, R./Brandstetter, A.: Zur Syntax des Wetterberichtes und des Telegrammes (Duden-Beiträge Nr. 33) Mannheim 1968:9-22
- (1971): Die Partizipialgruppe in der deutschen Gegenwartssprache. Sprache der Gegenwart. Schriften des Instituts für deutsche Sprache in Mannheim. Bd. XII. Düsseldorf
- (1975a): Kommunikative Paraphrasen. In: LuD 22/1975:103-118
- (1975b): Korrektur und Anakoluth im gesprochenen Deutsch. In: LB 37/1975:1-12
- (1979): Kommunikationspraxis. Analysen zur Textbildung und Textgliederung im gesprochenen Deutsch. Göttingen 1979
- (1981): Zur Legitimation und Einbettung von Erzählungen in Alltagsdialogen. In: Dialogforschung. Jahrbuch 1980 des Instituts für deutsche Sprache. Düsseldorf 1981:265-286
REHBEIN, J. (1976): Planen I und II. Trier (LAUT)
- (1977): Komplexes Handeln. Elemente zur Handlungstheorie der Sprache. Stuttgart
REITMAN, W.R. (1965): Cognition and Thought. New York
RIESER, H. (1978): On the Development of Text Grammar. In: Dressler 1978:6-20
RIESER, H./WIENOLD, G. (1979): Vorüberlegungen zur Rolle des Konzepts der Textverarbeitung beim Aufbau einer empirischen Sprachtheorie. In: Burghardt, W./Hölker, K. (ed): Text Processing/Textverarbeitung. Berlin, New York 1979:20-48
ROSENBERG, S. (ed) (1977): Sentence Production: Developments in Research And Theory. Hillsdale, N.J.
RUBINSTEIN, S.L. (1977): Sein und Bewußtsein. Berlin (Ost)
RUPP, H. (1965): Gesprochenes und geschriebenes Deutsch. In: Wirkendes Wort 15/1965:19-29
- (1970): Sprachgebrauch, Norm und Stil. In: Rupp, H. u. Wiesmann, L.: Gesetz und Freiheit in unserer Sprache, Frauenfeld 1970:7-43
RYLE, G. (1969): Der Begriff des Geistes. Stuttgart. (engl: The Concept of Mind. London 1949)
SACKS, H. (o.J.): The sequential organisation of conversational interaction. Unveröff.
SADOCK, J.M. (1968): Hypersentences. Diss. Univ. of Illinois, Urbana
SANDERS, W. (1973): Linguistische Stiltheorie. Göttingen
- (1977): Linguistische Stilistik. Göttingen
SANDIG, B. (1974): Sprachnorm und spontan gesprochene Sprache. In: Lotzmann, G. (Hrsg): Sprach- und Sprechnorm. Verhalten-Störung-Rehabilitation. Heidelberg 1974:23-35

SANDIG, B. (1978): Stilistik. Sprachpragmatische Grundlegung der Stilbeschreibung. Berlin, New York
SAßE, G. (1977): Sprache und Kritik. Untersuchungen zur Sprachkritik der Moderne. Göttingen
SAUSSURE, F. de (1967): Grundfragen der Allgemeinen Sprachwissenschaft. Berlin 1967²
SAVIGNY, E. von (1974): Die Philosophie der normalen Sprache. Frankfurt 1974²
SCHAEFFER, N. (1979): Transkription im Zeilenblocksystem. Ein Verfahren zur Erforschung und Lehre gesprochener Sprache. Saarbrücken. Diss.
SCHANK, G./SCHOENTHAL, G. (1976): Gesprochene Sprache. Eine Einführung in Forschungsansätze und Analysemethoden. Tübingen
SCHANK, G. (1978): Untersuchungen zum Ablauf natürlicher Dialoge. Habil. (Ms)
SCHANK, G./SCHWITALLA, J. (1980): Gesprochene Sprache und Gesprächsanalyse. In: Lexikon der Germanistischen Linguistik. Herausg. von Althaus, H.P./Henne, M./Wiegand, H.E. II. 2. Aufl. Tübingen
SCHEGLOFF, E.A. (1972): Notes on a Conversational Practice: Formulating Place. In: Sudnow, D. (ed): Studies in Interaction. New York, London 1972:75-119
SCHIFFER, S.R. (1972): Meaning. Oxford
SCHLESINGER, J.M. (1977): Components of a Production Model. In: Rosenberg 1977:169-194
SCHMIDT, S.J. (1973): Texttheorie. Probleme einer Linguistik der sprachlichen Kommunikation. München 1973, 1976²
SCHNELLE, H. (1973): Sprachphilosophie und Linguistik. Reinbek 1973
SCHÜTZ, A. (1971): Gesammelte Aufsätze I. Das Problem der sozialen Wirklichkeit. Den Haag
SCHWITALLA, J. (1979a): Dialogsteuerung in Interviews. Ansätze zu einer Theorie der Dialogsteuerung mit empirischen Untersuchungen. (Heutiges Deutsch Bd. 15) München
- (1979b): Metakommunikation als Mittel der Dialogorganisation und der Beziehungsdefinition. In: Dittmann 1979:111-143
SCHWYZER, H. (1969): Rules and Practices. In: Philosophical Review 78/1969:451-467
SEARLE, J. (1969): Speech Acts. An Essay in the Philosophy of Language. Cambridge Univ. Press 1969, 1974. (Dt.: Sprechakte. Ein sprachphilosophischer Essay. Frankfurt 1971)
SEIDEL, R. (1976): Denken. Psychologische Analyse der Entstehung und Lösung von Problemen. Campus, Frankfurt
SKIRBEKK, G. (Hrsg) (1977): Wahrheitstheorien. Eine Auswahl aus den Diskussionen über Wahrheit im 20. Jahrhundert. Frankfurt
SOWINSKI, B. (1973): Deutsche Stilistik. Beobachtungen zur Sprachverwendung und Sprachgestaltung im Deutschen. Frankfurt
SPILLNER, B. (1974): Linguistik und Literaturwissenschaft, Stilforschung, Rhetorik, Textlinguistik. Stuttgart, Berlin, Köln, Mainz
STEGER, H. (1967): Gesprochene Sprache. Zu ihrer Typik und Terminologie. In: Satz und Wort im heutigen Deutsch. Jahrbuch des Institus für deutsche Sprache 1965/66. (Sprache der Gegenwart 1) Düsseldorf 1967:259-291
STEGMÜLLER, W. (1975): Hauptströmungen der Gegenwarts-Philosophie. Bd. II. Stuttgart

STETTER, C. (1974): Sprachkritik und Transformationsgrammatik. Zur Bedeutung der Philosophie Wittgensteins für die sprachwissenschaftliche Theoriebildung. Düsseldorf
- (1979): Grundfragen eines transzendental-hermeneutischen Sprachbegriffs. Zur Konzeption einer historisch-pragmatischen Linguistik. In: Jäger, L. (Hrsg): Erkenntnistheoretische Grundfragen der Linguistik. Stuttgart 1979:45-73
STRAWSON, P.F. (1977): Wahrheit.('Truth' 1950) In: Skirbekk 1977: 246-275
SYDOW, H. (1976): Der Erwerb grammatischer Strukturen als Resultat von Problemlösungsprozessen. In: Klix 1976:254-273
TAYLOR, I. (1976): Introduction to Psycholinguistics. New York
TERBUYKEN, G. (1975): Sprechform, Situationsstruktur und Verstehensprozeß. Zur kommunikativen Funktion formaler Merkmale gesprochener Sprache. Bochum
TEXTE I: Texte gesprochener deutscher Standardsprache I. Erarbeitet im Institut für deutsche Sprache Forschungsstelle Freiburg i. Br. München 1971
TEXTE II: Texte gesprochener deutscher Standardsprache II. Erarbeitet im Institut für deutsche Sprache Forschungsstelle Freiburg i. Br. München 1974
TYNJANOV, J. (1967): Die literarischen Kunstmittel und die Evolution in der Literatur. Frankfurt
ULLMER-EHRICH, V. (1977): Zur Syntax und Semantik von Substantivierungen im Deutschen. Kronberg
UNGEHEUER, G. (1968/1972): Sprache und Kommunikation. Hamburg 1972^2
- (1974): Kommunikationssemantik. Skizze eines Problemfeldes. In: ZGL 2, H. 1, 1974:1-24
VAHLE, F. (1975): Semiotische Pragmatik und Sprachwirkforschung in der DDR. In: Braunroth, M. et alii: Ansätze und Aufgaben der linguistischen Pragmatik. Frankfurt
WACKERNAGEL-JOLLES, B. (1971): Untersuchungen zur gesprochenen Sprache: Beobachtungen zur Verknüpfung spontanen Sprechens. Göttingen
- (1973): "Nee also, Mensch weißt du...". Zur Funktion der Gliederungssignale in der gesprochenen Sprache. In: Wackernagel-Jolles, B. (Hrsg): Aspekte der gesprochenen Sprache. Deskriptions- und Quantifizierungsprobleme. Göttingen 1973:159-182
WATZLAWICK, P. et alii (1972): Menschliche Kommunikation. Formen Störungen, Paradoxien. Bern, Stuttgart, Wien 1969, 1972^3
WEINGARTEN, E. et alii (Hrsg) (1976): Ethnomethodologie. Beiträge zu einer Soziologie des Alltagshandelns. Frankfurt
WEISS, A. (1975): Syntax spontaner Gespräche. Einfluß von Situation und Thema auf das Sprachverhalten. Düsseldorf
WEYDT, H. (Hrsg) (1979): Die Partikeln der deutschen Sprache. Berlin, New York
WIEGAND, H.E. (1979): Bemerkungen zur Bestimmung metakommunikativer Sprechakte. In: Rosengren I.(Hrsg): Sprache und Pragmatik (Lunder Symposium 1978). Gotab. Malmö 1979:214-244
WIENOLD, G. (1971): Formulierungstheorie - Poetik - Strukturelle Literaturgeschichte. Am Beispiel der altenglischen Dichtung. Frankfurt
WITTGENSTEIN, L. (1971): Philosophische Untersuchungen. Frankfurt
WOLSKI, W. (1980): Schlechtbestimmtheit und Vagheit.- Tendenzen und Perspektiven. Methodologische Untersuchungen zur Semantik. Tübingen RGL

WRIGHT, G.H. von (1974): Erklären und Verstehen. Frankfurt. (engl.: Explanation and Understanding. Cornell Univ. Press, Ithaca N.Y. 1971)
- (1977): Handlung, Norm und Intention. Untersuchungen zur deontischen Logik. Berlin, New York

WUNDERLICH, D. (1970): Die Rolle der Pragmatik in der Linguistik. In:Der Deutschunterricht. Jg. 22,H.4. 1970:5-42
- (1972): Zur Konventionalität von Sprechhandlungen. In: Wunderlich, D. (Hrsg): Linguistische Pragmatik. Frankfurt 1972:11-58
- (1974): Grundlagen der Linguistik. Reinbek
- (1976a): Studien zur Sprechakttheorie. Frankfurt
- (1976b): Über die Konsequenzen von Sprechhandlungen. In: Apel, K.O. (Hrsg): Sprachpragmatik und Philosophie. Frankfurt 1976: 441-462

WYGOTSKI,L.S. (1934/1974): Denken und Sprechen. Frankfurt 1934,1974^5